CONGRÈS DE PARIS

CONGRÈS DE PARIS

3, 4, 5, 6, 7 Septembre 1905

AU PALAIS DU TROCADÉRO

Compte rendu

EN VENTE :

AU SECRÉTARIAT DU CONGRÈS DE PARIS

63, RUE CLAUDE-BERNARD, PARIS (V^e^)

Le présent Compte rendu a été soumis à l'approbation du Bureau de la Commission du Congrès de Paris, et approuvé, le 1er décembre 1905.

LE BUREAU :

Dr Petitjean, sénateur, *Président,*
Jean Allemane, }
Marie Bonnevial, } *Vice-présidents,*
En l'absence du citoyen **Emile Chauvelon,** *Secrétaire général,*
Maurice Chevais, *Secrétaire adjoint.*

PLAN DE CE COMPTE RENDU

*Préface d'*Emile Chauvelon.

AVANT LE CONGRÈS — De Rome à Paris, organisation, propagande, liste des Congressistes.

LE CONGRÈS. — **La journée populaire** (3 septembre 1905) :
Réception des Congressistes à l'Hôtel de Ville.
Manifestation La Barre, devant le Sacré-Cœur.
Fête de nuit à la tour Eiffel.

Les travaux du Congrès : Séance d'ouverture (4 septembre).

1re Commission. — Plan d'une nouvelle Encyclopédie.

2e Commission. — La morale sans dieu.

3e Commission. — La Séparation des Eglises et de l'Etat.

4e Commission. — De l'organisation nationale et internationale de la propagande.

5e Commission. — La Libre Pensée et le Pacifisme.

6e Commission. — Commission des vœux. Vœux, propositions, motions d'ordre.

Les Fêtes : Réception des Congressistes francs-maçons. Reprise de *Ces Messieurs*. La soirée de gala offerte par l'Action. Lunch de Cloture. Excursion à Versailles.

AUTOUR DU CONGRÈS. — Séance de la Commission internationale.
Adresses envoyées et reçues.
Affaire Malato.
Incidents.

Table analytique.
Table des matières.

PRÉFACE

Libre Pensée — Démocratie — Prolétariat

Il y a dans la Libre Pensée un élément tout particulièrement digne d'intérêt : c'est cette démocratie et ce prolétariat qui aspirent à la science, à l'humanité et au bonheur, et qui sentent que la religion, ainsi que son succédané le spiritualisme, est, en soi, un obstacle invincible à tout progrès social profond et décisif, et constitue, entre les mains des classes privilégiées, un instrument d'oppression de premier ordre.

Prise dans son ensemble, la bourgeoisie fait de plus en plus défection — ce qui met d'autant plus en relief le mérite des militants fidèles qui viennent de chez elle — et il apparait bien que son voltairianisme superficiel d'avant la loi Falloux n'était que le vernis de son égoïsme et de son scepticisme.

Pour ce qui est des intellectuels, il faut distinguer : Notre enseignement supérieur, qui semble selon la remarque de Haeckel, ignorer ou redouter la synthèse scientifique, ne donne à la Libre Pensée que quelques individus d'élite. Seul, l'enseignement primaire adhère en masse à la Libre Pensée, qui lui doit presque tous les meilleurs de ses militants et de ses propagandistes.

Ainsi se manifeste une fois de plus cette vérité : que seuls le prolétariat et la démocratie vivifient actuellement la Libre Pensée, parce que seuls les prolétaires, soit manuels, soit intellectuels, attendent d'elle l'amélioration de leur propre vie, et l'élargissement de leur personnalité.

Libre Pensée — Socialisme — Pacifisme Internationalisme

D'elle seule ? Non pas. Car ils savent ou ils sentent qu'elle n'est qu'un moyen.

La Libre Pensée n'est pas l'instrument même de la libération. Elle n'est, pour ainsi parler que le manche de cet instrument. La pointe est faite d'un autre métal.

Ou bien, si vous préférez une autre comparaison, la Libre Pensée n'est pas le Monument définitif, mais seulement le vestibule, ou comme disaient les Grecs, les Propylées.

En effet, il est indispensable que la Libre Pensée s'achève en liberté politique, en liberté sociale et en liberté économique, c'est-à-dire en égalité politique, sociale et économique. Car liberté signifie faculté, puissance, pouvoir effectif.

Voilà pourquoi, sans renier la Libre Pensée, ainsi que certains de nos amis le prétendent à tort, beaucoup d'entre nous s'empressent de l'achever en socialisme.

Et voilà aussi pourquoi ceux des libertaires (et qui de nous n'est pas libertaire?) ceux des libertaires qui, n'étant pas hypnotisés par la nudité de leur idéal abstrait, se préoccupent des moyens de le réaliser et pour eux-mêmes et pour tous, donnent à la Libre Pensée un fondement économique qui est et ne peut être que le communisme, ou bien son précurseur, le collectivisme.

L'on s'est étonné et même effaré des tendances divergentes qui se sont manifestées au sein de la Libre Pensée. On est allé jusqu'à prédire sa mort, ou du moins sa division infinitésimale, son émiettement, son impuissance. Quelle erreur !

Cette crise, si tant est qu'il y en ait une, est une crise de croissance.

Jadis Diderot demandait, avec une ironie généreuse, qu'on élargît Dieu.

Aujourd'hui, sous l'ardente poussée démocratique et prolétarienne, la Libre Pensée s'élargit indéfiniment, afin d'atteindre les ultimes limites de la science et de la philosophie humaine, et les frontières éternellement fuyantes de l'internationalisme.

Jadis, au sein d'une République à esclaves, Pallas Athéné, premier symbole de la Libre Pensée moderne, reposait tranquille, déesse elle-même, auprès des dieux jaloux, la lance aux pieds, comme s'il ne restait plus de monstres à combattre. Elle laissait la démocratie athénienne, abêtie et fanatisée par l'oligarchie capitaliste, sacrifier Socrate, qui était pauvre, à l'égoïsme et aux dieux des riches.

Mais plus tard, dans la suite des temps, la Pensée Militante se réveilla de son inaction, émue par la folie sublime des Sages et par l'espérance obscure, mais irrésistible, des foules. Elle renversa presque tous les dieux. Aujourd'hui, elle a fini par ébranler l'autel du dieu Capital. Demain, elle bousculera celui du dieu Arès, qui préside encore aux œuvres réputées divines de la guerre et de la violence.

Un jour, la Libre Pensée ne conservera plus des attributs de Pallas-Athéné, sa première personnification, que les dons de l'esprit spéculatif ou inventif et ceux du travail pacifique et industrieux. Ce jour là, la guerre et ses œuvres auront cessé d'ensanglanter la terre et de salir l'humanité.

Et ce jour n'est pas si éloigné que certains le prétendent, car la Libre Pensée s'internationalise avec une rapidité foudroyante. Aussi, au point de vue théocratique et impérialiste, est-ce avec juste raison que l'empereur d'Allemagne a pris ombrage, et qu'il a violenté, dans la personne de notre éminent ami Domela Nieuwenhuis, la majesté redoutable de la Libre Pensée pacifiste et mondiale. Violence inutile et ridicule, car cette majesté-là éclipsera la sienne, et la fera disparaître dans l'oubli des siècles.

La Libre Pensée française
La Séparation — Nécessité d'une action spécifique
La statution du Régime Laïque

Quant à la Libre Pensée française, elle vient de fournir un effort prolongé et considérable. Elle a manifesté à Rome d'abord, à Paris ensuite, son impérieuse volonté d'obtenir la Séparation des Eglises et de l'Etat.

Si, par impossible, cet effort n'aboutissait pas rapidement à un résultat tangible, je veux dire à la promulgation de la loi de séparation avant la fin de la présente législature, La Libre Pensée française n'hésiterait pas à resserrer les liens de sa puissante coalition nationale et internationale qui s'est affirmée à Rome et à Paris.

Par ce qu'elle a fait pour illustrer la manifestation La Barre, en face du Sacré Cœur et de la forteresse du Gesu, on peut juger de ce qu'elle saurait faire pour activer et hâter le grand divorce entre l'Eglise et l'Etat, entre la Théocratie et l'esprit moderne.

De plus, par une action locale et directe multipliée et incessante, elle se chargerait de démontrer l'incompatibilité d'humeur des deux conjoints du Concordat, l'Etat moderne et l'Eglise, avec une évidence telle, que même une « Chambre introuvable », un « Parlement croupion », et, pour tout dire, une Assemblée nationaliste s'empresseraient de recourir au divorce libérateur.

En servant ainsi ses propres intérêts, la Libre Pensée française, section de la Libre Pensée internationale, a servi ceux de l'humanité. En effet, son exemple sera contagieux, et toutes les nations comprendront que leur premier devoir est de réaliser chez elles le régime laïque.

Mais ce régime, seul digne d'un peuple éclairé et conscient, nous sommes loin, très-loin encore, de le posséder.

Nos plus grands services publics, celui de l'Instruction et de l'Assistance, sont encore tout imprégnés d'esprit clérical, religieux et spiritualiste. Quand à l'armée à cadres permanents, dont ni la France ni les autres grandes nations n'ont pas su encore se débarrasser, elle est dans la logique même de son institution en conservant, sous le nom d'esprit militaire, l'esprit théocratique le plus autoritaire, le plus brutal et le plus étroit.

C'est dire combien l'action et la propagande spécifiquement libre-penseuses sont encore indispensables à l'heure qu'il est.

Le socialisme collectiviste et le communisme libertaire — car je ne conçois pas qu'on soit libertaire sans être communiste — dépassent la Libre Pensée, j'en suis et j'en demeure profondément convaincu : mais c'est à la condition de la réaliser d'abord intégralement.

Je ne sais pas si je suis libre penseur parce que collectiviste, ou collectiviste parce que libre penseur ; mais ce qui est certain, c'est que je ne puis comprendre le collectivisme à tendances communistes et libertaires sans la libre pensée et réciproquement. Et si je dis *moi*, c'est parce que mon cas est celui de tout le monde.

EMILE CHAUVELON
Professeur agrégé. Secrétaire général de la Commission d'organisation du Congrès de Paris.

Certains de nos amis agitent la question de savoir si la Libre Pensée est une méthode ou une doctrine, ou bien encore si les Libres Penseurs français doivent s'unifier ou se fédéraliser.

Parmi ces controverses, une chose est certaine : c'est que la Libre Pensée française ne fera rien et ne sera rien, et que sa part dans le travail politique et social sera nulle ou dérisoire, si elle ne se donne pas pour tâche immédiate de réaliser le régime laïque dans l'Etat et d'instituer dans l'école, l'éducation laïque et un enseignement scientifique vraiment synthétique. De la première, nous n'avons que le nom. Du second, nous n'avons rien, pas même le nom.

Donc, laïcisation intégrale de tous les services publics, dans leur personnel, comme dans leur esprit, et surtout du service public de l'enseignement, tel est le rôle, telle est la fonction spécifique de la Libre Pensée française à l'heure actuelle. Si elle s'occupe d'autre chose, on sera autorisé à dire qu'elle lâche la proie pour l'ombre, et qu'elle esquive les difficultés.

Quant à l'agitation en faveur de la Séparation, on sait qu'elle a été

S'il fallait la recommencer, la Libre Pensée française n'hésiterait pas. Mais elle demanderait des comptes sévères aux hommes politiques qui auraient sacrifié à des intérêts égoïstes la cause du progrès politique et social de la France et de l'Humanité. Elle les renverserait, sans pitié, après les avoir marqués au front du signe de la trahison.

EMILE CHAUVELON

Secrétaire général de la Commission française d'organisation du Congrès international de la Libre Pensée à Paris.

P.S. — Je confie à notre ami *Maurice Chevais*, secrétaire-adjoint, le soin de résumer les travaux du Congrès. Un mois avant la date d'ouverture de ce Congrès, je fus atteint d'une violente péritonite, aggravée par la fatigue, qui m'imposa une longue convalescence. Qu'il me soit permis de témoigner ici ma reconnaissance au Docteur Hillemand, à mes camarades et amis du secrétariat, *Maurice Chevais, Alleaume, Rogeon, Desprès*, ainsi qu'aux membres du bureau et de la Commission. Le premier, par des soins énergiques et savants, me sauva. Aux autres, ma convalescence dût la sécurité morale dont elle avait besoin, car je savais que grâce à eux, la préparation du Congrès ne souffrirait pas de mon absence.

E. C., *12 octobre*.

LE SECRÉTARIAT DU CONGRÈS

Fernand Desprès — Lazare Rogeon

Charles Alleaume — Emile Chauvelon, *Secrétaire général* — Maurice Chevais, *Secrétaire adjoint*

AVANT LE CONGRÈS

Avant le Congrès

De Rome à Paris

Nous n'avons pas à rappeler avec quelle activité remarquable fut préparé, en deux mois, le congrès de Rome 1904.

Quatre vingt mille adhésions morales parvinrent au secrétariat du Congrès, et *neuf cents* Français allèrent à Rome prendre part aux travaux et séances du Congrès.

Cette préparation fut l'œuvre de la Commission permanente française d'organisation et de son bureau composé du Sénateur *Petitjean*, président; *J. Allemane* et *Marie Bonnevial*, vice-présidents; *Emile Chauvelon*, secrétaire général.

La section française, au Congrès de Rome, prorogea pour un an les pouvoirs du Bureau et de la Commission permanente, en vue du prochain Congrès.

Le citoyen Chauvelon déposa, sur le bureau du Congrès, la motion suivante :

« Le Congrès international de la Libre Pensée, réuni en séance plénière, le 22 septembre, sous la présidence du citoyen Petitjean, sénateur, président de la Commission permanente française d'organisation ;

« Considérant que l'œuvre la plus urgente à accomplir est celle de la Séparation des Eglises et de l'Etat ;

« Considérant que le pays où cette séparation est le plus imminente est la République française ;

« Considérant que le devoir des libres penseurs du monde entier est d'aider la France dans cette œuvre de salut public et d'affranchissement mondial ;

« Considérant que cette œuvre peut et doit être accomplie dans l'espace d'un an, et qu'il y aura lieu ;

« Ou bien de fêter cet évènement d'une importance mondiale ;

« Ou bien de le hâter si, par impossible, il est retardé par quelque obstacle imprévu ;

« Décide que le prochain Congrès international se tiendra, en 1905, à Paris. »

Une pétition faite dans le même sens se couvrit d'un nombre considérable de signatures de congressistes de toutes les nationalités.

Le 23 septembre, à la séance du matin, le Congrès international de Rome *décida que le prochain Congrès international se tiendrait à Paris le 4 septembre 1905.*

Préparation du Congrès de Paris. La propagande.

Dès son retour de Rome, le bureau de la Commission se mit à l'œuvre.

Après les efforts réalisés par tous les Libres-Penseurs à l'occasion du Congrès de Rome, une relâche, un repos bien mérité, pouvaient suivre. Le Bureau n'en laissa pas le temps.

Une Carte postale du Congrès

Il fit de nouveau appel à tous les Libres-Penseurs, à tous les groupes, à toutes les initiatives, à toutes les bonnes volontés.

Il commença la publication d'un « *Bulletin* » mensuel, dont le premier numéro fut le compte rendu du Congrès de Rome. Ce bulletin, presque toujours tiré à 10 000 exemplaires, donnait aux Libres-penseurs les plus utiles indications pour l'étude des questions du programme, pour la formation de groupes, pour l'organisation de la propagande par cantons et communes. Le citoyen Chauvelon y étudiait, avec la compétence que l'on sait, les projets de loi de séparation présentés et discutés au cours de l'année législative 1905-1906, faisant appel à la vigilance et à l'initiative de tous les Libres-Penseurs.

Le secrétariat popularisa l'idée du Congrès de Paris en faisant éditer un *calendrier* du Congrès, plusieurs modèles de *cartes postales*, des *affiches programmes*, des *papillons gommés*, etc..., réalisant ainsi un double but puisque, en même temps qu'il faisait connaître le Congrès, il se procurait, par la vente de ces instruments de propagande, les ressources nécessaires pour une organisation coûteuse.

Docteur PETITJEAN
Sénateur, Président de la Commission d'organisation du Congrès de Paris.

Calendrier, cartes, papillons, eurent un succès énorme.

Les journaux de Paris et de la province les reproduisirent à l'envi, et Drumont lui-même, comme on le verra par son article cité plus loin, battit la caisse pour en faire vendre.

De nombreux appels furent envoyés aux Présidents et Secrétaires des différents groupements favorables à la Libre-Pensée.

La *Fédération internationale de la Libre Pensée* envoya l'appel suivant, reproduit dans le bulletin de juin 1905.

Nous avons l'honneur de vous rappeler que le Congrès universel de la Libre Pensée se réunira, suivant la délibération du dernier Congrès de Rome, les 3, 4, 5, 6, et 7 septembre prochain, à Paris.

La première séance du Congrès sera consacrée..... etc.....

La Commission française d'organisation du Congrès de Paris, sur la vigoureuse initiative de son bureau, a reçu déjà plus de *trente mille adhésions morales* pour le Congrès.

Elle a pris d'ailleurs toutes les mesures indispensables à la brillante réussite de ces assises. Le bureau international saisit avec joie l'occasion de l'en féliciter et de l'en remercier cordialement.

Les libres penseurs du monde entier comprendront qu'en ce moment, plus que jamais, la France républicaine et démocratique, qui travaille à sa propre délivrance des Eglises et de la tyrannie des dogmes, prépare en même temps la libération successive de tous les peuples.

Le Congrès de Paris sera non seulement la plus éclatante manifestation de la libre pensée mondiale, mais encore il permettra l'affirmation d'une immense force morale, dont les libres penseurs français se serviront pour assurer définitivement le succès de cette réforme primordiale,

La Séparation des Eglises et de l'Etat,

qui sera pour la France un incalculable bienfait, et qui deviendra bientôt, par la contagion de l'exemple, le programme d'action immédiate de tous les libres penseurs.

A l'importance de notre affirmation philosophique, sous la présidence des plus grands savants du monde entier, s'ajoutera donc la plus haute portée de notre collaboration à l'œuvre d'émancipation laïque et de salut social, accomplie en ce moment par la République française.

De telles considérations indiquent à tous nos amis leur plus élémentaire devoir. Aussi, leur disons-nous avec confiance :

Tous à Paris, le 4 septembre, pour réaliser l'unité morale de l'Humanité, pour réprouver les haines de races et de nationalités, et pour célébrer la séparation des Eglises et de l'Etat, aujourd'hui réalisée en France, et qui le sera bientôt dans le monde entier.

Pour le Conseil général de la Fédération internationale :

Léon Furnémont.

Le dernier appel publié par la *Section française* était ainsi rédigé :

Le Congrès international de Paris, des 3, 4, 5, 6 et 7 septembre 1905, aura une importance exceptionnelle, et sera décisif pour l'avenir de la Libre Pensée.

En affirmant la force de la Libre Pensée, il aidera le Parlement français à achever avant la fin de 1905, dernier délai (l'année 1906 devant être consacrée à trois grandes élections politiques) la loi de Séparation des Eglises et de l'Etat. Cette charte d'affranchissement de la République francaise constituera la première opération et la première victoire d'une campagne méthodique par laquelle la Libre Pensée mondiale libèrera successivement de toutes les Eglises tous les Etats, et réalisera partout ce « *Régime laïque* » sans lequel la civilisation est imparfaite et toujours exposée à de dangereuses réactions.

Il étudiera les moyens de donner à la Libre Pensée cette base indestructible : l'éducation scientifique intégrale du peuple ; la diffusion d'une morale individuelle et sociale exclusivement rationnelle et humaine : le pacifisme, la solidarité effective entre tous les libres penseurs, sans distinction de race ou de nationalité.

Il étendra et renforcera le « *Parti de la Libre Pensée* », lequel, sans faire double emploi avec aucun des partis politiques qui travaillent sincèrement au progrès social, doit plus que jamais pénétrer et stimuler tous les partis.

Ce Congrès tiendra ses assises dans une ville dont le nom, à lui seul, est un programme, dans une ville qui a beaucoup lutté et souffert pour la Libre Pensée, et qui, plus que jamais, est décidée à faire triompher, contre toutes les réactions, la grande cause de l'émancipation et de la solidarité humaines.

Paris, à qui est échu, après Rome, le grand honneur de recevoir les congressistes libres penseurs du monde entier, saura leur faire un accueil enthousiaste et fraternel.

Le Bureau de la Commission permanente d'organisation du Congrès international de Paris :

Président : le docteur PETITJEAN, *Sénateur* ; Vice-Présidents : le citoyen ALLEMANE, *ancien Député de la Seine* ; la citoyenne BONNEVIAL, *Présidente de la Ligue du Droit des Femmes* ; Secrétaire : le citoyen Emile CHAUVELON, *Professeur Agrégé de l'Université.*

LE SECOND REFERENDUM POPULAIRE

Enfin, un nouveau referendum fut entrepris dès le mois d'octobre 1904, continuant sans interruption celui fait à l'occasion du Congrès de Rome.

Les **cent trente-cinq mille** nouvelles adhésions morales qui furent recueillies en faveur du Congrès et de la Séparation vinrent s'ajouter aux 80 000 adhésions déjà recueillies lors du Congrès de Rome.

Les groupes de Libre Pensée de tous pays, 250 Loges maçonniques dont plusieurs des autres pays que la France, 65 Amicales d'Instituteurs, les sections de la Ligue pour la défense des Droits de l'homme et du citoyen, les groupes socialistes, radicaux, corporatifs, syndicalistes, éducatifs, les corps élus, conseils généraux et municipaux (dont Paris et Lyon) groupes de toutes sortes dont l'énumération exigerait un volume, répondirent à notre appel, venant grossir de la somme de leurs membres les 135000 adhésions individuelles.

Avec son adhésion, le Conseil municipal de Paris vota une allocation de 3000 francs pour aider à l'organisation du Congrès.

En dehors du bulletin, de nombreux appels furent envoyés aux Présidents ou Secrétaires des divers groupements libres-penseurs de France ou des autres pays.

JEAN ALLEMANE
Ancien député, Vice-Président de la Commission d'organisation du Congrès de Paris.

EN FRANCE

Des Congrès régionaux furent organisés en vue de préparer le Congrès de Paris. Il y eut, en France, les Congrès de *Choisy-le-Roi*,

Nantes (Fédération libre penseuse de l'ouest), 22-23-24 avril 1905,
Saint Amand-des-Eaux (Fédération du Nord et du Pas-de-Calais), 23 avril,
Narbonne (Fédération de l'Aude), 7 mai,
Rochefort (Fédération des Charentes), 7 mai,
Brignoles (Fédération du Var), 7 mai,
Manosque (Fédération des Basses-Alpes), 4 juin,
Le Mans (Fédération de la Sarthe et de l'Ouest), 11 juin,
Nevers (Fédération du Centre), 12 juin,
Le Havre (Fédération de Seine-Inférieure), 25 juin,
Cuisery (Fédération de Saône-de-Loire), 25 juin,
Paris (Association nationale des Libres Penseurs de France), 14 juillet,
Limoges (Fédération de la Haute-Vienne, Creuse, Corrèze et Dordogne),
Montpellier (Fédération de l'Hérault),
Lyon (Fédération du Rhône).

Le citoyen **Petitjean** présida le Congrès de Nevers, et les réunions libres-penseuses de Paris, Nevers, Decize.

Le citoyen **Allemane** fit de nombreuses conférences à Toulouse, Montpellier, Lorient, Lyon, Saint-Etienne, Lille, Valenciennes, Nantes (et la Bretagne) La Roche-sur-Yon (et la Vendée), Angers, Le Mans, etc.

Le citoyen **Emile Chauvelon** fit des tournées de conférences exclusivement en vue de préparer le Congrès, à Troyes, Vendôme, Blois, Cellettes, Angers, Le Raincy, Nîmes, Bessèges, Alais, Le Vigan, Saint-Hippolyte du Fort, et de très nombreuses conférences à Paris.

DANS LES AUTRES PAYS

Les grandes organisations libres-penseuses et maçonniques des autres pays que la France se mirent à la tête du mouvement étranger.

Le citoyen *Léon Furnémont*, secrétaire général de la Fédération Internationale de Libre-Pensée, les citoyens *Ghisleri* et *Berlenda*, pour l'Italie, Mme *Ida Altmann*, et *Willenberg* pour l'Allemagne, *Heaford*, *Robertson*, pour l'Angleterre, *Odon de Buen* et *Fernando Lozano* pour l'Espagne, *Diner-Dénès* pour la Hongrie, les citoyennes *Zielinska* et *Badior* pour la Pologne, *Karel Pelant* pour la Bohême, *Magalhaès Lima* pour le Portugal préparèrent activement les délégations étrangères.

MARIE BONNEVIAL
Présidente de la Ligue du Droit des Femmes,
Vice-Présidente de la Commission d'organisation du Congrès.

La presse libre-penseuse, à Paris, dans les départements, et dans toutes les nations, reproduisit les appels de la section française, les accompagnant de commentaires particuliers. Le Congrès ne fera donc que remplir l'un des plus élémentaires devoirs de gratitude en remerciant chaleureusement les directeurs de tous les journaux Libres-Penseurs.

Cette propagande mondiale, en faveur du Congrès de Paris créait un mouvement d'opinions si considérable qu'il peut être considéré comme l'un des principaux résultats du Congrès.

Dès le 27 janvier 1905, les bureaux des Associations, Fédérations, groupements et organisations de la Libre Pensée, joints à la Commission française d'organisation du Congrès, se déclaraient unanimement favorables à l'entente cordiale pour l'œuvre commune. L'unité d'action était faite.

Cependant, le Comité du monument La Barre, les Présidents des Loges parisiennes, le journal l'Action, la direction du théâtre du Gymnase, la Libre-Pensée de Versailles, s'entendaient avec le bureau de la Commission pour l'organisation des fêtes du Congrès. Le 2 septembre 1905, **le nombre des Congressistes atteignait 3680.**

LISTE DES CONGRESSISTES

La liste suivante est celle de tous les Congressistes dont nous sommes autorisés à publier les noms

LES CONGRESSISTES

Délégués d'Allemagne au Congrès de Paris

Secrétaires : Ida Altmann.
Daubenfeld.

Altmann (Mme Ida), *Berlin.*
Anstett Albert, *Muhlheim.*
Bahr Richard, *Plauen.*
Bécher Léon, *Thionville* (Lorraine).
Becker (Mlle), *Thionville* (Lorraine).
Bernalea Gaetano, *Stuttgart.*
Bodlander Franz, *Breslau.*
Boll Léon, *Strasbourg.*
Bornefeld Alb., *Gladbach.*
Borm Wilhelm, *Mulhouse.*
Bühling Johann, *Munich.*
Bursche, *Nordhauser.*
Calm, docteur, *Francfort-sur-le-Mein.*
Elise, *Cologne.*
Erdmann Charles, *Dortmund.*
Falter G., *Giessen.*
Firch Emma, *Berlin.*
Friéderici Otto, *Sudende-Berlin.*
Friéderici Elise, *Sudende-Berlin.*
Friéderici Erna, *Sudende-Berlin.*
Frölick, *Allenstein.*
Fusch J., *Reinerz.*
Fulda Joseph-B., *Saint-Goar-sur-Rhin.*
Grüber Gustave, *Munich.*
Grüber Anna, *Munich.*
Hanauer, docteur, *Francfort.*
Handel Wilhelm, *Karlsruehe.*
Hanser Rodolph, *Mulhouse.*
Hoffmann, député au Reischtag, *Berlin.*
Huldschinsky, docteur, *Berlin.*
Huster Eugène, *Munich.*
Hutter, *Berlin.*
Jacob Victor, *Strasbourg.*
Jwansky, *Munich.*
Jwansky (Mme), *Munich.*
Kathi, *Munich.*
Kenfenheuer, *Berg-Gladbach.*
Keymer Jean, *Cologne.*
Kluck Gustave, *Stettin.*
Lambert Paul, *Grendelbruck.*
Leibfritz, *Stuttgard.*
Léonhardt, *Cassel.*
Leu M., *Berlin.*
Limper L., *Sudende-Berlin.*
Limper Elise, *Sudende-Berlin.*
Lüssmann, *Munich.*
Lütters Robert, *Höntrop.*
Magot Gustave, *Metz.*
Magot (Mme), *Metz.*
Manasse-Woldeck, *Berlin.*
Markl Joseph, *Munich.*
Mayer Fr., *Strasbourg.*
Menckhoff, *Herford.*
Mommer, *Darmstadt.*
Müller O.-H., *Cologne.*
Noller G.-A., *Pforzheim.*
Pankow Adof., *Stettin.*
Ploetz Otto, *Nordhausen.*
Prasse Theodor, *Leitsweiber.*
Rehtz Alfred, *Hambourg.*
Reiss Louis (actuellement à *Paris*).
Richarz H., *Berg-Gladback.*
Richarz J., *Düsseldorf.*
Richarz P., *Magdebourg.*
Richarz W., *Düsseldorf.*
Rimkur Carl, *Gerresheim.*
Rösler Emil, *Plauen.*
Röttcher Fritz, *Wiesbaden.*
Schlesinger, *Munich.*
Schmal J. Peter, *Frankfort.*
Schönfeld. *Herford.*
Schönfeld (Mlle), *Herford.*
Schuhmann F., *Berlin.*
Schürer Max, *Cologne.*

Siégel, *Francfort.*
Siekmann, *Herford.*
Simonet, *Mulhouse.*
Sontheimier Joseph, *Munich.*
Spelberg Amalie, *Oberhausen.*
Stamm H., *Stuttgart.*
Steinhausen Peter, *Cologne.*
Steinhausen (Mme), *Cologne.*
Steinhausen Elisa (Mlle), *Cologne.*
Steinkruger Henri, *Cologne.*
Strauss Ludovic, *Strasbourg.*
Sturm K., *Düsseldorf.*
Trippen J., *Strasbourg.*
Tschirn Gustav, *Breslau.*
Vogtherr Ewald, *Stettin.*
Wieser Ludwig, *Munich.*
Woldeck von Arneburg, *Strasbourg.*
Wortmann, *Oberhausen.*
Zammert (Dr), *Kreuzwald.*

Délégués d'Angleterre

Secrétaires : W. HEAFORD.
ROBERTSON.

Anderson, *Londres.*
Boileau (Miss), *Whitton.*
Bowers Alfred, *Londres.*
Bradlaugh-Bonner (Mrs), *Londres.*
Bridges (actuellement à *Hambourg*).
Buxton H., *Liverpool.*
Buxton (Mlle), *Liverpool.*
Cab Mac,
Cohen Chapmann, *Leyton.*
Cohen (Mme), *Leyton.*
Davies Frédérick, *Londres.*
Davies (Mme), *Londres.*
Foote G.-W., *Londres.*
Foote (Mme), *Londres.*
Garmo (Mme de), *Londres.*
Gilliland H., *Belfast.*
Gordon George, *Ayr.*
Gott John, *Bradfort.*
Gott (Mme), *Bradfort.*
Gott (Mlle Alice), *Bradfort.*
Handlen Charles, *Londres.*
Handlen (Mme), *Londres.*
Hardacre W., *Londres,*
Hardacre (Mme), *Londres.*
Heaford William, *Surrey.*
Herbert Fitz (Miss), *Londres.*
Hibberd Victor, *Londres.*
Horne (Mme), *Londres.*
Harry Hunt, *Londres.*
Harry Hunt (Mme), *Londres.*
Kay W., *Bradford.*
Kirkman, *Cancale.*
Lloyd John, *Londres.*
Martin J.-M., *Belfast.*
Marriot, *Londres.*
Müller Martin, *Liverpool.*
Peasgood John, *Bradford.*
Peasgood (Mme), *Bradford.*
Pellatt-Elkington, *Londres.*
Pellatt-Elkington (Mme), *Londres.*
Penney (Mme), *Londres.*
Percy-Ward, *Liverpool.*
Robertson, *Westerham.*
Roger Victor, *Londres.*
Roger (Mme), *Londres.*
Smith, *Londres.*
Snell H., (actuellement à *Paris*).
Vance (Miss Edith), *Londres.*
Vincken A., *Londres.*
Violet-Kisch, *Londres.*
Woolett, *Leyton.*
Woolett (Mlle), *Leyton.*
Wonckworth John, *Londres.*

Délégué des Antilles

Gratia Candace.

Délégués de l'Autriche

Amlaüft Josef, *Bodenbach.*
Brunecker Théodor, *Vienne.*
Fried Alfred, *Vienne.*
Reiner Jos, *Vienne.*
Schnitzer, *Warnsdorf.*
Wutschel Ludwig, *Vienne.*

Délégués de Belgique

Secrétaires : L. FURNÉMONT.
DONS.

Backer (de), *Gand.*
Bertrand A., *Bruxelles.*
Bogaerts père, *Gand.*
Bogaerts fils, *Gand.*
Brussel (Van), *Louvain.*
Buisset Emile, député, *Charleroi.*
Branquart, docteur, *Brame-le-Comte.*
C..., docteur, médecin militaire, *Anvers.*
Chapeauville Henri, *Anvers.*
Clerbois G., échevin de *Soignies.*
Coureur Hector, *Jolimont.*
Dassonville, *Bruxelles.*
Dassonville (Mme), *Bruxelles.*
Dehaene Frederic, *Louvain.*
Delwarde P., *Bruxelles.*
Denis Hector, député, *Ixelles.*
Deprez Labrique, *Binche.*
Derbaudrenghien, *Bruxelles.*
Des Essarts Jules, *Bruxelles.*
Des Essarts (Mme), *Bruxelles.*
Dethy, avocat, *Eghézée.*
Docquier-Fauquet, *Bruxelles.*
Dons, *Bruxelles.*
Dons (Mme), *Bruxelles.*
Dothey Louis, *Uccle.*
Dubrum Jean, *Bruxelles.*
Etien Marie (Mlle), *Bruxelles.*
Etien Juliette (Mlle), *Bruxelles.*
Félix Jules, docteur, *Bruxelles.*
Fiévez Ch., *Boitsford.*
Fléchet, sénateur, *Verviers.*
Fontignies Jules, *Anderlues.*
Franceschini Albert, *Bruxelles.*
François, *Bruxelles.*
Frappart Charles, *Namur.*
Furnémont Léon, ancien député, *Bruxelles.*
Furnémont (Mme), *Bruxelles.*
Furnémont Henry, *Bruxelles.*
Gatti de Gamond (Mme), *Uccle Stalle.*
Geck E (Mlle), *Bruxelles.*
Geck Mathilde (Mlle), *Bruxelles.*
Gèle (Mlles), *Bruxelles.*
Gilbert Oscar, *La Louvière.*
Gillard, docteur, *Namur.*
Graffe Charles, *Bruxelles.*
Greef (Guillaume de), *Bruxelles.*
Guillaume-Leclercq (Mme), *Liège.*
Havaux Jules, *Hennuyères.*
Heuten Edmond, professeur, *Bruxelles.*
Heuten (Mme), *Bruxelles.*
Heuten (Mlle Berthe), *Bruxelles.*
Heymann, *Gand.*
Hiclet J., *Bruxelles.*
Hiclet (Mme), *Bruxelles.*
Hins Eugène, *Bruxelles.*
Hoemissen (van), *Bruxelles.*
Holvoet, *Namur.*
Hubert Emile, *Bruxelles.*
Jaegher (de), avocat, *Gand.*
Keymeulen J., *Bruxelles.*
Keymeulen P., *Bruxelles.*
Labenne Alfred, *Binche.*
Laurent Gustave, *Bruxelles.*
Lazard Louis, *Bruxelles.*
Lekime, *Charleroi.*
Léonard Jules, *Bruxelles.*
Londes Louis, *Uccle.*
Lonfils Luc, professeur, *Uccle.*
Lorand Georges, député, *Virton.*
Maes Georges, *Bruxelles.*

Maréchal Jean, *Bruxelles.*
Melis Ch., *Bruxelles.*
Meurice, *Mons.*
Meurice (Mme), *Mons.*
Mommaerts François, *Bruxelles.*
Monseur Eugène, *Bruxelles.*
Myrial (Mme Alexandra), *Bruxelles.*
Oter J., *Jumet.*
Oter (Mme), *Jumet.*
Pastur Paul, *Charleroi.*
X... Charles, *Angleur.*
Pirsch Emile, *Bruxelles.*
Raghens, *Anvers.*
Rinskoff Aug., *Bruxelles.*
Ronvaux, docteur, *Namur.*
Sagher Rodolphe (de), *Gand.*
Seeliger Jules, *Liège.*
Solan G., *Bruxelles.*
Terwagne, député, *Anvers.*
Terwagne (Mme), *Anvers.*
Thonar, *Liège.*
Verbruggen François, *Bruxelles.*
Vervoort Henri, *Bruxelles.*
Vinck Emile, avocat, *Bruxelles.*
Vinck (Mme), *Bruxelles.*
Weddingen (van), *Anvers.*

Délégués de Bohême

Secrétaire : KAREL-PELANT.

Bochoraz, actuellement à *Paris.*
Benès Eduard, *Koslany.*
Chyska Hedvika (Mme).
Karel-Pelant, *Kral Vinohrady.*
Kudrna Stanislas, docteur, *Netolitz.*

Délégués de Chine

Li-yu-ying.
Shui-Chum-Shao.
Syah.

Délégué de Cuba

Tarrida del Marmol.

Délégués d'Espagne

Secrétaires : ODON DE BUEN.
FERNANDO LOZANO.

Amat Juan, *Barcelone.*
Arango Manuel, *Pravia.*
Avanao Hermenegildo, *Zarrasa.*
Bernal H., *Barcelone.*
Buxéda Juan, *Barcelone.*
Cacéres Felix Solis, *Herrera.*
Carreras J., *Barcelone.*
Carrion y Soller, *Madrid.*
Casablancas Quirio, *Barcelone.*
Clotas Evaristo, *Barcelone.*
Clotas (Mme), *Barcelone.*
Diaz Lucien, actuellement à *Paris.*
Esteba Francisco, *Barcelone.*
Ferrand Julio, *Séville.*
Fuset José, *Baléares.*
Fuset (Mme), *Baléares.*
Galau Lino, *Madrid.*
Gardo Eladio, *Barcelone.*
Gracia Luiz Martinez, *Sarragosse.*
Gras Jaime, *Barcelone.*
Grau A., *Baléares.*
Guardia F., *Barcelone.*
Guillem Narciso, *Barcelone.*
Herrero Esteban, *Santander.*

Ingles Martin, *Gérone*.
Lozano Fernando, *Madrid*.
Maduéno Mariano José, *Madrid*.
Martinez Esteban, *Lograno*.
Martinez Joséphine (Mme), *Lograno*.
Martinez J., *Barcelone*.
Masip F., *Barcelone*.
Momgal José, *Figuéras*.
Mor Manuel, *Barcelone*.
Mora José, *Barcelone*.
Ochoa Rafael, *Séville*.
Olivaro, *Barcelone*.
Olivella J., *Barcelone*.
Pau Antonio, *Huesca*.
Perpina F., *Barcelone*.
Posa José, *Barcelone*.
Régull Pedro, *Barcelone*.
Rey Esteban, *Barcelone*.
Rodo Magin, *Barcelone*.
Roméo Marcelino, *Zueva*.
Rosell Juan, *Barcelone*.
Sala Francisco, *Figueras*.
Sicart Jaime, *Barcelone*.
Sicart José, *Barcelone*.
Torras Ramiro, *Barcelone*.
Usano F., *Barcelone*.
Ustrell A., *Barcelone*.
Vendrell J., *Barcelone*.
Vila M., *Barcelone*.
Villatoba Esteban, *Barcelone*.
Vinardell Roig A., *Gérone*.
Vivas y Borrallo Francisco, *Madrid*.

Délégué des États-Unis '

Stowel.

Délégués de France

Secrétaire : ÉMILE CHAUVELON.

Abadie, *Nîmes* (Gard).
Ageron, *La Ferté-sur-Amance*.
Alard, *Saint-Julia-de-Bec* (Aude).
Alavaill Elie, ingénieur, *Paris*.
Alexandre C., *Jeugny* (Aube).
Allain, *Mirebeau* (Vienne).
Alleaume Charles, instituteur, *Paris*.
Allemand, *Lassalle* (Gard).
Allemane Ch., *Paris*.
Allemane Jean, ancien député, vice-président de la Commission d'organisation du Congrès, *Paris*.
Amiot, *Cellettes* (Loir-et-Cher).
Amiot J.-B., *St-Benin-d'Azy* (Nièvre).
Andraud, *Paris*.
André Paul-Antoine, *Reims*.
André (Mme), *Reims*.
Andrieu, *Paris*.
Angibaud Louis-André, *La Rochelle*.
Angibaud (Mme), *La Rochelle*.
Angibaud (Mlle), *La Rochelle*.
Anitchkof, *Paris*.
Antoine Louis, *Romilly-sur-Seine*.
Antz, adjoint au maire du 13e arrondissement, *Paris*.
Appellis Paul, conseiller municipal, *Audincourt*.
Archambault, *Châtillon-sur-Cher*.
Archier Louis, *Paris*.
Arcous, *Paris*.
Ardouin Alph., *Saint-Gaudens*.
Aribaud, *Paris*.
Arimathée Alexis, *Sainte-Cécile-d'Andorge* (Gard).
Arluison, inspecteur primaire, *Langres*.
Arnaud Célestin, *Marseille*.
Arnaud, adjoint au maire, *Lyon*.
Arnaud (Mme). *Lyon*.
Arnaudiès, instituteur, *Perpignan*.
Arnodinot, *Paris*.
Arnould Henri, ingénieur, *Paris*.
Arnoult Louis, *Houilles* (Seine-et-Oise).
Assier, *Bletterans* (Jura).
Attuly Robert, *Amblay* (Aisne).

Auberlet Julie (Mlle), *Paris.*
Aubert Gabriel, *Pantin* (Seine).
Aubriot (Mme), *Paris.*
Aubry N., *Soissons* (Aisne).
Augagneur, ancien maire de *Lyon*, gouverneur général de Madagascar.
Auger Berthe (Mme), *Paris.*
Aulard professeur, *Jouy-en-Josas.*
Aurèche, *Villeneuve-St-Georges.*
Auriol, *Paris.*
Autin Ludovic, *La Flotte* (Ile-de-Ré).
Autin (Mme), *La Flotte* (Ile-de-Ré).
Auxiètre Fernand, *Béziers* (Hérault).
Auxiètre Elisa (Mme), *Béziers* (Hérault).
Avit, professeur, *Le Puy* (Haute-Loire).
Baignol Léon, *Connigis* (Aisne).
Baillargé E., professeur, *Linazay.*
Baillon, docteur, *Chaville.*
Bain Valentin, *La Seyne* (Var).
Baize, Louis, *Châtillon-sur-Chalaronne*
Balduc (Mlle), *Saint-Maurice* (Seine).
Bancel Gustave, *Paris.*
Barban Achille, *Magny* (Eure-et-Loir).
Barbaroux, *Saint-Lô* (Manche).
Barbaud, *Paris.*
Barbellion, *Tours* (Indre-et-Loire).
Barbier, instituteur, *Sernaise.*
Barbier Claude, *Nîmes* (Gard).
Barbier (Mme), *Nîmes* (Gard).
Barbier, docteur, *Paris.*
Barbier Pierre, maire de *Saint-Rémy* (Bouches-du-Rhône).
Barbot, *Saint-Maurice* (Seine).
Barès Jean, directeur du « Réformiste », *Paris.*
Barras; *Marseille.*
Barthès, *Château-Thierry* (Aisne).
Barucq Jules, *Montfort-en-Chalosse.*
Baryellon, *Arles* (Bouches-du-Rhône).
Basset, *Nanterre.*
Battandier, *Vesoul* (Haute-Saône).
Battegay Armand, *Paris.*
Baudéan (Mlle), *Saint-Cyr-en-Val.*
Baudet André, *Marseille.*
Baudin (Mme), *Levallois-Perret* (Seine).
Baudin Eugène, *Coullons* (Loiret).
Baudinaud Georges, *Chartres.*
Baudrand Francis, *Givors* (Rhône).
Baudrit Ulysse, trésorier du Comité La Barre, *Noisy-le-Sec* (Seine).
Baudry, *Vermenton* (Yonne).
Baudry (Mme), *Vermenton* (Yonne).
Baumann, docteur, *Ouroux* (Nièvre).
Baurie, *Paris.*
Bauzon, *Chiavari* (Corse).
Bazé, *Paris.*
Bazire, *Rouen* (Seine-Inférieure).
Bazire Hélène (Mlle), *Rouen.*
Bazire Marguerite (Mlle), *Rouen.*
Bazoge, *Clichy* (Seine).
Beauquier Charles, député, *Paris.*
Beauregard, professeur, *Nîmes* (Gard).
Bébin, *Paris.*
Bécour, *Lille* (Nord).
Bédel, capitaine retraité, *Marville.*
Bédel (Mme), *Marville* (Meuse).
Béer, *Lyon* (Rhône).
Béjambes, répétiteur, *Paris.*
Beldon, *Beaumont* (Seine-et-Oise).
Belin J., *Blois* (Loir-et-Cher).
Belin (Mme), *Blois* (Loir-et-Cher).
Bellanger, *Vallières-les-Grandes.*
Bellanger, *Paris.*
Bellocq, *Clichy* (Seine).
Belmont Marcellin, *Nice.*
Bénazech, *Paris.*
Bénech Angèle, professeur, *Le Vésinet* (Seine-et-Oise).
Ben Simon, *Paris.*
Benoist Adolphe, *Paris.*
Bérenger Henry, directeur de l'« Action », *Paris.*
Berger, *Paris.*
Bergeron, *Paris.*
Bergon, *Paris.*
Berjon Boudot Zacharie, *La Flotte* (Ile-de-Ré).
Bernard, *Paris.*
Bernard J., *Caen* (Calvados).
Bernard fils, *Caen* (Calvados).

Bernard (Mme), *Caen* (Calvados).
Bernheim, docteur, *Clichy* (Seine).
Bertal, *Paris.*
Bertaux, *Ezy-Anet* (Eure).
Bertin (Mme), *Paris.*
Bertrand Julia (Mlle), institutrice, *Gerbépal* (Vosges).
Bertrand J., docteur, *Paris.*
Bertrand, *Rochefort-sur-Mer.*
Besnard F., *Vitry-sur-Seine* (Seine).
Besnard (Mme), *Vitry-sur-Seine.*
Besnard Blanche (Mlle), *Vitry-sur-Seine.*
Besseyre C., (Mlle), *Brives-Charensac.*
Beulaygue, docteur, *Alger.*
Bévalet, *Versailles* (Seine-et-Oise).
Bignon Edmond, *Paris.*
Bigou Alphonse, *Villeneuve-sur-Lot.*
Billon, *Forges-de-Clairvaux* (Aube).
Billon (Mme), *Forges-de-Clairvaux.*
Bini L., *Nice* (Alpes-Maritimes).
Biscarat, Marie (Mlle), *Saint-Rémy* (Bouches-du-Rhône).
Blain Pierre, *La Flotte* (Ile-de-Ré).
Blain (Mme), *La Flotte* (Ile-de-Ré).
Blanc Stanislas, *Paris.*
Blanc Caroline (Mme), *Paris.*
Blanc Louis, lycée de *Nice.*
Blanchard, *Mâcon* (Saône-et-Loire).
Blancheville, *Ivry-sur-Seine* (Seine).
Blancheville fils, *Paris.*
Blancheville Henri, *Paris.*
Blancheville Gaston, *Paris.*
Blancheton, *Vincennes* (Seine).
Blanchong, capitaine, *Paris.*
Blanchong (Mme), *Paris.*
Blaquière Henri, professeur, *Saïgon.*
Bliech, avocat, *Paris.*
Blin A., *Le Mans* (Sarthe).
Blique, *Laon* (Aisne).
Bloch Armand, statuaire, auteur de la statue du chevalier de La Barre, *Paris.*
Bloemen, *Petit-Ivry* (Seine).
Bloemen (Mme), *Petit-Ivry* (Seine).
Blond, libraire, *Lille* (Nord).
Blondeau, conseiller municipal, *Asnières* (Seine).
Blot Gustave, *Le Mans* (Sarthe).
Blot Marie (Mme), *Le Mans* (Sarthe).
Blumenthal, *Paris.*
Bobin Eugène, maire de *Laboissière* (Eure).
Boilot Alfred, graveur, *Paris.*
Boisserie Gabriel, *Thenon* (Dordogne).
Boisson, conseiller municipal, *Nîmes.*
Boisson (Mme), *Nîmes.*
Boisson, *Lons-le-Saunier.*
Bollé, *Sannois* (Seine-et-Oise).
Bollé (Mme), *Sannois* (Seine-et-Oise).
Bon (Mme), *Lyon.*
Bon, *Paris.*
Bonaert-Ferrer (Mme), *Paris.*
Bonfante Benoist, *Ajaccio* (Corse).
Bonnevial Marie (Mme), vice présidente de la Commission d'organisation du Congrès, *Paris.*
Bontemps Arnold, *Paris.*
Bontemps, *Paris.*
Bordeaux-Desbarus, *Troyes* (Aube).
Bordet Emile, *Levallois* (Seine).
Borel Eugène, *Gap.*
B...., lieutenant d infanterie, à *B...*
Boucher, Louis, *Péronne* (Somme).
Bouchot Henri, *Lons-le-Saulnier.*
Boudot, *Paris.*
Boudon Paul, *Marseille.*
Bouffandeau, secrétaire général du Comité exécutif du Parti radical et radical-socialiste, *Paris.*
Bougier H., *Villegenon* (Cher).
Bougier (Mme), *Villegenon* (Cher).
Bouhors, *Vincennes* (Seine).
Bouillard, *Paris.*
Bouillaud, *Neuilly* (Seine).
Boullé Henri, *Noisy-le-Sec* (Seine).
Boundalh, *Paris.*
Bourceret, publiciste, *Paris.*
Bourcier, *Maizy* (Aisne).
Bourdila Gustave, *Paris.*
Bourdin (Mme), *Paris.*

Bourgeois Edouard, *Coubert* (Seine-et-Marne).
Bourgougnon Auguste, *Saint-Pourçain-sur-Sioule* (Allier).
Bourion, *Paris*.
Boury, *Issy-les-Moulineaux* (Seine).
Boust Marie (Mme), *Lyon* (Rhône).
Boutet Charles, *Château-Thierry*.
Bouthors Léon, *Nevers* (Nièvre).
Boutteçon Albert, *Paris*.
Bouvard Antoine, professeur, *Bourg*.
Bouvard Constant, *Boulogne* (Seine).
Bouvard (Mme), *Boulogne* (Seine).
Bouville (de), *Vanves* (Seine).
Bouyer, *Paris*.
Bracquart, *Paris*.
Braibant Maurice, maire de *Herpy* (Ardennes).
Braud-Pasquers, *Couhé* (Vienne).
Braud-Pasquers (Mme), *Couhé* (Vienne).
Brauge Jean, *Paris*.
Bremier, *Paris*.
Brestault Henri, *Cheviré-le-Rouge*.
Brestault Marie (Mme), *Cheviré-le-Rouge* (Maine-et-Loire).
Bret, *Paris*.
Breton E., instituteur, *Villebarou*.
Breuzin (Mme), *Contres* (Loir-et-Cher).
Briard, répétiteur, *Dieppe*.
Brigandet, *Paris*.
Brillet, *Amiens* (Somme).
Brillon Eugène, *Montainville-sur-Maule* (Seine-et-Oise).
Brisson, *Nogent-sur-Marne* (Seine).
Brizon Pierre, professeur, *Voiron*.
Brodski, *Paris*.
Brondgeest (Mlle), *Paris*.
Brouillot, *Paris*.
Brun Emile, *Lyon* (Rhône).
Brun, Georges, *Paris*.
Brun Jean, *Laval* (Mayenne).
Bruneau, *Issy-les-Moulineaux* (Seine).
Bruneel (Mme), *Paris*.
Brunel, conseiller municipal, *Charenton* (Seine).
Brunel (Mme), *Melun* (Seine-et-Marne).
Brunot, *Villeneuve sur-Lot*.
Brunswick Lucien, publiciste, *Paris*.
Buet François, *La Flotte* (Ile-de Ré).
Buffenoir, Jules, *Lurcy-Lévy* (Allier).
Buisson Alfred, avocat, *Paris*.
Buisson Marie (Mme veuve), *Gray*.
Buisson Ferdinand, député, professeur de Sorbonne, *Paris*.
Bussière, *Troyes* (Aube).
Busson Victor, *Paris*.
Busson fils, *Paris*.
Cabanne Victor, instituteur, *Chail*.
Cadier Henri, *Oloron-Sainte-Marie*.
Cadoret, *Versailles* (Seine-et-Oise).
Cadot, *Montrouge* (Seine).
Cagnet Maurice, *Paris*.
Caillard, *Vendôme* (Loir-et-Cher).
Calame, *Paris*.
Callaud Georges, *Les Sables-d'Olonnes*.
Cambier, directeur d'école, *Melun*.
Cambier (Mme), *Melun* (Seine-et-Marne).
Canaby, professeur, *Fougax* (Ariège).
Cance, Auguste, *Levallois* (Seine).
Cantegrit (Mlle), institutrice, *Bayonne*.
Capgras, instituteur, *Grisolles*.
Caralp, instituteur, *Carcassonne* (Aude).
Caron, *Compiègne* (Oise).
Caron, *Paris*.
Caron, *Boulogne-sur-Mer*.
Carré Alphonse, *Cellettes* (Loir-et-Cher).
Carrega Alexandre, *Sanary* (Var).
Carrier, du journal « Le Progrès », *Lyon*.
Cartier, *Paris*.
Cartron, *Paris*.
Carvalho Xavier (de), *Paris*.
Casevitz, *Paris*.
Castanet, *Marennes*.
Catonné Louis-Gabriel, *Paris*.
Caudron, *Paris*.
Cavière Auguste, *Saint-Félix-d'Aval* (Pyrénées-Orientales).
Cazaux, *Paris*.
Cazeneuve, *Paris*.

Ceppe, instituteur, *Acquigny* (Eure).
Ceppe (Mme), institutrice, *l'Habit.*
Cerf Ernest, maire, *Saint Thiébault* (Haute-Marne).
Cerf Flora (Mlle), *Saint-Thiébault.*
Césana Louis, *Paris.*
Chabert Charles, député de la Drôme.
Chalard, *Saint-Anthème* (Puy-de-Dôme).
Chalmandrey, ancien capitaine, *Paris.*
Chambon, instituteur, *Beaumont* (Lot).
Chameroy Alex., *Saint-Nazaire.*
Chameroy (Mme), *Saint-Nazaire.*
Champaille Fabius (de), *Paris.*
Chandavoine, *Senlis* (Oise).
Charbonnel Victor, secrétaire général de l'Association Nationale des Libres Penseurs, *Paris.*
Charbonneriat Louis, *Givors* (Rhône).
Charles Emile, *Bruyères* (Aisne).
Charpentier Armand, homme de lettres, *Paris.*
Charrier, *Paris.*
Charrière, *Paris.*
Chassaigne, *Argenteuil* (Seine-et-Oise).
Chastre, *Paris.*
Chatel-Menier, *Châtou* (Seine et-Oise).
Chaudry, instituteur, *Fouras.*
Chaufour Raoul, *Chatellerault* (Vienne).
Chaumont J., inspecteur primaire, *Nontron.*
Chauvelon Emile, professeur, agrégé de l'Université, secrétaire général de la Commission d'organisation du Congrès, *Paris.*
Chauvière, député de la Seine, *Paris.*
Chauvin, député de Seine-et-Marne, *Paris.*
Chavaillon, *Saint-Amand-Montrond.*
Chavet Léon, *Vincennes* (Seine).
Chevais Louis, *Ouzouer-le-Marché* (Loir-et-Cher).
Chevais Maurice, professeur, secrétaire-adjoint de la Commission d'organisation du Congrès, *Paris.*
Chezlemas, instituteur, *Epernay* (Marne)
Chipier Antoine, *Lyon.*
Chipier Eugénie (Mme), *Lyon.*
Chrétien, *Mirebeau* (Vienne).
Christmann, *Paris.*
Chuffart, *Mons-en-Bareuil* (Nord).
Chuffart (Mme), *Lille.*
Clarin, *Paris.*
Clément Joseph, *Toulon-la-Montagne.*
Clément Paul, *Ezy* (Eure).
Cler Claude, *Bourg* (Ain).
Clidière, instituteur, *Limoges.*
Cliquennois-Pâque, *Lille*, Nord.
Cluet, *Montrouge* (Seine).
Cochet, instituteur, *Vendôme.*
Cochet F., commissaire, *Verdun.*
Cochi Vincent, *Neuilly-sur-Seine.*
Cochoux Gaston, *Saint-Denis-les-Ponts.*
Cochoux Albert, *Meslay-le-Grenet.*
Coconnier, *Montfort-l'Amaury.*
Coconnier (Mme), *Montfort-l'Amaury.*
Cogneau, *Paris.*
Cohen Paul, *Paris.*
Coignard H., *Honfleur* (Calvados).
Collard, *Gy* (Haute-Saône).
Collesolle, *Saint-Denis* (Seine).
Collin E., *Longeville, par Jeugny* (Aube).
Colombat Charles, *Valence* (Drôme).
Combault, *Le Raincy* (Seine-et-Oise).
Combe Amédée, instituteur, *Loriol.*
Combebian, capitaine du génie, *Bourges.*
Combemorel Arthur, *Nevers* (Nièvre).
Combes, *Paris.*
Commun Alfred, *Connigis* (Aisne).
Conty, *Bicêtre* (Seine).
Coquillard James, *Biesles.*
Cordeau, *Paris.*
Cordonnier, *Paris.*
Cormier (Mlle), *Ouzouer-sur-Trézée.*
Costil Léon, *Vire* (Calvados).
Couard, *Villeneuve-l'Archevêque* (Yonne)
Coulanghcon Alfred, *Saint-Maurice-de-Pionsat* (Puy-de-Dôme).
Coulon Jules, *Paris.*
Coupeau, *Paris.*

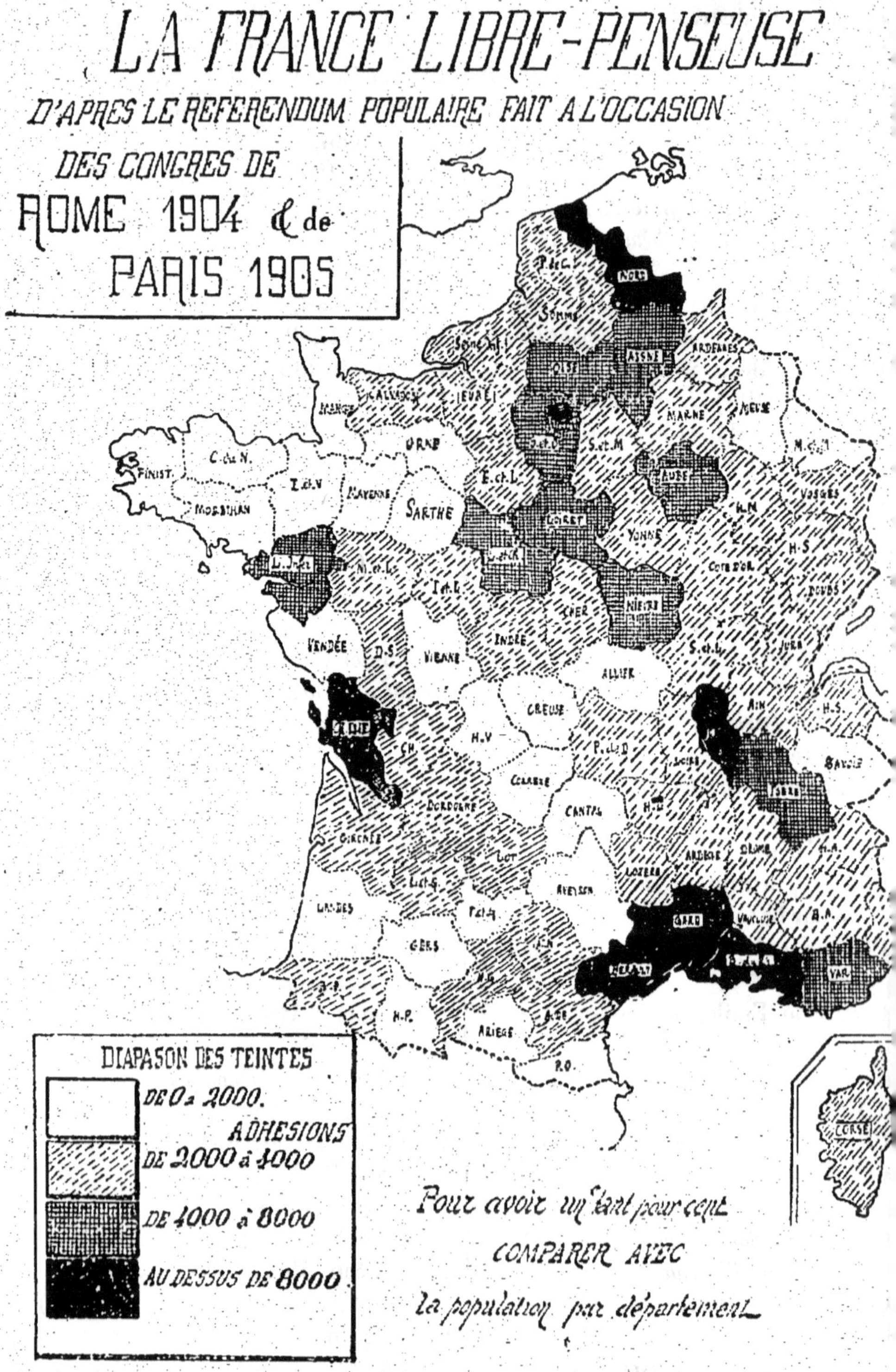
LA FRANCE LIBRE-PENSEUSE
D'APRES LE REFERENDUM POPULAIRE FAIT A L'OCCASION
DES CONGRES DE
ROME 1904 & de
PARIS 1905
DIAPASON DES TEINTES
DE 0 à 2000.
ADHESIONS
DE 2000 à 4000
DE 4000 à 8000
AU DESSUS DE 8000
Pour avoir un tant pour cent
COMPARER AVEC
la population par département
NORD
P. de C.
Somme
AISNE
OISE
ARDENNES
MEUSE
MARNE
S. et M.
S. et O.
AUBE
VOSGES
H. M.
H. S.
MANCHE
CALVADOS
ORNE
EURE
E. et L.
FINIST.
C. du N.
MORBIHAN
I. et V.
MAYENNE
SARTHE
LOIRET
YONNE
COTE D'OR
DOUBS
L. Infér.
M. et L.
I. et L.
L. et C.
CHER
NIEVRE
JURA
VENDÉE
D. S.
VIENNE
INDRE
S. et L.
ALLIER
AIN
H. S.
SAVOIE
CREUSE
H. V.
CH.
P. de D.
LOIRE
ISERE
CORREZE
CANTAL
DORDOGNE
GIRONDE
LOT
ARDECHE
LOZERE
DROME
L. et G.
AVEYRON
LANDES
GARD
VAUCLUSE
B. A.
T. et G.
GERS
HERAULT
VAR
H. P.
ARIEGE
R. O.
CORSE

Courbin, *Vincennes* (Seine).
Courgibert, *Chaville* (Seine-et-Oise).
Courtois Armand-Eugène, *Paris*.
Couturier, professeur, *Longchannois*.
Crescent, professeur, *Lyon*.
Crété, instituteur, *Montfort l'Amaury*.
Crétois A., *Paris*.
Crétois Louis, *Le Mans* (Sarthe),
Crétois Marcel, Secrétaire de propagande de la Fédération française de la L. P., *Paris*.
Crétois (Mme), *Le Mans* (Sarthe).
Crinon, *Paris*.
Croizier Adolphe, *Biesles* (Haute-Marne)
Crozemaire Anne, institutrice, *Arvant*.
Culas Philibert, instituteur, *Larnaud*.
Cuny (Mme la générale), *Paris*.
Curial Joseph, *Châtillon-sur-Chalaronne*.
Curinier C.-E., éditeur, *Paris*.
Curinier (Mlle), institutrice, *Saint-Privat* (Ardèche).
Cusset, *Paris*.
Cusset, conseiller municipal, *Lyon*.
Cyvoct Antoine, *Paris*.
Dagallier Benoît, *Pont-de-Veyle* (Ain).
Dagallier Claudine (Mme), *Pont-de-Veyle* (Ain).
Daigre Jules, *Orphin* (Seine-et-Oise).
Dalmon, *Courtiras* (Loir-et-Cher).
Dantel, *Paris*.
Dany, instituteur, *Fontan* (Alpes-Mmes)
Dardenne Antoine, *Charleville*.
Dareau, *Saint-Maurice* (Seine).
Darin Maurice, *Chaville*.
Daru E., *Saint-Vincent de-Tyrosse*.
Dassonville, professeur, *Cambrai* (Nord).
Daubignard, *Houssay* (Loir-et-Cher).
Dauphant Michel, *Paris*.
Dautel, *Paris*.
David Cyrille, *Grenoble*.
David Pierre, *Paris*.
David Alb., cons. gén., *Istres* (B.-du-R.).
Davoise, professeur, *Paris*.
Davoust, *St-Pierre-sur-Erve* (Mayenne)
Debeaupuis Arthur, *Liancourt* (Oise).
Debierre, docteur, *Lille* (Nord).
Declercq, *Langres* (Haute-Marne).
Decorde H., *Paris*.
Decornois, conseiller municipal, *Suresnes*.
Defert Ch., *Meuse* (Haute-Marne).
Degonde Victor, *Epernon* (Eure-et-Loir).
Deguise O., *Valenciennes* (Nord).
Dégy, *Gray* (Haute-Saône).
Déhu, instituteur, *Dunkerque* (Nord).
Déhu (Mme), institutrice, *Dunkerque*.
Delaboudinière, instituteur, *Binas* (Loir-et-Cher).
Delafosse Henri, *Paris*.
Delalande (Mlle), *Paris*.
Delaroche, *Paris*.
Delarue, instituteur, *Oran* (Algérie).
Delarue (Mme), *Oran* (Algérie).
Delaunay Jules, *Contres* (Loir-et-Cher)
Delaveau Louis, *Ouzouer-sur-Trézée*.
Delaveau (Mme), *Ouzouer-sur-Trézée*.
Delavenay, instituteur, *Cercier* (Haute-Savoie).
Deleuze Th., instituteur, *La Fare* (Lozère).
Deliers Jules, *Lomme* (Nord).
Deliers Louis, *Lomme* (Nord).
Deliers (Mme), *Lomme* (Nord).
Delpy Clément, *Paris*.
Delsuc fils, *Villefranche-du-Périgord*.
Deluc Caroline (Mlle), institutrice, *Saint-Jean de-Luz*.
Delvay, docteur, *Laon*.
Delzieux Louis, *Saint-Nazaire*.
Denis Jean, *Suresnes* (Seine).
Depoix, *Argenteuil* (Seine et Oise).
Descaves, *Brienon* (Yonne).
Deschamps, *Paris*.
Desconges Constant, *Blois*.
Deshaires, *Pont-de-Veyle* (Ain).
Desmons, sénateur, vice-président du Bureau du Sénat, *Paris*.
Desmons G., docteur, conseiller municipal, *Lille*.
Desmoulins Pierre, *Limoges*.

Desobry, *Avon* (Seine-et-Marne).
Desplas, *Bergerac* (Dordogne).
Desplat, professeur, *Paris*.
Després Fernand, journaliste, *Paris*.
Dessein Maurice, conseiller municipal, *Troyes*.
Desserin, professeur, *Paris*.
Desvaux Emile, *Vire* (Calvados).
Desvilles, *Chalus* (Haute-Vienne).
Detté, lieutenant d'artillerie, *Belfort*.
Detté (Mme), *Belfort*.
Deutch Raymond, *Paris*.
Dhavernas, *Asnières* (Seine).
Dhouailly Jean, *Les Marchenelles* (Nord)
Dhouailly (Mme), *Les Marchenelles*.
Diaskot J., *Grigny* (Rhône).
Diat Jules, instituteur, *Thiers*.
Diéderich, maire de *Suresnes* (Seine).
Diéderich Maurice, fils, *Suresnes* (Seine)
Dille Toussaint, *Saint-Jean-du-Var*.
Diot Pierre, *Montlucon* (Allier).
Dirache, *Lille* (Nord).
Dissoire André, *Nogent-en-Bassigny*.
Dissoire Gabriel, *Nogent-en Bassigny*.
Dissoire Marie (Mme), *Nogent-en-Bassigny* (Haute-Marne).
Distroffe (Mme), *Evreux* (Eure).
Dobelle Paul, *Paris*.
Dobelle (Mme), *Paris*,
Dollé Ferdinand, professeur, *Pau*.
Dollé (Mme), directrice Ecole Normale, *Pau*.
Domaz A., *Antony* (Seine).
Dombre Samuel, *Lédignan* (Gard).
Donnarel, *Nîmes*.
Donnet O., *Paris*.
Dorsman, *Saint-Mandé* (Seine).
Dosnon Gustave, *Rigny-le-Ferron* (Aube).
Douce, *Paris*.
Doucedame, *Paris*.
Douches, *Villiers en-Désœuvre* (Eure).
Dreux, *Paris*.
Drevet, directeur d'école, *Saint-Chef* (Isère).
Dreyfus Samuel, *Paris*.
Drouat Fernand, *Paris* (Ve).
Du-Bascq, *Vitry-Port-à-l'Anglais* (Seine)
Dubois Fernand, *Cosne* (Nièvre).
Dubois Jean, *Courbevoie* (Seine).
Dubois Henri, instituteur, *Cellettes* (Loir-et-Cher).
Dubois (Mme), institutrice, *Souchez* (Pas-de-Calais).
Dubois-Desaulle (Mme), *Paris*.
Dubosc, publiciste, *Paris*.
Dubost Gilbert, *Thiers* (Puy-de-Dôme).
Dubost Jean, *Rantigny* (Oise).
Ducastel Monnier, *Paris*.
Duchamp, instituteur, *Poissy*.
Dufaux, *Passenans* (Jura).
Duhamel, *Paris*.
Duhamel Henri, conseiller municipal, *Liancourt* (Oise).
Dulac, *Créteil* (Seine).
Dumas Paul, *Saint-Léonard* (Haute-Vienne).
Dumé, *Paris* (IIIe).
Dumesnil, *Paris*.
Dumesnil, *Dohis* (Aisne).
Dumontet J., *Murat* (Cantal).
Duparchy, *Saint-Claude* (Jura).
Dupaya François, *Montfort-en-Chalosse* (Landes).
Dupaya (Mme), *Montfort-en-Chalosse*.
Dupays (Mlle), institutrice, *Crévic* (Meurthe-et-Moselle).
Dupont, *Paris* (Ier).
Dupont, *Paris* (XIIIe).
Dupont, instituteur, *Imphy* (Nièvre).
Dupont (Mme), institutrice, *Imphy*.
Dupont Joseph, *Bussière-Poitevine*.
Dupré Joannès, *Annonay* (Ardèche).
Dupré Mariette (Mme), *Annonay*.
Dupré, *Pré-Saint-Gervais* (Seine).
Duprez, *Saint-Mandé* (Seine).
Dupuis Charles, maire, *Ageux* (Oise).
Dupuis, *Gallardon* (Eure-et-Loir).
Dupuis (Mme), *Gallardon* (Eure-et-Loir).
Dupuis (Mme), *Paris* (XVIIIe).

Dupuch Germain, *Pissos* (Landes).
Duquesne, instituteur, *Episy* (Seine-et-Marne).
Duquesne, instituteur, *Lille* (Nord).
Duquesne (Mme), *Lille* (Nord).
Durand F., *Saint-Ouen* (Seine).
Durieu, *Paris* (IVe).
Dussaigne, professeur, *Bel-Abbès*.
Dutheil Pierre, directeur d'Ecole, *Le Puy* (Haute-Loire).
Duval Emile, *Montévrain* (Seine-et-Marne).
Duzès Joseph, *Saint-Mitre* (Bouches-du-Rhône).
Eckert H., *Paris*.
Edon Eugène, *Montigny*.
Edon (Mme), *Montigny* (Seine-et-Oise).
Edwards-Pilliet, doctoresse, *Paris* (Ier).
Eidenschenk, professeur, *Douai* (Nord).
Eidenschenk (Mme), directrice d'Ecole normale, *Douai* (Nord).
Equer, *Paris*.
Erhard, *Paris*.
Etancelin Léon, *Sermaize-les-Bains*.
Ethiard Georges, *Besançon* (Doubs).
Etoc, professeur, *Juziers* (Seine-et-Oise).
Eustache, *Paris*.
Eys Georges, *Paris*.
Fabre P., instituteur, *Cazorn* (Lot-et-Garonne).
Fabrègue, *Lyon* (Rhône).
Fages (Mlle), *Paris*.
Fantow Fernand, de la « Raison ». *Paris*.
Farde Jules, *Marles* (Seine-et-Marne).
Fardel Eugène, *La Madeleine* (Nord).
Fardel (Mme), *La Madeleine* (Nord).
Faure, *Paris*.
Faure Sébastien, publiciste, *Le Patis-Rambouillet* (Seine-et-Oise).
Faurie, *Petit-Ivry* (Seine).
Fauvet, *Torcy* (Seine-et-Marne).
Fays Nicolas, *Nouzon* (Ardennes).
Fèche, *Paris*.
Ferrand, instituteur, *Cognac*.
Ferrand Ch., *Montluçon* (Allier).
Ferrier Victor, instituteur, *Marseille*.
Féry père, *Revillon* (Aisne).
Feuchtvanger, *Paris*.
Fieschi-Viret, *Troyes* (Aube).
Filibilin Pierre, docteur, *Grasse*.
Fleurot Paul, publiciste, *Paris*.
Fleury (Mme), *Paris* (VIIIe).
Fleury (Mme), *Paris* (XVIIe).
Flotron, publiciste, *Paris*.
Folli, *Paris*.
Fonrobert, avocat, *Calais*.
Fontaine Henri, *Garches* (Seine-et-Oise).
Fontan, *Le Hâvre* (Seine-Inférieure).
Fontanel Jean, *Châtillon-sur-Chalaronne* (Ain).
Fonzoli, *Paris*.
Forêt, conseiller municipal, *Lyon*.
Forné, *Paris*.
Forné Marguerite (Mme), *Paris* (Ve).
Fort Mathilde (Mlle), *Vienne-le-Château* (Marne).
Fort Rose (Mlle), *Vienne-le-Château*.
Fosse, *Neuilly-sur-Seine*.
Fouché Raoul, publiciste, *Saint-Ouen*.
Foucher A., *Pinterville* (Eure).
Fougère, *Tonnay-Boutonne*.
Fourier-Létoffé, *Biesles* (Haute-Marne)
Fourier-Létoffé (Mme), *Biesles*.
Foyer Lucien (Le), avocat, *Paris*.
Fraisse, juge de paix, *Mèze* (Hérault).
Fregniaud Louis, *Gassicourt* (Seine-et-Oise).
Frey Louis, *Belfort* (Haut-Rhin).
Frichet Clément, *Nézel* (Seine-et-Oise).
Friquet, *Paris*.
Friquet Armand, *Maule*.
Fromentin, *Choisy-le-Roi*.
Fromont E., *Rigny-le-Ferron* (Aube).
Fromont Léon, *Bessancourt* (Seine-et-Oise).
Froument, *Paris*.
Fulconis Victor, professeur, *Avignon*.

Fuss-Amore, *Paris*.
Fuzet Henri, *Voiron* (Isère).
Gadenne, *Lille* (Nord).
Gaget Louis, *Paris*.
Gaignière, *Saint-Etienne* (Loire).
Gaille, avocat, *Paris*.
Galilée Charles, *Paris*.
Galtier, avocat, *Péronne* (Somme).
Garon Alexandre, instituteur, *Allevard*.
Garon Rosa (Mme), institutrice, *Allevard* (Isère).
Garraud Emile, *Saint-Léonard* (Haute-Vienne).
Gasnier, *Langeais* (Indre-et-Loire).
Gaucher, *Millançay* (Loir-et-Cher).
Gaucher, *Paris*.
Gaufet, *Roubaix*.
Gautherot, *Biesles* (Haute-Marne).
Gauthier, *Paris* (XVIIe).
Gauthier (Mme), *Paris* (XVIIe).
Gauthier, instituteur, *Ivoy-le-Pré* (Cher)
Gauthier (Mme), institutrice, *Ivoy-le-Pré* (Cher).
Gauthier, instituteur, *Chey* (Deux-Sèvres).
Geffroy Gabriel, *Liancourt* (Oise).
Gavalda, *Lizy-sur-Ourcq* (Seine-et-Marne).
Gelin L., rédacteur au « Petit Méridional », *Paris*.
Gelin (Mme), institutrice, *Chamouilley* (Haute-Marne).
Gelin (Mme), institutrice, *Soulaincourt* (Haute-Marne).
Gellée, *Paris*.
Genillon Charles, *Pierrefitte* (Seine).
Gérard Anatole, *Neuilly* (Seine).
Gerbore, *Paris*.
Gérente, docteur, sénateur, *Paris*.
Germinix, conseiller municipal, *Saint-Hilaire* (Cher).
Gerson, *Paris*.
Gervais, instituteur, *Monastère* (Aveyron).
Geyer, *Paris* (XIVe).
Geyer (Mme), *Paris* (XIVe).
Gibault David, *Paris*.
Gigot, *Troyes* (Aube).
Gilbert, *Paris*.
Gilbert Clément, *Pierrefitte*.
Gillot Th., *Louviers* (Eure).
Giordan Marius, *Nice* (Alpes-Maritimes)
Giordani Angelo, *Paris*.
Girard Gabriel, *Varennes sur-Allier*.
Giraud, *Angoulême*.
Giraudeau, directeur d'école, *Ars-en-Ré* (Charente-Inférieure).
Girier Emile, *Voiron* (Isère).
Givois, *Vichy* (Allier).
Glénat, *Paris* (XIe).
Godeau H.-G., *Paris* (IIe).
Godefroi (Mme), *Marseille*.
Godet Henri, sculpteur, *Paris*.
Godet Victor, *Charleville* (Ardennes).
Godfroy, *Versailles* (Seine-et-Oise).
Goldenberg, *Nogent-sur-Marne* (Seine).
Goll Clément, *Noisy-le-Sec* (Seine).
Gombert A., directeur d'école, *Bernay*.
Gombert (Mme), institutrice, *Bernay*.
Gonon A.-J., publiciste, *Paris*.
Goré Albert, *Le Havre* (Seine-Inf.).
Gorret, *Plaine Saint-Denis* (Seine).
Goujon, docteur, *Lyon*.
Goujon (Mme), *Lyon*.
Gouju, instituteur, *La Haye-Malherbe*.
Gouju (Mme), institutrice, *La Haye-Malherbe* (Eure).
Goulet, instituteur, *Sedan*.
Goupil, docteur, *Paris*.
Goutagny, *Vichy* (Allier).
Gouté, *Ouchamps* (Loir-et-Cher).
Gouté (Mme), *Ouchamps* (Loir-et-Cher).
Gouté (Mme veuve), *Blois*.
Goy, *Evreux* (Eure).
Goy (Mme) *Evreux* (Eure).
Grancire R.-L., *Les Belle-Fontaine* (Yonne).
Grandclément Hubert, *Bois-d'Amour* (Jura).
Grandidier Julien, *Sannois* (S.-et-O.).

Grandjean, instituteur, *Troyes* (Aube).
Grandjean (Mme), institutrice, *Troyes*.
Grandry Jeanne, *Châtellerault* (Vienne).
Grandvallet, instituteur, *Fécamp*.
Granger, instituteur, *Balnot-la-Grange* (Aube).
Gras, *Paris*.
Grasse, adjoint au maire, *Barbezieux*.
Gravelle Alfred, *Coulaines* (Sarthe).
Gravelle Berthe (Mlle), *Coulaines* (Sarthe)
Grémont, instituteur, *Rouen*.
Grenet Charles, *Deuil* (Seine-et-Oise).
Gressard, *Ivry-Port* (Seine).
Grosjean-Maupin, professeur, *Saint-Maurice* (Seine).
Gross A., instituteur, *Brac* (Ille-et-Vilaine).
Grösz, *Paris*.
Guélot Alexis, *Decize* (Nièvre).
Guérin Marie, institutrice, *Saulxures*.
Guerrier, instituteur, *La Bazouge-de Chémeré* (Mayenne).
Guerry, *Vitry-le-François* (Marne).
Guesnier Camille, *Paris*.
Guibé Paul, statuaire, *Paris*.
Guillaume, *Vigny* (Seine-et-Oise).
Guillaume (Mme), *Vigny* (S.-et-Oise).
Guillaume Odile, *Charleville* (Ardennes).
Guillemain, instituteur, *Boutiers* (Charente).
Guillère Edmond, instituteur, *Carrouges* (Orne).
Guillot Denis, avocat, *Le Havre*.
Guilmer Louis, *Le Mans* (Sarthe).
Guingand, *Briare* (Loiret).
Guitton, *Paris* Ve.
Guitton Hortense, institutrice, *Cré-sur-Loir* (Sarthe).
Guyomarch O., *Trédarzec* (Côtes-du-Nord).
Guyot Camille, *La Ferté-sous-Jouarre*.
Guyot Achille, *La Fère-Champenoise*.
Hablot, instituteur, *Ecurey* (Meuse).
Hablot (Mme), *Ecurey* (Meuse).
Hacnens (d'), *Paris*.
Hamon, homme de lettres, *Paris*.
Hannedouche, inspecteur primaire, *Le Quesnoy* (Nord).
Hanus Célestin, *Lure* (Haute-Saône).
Hanus (Mme Camille), *Lure*.
Harrent Albert, publiciste, *Paris*.
Hascoët Louis, professeur, *Brest*.
Hascoët (Mme), *Brest*.
Hawia, *Paris*.
Haye Alphonse, *Paris*.
Hecht Philippe, *Paris*.
Hecq, *Sevran* (Seine-et-Oise).
Hédoux Constant, *Périgueux*.
Heim, *Paris*.
Helmer, *Paris*.
Hendriks Jean, *Lille* (Nord).
Hénin, *Anzin* (Nord).
Hénissart, *Liévin* (Pas-de-Calais.
Hennebique, *Paris*.
Henri, instituteur, *Rouen*.
Henri Alfred, *Levallois-Perret* (Seine).
Herbinière, instituteur, *Paris*.
Hervé Gustave, ancien professeur, *Paris*.
Hess Achille, *Paris* XIIe.
Hilaire, *Versailles* (Seine-et-Oise).
Hilaire Jean, *Paris*.
Hilaire Michel, *Sedan*.
Hirsch Paul-Armand, *Paris*.
Hirschfeld (Mme), *Paris*.
Houat, *Remiremont*.
Houchard Jean, *Levallois-Perret* (Seine).
Hourmet A., *Lézignan* (Aude).
Houy, *Choisy-le-Roi* (Seine).
Hoyer Léon, *Le Mans* (Sarthe).
Hubert, *Nogent-sur-Marne*.
Huc Antonin, *Cette* (Hérault).
Hucher, instituteur *au Déluge* (Oise).
Hue, *Paris* XIIIe.
Hug, *Saint-Maur-les-Fossés* (Seine).
Hugnon, *Lyon*.
Hugnon (Mme), *Lyon*.
Hugon Antonin, *Paris*.
Hugonnet Isidore, *Paris*.
Hurpin Henri, instituteur, *Rouvray-Catillon* (Seine-Inférieure).

Huvé Auguste, *Ezy* (Eure).
Ibert A., *Paris*.
Ibos Thérèse, *le Vésinet* (Seine-et-Oise).
Imbault, *Paris*.
Imbert Charles, *Bry-sur-Marne*.
Imbert, instituteur, *Bourgnounac* (Tarn).
Jabouyra Léon, *Paris*.
Jacques, *Soissons* (Aisne).
Jacquet, *Lyon*.
Jacquet (Mme), *Lyon*.
Jais Maurice, *Le Mans* (Sarthe).
Jamet (Mlle), *Paris*.
Jantet Paul, conseiller municipal, *Pontarlier*.
Jaquet Adolphe, *Paris*.
Jarrige, *Paris*.
Jaudel, *Paris*.
Jean Victor, avocat, *Marseille*.
Jedor, *Paris*.
Joannès, *Paris* XIIIe.
Joannès (Mme), *Paris*.
Joguet René, conseiller municipal, *Seur* (Loir-et-Cher).
Joguet (Mlle), *Etampes* (Seine-et-Oise).
Jolibois, conseiller municipal, *Paris*.
Jolivet (Mme), institutrice, *Creil* (Oise).
Joliclerc, *Paris*.
Jolly, instituteur, *Paris*.
Josse Théophile, *Lorient* (Morbihan).
Jourdain Francis, *Paris*.
Jubino, *Paris*.
Juliau Auguste, *Pennes* (Vaucluse).
Jumeau Edouard, instituteur, *Blois*.
Jumel Julien, *Amiens* (Somme).
Juste Félicien, instituteur, *Hautmont*.
Juvigny, docteur, *Chouzé-sur-Loire* (Indre-et-Loire).
Kantzer, *Paris*.
Kelmer J. (Mme), *Paris*.
Kienlin Jules, secrétaire du comité français « Giordano-Bruno », *Paris*.
Klein, docteur, *Paris*.
Knappe, instituteur, *Paris*.
Kolb Ch., *Paris*.
Kopp Odon, *Paris*.
Kosciusko Louis, *Paris*.
Kovalewski, *Paris*.
Kriéger Henri, *Lagny* (S.-et-M.).
Kriss (Mme Dora), *Paris* XIIIe.
Kuentzmann, *Paris*.
Kuttner, *Paris*.
Labadès, instituteur, *Brest*.
Labeyrie Jean-Léon, *Dax* (Landes).
Labeyrie (Mme), *Dax* (Landes).
Labrousse, instituteur, *Belluire* (Charente-Inférieure).
Lacarin Gabriel, *Vichy* (Allier).
Lacointe Pierre, *Paris* XIIIe.
Lacombe Julien, *Sannois* (Seine-et-Oise).
Lacombe René, *Alger*.
Lacoste Paul, *Villeneuve-la-Grande* (Aube).
Ladignac, *Paris*.
Ladignac (Mme), *Paris*.
Laffaille Pierre, *Marseille*.
Laffaille Marius, *Marseille*.
Lafferre, député, *Paris*.
Lafosse Alfred, *Dieppe* (Seine-Inf.).
Lagarde Paul, *Paris*.
Lagrange, *Vervins* (Aisne).
Laguerre (Mme Odette), *Artemare* (Ain).
Lahaye Camille, *Troyes*.
Lahitte, *Paris*.
Lahu, *Lavaux-les-Saint-Claude* (Jura).
Lahy Maurice, *Paris*.
Laillet, *Vesoul* (Haute-Saône).
Laisant Albert, *Paris*.
Lallemant, conseiller municipal, *Bar-sur-Seine* (Aube).
Lamaison, instituteur, *Villeneuve-de-Marsan* (Landes).
Lambert Paul, directeur du « *Républicain* », *Tunis*.
Lambert, *Sannois* (Seine-et-Marne).
Lamirault Emile, *Mortcerf* (Seine-et-Marne).
Lamouche, instituteur, *Courcelles-les-Gisors* (Oise).
Lampué (fils), *Paris*.

Langlois Marcellin, professeur, *Maintenon* (Eure-et-Loir).
Lantoine Albert, *Paris*.
Lantoine (Mme), *Paris*.
Laproye Guillaume, *Fourchambault* (Nièvre).
Laqment, *Paris*.
Lardillier Etienne, *Lurcy-Lévy* (Allier).
Larmier Fr., *Chalindrey* (H.-Marne).
Larroque Léon, *Montauban*.
Lasappy Jean, *Monfort-en-Chalosse* (Landes).
Lasne Ch., *Sainte-Savine* (Aube).
Lasnier-Fayard, *Vauchassis* (Aube).
Lassaux Léon, adjoint au maire, *Sedan*.
Launaz Armand, *Paris*.
Laureau Léon, *Paris*.
Laureau Léon (fils), *Paris*.
Laureau (Mme), *Paris*.
Laurent Emile, professeur, *Paris*.
Lavenat, *Parthenay* (Deux-Sèvres).
Lavoipière (Mme), *Paris*.
Lebatteux Auguste, *Le Mans* (Sarthe).
Leber André, *Fécamp* (Seine-Inf.).
Leblanc Albert, membre du Comité exécutif de la Fédération française de L. P., *Paris*.
Le Borgne Joseph, *Petit-Kérinon* (Finistère).
Le Breton Charles, *Paris*.
Leclerc, instituteur, *Doudeville*.
Leclerc de Pulligny, publiciste, *Le Vésinet* (Seine-et-Oise).
Leclercq, *Paris*.
Lecœur Victor, *Paris*.
Lecœur (Mme), *Paris*.
Lecomte, *Paris*.
Lecomte E. (Mme), *Le Châtelet* (Ardennes).
Leduc Edouard, *Epernay* (Marne).
Lefèvre Carolus, cons. mun., *Levallois*.
Lelièvre, maire de *Lavan* (Aube).
Lefranc Fernand, *Paris*.
Lefranc (Mme), institutrice, *Beaumont-de Comagne*.
Le Fraper, secrétaire de rédaction de l'*Action*, *Paris*.
Lefrère E., *Meuilles* (Eure).
Legal Léon, *Rosny-sous-Bois* (Seine).
Léger, *Paris* Xe.
Léger Albert, *Paris* XIVe.
Léger, *Paris* XIVe.
Léger Adrien, instituteur, *Etrechy*.
Léger (Mme), institutrice, *Étrechy* (Cher).
Le Gléo Charles, *Paris*.
Legrand Alphonse, instituteur, *Vieux-Condé* (Nord).
Legrand, *Villemonble* (Seine).
Leguen Alexandre, *Lorient*.
Lejal Elisa, *Paris*.
Lejet (Mme), *Longuyon* (M.-et-M.).
Lejeune, *Nantes* (Loire-Inférieure).
Lejeune (Mme), *Nantes*.
Lejeune Henri, *Paris*.
Leleu, *Levallois-Perret* (Seine).
Leleu Victor, *Paris*.
Lelon, *La Ferté-sous-Jouarre*.
Lemaire, instituteur, *Savigny* (Loir-et-Cher).
Lemazurier Clovis, *Epernon*.
Lemoine Ch.-Ferdinand, *Paris*.
Lemarchand, *Paris* IVe.
Lemarchand, *Suresnes* (Seine).
Lemayre (Mme) *Laval* (Mayenne).
Lemeur, instituteur, *Brest* (Finistère).
Lemoal, *Paris*.
Lemyre G., directeur de l'*Avenir de l'Aisne*, *Château-Tierry*.
Lemyre, *Rouen* (Seine-Inférieure).
Lenoir Camille, *Reims*.
Lenoir, *Paris*.
Lenoir, *Notre-Dame-du-Thil* (Oise).
Lenormand A., *Clichy* (Seine).
Le Page, *Vesoul* (Haute-Saône).
Léotard Joseph, *Malijai* (Basses-Alpes).
Lequien Emile, *Amiens* (Somme).
Léraillé Edouard, *Amiens* (Somme).
Leroux Louis, *Paris*.
Leroux O., *Rennes*.
Leroy (Mlle), *La Ferté-Gaucher*.

Leroy M. (Mlle), directrice d'école, *Bernay* (Eure).
Leroy Bernard, docteur, *Paris* VIIIe.
Lesaint, instituteur, *Mayenne*.
Lescur Jean-Félix, *Blesles* (Haute-Loire).
Lésenfans, *La Garenne-Colombes* (Seine).
Lesourd Edmond, *Neuvy* (Marne).
Lesueur Xavier, *Liancourt* (Oise).
Letonturier, *Paris*.
Létrillard Albert, *Paris*.
Levasseur, secrétaire de mairie, *Persan* (Seine-et-Oise).
Levasseur, instituteur, *L'Habit* (Eure).
Lévêque, *Paris*.
Lévy, *Paris*.
Lévy-Albert, *Paris*.
Leyge, adjoint au maire, *Persan*.
Lhermitte, *Paris*.
Lhomme Rose (Mlle), *Saint-Rémy* (Bouches-du-Rhône).
Lhonoré Paul, *Paris*.
Lhuinte Albert, *Pontoise* (S.-et-O.).
Lhuissier, instituteur, *Levaré*.
Liard Courtois, publiciste, *Paris*.
Libertad, *Paris*.
Liévin G., *La Ferté-sur-Amance* (Haute-Marne).
Ligneul, *Paris*.
Ligonnet, maire de *Givors* (Rhône).
Lions Elie, instituteur, *Saint-Jean-du-Var* (Var).
Liquière (Mlle), institutrice, *Cénac* (Aveyron).
Longuet, *Paris*.
Lorion, professeur, *Issy-les-Moulineaux*.
Lucas Henri, *Paris* XIXe.
Lucet (Mme), *Le Mans* (Sarthe).
Lumeau, *Tours* (Indre-et-Loire).
Luzet, instituteur, *Mareilly* (Loiret).
Mabilon Auguste, *Paris*.
Madec, *Brest*.
Magne (Mlle), *Paris*.
Mahé Anna, *Paris*.
Mahieux Ernest, *Lichy-Catenois* (Oise).
Mahutte, *Colombes* (Seine).
Maignan, *Auneau* (Eure-et-Loir).
Maigret, *Paris*.
Maillard Paul, *Auray* (Morbihan).
Maillard Lucien, *Pontoise* (S.-et-O.).
Maillon, *Chef-Boutonne* (Deux-Sèvres).
Mairey, *Paris* IVe.
Maitre Henri, *Paris*.
Malaise (Mlle), *Verneuil* (Marne).
Mallet, *Paris* XIVe.
Mallet, *Rouen*.
Mallet, docteur, *Paris*.
Malot A.-H., *Châteauneuf* (Eure-et-Loir).
Malvy Louis, *Ternant* (Nièvre).
Manent Louis, *Guillestre* (H.-Alpes).
Mangin, *Paris*.
Mans Jules, *Florensac* (Hérault).
Mantell Lydie, *Paris*.
Mantois, *Gommecourt* (Seine-et-Oise).
Marchand Léon, docteur, *Thiais* (Seine).
Marchand, *Paris*.
Marchiat-Lhote J.-B., *Vosne-Romanée* (Côte-d'Or).
Marchiat-Lhote (fils), *Vosne-Romanée*.
Maréchal A., *Belfort*.
Marie Théophile, *Sainte-Honorine* (Calvados).
Marignan, *Paris*.
Marion, *Chatou* (Seine-et-Oise).
Marion, professeur, *Paris*.
Marion (Mme Berthe), *Nîmes* (Gard).
Marissiaux Léon, *Fourmies* (Nord).
Marmande (Gilbert de), *Paris*.
Maron (Mme veuve), *Paris*.
Maroncle, *Paris*.
Martel, aux *Grandes-Ventes* (Seine-Inférieure).
Martial Lydie, *Paris*.
Martin Athanase, *Decize* (Nièvre).
Martin Charles, *Paris* XIIe.
Martin Emile, *Caudebec* (Seine-Inf.).
Martin Léon, *Paris*.
Martin Louis-Jean, *Autray* (H.-Saône).
Martineau Edouard, *la Flotte* (Ile de Ré).

Martini Charles, *Nice*.
Martinie, *Corrèze* (Corrèze).
Marty Jacques, *Lyon*.
Marx, *Paris* X^{e}.
Mary, *Suzanne* (Ardennes).
Mas Emile, *Paris*.
Massip, *Montauban* (Tarn-et-Garonne).
Masson Pierre, *Ouzouer-le-Marché* (Loir-et-Cher).
Massu Pierre, *Maubourguet* (Hautes-Pyrénées).
Massu (Mme), *Maubourguet*.
Matard, *Saint-Médard* (Charente-Inf.).
Matrat, *Troyes* (Aube).
Maudel, *le Vésinet* (Seine-et-Oise).
Mauger, *Aubervilliers* (Seine).
Maurice Jean, *Paris*.
Maurice Jules, *Contres* (Loir-et-Cher).
Mauveaux, *Montbéliard* (Doubs).
Mawas Jacques, *Lyon* (Rhône).
Maxence Henry, *Bordeaux*.
May, *Paris* XVIe.
Mayrargue Georges, *Nice*.
Mazade, *Pont-Hébert* (Manche).
Même Jules, *Girancourt* (Vosges).
Menc, commissaire, *Montauban*.
Mercier, *Epernon* (Eure et Loir).
Mercier U., inspect. primaire, *Saint-Pol-sur-Ternoise* (Pas de Calais).
Méric, sénateur du Var, *Paris*.
Mesureur, ancien ministre, directeur de l'Assistance Publique, *Paris*.
Métais Claudius, *Chaville* (Seine-et-Oise).
Metté Emile, *Epernon* (Eure-et-Loir).
Metté René, *Tunis*.
Meunier Paul, député de l'Aube.
Meusy Louis, homme de lettres, *Lagny* (Seine-et-Marne).
Meyer Henriette, *Paris*.
Meynard B., *Paris* IIe.
Micheau André, *Saumur*.
Michel Ma[illegible] (Mme), *Paris*.
Michelerme (Mme), *Chéroy* (Yonne).
Michelerme, instit., *Chéroy* (Yonne).
Michelier, *Carpentras* (Vaucluse).
Michelier (Mme), *Carpentras*.
Michelin (Mme), *Melay* (Haute-Marne).
Millard, *Paris*.
Mille, *Paris* X^{e}.
Milon Eugène, ingénieur, *Paris* VIIe.
Millon Rosa (Mlle), *Saint-Jean-de-Luz*.
Minot, *Paris*.
Miquel, instit., *Sainte-Gemme* (Tarn).
Miquel (Mme), *Sainte-Gemme* (Tarn).
Mirel Lucien, instituteur, *Quinçay* (Vienne).
Misset Xavier, *Sedan*.
Miton, *Blestin-les-Grèves* (Côtes-du-Nord).
Mitton Claude, *Saulcet* (Allier).
Moal, *Garancières* (Seine-et-Oise).
Moine Pierre, *Decize* (Nièvre).
Moineau, *Tessonnière* (Tarn).
Moisnard, *La Rochelle*.
Moitet, *Asnières* (Seine).
Monatte, *Lens* (Pas-de-Calais).
Monfroy, instit., *Vieux-Condé* (Nord).
Monirat Alfred, *Villemaur* (Aube).
Monneret, *Malakoff* (Seine).
Monnier André-Auguste, *Paris*.
Monsanglant Lucien, *Vaujours* (S.-et-O.)
Montigny Auguste, *Romorantin*.
Montrésor (Mme de), femme de lettres, *Tours*.
Montreuille, instituteur, *Lens*.
Montreuille (Mme), *Noyelles-sous-Lens* (Pas-de-Calais).
Morat Alfred (de), *Paris* XIVe.
Morceau J.-B., *Tours*.
Morceau (Mlle), *Tours*.
Moreau, libraire, *Melle* (Deux-Sèvres).
Moreau, *Levallois* (Seine).
Moreau Aug., *Marseille*.
Moreau Emile, *Pontoise*.
Morel Jean, *Chalindrey* (Haute-Marne).
Morel (Mme), *Chalindrey* (Hte-Marne).
Moret Frédéric, *Paris*.
Morin J.-B., *Paris*.
Morin Jules, *Châteauneuf* (L.-et-Cher).

Mouchet, *Arcueil-Cachan* (Seine).
Moudon, *Angoulême* (Charente).
Mouflier P., *St-Maur-des-Fossés* (Seine).
Mouflier (Mme), *Saint-Maur-des-Fossés.*
Moughcal (Mlle), *Eglisolles* (P-de-D.).
Mougey Barthélémy, *Lyon.*
Mougin Henri, *Troyes* (Aube).
Mougin (Mme), *Troyes* (Aube).
Mourier André, *Limoges* (Hte-Vienne).
Moustard P., *Meurville* (Aube).
Mugnier Jean, *Membrey* (Hte-Saône).
Mulon, *Blois* (Loir-et-Cher).
Mulon (Mme), *Blois* (Loir-et-Cher).
Muret, conseiller général, *Palaiseau.*
Murmain Elie, *Paris*
Mussat, *Paris.*
Nanquette F., *Paris.*
Nasse, instituteur, *Nérac.*
Nathan-Espic, *Lyon.*
Nathan-Espic (Mme), *Lyon.*
Navoizat, *Paris.*
Nazon, instituteur, *Montpellier.*
Nelly-Roussel (Mme), *Paris* XIIe.
Nérand, *Dompierre* (Haute-Vienne).
Nergal, *Paris.*
Neveu Henri, *Vendôme* (Loir et-Cher).
Nicod Louis, *Oullins* (Rhône).
Nicod Emile, aux *Granges-Narboz.*
Nicol, *Paris.*
Nirascou Alexandre, *Gattières* (Alpes-Maritimes).
Nitram, *Paris.*
Nivière Louis, *Flassans* (Var).
Nivon, *Paris.*
Noël Georges, *Paris.*
Noël Emile, *Limoges* (Haute-Vienne).
Noireau, *Paris.*
Nourisson B., *Pègues* par *Job* (P.-de-D.)
Nourrit François, *St-Léger-des-Vignes* (Nièvre).
Noury, docteur, *Caen* (Calvados).
Nouvelle, *Paris.*
Numietska Félicie, *Bois-Colombes.*
Obriot Louis, *Granges* (Vosges).
Olivier L. (fils), *Boursay* (Loir et Cher).
Olivier, *Bordeaux* (Gironde).
Ozanne Paul, *Maule* (Seine-et-Oise).
Ozanne, professeur, *Cahors.*
Pagès Joseph, *Banyuls-sur-Mer* (P.-O.).
Pailleret, *Villemonble* (Seine).
Paladini, *Paris.*
Palasse, *Chabane-de-Brousse* (P.-de-D.)
Papaud, *Saint-Léonard* (Hte-Vienne).
Paquet Albert, *Chaville* (Seine-et-Oise).
Paraf-Javal Georges, *Courbevoie* (Seine).
Pardon Claude, *Saint-Léger* (S. et-L.).
Parisot Gabriel, *Bourg* (Ain).
Pascal, directeur du *Cri du Var, Draguignan.*
Pasero, *Menton* (Alpes-Maritimes).
Pasero (Mme Marie), *Menton.*
Pasquet, *Paris.*
Pasquier, commandant en retraite, *Paris.*
Pasquier, conseiller municipal, *Thurageau* (Vienne).
Pasquier Paul, instituteur, *Noyers* (Loir-et-Cher).
Pasquier (Mme), *Noyers* (Loir-et-Cher).
Pasquier Emile, *Paris* IVe.
Pasquier (Mme), *Paris* IVe.
Pastre Ulysse, député du Gard, *Paris.*
Pauchet Jeanne, *Paris.*
Pauly (Mme), *Montrouge* (Seine).
Pautard J., *Mugron* (Landes).
Payen Amélie, *Paris.*
Péan Alphonse, *Le Mans* (Sarthe).
Péchine E., *Marcilly* (Haute-Marne),
Pelcot (Mme), institutrice, *Mailly-le-Chateau* (Yonne).
Pelletier (Mme la doctoresse), *Paris.*
Pelloutier Suzanne (Mme), *Paris.*
Pérès Anna (Mme), *Toulouse.*
Périssoud Raphael, *Torcy* (S.-et-M.).
Pernot Gustave, *Héricourt.*
Pérot Jules, instituteur, *Ballainvilliers* Seine-et-Oise).
Perriau, *Le Rainey* (Seine).
Perrier E., *Tournon* (Ardèche).
Pestre Ernest, *Romorantin.*

Petit Pierre, professeur, *Riez* (B.-A.).
Petit (Mme Gabrielle), *Paris* XVIIIe.
Petit G., instituteur, *Charleville.*
Petit (Mme), institutrice, *Charleville.*
Petitbon, *Paimpol* (Côtes-du-Nord).
Petitjean (docteur), sénateur de la Nièvre, secrétaire du bureau du Sénat, président de la commission d'organisation du Congrès, *Paris.*
Petitjean Jean, *Paris* XIVe.
Pflug, *Paris.*
Philippet, *Paris.*
Pibarot Louis, instituteur, *Valfleury.*
Pibarot Marie (Mme), *Valfleury* (Loire).
Picard, *Paris* IIe.
Picard, *Paris* Ve.
Picard (Mme), *Paris* Ve.
Picquet, *Gy* (Haute Saône).
Piens Henriette (Mlle), *Paris.*
Piermé, *Paris.*
Pierre Etienne, avocat, *Paris.*
Pierre J.-B., *Paris.*
Pierrot, *Paris.*
Pierrot, *Charleville* (Ardennes).
Pinotte Blanche (Mlle), professeur, *Chantecoq* (Loiret).
Pion-Roux (Mme), *Montfalcon* (Isère).
Pion-Roux, instit., *Montfalcon* (Isère).
Piron, *Paris* XIIIe.
Pirrault, *Loches* (Indre-et-Loire).
Platel, *Paris* XIVe.
Plique, *Paris.*
Pinot Louis, *Paris* XIIIe.
Poggioli, rédacteur en chef du *Petit Méridional, Montpellier* (Hérault).
Poirrier Ch., *Paris.*
Poisat, *Grenoble* (Isère).
Poitrenaud, *Paris.*
Pollier, *Marennes* (Charente Inférieure).
Pomey, *Paris.*
Porte (Henri de la), *Niort.*
Porte (Mme Henri de la), *Niort.*
Portois, instituteur, *Cambrai* (Nord).
Potiron, instit., *Grandchamp* (Loire-Inférieure).
Pouard Ch., instituteur, *Dierry-Saint-Pierre* (Aube).
Pouillard, *Bruyères-et-Montbérault.*
Poulailler Arsène, *Paris.*
Poulin Maxime, *Contres* (Loir-et-Cher).
Poulle, conseiller général, *Poitiers.*
Pouquet Jean, *Paris.*
Pourcel Adrien, directeur d'école, *Millau* (Aveyron).
Pourchot, *Héricourt* (Haute-Saône).
Pourchot (Mme), *Héricourt.*
Pourcines, *Nancy.*
Pourkarte, *Paris.*
Poussard Gustave, *la Flotte* (Ile de Ré).
Poussard (Mme), *la Flotte* (Ile de Ré).
Poynairo, avocat, *Paris.*
Pradeau Léon, *Melun* (Seine et-Marne).
Pras Léon, *Paris.*
Pressat René, professeur, *Tunisie.*
Priant Marthe, *Paris.*
Prieur, *La Ferté-Gaucher* (S.-et-M.).
Primé Henri, *Paris* VIe.
Prinsaud, *Trouvérac* (Charente).
Pro Ambroise, *Vaux-le-Pénil* (S.-et-M.)
Prod'homme G., homme de lettres, *Paris* XVIIIe.
Prolo Jacques, publiciste, secrétaire du comité La Barre, *Paris.*
Prothin, *Château-Thierry* (Aisne).
Protin Xavier, prof., *Lorgue* (Var).
Provost (Mme), *Paris* XIXe.
Prouvost Léon, *Saint-Raphaël* (Var).
Prouvost (Me Marie), *St-Raphaël* (Var).
Prudhomme, *Montoire* (Loir et-Cher).
Prunier Albert, *Paris* IVe.
Quenioux, *Naveil* (Loir-et-Cher).
Quenot J., *Rosny* (Seine).
Quiévreux, *Paris.*
Quilliard, directeur d'école, *Préseau* (Nord).
Quillou, directeur d'école, *Eu* (Seine-Inférieure).
Rabier Fernand, député du Loiret.
Raby Eugène, *Neuville-sur-Vannes* (Aube).

Rachman (Mme), *Paris.*
Raflin, *Paris.*
Rahier Joseph, *Gray* (Haute Saône).
Ramberg (Mme Cécile), *Paris.*
Rambosson Yvanoé, homme de lettres, *Paris.*
Ranc Albert, *Vichy* (Allier).
Raselard, *Paris.*
Ravaud Claude, *Roanne* (Loire).
Ravisé, *La Celle-Condé* (Cher).
Raymond Joseph, *Paris.*
Reckel (Mme), *Paris.*
Regnier L., *Avesnes* (Nord).
Regnier P., *Paris.*
Regnier, *Marennes* (Charente-Inf.).
Reisz, *Paris.*
Reiter, *Douai* (Nord).
Rémy (Mme Paul), *Mont-de-Marsan.*
Renard Camille, *Ferrières* (Oise).
Renard, *Paris* Xe.
Renaud Elisabeth, institutrice, *Paris.*
Renaud Théophile, *Charleville.*
René L., *Compiègne* (Oise).
Reville (Mme Louise), *Paris.*
Reynaud Maurice, *Annonay* (Ardèche).
Rézillot, *Piepape* (Haute-Marne).
Ribaucourt (de), *Paris.*
Ribière (Mlle), *Paris.*
Ricard Xavier (de), *Asnières* (Seine).
Ricaud Jean, *Bourges* (Cher).
Richard Théophile, *L'Absie* (Deux-Sèvres).
Richard (Mme), *L'Absie* (Deux-Sèvres).
Richardier, instituteur, *Sorbiers* (Loire)
Richardin, *Paris.*
Rieutard, *Contres* (Loir-et-Cher).
Rieutard (Mme), *Contres* (Loir-et-Cher).
Riffaterre Camille, *Bourganeuf* (Creuse)
Rigault, *Brévainville* (Loir-et-Cher).
Rigobert, *Vienne-le-Chateau* (Marne).
Rigobert (Mme), *Vienne-le-Château.*
Ripert Antoine, *Marseille.*
Ripert Jeanne (Mme), *Marseille.*
Ripoche. *Rosny* (Seine).
Rivier, *Boulogne* (Seine).
Rivière H., *Lorient* (Morbihan).
Rivière, *Lamérac* (Charente).
Robert, *La Flèche* (Sarthe).
Robillard, adjoint au maire, *Pavillon-sous-Bois* (Seine),
Robin E., *La Boissière* (Eure).
Robin, directeur d'Ecole, *Lignières* (Cher).
Roblot, *Paris* (XIIIe).
Roblot (Mme), *Paris* (XIIIe).
Roche, *Saint-Priest-Taurion* (H.-V.).
Roche (Mme), *Saint-Priest-Taurion.*
Roche (Mme), *Lyon.*
Rodary, officier d'administration, *Lille.*
Rodrigues, professeur, *Paris.*
Rogeon Lazare, *Paris* (XIIIe).
Roger, *Thieuloy-Saint-Antoine* (Oise).
Roger Louis, *Margency* (Seine-et-Oise).
Roger Julie (Mme), *Ezy* (Eure).
Roisin, instituteur, *Prévillers* (Oise).
Rolland Marcelline, *Menton.*
Rollin Auguste, *Vienne* (Isère).
Roméis, instituteur, *Audincourt* (Doubs)
Roncagliolo, *Toulon* (Var).
Rondot, *Paris.*
Rosenstock Camille, *Paris.*
Rosenstock Félix, *Paris.*
Rosina Charles, *Saint-Haon-le-Chatel* (Loire).
Rossi, *Montmorency* (Seine-et-Oise).
Rossi Michel, *Ile-Rousse* (Corse).
Rossignol Henri, *Gray* (Haute-Saône).
Roudier, trésorier de « l'Amicale de l'Hérault ».
Rouleau André, *Paris.*
Roulot, *Paris.*
Rousseau, *Le Mans* (Sarthe).
Rousseau (Mlle). *Paris* (XIIIe).
Rousseau-Durandot, *Seurre.*
Rousselle Edmond, instituteur, *Paris.*
Rousselle (Mme). institutrice, *Paris.*
Roux Pierre, cons. gén., *Marseille.*
Roy Alfred, *Selles-sur-Cher.*
Roy L., *Oullins* (Rhône).
Roy Alphonse, *Paris.*

Roybet fils, *Saint-Donat* (Drôme).
Royer, *La Berthenoux* (Indre).
Royer Léa, *La Berthenoux* (Indre).
Royer Victor, *Thorigny* (Seine-et-Marne).
Ruault Charles, *Sannois*.
Ruben Auguste, *Paris*.
Rue Berthe (Mme), *Evreux*.
Ruf Lucie, *Paris*.
Russacq, *Paris*.
Sachs Georges, *Paris*.
Saint-Bauzel, *Paris*.
Saint-Paul, *Paris*.
Sajoux Jean, *Paris*.
Salard *Bois-Colombes* (Seine).
Sallé Abel, publiciste, *Paris*.
Salles Auguste, *Paris*.
Salles Joseph, *Joinville-le-Pont* (Seine).
Samaran J., *Paris*.
Sanguinet, *Magescq* (Landes).
Santerre, instituteur, *Sallaumines* (Pas-de-Calais).
Sarloutte Louis, *Gray* (Haute-Saône).
Saumonneau, instituteur, *Béruges* (Vienne).
Sauvage, *Mohon* (Ardennes).
Sauvageon Isidore, *St-Donat* (Drôme).
Saval Eugène, *Maule* (Seine-et-Oise).
Savès E., *Honfleur* (Calvados).
Scellier, *Montmorency* (Seine-et-Oise).
Schentzlé, *Aix-en-Othe* (Aube).
Schütz Armand, *Paris* (XVIIe).
Schütz Robert, *Paris*.
Schuwer Ch., inspecteur primaire, *Sainte-Menehould* (Marne).
Schuwer Henri, *Paris*.
Schweig Blanche, *Paris* (IIIe).
Séailles Gabriel, professeur à la Sorbonne, *Paris*.
Sécail, *Marennes*, (Charente-Inf.).
Secrétin Ambroise, instituteur, *Romilly* (Loir-et-Cher).
Ségal Marcel, *Paris*.
Selegmann Henri, *Paris*.
Selle, député, *Paris*.
Sembat, député de la Seine, *Paris*.
Sératzky, *Vincennes* (Seine).
Sérol, *Paris*.
Serpoul (Mlle).
Servas, instituteur, *Alger*.
Servas (Mme), *Châtillon-sur-Saône* (Vosges).
Sevault, maire, *Saint-Antoine-du-Rocher* (Indre-et-Loire).
Sevault (Mme), *Saint-Antoine-du-Rocher*.
Seveyrat Marcellin, *Bessèges* (Gard).
Séville (Mme), *Romainville* (Seine).
Seyroux Antoine, *Chazelles sur-Lyon*.
Seyroux (Mme), *Chazelles sur-Lyon*.
Sfedj James, *Paris*.
Sicard de Plauzolles, homme de Lettres, *Paris*.
Silvy, *Paris*.
Simon, docteur, *Bar-sur-Seine* (Aube).
Simon, *Paris*.
Simonet A., *Champlitte* (Haute-Saône).
Simoni Michel, *Saint-Jean de-Luz*.
Sincholle, *Clichy* (Seine).
Somme Charles, *Chaumont*.
Sorbier Jules, professeur, *Bône* (Algérie).
Sorgue (Mme), *Domaine-d'Arsac* (Aveyron).
Souchon Georges, *Charenton* (Seine).
Soulageon André, *Saint-Etienne* (Loire).
Soulié, *Saint-Etienne*.
Soulier Marie (Mme), *Lyon*.
Soulisse L., *Niort* (Deux-Sèvres).
Soultz, *Saint-Denis* (Seine).
Spirus-Gay, *Paris*.
Stackelberg, publiciste, *Paris*.
Starkoff Véra (Mme), Femme de Lettres *Paris*.
Sterlin, *Pré-Saint-Gervais* (Seine).
Suffice-Gault, *Orléans* (Loiret).
Suhr, *Paris*.
Surions Jean, *Vingrau* (Pyrénées-Orientales).
Sylvain Maurice, *Contres*.
Tabary Emile, *Condé-sur-Escaut*.

Tabary (Mme), *Condé-sur-Escaut.*
Tai L., *Paris.*
Taillée, *Coulommiers* (Seine et-Marne).
Talagrand, professeur, *Alais* (Gard).
Tambourin, *Villemarien* (Aube).
Tamisey, *Paris.*
Tapis Clément, *Paris.*
Tarbouriech, professeur à l'Ecole des Sciences spéciales, *Paris.*
Tardy Louis, *Illiat* (Ain).
Tauchon docteur, *Paris.*
Taupin H., *Pavilly* (Seine-Inférieure).
Teillais, *Paris* (IIe).
Thalamas, prof. d'histoire, *Versailles.*
Thauvin, *Paris.*
Thépenier, *Paris.*
Thion Victor, *Marseille.*
Thion (Mme), *Marseille.*
Thioust, *Paris.*
Thivet Horace, *Paris.*
Thomas, professeur, *Bel-Abbès.*
Thoret A., avocat, *Melle* (Deux-Sèvres).
Tiha, *La Garenne-Colombes* (Seine).
Tillien Louis, *Val-du-Puits* (Yonne).
Tilloy, *Paris.*
Tinlot, instituteur, *Saint-Angel* (Corrèze).
Tinlot (Mme), *Saint-Angel* (Corrèze).
Tison, *Le Nouvion-en-Thierache* (Aisne).
Tissandier Armand, *Paris.*
Tonnaire, *Marseille.*
Toudouze Fernand, *Méry* (Oise).
Tourillon, conseiller municipal, *Palaiseau.*
Tourneur, *Lille.*
Touya, instituteur, *Soustons* (Landes).
Touyon, *Saint-Maur-les-Fossés* (Seine).
Touzet Gustave, *Paris.*
Trabaud, *Menton* (Alpes-Maritimes).
Tratchevoski, *Paris.*
Tréglia Emmanuel, *Monaco.*
Treich, *Paris.*
Tremblay Charles, *Pontoise.*
Treuillot Antoine, *Lyon.*
Trèves L., *Paris.*
Troemel Achille, *Amiens.*
Troncelier, instituteur, *Altier* (Lozère).
Troncelier (Mme), *Altier* (Lozère).
Trotesski, docteur, *Paris.*
Trottin Hector, *Levallois-Perret.*
Trouble, *Paris.*
Trouvilliez (Mme veuve), *Douai* (Nord).
Trubert Gustave, *Grouville.*
Trubert Thérèse (Mme), *Grouville* (Eure-et-Loire).
Turmel, *Colombes* (Seine).
Turquet, *La Ferté-Milon* (Aisne).
Uhry, *Paris.*
Usselman, *Paris.*
Vacher (Mme), *Angoulême* (Charente).
Vacher (Mlle), *Angoulême* (Charente).
Vachier, *Saint-Marcel* (*Marseille*).
Vahé (Mme), *Loison-sur-Lens* (Pas-de-Calais).
Valabrègue, *Montpellier.*
Vandamme Maurice, *Paris.*
Van der Verren, *Paris.*
Van Raalte, *Paris.*
Vaslin, *Angers* (Maine-et-Loire).
Vasseur (Mme), *Paris.*
Vaudrain, *Levallois* (Seine).
Vautie, (Mme), *Gagny* (Seine-et-Oise).
Vautrin, directeur d'école, *Dardilly* (Rhône).
Vavrille Michel, professeur, *Belley*
Vavrille (Mme), *Belley* (Ain).
Veil Adrien, *Paris.*
Venturini, professeur, *Saïgon.*
Venturini, professeur, *Pers Casarechia* (Corse).
Verdier Nina (Mlle), professeur, *Aix-en-Provence.*
Verge J., *La Ferté-Milon* (Aisne).
Verger Romain, *Veynes* (Hautes-Alpes).
Verger, *Gap* (Hautes-Alpes).
Verglas, *Paris.*
Vergne, professeur, *Toulouse.*
Vermare, professeur, *Oullins* (Rhône).
Vernay, *Grigny* (Rhône).

Vernes Maurice, professeur, *Paris*.
Vernochet Léon, professeur, *Saint-Louis* (Sénégal).
Vernouillet (Mme), *Reims* (Marne).
Vérot, *Sens* (Yonne).
Verrier, *Pavillons-sous-Bois* (Seine).
Vérone Maria (Mme), Femme de Lettres, *Paris*.
Vézien, *Paris*.
Vialard, *Paris*.
Vialis Paul, député, *Paris*.
Vignaud Alfred, *Lizy-sur-Ourcq* (Seine-et-Marne).
Vignon Horace (Mme), *Rambouillet*.
Vilin Gaston, *Grisy* (Seine-et Marne).
Villemsens (Mlle), *Nogent-sur-Marne* (Seine).
Vincent (Mme), *Montreuil* (Aisne).
Vincent Alphonse, *Montreuil-aux-Lions*
Vincent, *Flayose* (Var).
Vincenot E., *Nice* (Alpes-Maritimes).
Viray François, Homme de Lettres, *Lyon*.
Vire-Lapeyre (Mme), *Paris*.
Vital Bertrand, *Alger*.
Vitté, *Paris*.
Vizien, *Paris*.
Voilat J.-B., *Gray* (Haute-Saône).
Voisin Etienne, *Paris*.
Voisin, *Paris* (XIIIe).
Voldemar Konin, *Paris*.
Vuillemin, *Châtillon-sur-Chalaronne*.
Vuillemin (Mme), *Châtillon-sur-Chalaronne* (Ain).
Wagner, *Lieurey* (Eure).
Walichiew Jean, *Paris*.
Walter Emmanuel, *Villers-Semeuse* (Ardennes).
Warocquier (Mme), directrice d'école, *Gravelines*.
Wassereung (Mme), *Paris*.
Weill, *Meaux* (Seine-et-Marne).
Weinstein Sophie, docteur, *Paris*.
Weiss, *Paris*.
Wouters (Mme), *Paris*.
Wouters, *Avon* (Seine-et-Marne).
Zacon Jules, *Thorigny*.
Zipper, *Rosny-sous-Bois*.

Délégués de Hollande

Secrétaire : MENDELL.

Beausar L.-A., *Amsterdam*.
Domela-Nieuwenhuis, *Hilversum*.
Fricke W.,
Hoogeeven Henriette, *Amsterdam*.
Mendell, *Amsterdam*.
Muller H.-C., docteur, *Utrecht*.
Muller Jean, étudiant, *Utrecht*.
Vliet (J.-R. Vander), *de Ryp*.
Vliet-Muys (Mme Vander), *de Ryp*.
Vermeer (L.-J.), *Amsterdam*.
Wiersma (K.-C.), *Amsterdam*.

Délégués de Hongrie

Sécrétaire : DINER-DENÈS.

Balogk Emeric.
Balogk Rose (Mme).
Bardos Emeric.
Diner-Denès Joseph.
Donath Mano.
Donath E. (Mme).
Dubszky Alfred.
Gevo Odon.
Gevo Aomin.
Hajnal Simon.
Honig Jean, docteur.
Kum Samuel.

Lénaoth Istvan.
Magyar-Mannheimer Gustave.
Rosenthal-Bestalan, médecin.
Soïed Odon, avocat.
Székély Aladar, avocat.
Veszi Joseph, député.
Veszi Marguerite (Mlle).

Délégués d'Italie

Secrétaires : GHISLERI.
CARLO BERLENDA.

Albertini Giulio, *Rome*.
Albertini Matilde, *Rome*.
Armelin Bernard, *Sardaigne*.
Aspettati, actuellement à *Paris*.
Azari Murio, *Milan*.
Barbani Florindo, *Cécina*.
Benaglia Carlo, *Rome*.
Berlenda Carlo, *Rome*.
Bernardini Adélaïde, *Siena*.
Bernardini Paolo, *Siena*.
Bertola Silvio, *Guastalla*.
Bia Giuseppe, *Guastalla*.
Bises Giuseppe, *Rome*.
Bolaffi Oreste, *Rome*.
Bolaffi Dario, *Rome*.
Bonacina Giuseppe, *Milan*.
Borghi Giuseppe, *Rome*.
Borzacchini Augusto, *Terni*.
Bossi Maldo, *Varèse*.
Bruzzesis Giuno, *Rome*.
Burati Camillo, *Rome*.
Buzzaro Giuseppe, *Rome*.
Calò Davide, *Rome*.
Calò Emanuele, *Rome*.
Canoro André, capitaine, *Palerme*.
Cara Mario, *Genova*.
Cassio Béatrice, *Milan*.
Cassio Bettino, *Milan*.
Cassio Attilio Giaciuto, *Milan*.
Castellani Antonio, *Rome*.
Catérinis Faustino (de), *Terni*
Cavezzale Carlo, *Alessandria*.
Cervelli Ester, *Rome*,
Chiarelli Luigi, *Rome*.
Cinti Carlo, *Firenze*.
Cioni Angelo, *Rome*.
Costanzo (chevalier Aurelio), *Rome*.
Cousumi Angiolo, *Grosseto*.
Delbecco Giacinta, *Oneglia*.
Descalzi Victor, *Gênes*.
Dinale Ottavio, *Mirandola*.
Disegni Emanuele, *Rome*.
Dossena Angelo, *Alessandria*.
Durazio Roméo, *Rome*.
Eikermann Alberto, *Rome*,
Enéa Dominico, *Naples*.
Enéa Ersilia, *Naples*.
Fabri Alessandro, *Terni*.
Fabbri Luigi, *Galéata*.
Faraglia Battista, *Rome*.
Feliciangeli Alfredo, *Rome*.
Ferca Giovanni, *Messine*.
Ferrori Ettore, *Rome*.
Ferrucci Attilio, *Rome*.
Festari Arturo, *Rome*.
Fiaccadori Alphonso, *Guastalla*.
Ficarelli Filippe, *Terni*.
Filippi Fedérico, *Carru*.
Fiorentini Dominico, *Grosseto*.
Fiorentino Arturo, *Rome*.
Fiorentino Gino, *Rome*.
Foa Jone, *Naples*.
Fontana Carlotta, *Milan*.
Fontana (Mme), *Milan*.
Funaro Alberto, *Rome*.
Gandolfi, *San-Remo*.
Gatti Dante, *Guastalla*.
Gaveli Pietro, *Forli*.
Giorgini Ettore, *Rome*.
Giribaldi Pietro, avocat, *Oneglia*.
Giuliani Attilio, *Terni*.
Gregorio Ettore (de), *Rome*.

Gregorio Alfredo (de), *Rome.*
Illario Cesare, *Milan.*
Jovene Carlo, *Naples.*
Laboria Giuseppe, *Naples.*
Laurati Giacomo, *Firenze.*
Lava Giovanni, docteur, *Torino.*
Lefèvre Angelo, *Rome.*
Lenotti Tullio, *Verona.*
Levi Camillo, *Milan.*
Levi Luigi, *Rome.*
Lollini Vittorio, *Rome.*
Losacio Michele, *Senigallia.*
Mancini Agamennone, *Rome.*
Mannoni Alessandro, *Rome.*
Mantica Paolo, *Rome.*
Mantica Quintino, *Rome.*
Marullo Francesio, *Rome.*
Massetti-Fedi Piero, *Rome.*
Mattozzi Gluno, *Bologne.*
Merlino Libero, *Rome.*
Milano Vitale, *Rome.*
Nerozzi Arturo, *Rome.*
Nissim Cesare, *Rome.*
Nola Ersilia (di), *Rome.*
Nola Angelo (di), *Rome.*
Nola Sessismio, (di), *Rome.*
Orsini Bassano, *Milan.*
Orsini Mola, *Milan.*
Panico Giovanni, *Rome.*
Pianizza Santino, *Varèse.*
Piccoli Rafaele, *Naples.*
Pietro Marchi Giuditta, *Rome.*
Pignatelli Mattéo, *Rari.*
Piperno Angelo, *Rome.*
Piperno Amilcare, *Rome.*
Pontecorvo Giacomo, *Rome.*
Prato Vincenzo, *Rome.*
Ravenna Awigo, *Padoue.*
Razetti Napoléone, *Turin.*
Resta Domenio, docteur, *Rari.*
Romagnoli Adol, *Gesi.*
Romanelli Léone, *Rome.*
Rossi Fausto, *Cecina.*
Rupp (Henriette S.), *Capri.*
Sauvern (Villa-Santa). *Milan.*
Scaturro Ignazio, *Rome.*
Sereni Mario, *Rome.*
Sereni Silvio, *Rome.*
Sergi Giuseppe, *Rome.*
Serra Nicola, *Naples.*
Sinopolis Francesco, *Turin.*
Sinopolis Maria, *Turin.*
Spagnoletto Rosina (Mme), *Rome.*
Spagnoletto Maria, *Rome.*
Spagnoletto Enrico, *Rome.*
Spencer Thomas Jérome, *Capri.*
Spizzichino Cesare, *Rome.*
Spizzichino Settimio, *Rome.*
Spizzichino Pacifio, *Rome.*
Stradella Luigi, *Alessandria.*
Talamini Alfredo, (*actuellement à Paris*).
Tanzarelli Andrea, *Rome.*
Tassarotti Beatrice, *Lordighera.*
Tassarotti Giuseppe, *Lordighera.*
Tevène Pilade, *Livorno.*
Tioli Emilio, *Mirandole.*
Toscano Dario, *Rome.*
Valdis (Aldega de), *Rome.*
Verona Nilo, avocat, *Rome.*
Vicentini Vittorio, avocat, *Lotenza.*
Vicentini Ligilfrido, *Terni.*
Vicentini-Ferretti Aurora, *Potenza.*
Wolynski Bronislav, *Rome.*
Zuccari Alberto, *Rome.*
Zuccari Fédérico, avocat, *Rome.*

Délégués du Grand Duché de Luxembourg

Secrétaire : DAUBENFELD.

Daubenfeld, *Höllerich.*
Epstein Sami, *Höllerich.*
Flesch Paul, *Esch-sur-Alzette.*
Godchaux Charles, act. à *Villemonble.*

Godchaux père, act... à *Villemonble.*
Klees Joseph, *Luxembourg-ville.*
Levy Edmond, *Luxembourg-ville.*
Paulus Louis, *Esch-sur-Alzette.*

Délégué de l'Ile de Malte

Enrico Zammit, *La Valetta.*

Délégué du Paraguay

Docteur Waldrmar C. de Korab.

Délégué du Pérou

Amodéo Oscar.

Délégués de Pologne

Secrétaire : Citoyenne ZIELENSKI.

Badior Olga.
Blanc Caroline.
Blanc Stanislas.
Chrystowska Pauline.
Drzewiecki Konrad.
Epstein Alexandre.
Finkelblech Salomée.
Finkelblech Stéphanie.
Gruszczewski Casimir.
Here Wilhelm.
Kozlowski.
Knotek.
Krzyzanowski Miécislas.
Lubelski Alfred.
Luszczewski Zénon.
Meyerczak.
Moszkowski Sigismond.
Mutermilch Michel.
Mutermilchowa Mélanie.
Niemojewski André.
Radlinski Ignacy.
Ramberg Cécile.
Skarzynki.
Smosarska Sophie.
Winawer Bronislas.
Walichiewicz.
Wolfke Miécislas.
Zielinski Iza.
Zielinski Joseph.
Zielinski Michel.
Zielinski Stanislas.

Délégués du Portugal

Secrétaire : MAGALHAÈS LIMA.

Botto Machado, *Lisbonne.*
Botto Machado (Mme), *Lisbonne.*
Magalhaès Lima, *Lisbonne.*
Nevès, *Lisbonne.*

Délégués de la République Argentine

Narvacz Manuel.
Ugarte Manuel.

Délégués de Russie

Secrétaire : SEMENOFF.

Braguinsky.
Famamschef Georges.
Fell Rose.
Frœlich.
Grenzstein.
Kuriansky Georges.
Niemir (Mlle).
Paszkiewitz (Mlle).
Reichmann.
Roseman.
Sémenoff.

Délégués de Suisse

Secrétaire : FULPIUS.

Bariffi Antonio, *Lugano*.
Bonnaz, *Berne*.
Botochénéano Maurice, *Genève*.
Dezarzens, *Lausanne*.
Fremceff Praskowic (Mme), *Genève*.
Fontana Ferdinando, *Montagnola*,
Fulpius Charles, *Genève*.
Fulpius Georges, *Genève*.
Gallaud, *Lausanne*.
Grange Lami, *Le Locle*.
Karmin Otto, *Genève*,
Lampugnani Virgilio, *Lugano*.
Lapie, *Lausanne*.
Lips, *Zurich*.
Müller Henry, *Lausanne*.
Paris, professeur, *Genève*.
Peytrequin, *Lausanne*.
Rouiller L. A., *Genève*.
Roth de Marcus, *Lausanne*.
Roth de Marcus (Mme), *Lausanne*.
Weber Georges, docteur, *Genève*.
Weber Georges (Mme), *Genève*.
Wullschlaeger Fritz, *Lugano*.
Ziegler Conrad, *Ilanz*.

Délégué de Turquie

Soutfi-Zia, *Constantinople*.

OPINIONS DIVERSES

Sous cette rubrique, nous publierons, à la fin de chaque chapitre, les opinions de quelques journaux, — de gauche ou de droite, de droite surtout, — relatives au Congrès de Paris, et concernant plus spécialement le sujet même du chapitre.

CARTE POSTALE, éditée par le Secrétariat.

La Libre Parole, 22 mars 1905. — De M. *Edouard Drumont* au sujet des cartes postales éditées par le Congrès de Paris.

Ah oui ! c'est vraiment un *instrument de propagande* que les images et les cartes postales du Congrès de la Libre Pensée internationale. Comme le calendrier du Congrès de Paris « qui devrait décorer tout intérieur libre penseur », ces images devraient être sans cesse sous les yeux de tout chrétien. C'est avec la conviction de rendre service à nos frères en Christ que nous les reproduisons.

Elles sont plus éloquentes, ces images, que les soixante-trois discours que doivent prononcer, sur la Séparation de l'Eglise et de l'Etat, les soixante-trois orateurs déjà inscrits... Elles résument, elles commentent, elles expliquent et elles définissent, elles précisent et elles formulent avec une admirable netteté la loi dont la discussion a commencé hier. Les images répandues à des centaines de milliers d'exemplaires par le Congrès de la Libre-Pensée, sont bien le frontispice de cette loi qui vient de faire son apparition au Palais-Bourbon...

Voilà bien la petite église de village, telle que nous la retrouvons partout dans notre France, la vieille église avec son clocher et les saints de pierre du porche.

Elle est devenue une succursale du champ de foire ; elle est transformée en un lieu d'exhibitions, en une tribune de blasphèmes, la vieille église ! Les paysans, au meilleur et au plus sincère d'eux-mêmes, s'en attristent ; mais les beaux esprits de l'endroit, les hâbleurs malfaisants et stupides, l'instituteur en tête, sont sur la place, et les *snobs* villageois se croient obligés, par fausse honte, de rire de l'écriteau :

A louer pour Université populaire, Musée, Fêtes laïques.

Voici maintenant l'église moderne, l'église qui appartenait incontestablement aux catholiques, puisqu'ils avaient pour elle versé trente millions. Trente millions !..

Avant deux ans, le Sacré-Cœur sera devenu une salle de réunions publiques, un bastringue, un théâtre où l'on donnera les représentations que l'affiche annonce :

Tartuffe !... Torquemada !...

Est-ce beau, Tartuffe, représenté par des gens qui ont joué avec le mot de liberté la plus impudente et la plus cynique parade que jamais le monde ait contemplée, qui, sous prétexte de liberté, ont traqué jusqu'au fond de leurs pieuses retraites, de pauvres êtres inoffensifs... Réduits littéralement à mourir de faim, ces malheureux nous écrivent que, pour manger, ils accepteraient des emplois de domestiques dans des maisons où on leur garantirait seulement qu'ils pourraient remplir leurs devoirs religieux. *O ! Tartuffe !*

Torquemada ! Est-ce bien trouvé encore pour des scélérats mâtinés de farceurs qui ont élevé des statues à ces hommes de la Terreur qui tuaient pêle-mêle des vieilles de quatre-vingt-dix ans, des vierges impubères, des garçons de seize ans ! Est-ce bien trouvé pour des comédiens affreux qui célèbrent, au nom de l'Humanité, le régime où l'on attachait les jeunes filles à des hommes avant de les noyer dans la Loire, afin que le sentiment de la pudeur violée ajoutât encore à l'horreur de l'agonie.....

Le reste est encore moins méchant.

Journal des Débats, sur le programme du Congrès, — 3 septembre 1905.

Fanfares, promenades, ascension de la Tour Eiffel, banquets, comédies, rien n'y manque. On se demande où les congressistes trouveront le temps de prononcer des discours ; mais, nous sommes tranquilles, ils le trouveront et la mascarade n'ira pas sans phrases. L'année dernière, le Congrès avait lieu à Rome : il y a laissé des souvenirs qui n'étaient pas tous sérieux. La réunion, cette année, a lieu à Paris, ville autrement divertissante que Rome et où nous ne craignons pour les libres penseurs accourus de tous les points de l'univers que l'excès des distractions.

Il y en aura, toutefois, de sévères, par exemple l'inauguration du monument qui, aujourd'hui même, au commencement de l'après-midi, sera élevé en face de la basilique de Montmartre au chevalier de La Barre.....

C'est contre la société qu'on s'apprête à livrer assaut, et l'idée religieuse en étant une des premières assises, c'est celle qu'on démolit aussi tout d'abord. On commence par s'attaquer aux croix, comme La Barre, avec le danger en moins. Cela met en goût. On cherche, en réalité, à reformer et à entraîner l'armée de la révolution, et même de l'anarchie, pour la conduire à de nouveaux exploits. O libre pensée, que de violences et d'intolérances on commet en ton nom !

Telles sont, à n'en pas douter, les intentions qui président à tout ce déploiement de forces libres penseuses. Mais, quel en sera l'effet ? A en juger par les précédents de ces dernières années, il ne sera peut-être pas bien considérable. Ce sont plaisirs de vacances dont les journaux s'occupent faute de mieux et parce qu'il n'y a pas autre chose. Autant en emporte le vent.

L'Echo de Paris, 3 septembre, de Henri de Noussanne.

L'opinion de M. Brunetière sur le Congrès de la Libre Pensée.

— J'ai lu, dis-je, ce matin, le programme du congrès de la Libre Pensée, ouvert à Paris du 3 au 7 septembre.

On ne voit pas ce que la philosophie peut avoir à faire là-dedans.

M. Brunetière haussa les épaules :

— Il s'agit bien de philosophie ! Il s'agit de politique. On bat la caisse pour attirer les sots. Les libres penseurs ne sont rien de plus.

— Cependant nous avons connu, nous connaissons des hommes charmants, lettrés et supérieurs, qui se flattent de penser librement.

— « Supérieurs », qu'en savez-vous ? Il n'est point d'autre supériorité réelle que la supériorité morale, et il faudrait connaître l'intimité de leur vie et de leur âme avant de leur décerner un brevet de mérite. Il y a, c'est certain, parmi les libres penseurs, des meneurs avisés et instruits que l'intérêt guide ; il y a aussi des fous ambitieux qui se passent de main en main la torche d'Erostrate et se prennent pour des porteurs de flambeau. Mais vous êtes bien bon de leur accorder une supériorité quelconque. On ne trouve dans le mal que des êtres inférieurs, et la Libre Pensée n'est qu'une œuvre de haine

La vérité simple est que le dogme la gêne et l'humilie. Il est sa pierre d'achoppement. La Libre Pensée se brise sur lui comme sur un théorème : il démontre que la raison a des limites. De même qu'elle ne peut s'affranchir des propriétés du cercle ou des lois de la pesanteur, elle est enfermée dans le dogme et se rebelle en vain. Exaspérée, elle attaque l'Eglise qui lui impose cette barrière ; mais en quoi l'Eglise gêne-t-elle la véritable liberté de l'esprit ?

LE CONGRÈS

La Journée Populaire

3 septembre 1905

La première journée fut splendide. Toute remplie par les trois grandes manifestations annoncées, toute d'enthousiasme et de cordialité, elle comptera au nombre des grandes journées, dans l'histoire de Paris libre-penseur, et dans l'histoire de toute la Libre Pensée internationale.

Nous n'avons pas un grand effort à faire pour évoquer le souvenir des manifestations du 3 septembre. Nul congressiste ne saurait les oublier.

Réception des Congressistes à l'Hôtel de Ville

Dès neuf heures du matin, la place de Grève, la vieille place des fêtes populaires, se garnissait de militants de toutes nationalités. On retrouvait les présidents des organisations libres-penseuses, les congressistes rencontrés à Rome, — on se reconnaissait, et déjà la plus grande cordialité s'établissait entre tous.

L'Hôtel de Ville

Les fanfares arrivaient quelques instants après, celle de Soignies (Belgique), celle de Persan-Beaumont (Seine-et-Oise), l'Harmonie de la Maison du Peuple de Bruxelles. Puis venaient se grouper devant l'Hôtel de Ville les pupilles du Vooruit de Gand, les enfants libres-penseurs du 12e arrondissement, etc.

Parmi cette foule de trois mille congressistes circulent les vendeurs d'insignes, d'églantines, des camelots offrant des chansons révolutionnaires et de nouveaux chants de circonstance.

Les portes de l'Hôtel de Ville s'ouvrent, et tous les manifestants prennent place dans les Salles des Cariatides, de l'Arcade, et dans le Salon des Sciences des Arts et des Lettres.

Les citoyens *Paul Brousse*, président du Conseil municipal, *Henri Rousselle*, vice-président, *Brenot*, secrétaire font les honneurs de la réception à laquelle assistent les citoyens *Colly, Deslandres, Fribourg, Jolibois, Landrin, Le Grandais, Marchand, Pannelier*, conseillers municipaux, *Blanchon*, conseiller général, ainsi qu'un certain nombre d'autres membres des deux assemblées.

M. *Lépine*, préfet de police, M. *Autrand*, secrétaire général de la préfecture de la Seine sont représentés par leurs secrétaires M. *Nicolas* et M. *Horteur*.

Nous reconnaissons, parmi les assistants les citoyens *Hector Denis, Sergi, Bérenger, Baillon, Bogaerts, Charbonnel, Chauvière*, député, *Crétois, De Andreis*, député italien, *de Watts, Foote, Sébastien Faure, Heaford, Lhermite, Lorand*, député belge, *Prolo, Vaughan, Veszi*, député hongrois, *Ad. Weber*, député français, etc.

A l'arrivée du citoyen *Brousse*, la fanfare de Soignies joue la *Marseillaise*. L'*Internationale* est demandée par un grand nombre de manifestants, et la fanfare de Soignies l'exécute, au milieu de frénétiques applaudissements. Deux mille voix entonnent le refrain, et dans les hautes salles sonores de l'Hôtel de Ville le chant socialiste produit un merveilleux effet.

Le sénateur Petitjean, secrétaire du bureau du Sénat, président de la Commission française d'organisation du Congrès, présente le bureau et les membres du Congrès en ces termes :

Monsieur le Président du Conseil municipal,
Monsieur le Président du Conseil général,
Monsieur le représentant du Préfet de la Seine,
Messieurs les membres du Conseil municipal,
Chers citoyens,

J'ai le très grand honneur et la satisfaction profonde comme président de la Commission d'organisation du Congrès international de la Libre Pensée à Paris de vous présenter le Bureau de cette Commission : le citoyen *Jean Allemane*, la citoyenne *Marie Bonnevial*, vice-présidents, le citoyen *Maurice Chevais*, secrétaire-adjoint, pour le citoyen *Emile Chauvelon*, secrétaire général; et la Commission internationale de la Libre Pensée, dans la personne du citoyen *Furnémont*, secrétaire général.

Les congressistes de France et de tous les pays, venus en nombre considérable à Paris, animés du même esprit d'émancipation intellectuelle, propagandistes fervents des idées rationalistes et dont la plupart sont déjà connus de vous tous, sont heureux de saluer la ville de Paris dans les personnes de ses représentants les plus éminents au Conseil municipal et au Conseil général en même temps que le représentant officiel de la Préfecture.

Ils savent que la majorité des élus parisiens est animée des mêmes sentiments qu'eux et que son dévouement est acquis à la grande cause de la Libre Pensée. (*Très bien! Très bien!*)

Ils trouveront au sein de la population libre penseuse parisienne un accueil fraternel qui sera pour eux un réconfort et le plus vif des stimulants.

Le grand nombre de nos amis étrangers présents, au matin de cette grande et inoubliable journée, à l'Hôtel-de-Ville de Paris, et nos amis de France, tous étroitement unis et solidaires, acclament la ville de Paris, toujours hospitalière et libératrice. (*Vifs applaudissements.*)

Le citoyen **Léon Furnémont**, secrétaire général de la Fédération Internationale de Libre-Pensée, salue « la Grande Ville de Paris, qui sera toujours le phare qui guidera l'humanité vers la délivrance comme il l'a guidée dans les luttes et les combats ».

Nous connaissons cette ville qui fut toujours à l'avant garde du progrès, ajoute-t-il. Nous sommes heureux de vous apporter les félicitations universelles, car vous avez accompli un acte qui ouvre une ère nouvelle : la séparation des Eglises et de l'Etat. La Libre Pensée, du reste, n'est pas seulement un parti de combat contre l'oppression cléricale ; c'est aussi le parti de la Paix. Je crois répondre à votre pensée intime en donnant dans ma pensée cette signification à cette fête qu'elle est non seulement la fête de la Libre Pensée, mais aussi qu'elle emprunte le caractère d'une grande fête de fraternité, de paix ; c'est au nom de tous les délégués du monde entier que je crie :

« Vive Paris, avant-garde de l'humanité progressive ! » *(Applaudissements prolongés.)*

Le citoyen **Paul Brousse**, président du Conseil municipal, salue les congressistes en ces termes :

Messieurs,

Au nom de la ville de Paris, je salue en vos personnes, à quelque nation que vous apparteniez, le Congrès international de la Libre Pensée qui va se tenir à Paris.

Vous êtes des ouvriers du progrès humain. Nous sommes des vôtres et nous formons des vœux pour le succès de l'œuvre à laquelle vous allez appliquer vos talents, votre dévouement et vos efforts.

Quel but est le vôtre ?

Dans la très belle lettre que l'Association nationale des Libres Penseurs de France adressa jadis à M. Berthelot, elle le définissait ainsi : « Protéger la liberté de penser contre toutes les religions et tous les dogmatismes, quels qu'ils soient ; assurer la libre recherche de la vérité par les seules méthodes de la raison. » *(Très bien !)*

Et le savant approuvait. On pourrait dire qu'il renchérissait en écrivant dans sa lettre au Congrès de Rome :

« Notre tradition, ne l'oublions jamais, est celle de la pensée libre. Dans notre enthousiasme pour la science et la raison nous devons toujours maintenir ce principe fondamental qu'il s'agit de convaincre les hommes en nous appuyant uniquement sur leur adhésion volontaire, sans persécuter personne, sans jamais prétendre à l'infaillibilité, sans réclamer et imposer au nom de la raison le monopole de dogmes immuables ». *(Vive approbation).*

Paul BROUSSE
Président du Conseil municipal de Paris.

Ce programme de liberté, je ne crains pas de l'affirmer ici, je puis le déclarer sans conteste, fut toujours celui des majorités républicaines de l'Hôtel de Ville. Le seul but poursuivi, de tous temps, par nos prédécesseurs et par nous-mêmes est uniquement la sécularisation de nos services publics. *(Applaudissements.)*

La Chambre des députés vient de voter un projet de loi sur la séparation des Eglises et de l'Etat, dont on peut tout dire hormis qu'il porte atteinte aux libertés confessionnelles. Le Sénat l'adoptera sans doute, et, dans le domaine national, une grande expérience va être tentée. Du côté des républicains, certainement, l'essai sera loyal et sincère ; pour le triomphe de leurs idées l'usage de la liberté suffit...

La science ne craint point la discussion. (*Très bien ! Très bien !*)

Seule elle est capable d'une marche assurée vers la certitude par l'emploi de sa méthode rigoureuse, l'observation des faits, l'expérimentation. Chaque jour elle fait ses preuves, et ses progrès dans la connaissance transforment progressivement le monde matériel, le monde moral, le monde intellectuel. Devant ses démonstrations les rêves religieux se dissipent comme les nuages au clair soleil.

Cependant, dans le monde politique, au moment où l'expérience de la séparation va commencer, on n'est pas sans inquiétude. Celui de nos ministres le plus connu par la modération de son esprit, M. Chaumié, vient de faire, dans le discours qu'il a prononcé à Toulouse le public confident de ses craintes :

« Il ne faut pas se dissimuler, a-t-il dit, que les adversaires de la République accumulent efforts sur efforts pour empêcher la mise en pratique régulière de la loi nouvelle, son application bienfaisante et féconde, pour enfiévrer, surexciter en les égarant, les passions religieuses. La bataille sera rude... ».....

En tout cas, devers nous, gardons le beau rôle : donnons à nos adversaires, encore une fois, une liberté : celle du choix entre la paix et la guerre. Faisons leur cette déclaration : « Ou nous vous défendrons en vertu de la liberté, si vous êtes une doctrine ; ou nous vous attaquerons, en vertu de notre liberté, si vous voulez être un pouvoir. » (*Applaudissements prolongés*). De toute la force et la sincérité de nos convictions républicaines nous offrons la concorde à nos concitoyens. (*Applaudissements et bravos*). Mais, si leur fanatisme nous force à tirer la lame d'acier au reflet bleu, nous jetterons définitivement le fourreau. (*Très bien ! Très bien !*).

En attendant les événements, profitons du calme de l'heure présente ; travaillons. A l'ordre du jour de votre congrès, vous avez porté les questions les plus importantes que soulève la Libre Pensée. Parmi vous figurent des hommes si éminents qu'on n'a le droit d'en citer aucun sans les nommer tous. Chaque pays vous apporte la contribution de ses savants.

De telles conditions de travail assurent le succès de votre œuvre. A l'Hôtel de Ville, d'avance, nous y applaudissons. (*Double salve d'applaudissements*).

Le citoyen **Jolibois**, vice-président du Conseil général, prononce le discours de bienvenue dont voici la fin :

A la peur de châtiments imaginaires et à l'espérance de récompenses plutôt puériles, à la suspicion et à la haine qui dérivent de la superstition et du fanatisme, vous voulez substituer les beaux sentiments de l'altruisme et de la solidarité, et, restant logiques avec la haute largeur d'idées qui vous anime, vous souhaitez prochaine la réalisation de la cité de justice et de liberté d'où seront bannies toutes les théocraties. Ce sera, Mesdames, Messieurs, l'honneur de la Libre Pensée d'avoir placé au premier plan la grande œuvre de l'éducation du peuple et d'avoir travaillé à développer, avec sa valeur morale, sa volonté, son indépendance et les qualités de son esprit. (*Très bien ! Très bien !*)

Le département de la Seine et ses élus, qui s'intéressent à vos travaux, sont de cœur avec vous pour se réjouir des nouveaux progrès accomplis dans la marche continue vers les régions sereines habitées par la pure raison. (*Vifs applaudissements*).

Après avoir applaudi ces remarquables discours, les congressistes visitent les salons de l'Hôtel de Ville, où le champagne d'honneur est servi.

Les musiques exécutent le programme suivant *Marche triomphale*, de Van Moortel ; *Salut à Paris* ; *Marche des nobles*, du Tannhäuser ; fantaisie sur *Aïda* ; *Vassil*, grande valse de Duquesne ; *L'Internationale*.

Cette brillante réception, ce fraternel accueil de la municipalité républicaine, a laissé une profonde impression chez tous les congressistes.

La Manifestation La Barre au Sacré-Cœur de Montmartre

Il n'y avait pas de temps à perdre. Le rassemblement pour la manifestation La Barre était annoncé pour une heure de l'après midi, au pont Caulaincourt.

Le matin, pendant la réception à l'Hôtel de Ville, la maquette de la statue du chevalier la Barre traversa Paris, sans incident. Elle fut placée sur son socle, en bordure de la rue Lamarck, juste dans l'axe et à quelques mètres seulement, de la basilique du Sacré Cœur.

Jacques PROLO, Secrétaire du Comité La Barre.

Les organisateurs du Congrès et de la manifestation vinrent, des premiers, au pied de la statue. Tout un monde de curieux s'y rendit.

L'étonnement était général ; deux ou trois agents, seulement, et de mine conciliante, gardaient la maquette. Mais, être inquiet c'était douter du talent de M. Lépine. Mieux valait constater que les curieux ne s'en allaient pas vite, et que bon nombre d'entre eux, assis sur le bord du trottoir, déjeunaient paisiblement.

Un repas cordial et rapide rassembla les organisateurs, non loin de la statue, entre autres, les citoyens *Petitjean*, *Jacques Prolo*, *Baudrit*, *Allemane*, *A. Cohen*, *Lermina*, *Schätz*, *Boilot*, *Doyen*, *Davoise*, *Chevais*, *Alleaume*, *Rogeon*, *Ségal*, *Pons* et le sculpteur *A. Bloch*, auteur de la statue.

Au pont Caulaincourt, dès midi et demi, les congressistes et manifestants arrivent, avec leurs bannières, drapeaux rouges, insignes.

La foule monte sans cesse, des rues avoisinantes. Les tramways se vident, devant l'Hippo-Palace. Les congressistes de l'étranger qui ne connaissent ni

Paris ni notre langue n'ont pas à chercher le point de départ de la manifestation, car la présence de nombreuses légions d'agents et de gardes républicains les renseigne amplement.

Les manifestants se groupent autour de leurs bannières respectives.

Les fanfares se placent.

Les jeunes pupilles, des patronages laïques du 20e arrondissement, coiffés de bérets rouges, se mettent en tête du cortège.

— Bravo ! les gosses ! crie-t-on.

Cela ne leur plaît qu'à moitié. Ils semblent dire : « Si nous sommes ici, c'est que nous avons l'âge de raison. Nous ne sommes plus des gosses » !

Les camelots du matin reparaissent. On vend l'*Internationale*, l'*Anticléricale*, la *Carmagnole*.

D'autres chants, moins bien inspirés, et appelés à moins de succès, essaient de voir le jour. Voici la *Séparation* :

Les mariages et les enterr'ments
Se feront partout civil'ment.....
Et les naissances de vos enfants
Partout s'célèbreront gaiement
Dans la franchise et sans mystère,
D'vant monsieur l'maire.

Voici quelque autre strophe, que nous retrouvons dans « La Croix ».

C'est un jour magnifique
Pour les libres penseurs
Qui chasseront la clique
Et prendront l'Sacré-Cœur.

D'autre part, des feuilles cléricales étaient distribuées :

Camarades, on abuse de votre crédulité !

Non ! dit cette feuille reproduite en affiche ; La Barre n'est pas une victime de l'Eglise, mais bien des juges laïcs.

Nous nous en doutions tous.

Et puis, dira tout à l'heure Le Grandais, cela n'a pas d'importance, calotte cléricale ou calotte judiciaire, cela ne fait qu'un pour nous, encore aujourd'hui.

DEUX MOTS D'HISTOIRE

Jean François Lefèvre, chevalier *De la Barre*, né à Abbeville en 1747, allait entrer dans les armes lorsqu'il fut victime d'une odieuse machination. Intelligent et instruit, il s'était épris d'idées libérales. Il fréquentait des jeunes gens de mêmes tendances, groupés autour d'un des chefs du parti avancé, Maillefeu. Ce dernier avait un mortel ennemi dans la personne de Duval de Soicourt, lieutenant criminel, appuyé par tous les cléricaux d'Abbeville..

La Barre, de plus, était neveu de Mme de Brou, elle-même en rivalité d'intérêts avec Duval de Soicourt.

En 1765, un crucifix de bois, élevé sur le pont neuf d'Abbeville, fut mutilé.

De Soicourt désigna La Barre comme l'auteur de ce sacrilège.

Il l'accusa, en outre, d'avoir refusé de se découvrir au passage d'une procession et d'avoir appris à chanter et chanté des chansons injurieuses pour la religion.

Cependant, pour envenimer l'affaire l'évêque, à grand bruit, faisait une réparation solennelle sur le lieu du sacrilège.

« La Barre ([1]) avoua les faits en ce qui concernait la procession et la chanson. Mais aucune preuve ne put être produite contre lui sur la question du crucifix.

« Il fut cependant condamné par le tribunal d'Abbeville à avoir la langue et la main coupées, et à être brûlé vif.

« Il en appela au parlement de Paris qui, malgré l'illégalité des procédures et la jeunesse de La Barre, confirma la sentence, mais en ordonnant que La Barre serait décapité avant d'être brûlé.

« Il subit son supplice avec un admirable courage, et au milieu de l'indignation générale ».

Au risque de faire plus de « deux mots d'histoire » nous reproduisons intégralement le curieux jugement rendu le 4 juin 1766 par le Parlement de Paris.

Le Chevalier La Barre

En ce qui concerne le sieur De La Barre (principal accusé) :
Attendu qu'il a été déclaré dûment atteint et convaincu :

1° D'avoir, par impiété et de propos délibéré, passé le jour de la Fête-Dieu dernière *à vingt-cinq pas du Saint-Sacrement* que l'on portait *à la procession des Religieux* de Saint-Pierre-d'Abbeville, *sans ôter son chapeau* qu'il portait sur sa tête, *et sans se mettre à genoux* ;

2° D'avoir proféré des blasphèmes énormes et exécrables contre Dieu, la Sainte-Eucharistie, la Sainte-Vierge et les Commandements de Dieu et de l'Eglise, lesdits blasphèmes étant mentionnés au procès;

3° D'avoir chanté *deux chansons impies*, remplies de blasphèmes les plus énormes et les plus abominables, mentionnées au procès ;

4° D'avoir rendu des marques de respect à des livres infâmes, dits philosophiques, au nombre desquels se trouvait le *Dictionnaire Philosophique Portatif* du sieur Arouet de Voltaire, qu'il avait placés sur une planche dans sa chambre, *et devant lesquels il passait en disant qu'on devait respect à ces livres plus qu'au Très Saint Tabernacle* ;

5° D'avoir profané le Signe de la Croix, *en faisant ce signe par dérision avec accompagnement de mots moqueurs et impies*, mentionnés au procès ;

6° D'avoir profané le Mystère de la Consécration du vin, *s'en étant moqué* en prononçant à voix demi-basse, dessus un verre de vin qu'il tenait à la main, les termes impurs mentionnés au Procès, *et ayant bu ensuite le vin* ;

7° D'avoir profané les bénédictions en usage dans l'Eglise, *en faisant des croix et bénédictions moqueuses sur un poulet rôti*, dans une auberge, avec cette circonstance aggravante qu'il commettait cette abominable profanation *un jour de vendredi* ;

8° D'avoir enfin proposé au nommé Pérignot de lui servir la Messe, qu'il imitait par moquerie impie, et *d'avoir simulé de bénir des burettes*, en prononçant des paroles impures, mentionnées au Procès ;

([1]) Extrait d'un dictionnaire qu'on ne peut suspecter, dans la circonstance.

Pour réparation de quoi, ledit Chevalier de La Barre a été condamné : à faire amende honorable devant l'Eglise collégiale de Saint-Wulfran, à Abbeville, où il sera conduit par l'Exécuteur de la Haute-Justice, et là, étant à genoux, nue tête et nus pieds, ayant la corde au cou, écriteaux devant et derrière, portant : *Impie, Blasphémateur et Sacrilège abominable et exécrable*, et tenant en ses mains une torche de cire ardente du poids de deux livres, dire et déclarer à haute et intelligible voix qu'il se repent de ses crimes et en demande pardon à Dieu, au Roi et à la Justice ; et, audit lieu, avoir la tête tranchée et son corps jeté avec sa tête au feu dans un bûcher ardent, afin d'y être brûlés avec l'exemplaire saisi du *Dictionnaire Philosophique*, et les cendres jetées au vent.

Et, *avant l'exécution*, sera ledit Chevalier de La Barre appliqué à la Question ordinaire et extraordinaire, pour avoir par sa bouche la vérité sur tous autres faits résultant du Procès et la révélation de tous ses complices d'impiétés ;

En outre, tous ses biens, mis sous séquestre, seront confisqués au profit de Sa Majesté Très Chrétienne le Roi, *ou à qui il appartiendra*, sur iceux préalablement pris la somme de deux cents livres d'amende envers ledit Seigneur Roi, au cas que confiscation n'eut lieu à son profit.

La Cour du Parlement, la Grand'Chambre assemblée, dit qu'il a été bien jugé par le Lieutenant Criminel d'Abbeville, met à néant l'appellation du sieur de La Barre, et ordonne que ladite Sentence sortira son plein et entier effet.

A LA BUTTE DE MONTMARTRE

C'est pour saluer la statue de ce martyr libre-penseur que 25 000 manifestants se sont réunis dans la rue Coulaincourt.

A une heure et demie le cortège s'ébranle.

En tête marchent les membres de la commission d'organisation du Congrès, et les membres du comité La Barre, les élus, puis les enfants du 20e, les congressistes, les fanfares, les manifestants.

Sur tout le parcours, aux fenêtres des maisons, de nombreux spectateurs applaudissent.

Une ovation est faite au peintre Steinlen, l'auteur de la carte de congressiste, qui devant son atelier, en costume de travail, salue les manifestants.

Une fanfare, (celle de Persan, Seine-et-Oise) joue alternativement un pas-redoublé et l'Internationale. On chante au refrain, et, entre les morceaux de fanfare, les manifestants entonnent la *Carmagnole*, l'*Anticléricale*, le *Ça Ira*.

Les camarades Italiens chantent l'*Hymne à Garibaldi* et l'*Hymne des Travailleurs*.

La grande causa
Del Riscatto
Niun di noi vora tradir.

Les manifestants s'engagent de la rue Caulaincourt, dans la rue Lamark, plus étroite, plus tournante ; et leur cortège s'allonge sans fin. Ils vont sans cesse en chantant et ne semblent guère fatigués, dans l'ardeur et la franche gaieté qui les animent.

La grande ville, de mieux en mieux s'étale, se découvre devant eux à mesure qu'ils montent.

Après une semaine de pluies, le temps est calme, le ciel clair et pur ; et l'on distingue aisément les nombreuses coupoles, les dômes, les clochers.

Le soleil est décidément de la fête.

Il baigne toute la capitale de lumière, de chaleur vivifiante ; et la cité se montre splendide, aux yeux de tous, comme pour faire trouver plus ignoble cette basilique et ses échafaudages, ce temple indigne d'elle, qui veut la dominer.

Tout Paris fête La Barre, le martyr d'Abbeville, et en fait son fils adoptif.

Organisation du Défilé.

C'est là, à quelques mètres du grand portail de la basilique, qu'est placée la statue du chevalier. Le jeune La Barre vient de subir les pires tortures. Dans une pose douloureuse, tenant son poignet droit brisé, il attend la dernière exécution.

Au pied de la statue, au milieu d'une grande foule enthousiaste, le citoyen Le Grandais, conseiller municipal de Paris, prend la parole.

Citoyennes, Citoyens,

C'était en 1873, du 23 au 30 Juillet.

La réaction versaillaise battait son plein s'étendant sur la France comme une lèpre hideuse.

La Commune de Paris qui, se hissant à la taille de l'immortelle Convention de 1793, aurait voulu repousser l'invasion prussienne, épargner à la France la honte de payer une rançon de cinq milliards et la douleur de se voir arracher deux de ses plus belles provinces, mais qui avait du moins sauvé la forme républicaine et affirmé l'idée sociale dans le sang de ses défenseurs, la Grande Commune de 1871 était morte, assassinée.

Trente cinq mille prolétaires tués lâchement après la bataille, le feu éteint, jonchaient de leurs cadavres les rues de Paris transformées en charniers ; des milliers des nôtres partaient pour les bagnes de la Nouvelle-Calédonie et pour les enfers de l'exil, cent mille familles s'expatriaient, emportant à l'Etranger le secret de la fabrication parisienne.

C'était l'heure où les mères ne retrouvaient plus leurs fils disparus dans la tourmente, où les filles appelaient leurs pères, où les femmes demandaient en vain leurs maris fusillés, où la fiancée courait dans la nuit après l'ami de son cœur qui lui avait été ravi, l'heure où les enfants n'avaient plus de pères, où les pères n'avaient plus d'enfants.

La Terreur régnait dans Paris.

C'est ce moment, après les souffrances de la guerre étrangère et de la guerre civile, quand la France pantelante saignait de mille plaies, c'est ce moment que les hommes du Sacré-Cœur ont choisi pour faire à la France un dernier affront, pour lui porter le dernier coup.

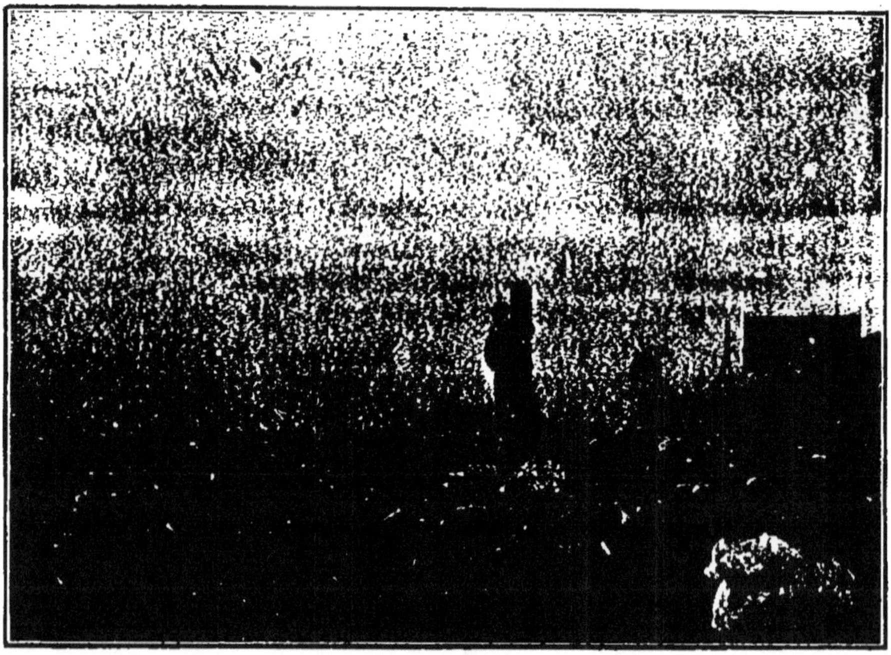

Au pied de la Statue.

L'assemblée du 8 février 1871, l'Assemblée élue en un jour de malheur, contenait dans son sein tous les représentants des anciens régimes, et l'archevêque ultramontain de Paris, le sieur Guilbert, s'entendit avec eux pour élever sur la Butte Montmartre, dominant tout Paris, l'ignoble monument qui est ici derrière nous.

Oui, il s'entendit avec les Belcastel, les Kerdrel, et aussi hélas! le capitaine d'artillerie Brunet, que Paris trompé avait élu à cause de son attitude pendant le siège.

A eux tous, ils présentèrent la loi inique de Juillet 1873, qui volait la ville de Paris, qui lui prenait malgré elle près de 8.000 mètres de terrain pour une indemnité ridicule de 240.000 francs seulement et qui autorisait l'Archevêque à bâtir ce Sacré Cœur sur lequel ils ont eu l'impudence de mettre en exergue :

Au Sacré Cœur de Jésus, la France pénitente et repentante.

Pénitente et repentante? De quoi? D'avoir fait la République et d'être encore et toujours le pays de la Révolution?

(L'orateur rappelle que l'archevêque, outrepassant ses droits, avait, de plus, occupé 5070 mètres illégalement).

Ces 5070 mètres, je les ai revendiqués, d'abord auprès de l'Administration, puis celle-ci se retranchant derrière des faux-fuyants, à la tribune même de l'Hôtel de Ville, reléguant volontairement la question politique au second plan et affectant de me placer exclusivement sur le terrain municipal.

Enfin quand j'ai vu que tous mes amis, socialistes ou radicaux, m'appuyaient énergiquement, quand j'ai senti la partie gagnée et que ces 5070 mètres volés par le Sacré-Cœur allaient nous revenir, j'ai sorti de mon portefeuille un ordre du jour par lequel je proposais au Conseil d'ériger sur ce terrain reconquis, dans l'axe même du grand portail du Sacré-Cœur, la Statue du Chevalier de la Barre, supplicié pour n'avoir pas salué une procession.

Malgré les clameurs de la droite, cette proposition fut adoptée, le 21 novembre 1904!

Et l'on vient dire qu'elle fut de notre part un défi, une provocation.

Allons donc! Ce n'est pas nous qui avons provoqué!

(Se tournant vers le Sacré Cœur et le désignant de la main droite).

Les provocateurs, les voilà! Les provocateurs, ce sont les gens qui, au lendemain de nos désastres, après la guerre étrangère et la guerre civile, sur le point le plus élevé de la Butte Montmartre, ont bâti ce monument d'orgueil sacerdotal sur lequel ils ont gravé une suprême insulte à la France!

Les provocateurs, ce sont les hommes noirs qui, en plein XIXe siècle, ont osé, profitant de nos malheurs, créer un nouveau culte, bâtir à coup de millions cette basilique consacrée, suivant la forte parole de Zola, *à la glorification de l'absurde.*

Le voilà, ce malheureux Chevalier de la Barre, tel que le génie de l'artiste, Armand Bloch, l'a représenté devant vous! Il sort du supplice, les membres rompus, le poignet brisé, la langue arrachée avec des tenailles, en attendant le bûcher qui va consumer ses pauvres restes. Pour n'avoir pas salué une procession! A 19 ans! Quand la vie se présente si longue et si belle!

ARMAND BLOCH
Auteur de la statue du Chevalier La Barre.

On vient nous dire, — vous avez lu leurs affiches, — que le crime de l'exécution du Chevalier de la Barre est un crime de la magistrature, on plaide les circonstances atténuantes en faveur du clergé, comme s'il pouvait y avoir des circonstances atténuantes pour une pareille horreur et pour un crime inspiré par la passion cléricale!

Que nous importe d'ailleurs cette distinction entre la magistrature et le clergé! Nous les mettons tous deux dans le même sac. *(Applaudissements.)*

Dès aujourd'hui, la Butte est reconquise par cette manifestation inoubliable du 3 septembre 1905, en face du plus beau panorama qu'il soit possible de rêver, où le Ciel lui-même se fait mon complice, où le nommé Dieu se compromet en nous donnant ce soleil resplendissant qui n'est pas le soleil d'Austerlitz, mais qui est, ce qui vaut mieux, le soleil de la République Sociale et de la Libre Pensée *(Applaudissements).*

(L'orateur, désignant la statue.)

Ce qui est évident, ce qui ressort de leurs insinuations maladroites, c'est que la statue du Chevalier de la Barre, victime des magistrats cléricaux et des prêtres fanatiques, dans l'axe même du grand portail du Sacré-Cœur, les gêne pour le présent et les épouvante pour l'avenir.

Ils ont raison de s'épouvanter.

Un jour viendra, par les moyens pacifiques ou par une Révolution violente où nous ferons du Sacré-Cœur le Palais du Peuple avec un Théâtre sur la scène duquel on représentera Torquemada ou les mystères de l'Inquisition, avec Tartuffe comme lever de rideau.

Je vous invite à saluer l'aurore de ce beau jour aux cris mille fois répétés de : Vive la République Sociale ! Vive la Libre Pensée Internationale !

Ce discours est longuement applaudi.

L'*Internationale* est chantée par des milliers de voix renforcées par la fanfare de Persan ; et ce chant révolutionnaire couvre les quelques voix de jeunes Eliacins invisibles qui s'étaient élevées derrière les palissades de la basilique.

Alors les groupes défilent au pied de la statue, drapeaux au vent. Tous les groupes favorables à la Libre Pensée sont représentés, mais nous ne pouvons noter que ceux dont les enseignes sont présentes.

La Libre Pensée de Beaumont ; Les Petits Bellevillois ; La propagande athéiste ; L.·. Galiléo-Galiléi ; L.·. Vérité-Justice XVIe ; L.·. Le Droit Humain ; L.·. Jérusalem Ecossaise ; Le Chantier des Solidaires du XIIIe ; La Sologne ; La Ruche Française du XIIIe ; La Fédération Française de la Libre Pensée ; Libre Pensée de Blois ; Le Comité du Congrès de Rome ; Les Originaires de l'Ariège ; l'Eclectisme du 9e ; La Jeunesse républicaine du 19e ; L'Idéal Social de Montmartre ; Le Groupe socialiste du 10e ; La Jeunesse socialiste du 2e ; L'éducation sociale de Montmartre ; L'Université Populaire du 18e ; L'U. P. Emile Zola ; Groupe socialiste du 18e ; Comité d'Action socialiste du quartier Bonne-Nouvelle ; Libre Pensée socialiste de la Plaine-Saint-Denis.

Groupe socialiste du 19e ; L'Université socialiste de Versailles ; L'Union des Travailleurs socialistes de Vannes ; La Bretagne Libre Penseuse ; Libre Pensée de Saint-Denis 1870 ; Groupe socialiste du 19e ; Ni Dieu ni Maître ; Jeunesse socialiste du 18e ; L'Avanguardia, groupe socialiste syndicaliste révolutionnaire, ligue italienne ; Libre Pensée d'Argenteuil ; Syndicat des Magasins centraux ; Alliance républicaine démocratique de Neuilly ; Groupe socialiste, unité socialiste, 24e section du Parti socialiste des Quatre-Chemins ; Libre Pensée de Montreuil ; Union socialiste belge de Paris ; L'Education civique de Paris.

Syndicat des ouvriers et ouvrières des magasins administratifs de la Guerre ; Association nationale des Libres Penseurs de France (sections de Paris et Seine) ; Groupe républicain socialiste (quartier des Grandes-Carrières) ; Libre Pensée socialiste des Hospitalisés de l'hospice d'Ivry ; La libre Pensée du 12e ; Les Lanterniers du 18e ; La Loge « Travail et Solidarité » ; La Fédération des Rouges de Bretagne ; Chantier des solidaires (Société d'action sociale par la Libre-Pensée du 8e) ; L'égalité sociale (Groupe de la Libre Pensée socialiste de la Plaine Saint-Denis).

Groupe d'action antireligieuse républicaine socialiste ; Libre Pensée de Montmartre ; Alliance républicaine démocratique de Neuilly-sur-Seine ; Avant-Garde socieliste républicaine de Clignancourt ; Groupe socialiste de Saint-Dié (Vosges) ; Les amis de la Science (Libre Pensée des 1er, 2e, 3e, 9e et 10e arrondissements) ; Entente des groupes anticléricaux de Paris.

Le défilé dure plus de quatre-vingt minutes, devant La Barre, et cependant un grand nombre de manifestants sont rangés en grappes au coin des rues, sur les escaliers qui mènent à la Butte, ou dans l'enceinte réservée, derrière la maquette.

La police est charmante, au grand étonnement et surtout au grand plaisir de tous. Il n'y a donc aucun désordre à signaler.

Les congressistes et manifestants se dispersent au gré de leurs désirs, d'un côté ou d'un autre.

Un seul fait, que quelques fidèles de la paroisse du Sacré-Cœur doivent considérer comme regrettable, est la suppression des vêpres dominicales et de la sonnerie de cloches dans cette après-midi. Cette suppression est d'ailleurs due tout entière à l'initiative du préposé à la direction de la paroisse.

OPINIONS DIVERSES

Zola et le Sacré-Cœur. — Nous ne résistons pas au désir de reproduire cette belle page du roman *Paris* de Zola. C'est Guillaume, le frère de Pierre Froment, qui parle.

On ne s'imagine pas un non-sens plus imbécile, Paris, notre grand Paris, couronné, dominé par ce temple bâti à la glorification de l'absurde. N'est-ce point inacceptable, après des siècles de science, ce soufflet au simple bon sens, cet insolent besoin de triomphe, sur la hauteur en pleine lumière ? Ils veulent que Paris se repente d'être la ville libératrice de vérité et de justice...... Que le temple croule avec son dieu de mensonge et de servage ! et qu'il écrase sous ses ruines le peuple de ses fidèles, pour que la catastrophe, telle qu'une des anciennes révolutions géologiques, retentisse aux entrailles de l'humanité, la renouvelle, et la change !

L'Action, 5 septembre 1905. — de H. Bérenger, sur la manifestation La Barre.

Pendant plus de deux heures, l'immense cortège, que seul Emile Zola, dont la mémoire planait sur cette fête, aurait pu décrire sans défaillance, a déroulé ses bannières rouges, ses couronnes rouges, ses insignes, ses chants révolutionnaires, sans qu'aucune contre-manifestation ait même été esquissée, sans qu'aucune bagarre se soit produite, sans qu'aucune dissonance ait troublé l'harmonie formidable d'une pareille journée.

La Lanterne, 5 septembre. — Sur le même sujet.

La manifestation du Congrès de la libre Pensée au monument du chevalier de La Barre a été ce qu'elle devait être, imposante et significative.

Plus de vingt-cinq mille citoyens et citoyennes s'étaient donné rendez-vous au pied de la Butte Montmartre, pour glorifier, devant le monument grotesque du cléricalisme, l'une des plus nobles victimes de l'Eglise.

. . . .

Sans doute le massif de pierre élevé par la plus ignoble bigoterie et les plus répugnants moyens de la prêtraille domine la statue du penseur libre, mais ceci tuera cela. Par la force de l'idée, dans un avenir peut-être prochain, la colossale construction du fanatisme s'écroulera devant l'image symbolique.

La Raison, 17 septembre.

On interroge les bedeaux ; on interviewe les sacristains. Avec un petit frisson d'effroi, les dévotes veulent connaître tous les détails de cette journée de Révolution.

— Mais je ne la vois pas, la statue ?

— Non, répond un curé, la poitrine constellée de croix et de médailles, ils l'ont emmenée au Trocadéro, pour présider leur Congrès. Elle va faire le tour de la France.

— Sainte Vierge ! s'écrie la dévote, que ce La Barre ne vienne pas chez nous ! Monsieur le Curé a déjà assez de mal avec les libres penseurs du pays.

Mais un des suisses de la Basilique intervient :

— Oh ! çà n'a pas été si terrible. Peut-être deux mille personnes. Et encore, beaucoup de curieux. Au reste, les manifestants étaient gardés par la police. C'est à peine si on les entendait chanter.

— Ah ?... en province, cette manifestation a fait beaucoup de bruit. Tout le monde en parle. Mes voisins même ne trouvaient pas prudent que je vienne en ce moment au pèlerinage.

Sa canne à la main, le suisse s'éloigne, dédaigneux et superbe :

— Les journaux en racontent toujours plus qu'il y en a...

La Presse, 4 septembre, Sous le titre *un incident.*

Un incident amusant s'est produit dans la rue Caulaincourt. Une société de la libre-pensée de Loudun avait arboré un drapeau blanc ; croyant avoir affaire à des contre-manifestants, — des royalistes, — un officier de la paix se précipita vers le groupe et somma le président de mettre en gaîne l'emblème séditieux. Le président s'y refusa formellement, et l'affaire allait dégénérer en bagarre, lorsque M. Allemane intervint et persuada à la Société de Loudun de rengainer le drapeau blanc, — ce qui fut fait.

La Croix, 5 septembre. Sous le titre *un prêtre assommé.*

Et la chasse recommence aux robes de prêtres et de nonnes. On fouille les rues Saint-Eleuthère, Saint-Rustique, Ravignan. Enfin, rue de Norvins, passe sans bruit un jeune ecclésiastique en robe regagnant sa demeure. Aussitôt la meute de le pourchasser en l'injuriant : « Hou ! hou ! la calotte ! Sa gueule ! sa gueule ! » On veut le lapider. Un solide gaillard lui assène sur la nuque un coup de bâton qui le blesse. Des mains furieuses s'agrippent à sa soutane, et, sans qu'il eût dit un mot, fait un geste, il allait être écharpé, quand de braves gens, au n° 14, ouvrent une porte donnant sur une cour, l'y poussent et referment la porte devant les furieux qui s'y abattent, réclamant leur proie.....

Quand, sous la conduite des agents, insulté, frappé, l'ecclésiastique eut disparu, les manifestants parlaient encore de l'audace de ce curé, qui avait osé sortir en robe, un tel jour, et couru le risque de mourir légitimement rompu vif, pour avoir manqué de respect à leur procession.

Ils se trompent. C'est l'histoire de la Barre, cela.

La Croix serait seule à raconter cet incident pris sans doute sous sa calotte, si « Le Pèlerin » n'allait jusqu'à représenter la victime, dans un état lamentable, la tête fendue, la soutane inondée de sang, dans l'attitude des martyrs missionnaires de la Chine.

Fête de nuit à la Tour Eiffel

Après la manifestation La Barre, les congressistes se rendent à la Tour Eiffel où la Franc-Maçonnerie parisienne les reçoit.

Nous y rencontrons tous nos amis, Présidents et Secrétaires des organisations libres-penseuses de France et de tous les pays, le Bureau du Congrès, un grand nombre de parlementaires, de publicistes, et a plupart des Congressistes.

On visite la Tour, on contemple Paris.

La grande ville, avec ses quartiers riches, ses larges avenues, avec ses quartiers pauvres, ses usines, ses maisons basses, s'enveloppe peu à peu de brume. Le soleil si brillant l'après-midi, décline, s'attardant sur le Panthéon, cette église laïcisée, et sur la basilique neuve, la bastille cléricale devant laquelle on a manifesté.

La Tour Eiffel.

Puis c'est le crépuscule, et la nuit.

De longues files de lumières dénoncent les grandes rues de Paris, et une immense clarté s'élève comme un dôme au-dessus de la ville.

La tour s'illumine.

Réception, banquet, concerts, tel est le programme de cette fête de nuit, cordiale et reposante.

Rien ne saurait mieux la symboliser que la belle gravure qui est donnée à tous les convives ; la Libre pensée et la Franc-Maçonnerie, que personnifient deux femmes grandes et belles, se tiennent enlaçées, heureuses et souriantes de se trouver ensemble devant les travaux accomplis déjà par elles, et fortes pour les luttes futures.

A la première plate-forme, dans les pavillons de la tour, gracieusement décorés et brillamment illuminés, les tables sont dressées pour un banquet de deux mille couverts.

Le plus vif entrain règne pendant le dîner.

Le citoyen **J.-B. Morin**, vice-président du Conseil de l'ordre du Grand-Orient de France, salue les congressistes.

Au nom du Conseil de l'Ordre que j'ai l'honneur de représenter à ce banquet, je vous adresse le salut cordial et fraternel du Grand-Orient de France.

Je salue en vous des amis, des frères d'armes, des compagnons de lutte, ayant au cœur les mêmes aspirations, le même idéal de vérité, de justice et de fraternité humaine.

Il montre ensuite quels nombreux liens unissent la Libre Pensée et la Franc-Maçonnerie.

Toutes deux placent la fin de l'homme, le but suprême de son existence, non dans un monde hypothétique peuplé de monstres et de chimères, mais ici-bas, sur cette planète où, par l'effort de tous et de chacun s'accomplira un jour la rédemption de ceux qui peinent, de ceux qui souffrent, de ceux qui sont opprimés.

Toutes deux enfin combattent les mêmes erreurs, les mêmes préjugés, les mêmes injustices; toutes deux ont des partisans et des adversaires, des amis et des ennemis communs, et les coups que l'une reçoit dans la bataille ne vont jamais sans atteindre l'autre en pleine poitrine.

Faites pour succomber ou pour vaincre ensemble, puisqu'elles ont déclaré la même guerre implacable aux puissances de mensonge, d'ignorance, d'hypocrisie et d'oppression, leur destinée est commune autant qu'inséparable.

C'est pourquoi je les réunis l'une et l'autre dans un même sentiment de respect et d'affection filiale, heureux et fier de l'honneur qui m'est réservé en ce jour d'apporter aux délégués de la Libre Pensée mondiale l'accolade fraternelle et les encouragements chaleureux du Grand Orient de France.

F. NICOL

Organisateur de la fête de nuit à la Tour Eiffel.

Le citoyen **J.-M. Raymond**, Grand-Commandeur du Suprême Conseil du Rite Ecossais, déclare que les Libres-Penseurs et les Francs-Maçons n'ont qu'un culte, celui de la science qui marche sans arrêt à la découverte de la vérité.

Le citoyen **Nicol**, l'un des plus actifs organisateurs de cette belle fête de nuit, adresse, au nom des vénérables des Loges parisiennes, un salut de bienvenue aux congressistes.

Les Francs-Maçons de Paris, dit-il, sont fiers et heureux d'être des premiers à vous souhaiter la bienvenue et à vous adresser l'expression de leurs sentiments de fraternelle affection, ainsi que leurs vœux les plus chaleureux pour les succès des travaux si importants qui vous attendent et qui auront leur retentissement sur toute la surface du globe.

Après lui, le sénateur **Petitjean** prend la parole pour remercier les organisateurs de ce banquet.

Léon Furnémont prononce un discours très applaudi. Il constate le succès des trois grandes manifestations de la journée, il rappelle le premier banquet organisé en 1900 au Grand-Orient :

« Nous n'étions que quelques-uns, et l'on riait de nous, mais où sont aujourd'hui les rieurs d'antan. Ils sont tapis, ils sont cachés, tellement ils sont effrayés des progrès réalisés par la Libre Pensée française. »

Les citoyens **Magalhaës Lima**, délégué des républicains socialistes portugais, — **Hoffmann**, député au Reichstag allemand, — **W. Heaford**, délégué des libres-penseurs d'Angleterre, — **Sémenoff**, délégué russe, — **Veszi**, député hongrois, — la citoyenne **Gatti de Gamond**, de Belgique, viennent parler au nom des organisations libres-penseuses ou maçonniques qu'ils représentent.

Dans une autre salle, le **Dr Meslier**, député français, prend la parole au nom des Loges de la région parisienne. Il redit la victoire de la Libre-Pensée sur l'Eglise, obtenue l'après-midi au Sacré-Cœur.

Montmartre !... Guillaume et Pierre Froment !... Zola !...

Ainsi, la pensée de l'orateur se porte sur l'œuvre du grand romancier, et sur Zola lui-même.

« Et voilà, dit-il, qu'un souvenir s'impose à moi : une place me semble vide, un nom est sur toutes les lèvres, dans tous les cœurs ; aussi par une reconnaissance infinie et émue, je veux parler d'Emile Zola, toujours vivant dans son œuvre immortelle ; d'Emile Zola, le grand et pur ouvrier dont la gloire grandit et plane sur notre Congrès, qui semble un hommage filial à sa mémoire...

« Qu'il reste l'inspirateur après avoir été le héros vaillant, le sublime modèle d'un courage simple et constant. Elargissons l'horizon : la science nous donne des éléments domptés et la Poésie ses ailes... que les cadavres des religions, galvanisés par l'égoïsme de classes possédantes, soient abattus à jamais ; et avec elles aussi les institutions sociales qu'elles ont inspirées ou forgées et qui portent leur caractère de férocité meurtrière.

Les discours, tous longuement applaudis, sont terminés.

Un brillant concert est donné par le groupe amical artistique, réglé par le président même du groupe, le citoyen Flotron.

MM. Paul Mounet, Mlle Roch, de la Comédie-Française ; Mlle Didier, de l'Odéon, très applaudie, et M. Lagrange, du Grand-Guignol, se font successivement entendre.

Une opérette en vers de J. Redelperger : *Mam'zelle Frétillon*, est délicieusement interprétée par Mlle Nelson, MM. Doucet et Mayraud.

Francs-maçons et Libres-Penseurs se séparent, réconfortés, à l'issue de cette grande journée populaire et de cette fraternelle réception.

Ils se retrouveront demain au palais du Trocadéro pour le travail et le triomphe.

Un décès a attristé le début du banquet.

Un congressiste, ardent militant, M. Godet, âgé de soixante-dix-neuf ans, tailleur, demeurant rue Nationale, à Charleville, est mort subitement, de la rupture d'un anévrisme en montant l'escalier de la Tour Eiffel.

Une délégation du Congrès fut désignée pour assister aux obsèques du citoyen Godet, et pour prononcer sur sa tombe un discours au nom de tous les congressistes.

LES TRAVAUX DU CONGRÈS

LES TRAVAUX DU CONGRÈS

Nous ne pouvons, pour rendre compte des débats et séances du Congrès suivre encore l'ordre chronologique.

Nous diviserons donc cette partie de la façon suivante :

I. — *Première commission.* — **Plan d'une nouvelle Encyclopédie.**

II. — *Deuxième commission.* — **La morale sans Dieu.**

III. — *Troisième commission.* — **La séparation des Eglises et de l'État.**

IV. — *Quatrième commission.* — **Organisation nationale et internationale de la propagande libre-penseuse.**

V. — *Cinquième commission.* — **La Libre-Pensée et le Pacifisme.**

VI. — *Sixième commission.* — **Commission des vœux.**

Exception sera faite, cependant, pour la séance d'ouverture qui, par son ampleur, sa haute portée scientifique et artistique, son caractère particulier, apparaît comme la préface grandiose du Congrès.

Séance solennelle d'ouverture

Lundi 4 septembre 1905

La grande salle du Trocadéro présente un aspect saisissant. Elle est digne de la Libre Pensée, digne des grands partis qui sont représentés, et des savants qui vont y prendre la parole.

En cette calme matinée, sous la lumière qui s'écoule à flots, douce et pure, par les larges fenêtres à vitraux de l'enceinte, la salle, si vaste déjà, semble s'élargir encore et atteindre la majesté des cirques romains.

Tant d'espace, tant de grandeur, tant de lumière conviennent à ces assises de l'humanité, de la pensée libre, de la raison.

Les tribunes, plus sombres, s'emplissent dans le haut pourtour.

L'amphithéâtre tout entier, les loges, le parterre, sont occupés par les congressistes.

Nombreux aussi sont venus les militants de la Libre Pensée, pour entendre les Sergi, les Hector Denis, et recevoir le salut de Berthelot, de Haeckel, des savants du monde entier.

Toutes les races, toutes les nations, tous les groupes libres penseurs sont représentés. Et les délégués de ces nations les plus lointaines, de ces groupes parfois adverses, se sentent tous heureux d'être ensemble, réunis pour la cause commune, de se coudoyer si nombreux, dans une telle manifestation.

Le Trocadéro

La seule présence de tous ces représentants, allemands, espagnols, français, cubains, italiens, anglais, hongrois, polonais, russes, de tous ces libres-penseurs en communion d'idées, n'est-elle pas déjà la condamnation grave, éloquente, émouvante, des guerres fratricides, des vieilles haines suscitées entre les peuples par les apôtres de l'erreur, les prêtres, les missionnaires, les gouvernants, les avides colonisateurs, qui ont laissé sur toute la terre des traces honteuses et sanglantes !

Musiciens et choristes sont placés dans l'amphithéâtre d'estrade, de chaque côté du grand orgue.

Les journalistes et sténographes prennent place sur l'estrade. Là, également et dans les passages, se tiennent les interprètes, aux brassards de couleurs conventionnelles, et les commissaires aux brassards rouges.

A neuf heures et demie, la fanfare belge de Soignies, comptant soixante quinze exécutants joue une grande ouverture qui se termine par l'*Internationale*.

Cependant, la vaste estrade se garnit.

Au bureau prennent place les citoyens *Petitjean*, sénateur, président de la commission d'organisation ; les citoyennes *Bradlaugh-Bonner* et *Bonnevial* ; *Hoffmann*, député au Reichstag ; *Robertson*, délégué anglais, publiciste ; *Sergi*, professeur à l'Université de Rome ; *Nicol*, vénérable de la Loge Cosmos ; *Furnémont*, secrétaire général de la Fédération internationale de la Libre Pensée ; *Allemane* ; *Fernando Lozano*, délégué espagnol ; *Magalhaès Lima* (Portugal) ; *di Andreis*, député italien ; *Berlenda* (Rome) ; *Ferdinand Buisson* ; *Heaford*, publiciste anglais ; docteur *Terwagne*, député socialiste belge ; *Mme Galli de Gamond* ; *Veszi*, député hongrois ; *Fulpius* (Suisse) ; *Dons* (Belgique) ; *Lorand*, député belge ; *Maurice Chevais*, secrétaire-adjoint, pour le secrétaire général Emile Chauvelon.

Sur l'estrade, prennent également place les citoyens *Rabier*, *Henry Bérenger*, *Beauquier*, *Charbonnel*, *Gérente*, *Lermina*, etc., etc.

Le sénateur Petitjean, président, déclare ouverte la séance.

Il lit une lettre du citoyen Emile Chauvelon, retenu loin des Congrès par une attaque d'appendicite inflammatoire.

« Quoique ma convalescence suive son cours dans des conditions très satisfaisantes, je suis encore incapable de prendre la moindre part aux travaux du Congrès. Je vous en exprime mes plus profonds regrets.

Emile CHAUVELON ».

De longs applaudissements partent de toute la salle pour rendre hommage au vaillant organisateur, le professeur Emile Chauvelon, tombé dans la lutte.

Le citoyen *Petitjean* donne ensuite lecture d'une lettre de M. **Marcellin Berthelot**, sénateur, Membre de l'Institut. Voici cette lettre :

Je ne puis laisser ouvrir le Congrès de la Fédération de la Libre Pensée, sans vous apporter l'expression de ma profonde sympathie. Oui, je veux poursuivre avec vous, dans la mesure de mon humble personnalité, la réalisation de l'idéal moderne de science et de raison, idéal entrevu depuis la Renaissance et la Réforme, et proclamé avec tant d'éclat à la fin du dix-huitième siècle au nom de la raison, et à notre époque au nom de la science.

MARCELLIN BERTHELOT
Membre de l'Institut, Sénateur.

Nous en sommes les représentants et les continuateurs et nous avons le devoir d'en transmettre la tradition, désormais ineffaçable et invincible, aux générations qui vont nous succéder, jusqu'à ce que cet idéal purement humain, remplaçant les religions du passé, domine toute race et toute nation.

Nous n'invoquons d'autre force que celle de la vérité, d'autre lumière que celle de la science moderne, fondée sur la connaissance des faits et des lois de la nature extérieure et des sociétés humaines : ce sont là pour nous les seules origines de toute connaissance, de tout art, de toute moralité ; connaissance sans cesse élargie par la liberté illimitée de la recherche, par l'évolution perpétuelle des interprétations.

Certes, nous n'ignorons pas quelles résistances s'opposent au triomphe de nos idées et quelles péripéties elles traverseront encore avant d'arriver à diriger le monde civilisé. Mais l'expérience du passé nous donne confiance dans l'avenir. La liberté des opinions et la liberté de penser, comprimées et persécutées pendant le moyen âge, ont fini par l'emporter chez les peuples les plus civilisés ; elles sont pleinement reconnues et respectées parmi nous, et ce triomphe est dû non à la force, mais à la conviction profonde de leur légitimité, imprimée aujourd'hui dans la conscience de tout homme cultivé. Elle trouve un appui et une confirmation par la constatation de la puissance des applications scientifiques dans l'ordre matériel et industriel, puissance reconnue de tous en raison de l'évidence de leur utilité pratique.

Ce sont là nos premiers triomphes, préludes et espérances du triomphe de la science et de la raison dans la direction générale des sociétés.

Or, ces progrès sont tout récents. Annoncés par nos précurseurs du dix-huitième siècle, ils n'ont été réalisés qu'au dix-neuvième. Il s'agit de pousser plus loin et d'amener la disparition progressive de toute domination fondée sur les dogmes d'une révélation, sur les intérêts égoïstes d'une classe féodale, sur les volontés arbitraires d'un despote se réclamant du droit divin.

Ce que nous voulons, répétons-le hautement, c'est d'abord que la pensée et la science soient libres, c'est-à-dire que nulle opinion, nulle doctrine, nul dogme ne soit imposé désormais par l'autorité publique. Ce que nous voulons, c'est que tout citoyen soit indépendant, c'est-à-dire affranchi des servitudes de caste et de fortune, pourvu dès son enfance des moyens de développer ses facultés individuelles; qu'il jouisse des fruits de son travail dans la mesure où il aura contribué à la production des richesses. Ce que nous voulons, c'est que l'organisation sociale soit démocratique, c'est-à-dire fondée sur le concours de tous à un gouvernement démocratique libre. Ce que nous désirons, c'est que tous les États soient constitués par le libre consentement des populations, aucune n'étant contrainte par la force à demeurer soumise à une oppression étrangère.

ERNEST HAECKEL
Professeur à l'Université d'Iéna.

Ce que nous espérons, c'est que les nations, ainsi assises sur des bases de liberté, comprennent de plus en plus que leurs intérêts permanents ne sauraient être satisfaits d'une façon assurée que par leur entente et sympathie réciproques; qu'elles doivent tendre à établir les principes et les règles d'un accord général et définitif, à la fois matériel et moral, et d'une paix universelle, semblable à l'accord et à la paix qui se sont établis au cours de l'histoire entre les familles habitant une même localité, entre les tribus habitant une même province, entre les provinces formant un même État, une même patrie : l'organisme le plus parfait qui ait encore été réalisé dans ce groupement progressif des individualités.

Ces volontés, ces désirs, ces espérances, c'est de la libre conviction des esprits que nous en attendons la réalisation future; de même que l'accord général des intelligences s'accomplit chaque jour davantage, par libre conviction, sur les vérités scientifiques. Par là s'établira dans l'avenir le règne universel de la science et de la raison.

M. BERTHELOT.

D'enthousiastes applaudissements suivent la lecture de cette lettre et de celle du savant allemand **Haeckel**, professeur à l'Université d'Iéna, que nous reproduisons.

Le Congrès international de la Libre Pensée commence ses travaux importants à Paris dans les circonstances les plus favorables et les plus heureuses.

La Séparation de l'État et de l'Église, la délivrance de la pure raison des chaînes de la superstition religieuse, la victoire de la libre science sur les dogmes cléricaux établie

An den Internationalen Freidenker-Congress in Paris. September 1905.
Brief von Professor Ernst Haeckel in Jena.

Der internationale Freidenker-Congress in Paris beginnt seine wichtigen Arbeiten unter den glücklichsten und günstigsten Umständen.

Die Trennung des Staates von der Kirche, die Befreiung der reinen Vernunft von den Ketten des religioesen Aberglaubens, der Sieg der freien Wissenschaft über die Dogmen der Hierarchie, welche im Laufe des letzten Jahres von der Regierung und der Deputirten-Kammer in Frankreich durchgeführt worden sind, bedeuten einen ruhmvollen Fortschritt in der Geschichte der menschlichen Cultur.

Ich muss unendlich bedauern, durch mein Alter (72 Jahr) und durch den schlechten Zustand meiner Gesundheit verhindert zu sein, dem Congress persönlich beizuwohnen; aber ich begleite seine Arbeit mit dem lebhaftesten Interesse und mit den aufrichtigsten Glückwünschen.

Ich hoffe, dass das ruhmvolle Beispiel des freien Frankreich und der internationale Austausch der vernünftigen Ideen auch die anderen Nationen neu beleben und anregen wird seinem Vorgange zu folgen.

In Deutschland ist leider heute die clericale Réaction, unterstützt durch die conservative Regierung und die beschränkte Majorität des Reichstags, sehr mächtig und höchst gefährlich; aber sie hat doch nicht ihr Ziel erreichen können, den Fortschritt der freien Wissenschaft und die Emancipation der reinen Vernunft zu unterdrücken! — E pur si muove! —

Ernst Haeckel (Jena).

Lettre envoyée au Congrès de Paris par le citoyen Ernest Haeckel, Professeur à l'Université d'Iéna (texte allemand) au cours de la dernière année par le gouvernement français et la Chambre signifient un progrès glorieux dans l'histoire de la culture humaine.

Je regrette infiniment d'être empêché par le mauvais état de ma santé — j'ai 72 ans — d'assister personnellement au Congrès, mais je suis son œuvre avec le plus vif intérêt et avec les plus chaudes félicitations.

J'espère que l'exemple glorieux de la libre France et le commerce international des raisonnables idées revivifiera aussi les autres nations et les invitera à suivre cet exemple.

En Allemagne, la réaction cléricale, soutenue par le gouvernement et par la majorité du Reichstag, est aujourd'hui très puissante et très dangereuse, mais elle n'a pu encore arriver à supprimer les progrès de la libre science et le développement de la raison progressive.

E pur si muove !

Une partie artistique organisée par les citoyens *Charbonnel* et *Lumet*, précède la série des discours.

Le *Chant du Départ* est alors exécuté par les choristes de l'Opéra, accompagnés par le grand orgue, l'orgue laïcisé.

Après l'hymne révolutionnaire, une scène de *Tartuffe* est admirablement interprétée par Mlle Delvair et M. Jacques Fenoux de la Comédie Française.

La fanfare ouvrière de Soignies exécute un brillant morceau très applaudi.

Mlle Roch, du Théâtre Français, déclame avec grand talent le martyre de *Pauline Roland*, extrait des Châtiments, de Victor Hugo.

Les chœurs de l'Opéra terminent cette partie artistique par l'exécution de l'*Hymne à l'Universelle Humanité*, paroles de Maurice Bouchor, adaptées à l'Ode à la joie de Beethoven, — avec accompagnement de grand orgue. Ce beau chœur, exécuté avec élan, produit une grande impression. C'est bien le chant de circonstance.

Luttez-vous pour la justice ?
Etes-vous déjà vainqueurs ?
Ah ! qu'un hymne retentisse,
A vos cœurs mêlant nos cœurs !
. . . .
L'avenir sacré commence
Par un pur et vaste chœur :
Frères, tout ce monde immense
N'est qu'un seul et même cœur !

La parole est donnée au citoyen **Hoffmann**, député au Reichstag. Son discours fait en allemand, et déjà très applaudi par tous ceux qui comprennent cette belle langue, est traduit, et haché, à nouveau, par des bravos fréquents.

Chers Citoyens,

Il m'est échu l'honorable mandat d'apporter au Congrès International de Paris le salut fraternel de la Libre Pensée allemande.

Je viens d'un pays, où, comme on l'a dit et comme on se plait encore à le répéter journellement, à l'aube du vingtième siècle, la religion doit être considérée comme la sauvegarde du peuple.....

Nous venons d'un pays où l'on édifie des églises *en masse*, tandis que nous manquons d'hôpitaux, de maisons de santé et d'hospices d'enfants trouvés, où l'on inaugure des monuments *en masse* (mais nous n'en avons aucun comme la statue du chevalier de La Barre, que nous avons inaugurée hier). La grandiose manifestation La Barre a fait une impression profonde sur nous autres Allemands. La statue que vous avez mise là devant le portail de l'église est une opposition permanente, le défi le plus provoquant que l'on puisse lancer à l'église romaine !

Amis de France, vous êtes à la veille d'une grande réforme : la séparation des Eglises et de l'Etat. Pour vous comme pour nous cela paraît être « la lutte finale ». Nous autres libres penseurs, nous ne voulons pas démolir leurs églises et leurs temples, au contraire ; laissons-les faire, qu'ils en construisent autant qu'ils voudront, nous pensons conserver ces monuments et les utiliser plus tard comme universités populaires. Nous y enseignerons les sciences et les arts (*Rires et applaudissements*).

L'ennemi commun, que nous haïssons tous, que nous détestons tous, dans le fond de l'âme, nous tous, libres-penseurs tant que nous sommes, c'est l'ignorance des masses, c'est l'obscurantisme clérical Nous avons un rude combat à mener, surtout nous autres Allemands, car malheureusement chez nous le cléricalisme et l'esprit de réaction sont aujourd'hui plus que jamais à l'ordre du jour ! Nous sommes allés à Canossa, nous y sommes même allés en train express ! (*On rit*). Citoyens, le peuple allemand désapprouve cette coalition avec Rome, il n'y est pour rien, comme il désapprouve cette mésalliance conclue à Metz entre la Germania et le Pape ! Elle restera infertile et mourra sans postérité ! Nos gouvernants y contribuent du reste beaucoup, car ils nous démontrent par leurs guerres que leur Dieu tout-puissant qu'ils veulent nous imposer, n'est qu'un fantôme ! Car pendant que le czarisme fait massacrer des centaines de mille hommes, en Mandchourie, parmi lesquels les meilleurs fils du peuple russe, nous assistons à ce triste spectacle, qu'en Russie même les gouvernants se réclamant de la grâce de Dieu, ainsi que l'autorité publique, font massacrer dans leur propre pays, les parents, les enfants, et les frères de ceux qui, là-bas en Mandchourie, doivent verser leur sang pour la prétendue patrie russe.

HOFFMANN, député au Reichstag.

S'il existait un Dieu, il frapperait à coups de foudre les misérables qui sont les instigateurs de ces guerres sanglantes ! Nous savons que toutes ces guerres sont souvent l'œuvre de faussaires sans scrupules ou qu'elles sont la conséquence d'avidités de conquêtes ou l'œuvre de diplomates plus ou moins habiles ! Nous savons que l'on a encore essayé tout dernièrement d'exciter l'un contre l'autre les deux peuples les plus civilisés du monde !

Citoyens, le mensonge le plus éhonté que la presse répand en France, sciemment, c'est que le peuple allemand hait la France. Le peuple allemand voit dans le peuple français ses frères et sœurs, avec lesquels il veut rivaliser paisiblement pour l'œuvre de la civilisation. Le peuple allemand veut, au contraire, je peux vous le dire, je vous l'affirme comme un de ses élus, — le peuple allemand désire de tout cœur une *alliance franco-allemande* (*Applaudissements*), parce que cette alliance franco-allemande *seule* peut garantir la paix européenne !

Citoyens, nous voulons établir dans l'avenir le règne universel de la science, de la raison et de la solidarité humaines. Périsse à jamais toute religion dogmatique !

Nous autres allemands ici présents, et, je crois pouvoir parler aussi au nom de tous les libres penseurs accourus à ce congrès, nous autres libres penseurs du monde entier, de l'univers, avons le devoir de lutter sans repos ni trêve pour atteindre le but sublime de la libre pensée internationale : Qu'il n'y ait plus qu'une seule grande patrie ; — c'est le monde entier. (*Vifs applaudissements*) ; qu'il n'y ait plus qu'un seul grand peuple ; c'est l'humanité toute entière. Ainsi, nous professons la doctrine du premier martyr de leur église :

« Aime ton prochain comme toi-même ! » (*Longs applaudissements*).

Le citoyen **Robertson**, délégué anglais, adresse au nom de la libre pensée britannique un salut fraternel à la libre pensée du monde entier.

« Je salue le Congrès au nom des libres penseurs anglais. Mes derniers souvenirs du Congrès de la Libre Pensée à Paris remontent à l'année 1889. Il y avait fort peu de monde alors. Les choses ont bien changé, et si à ce moment là on pouvait concevoir de grandes espérances, ces espérances se trouvent aujourd'hui réalisées.

John M. ROBERTSON, délégué anglais.

Il y a environ vingt ans, on ne parlait de la Séparation qu'à titre de projet : je suis heureux de venir aujourd'hui constater que la Séparation est une chose faite (*bravos*). Il faut bien dire que la France est toujours en avant toutes les fois qu'il convient d'agir, et non pas seulement de parler. L'Angleterre a donné le premier élan pour la liberté, comme l'Allemagne a donné l'élan pour la science. Mais, quand il s'est agi de livrer vraiment la bataille, c'est la France qui l'a fait. (*Applaudissements*).

Ce Congrès et tous les Congrès de la Libre Pensée représentent non seulement la Libre Pensée elle-même, mais encore ses conséquences politiques, c'est-à-dire la paix entre les hommes (*Vifs applaudissements*) Entre la France et l'Angleterre il y a en ce moment-ci une entente cordiale politique, mais il n'est pas besoin de traités pour que cette entente cordiale existe d'une façon générale entre les libres penseurs du monde entier (*Applaudissements répétés*).

Je tiens particulièrement à dire au citoyen Hoffmann, qu'entre les libres penseurs d'Angleterre et ceux d'Allemagne, règne la même entente cordiale qu'entre la France et l'Angleterre (*Longs applaudissements*).

Le savant professeur **Sergi**, délégué italien, président de la Commission du Congrès de Rome 1904, prononce le remarquable discours que nous reproduisons ici :

Citoyennes et Citoyens,

Après Rome. Paris, la grande ville, le cerveau de la France, est la place digne du nouveau Congrès de la Libre Pensée.

C'est dans cette ville, qui a vu les grandes révolutions de l'humanité, que croît toujours plus puissant l'espoir de l'émancipation de toute espèce d'esclavage. C'est ici que le nouveau mouvement social prend son essor pour se propager dans le monde entier, afin de secouer la puissance tyrannique qui domine l'homme depuis l'origine de l'humanité.

Mais le plus redoutable esclavage est celui qu'on a établi à perpétuité au nom de la religion, car au moyen de la religion on peut conquérir l'âme et le corps de l'homme, et faire de celui-ci un misérable esclave sans conscience de sa personnalité et dénué de tout pouvoir et de toute initiative dans la vie.

Nous tous, ici, nous ne reconnaissons aucune divinité, aucun architecte de l'univers; mais nous reconnaissons les lois de la nature infinie et éternelle ; ces lois sont et doivent être les lois de la vie individuelle et sociale.

Nous ne nous égarerons pas, si nous suivons les lois universelles de la nature, si nous savons les interpréter et les comprendre. Nous n'obéissons à aucun pouvoir fantaisiste ; nous ne suivons pas le culte des morts, comme nos ancêtres préhistoriques et les primitifs d'aujourd'hui ; nous n'avons aucune adoration pour le cœur et les entrailles des hommes et des vierges ; nous n'avons pas besoin de ministres de ces dieux, ni d'interprètes d'aucune divinité, comme chez les apaches américains et les australiens.

Nous voulons bâtir les lois morales sur les lois de la nature et de la vie, parce que nous reconnaissons que toute la vie humaine est celle qu'on vit dans l'espace et dans le temps.

Elle est la vie réelle dans les siècles, non pas dans l'éternité ni dans un au-delà, qui est une invention intéressée de toutes les religions.

Nous ne pleurons pas sur notre naissance comme sur un malheur, mais nous voulons jouir de la vie, mais nous trouvons le bien et le mal ; et nous travaillons à perfectionner notre vie, à augmenter le bien-être, à éliminer les maux pour tous les hommes.

La lutte que nous avons engagée aujourd'hui n'est pas la lutte que soutenaient jadis les hérétiques lorsqu'ils demandaient la faveur de la liberté de conscience et la tolérance de croire librement. Aujourd'hui nous avons à lutter pour l'émancipation absolue des croyances religieuses de toute espèce. Si nous pouvons nous émanciper de cet esclavage de la pensée, nous pourrons aussi nous libérer de l'esclavage du clergé et du grand prêtre de Rome, le grand Lama de l'Europe et du monde catholique.

G. SERGI, Professeur à l'Université de Rome.

Mais hélas ! Ces Messieurs sont-ils les maîtres du peuple, de nos femmes, de nos filles, et aussi des gouvernements, parce qu'ils sont les maîtres de nos écoles. Nous avons donc, avant tout, un devoir suprême : l'éducation libre du peuple, l'éducation libre de toute chose inutile, gênante et dangereuse, l'éducation qui créera de nouvelles habitudes de penser et de vivre.

Mais, nous n'aurons jamais cette chance, si nous laissons la liberté d'enseigner et de former l'âme de la jeunesse aux écoles cléricales. C'est une illusion de croire que nos congrès et notre propagande sont des forces suffisantes à changer toute vieille direction de la pensée et à transformer les sentiments qui dominent depuis des temps immémoriaux dans l'esprit humain.

Avant tout il est urgent de penser à l'éducation de nos filles, que je vois encore ici à Paris comme d'ailleurs dans les autres pays catholiques, toujours confiée à la direction des nonnes, et qui rapportent dans la famille les vieilles idées et le vieil esprit des sentiments religieux, avec la haine de tout ce qui est nouveau.

C'est la femme qui peut changer le monde de l'âme, et c'est la femme qu'il faut gagner à notre cause, si nous voulons progresser dans la libre pensée.

Mais cela n'est pas tout : l'homme ne sera jamais libre, s'il n'a seulement que la liberté de penser. L'émancipation doit être intégrale, c'est-à-dire économique et sociale ! émancipation de l'âme et du corps.

Alors l'homme ne sera plus assujetti au servage et aux cruautés de la guerre, parce qu'il n'obéira plus aux ordres qui le poussent vers ce fléau de l'humanité, tandis qu'aujourd'hui nous avons encore le dieu qui protège les batailles et les guerres.

Nous, enfin, nous regardons au loin dans un glorieux avenir, et notre regard s'étend vers la paix universelle, vers le plus grand bonheur possible, vers la diminution de la souffrance, vers une société nouvelle sans aucune entrave dans l'activité et sans aucun préjugé !

Le savant **Hector Denis** qui a pris une si grande part dans les travaux de la première commission, et dont nous publions plus loin le discours, parle au nom de la Libre-Pensée belge.

« La puissance morale des démocraties, dit-il, s'est révélée d'une manière éclatante dans la pacification de l'Extrême Orient. La force irrésistible de la paix du monde a été la conscience d'une nation libre de 80 millions d'âmes! Aujourd'hui c'est la grande nation démocratique de l'occident européen qui fait appel aux libres penseurs du monde pour rechercher dans l'ordre intellectuel et moral des conditions permanentes de paix entre les nations et au sein des nations. Ici doivent se réunir dans une confraternité vraiment humaine, c'est-à-dire universelle, suivant le mot de Renan, les énergies intellectuelles et morales accumulées dans ces derniers siècles que la France appelle la Révolution et que l'Allemagne appela la philosophie.

Il félicite la France d'avoir voté la Séparation, et d'avoir ainsi donné l'exemple aux nations avancées. Il dit que l'enfant mutilé dont la statue se dresse à Montmartre, en face de ce lourd monument qui représente l'intolérance et la tyrannie d'un autre temps, est un symbole que les Libres-Penseurs n'oublieront pas.

« Ceci tuera cela, dit-il; ceci sera surtout ce que Littré appelait le souffle nouveau glissant parmi les hommes, ce sera non plus seulement l'amour de nos semblables, mais la conception nette, grandissante, permanente d'une existence collective, d'une portée, d'une solidité indissoluble, qui pénétrera notre morale tout entière, rayonnera dans le monde entier, dans le droit public des nations, hâtant la constitution universelle de la démocratie en emportant de plus en plus avec elle l'esprit de conquête et la brutalité des égoïsmes nationaux.

« Je remercie la Libre Pensée française au nom des libres penseurs de mon pays. Après Valmy, Gœthe disait : « Ici et aujourd'hui commence une époque nouvelle dans l'histoire du monde et vous pouvez dire que vous en avez été les modestes créateurs. Ici et aujourd'hui, nous venons participer à une œuvre d'émancipation définitive de l'esprit nouveau.

De vifs applaudissements soulignent ces paroles. L'orateur termine ainsi :

« Laissez-moi maintenant me réjouir de la marche de nos idées depuis quelques années. Ce progrès est attesté d'une manière incontestable par le nombre de nos amis réunis ici. Arrivé presque au terme de ma carrière, je me fais gloire de me trouver aujourd'hui parmi vous et de constater le triomphe d'idées qui ont été celles de toute mon existence. »

Une ovation enthousiaste est faite au savant belge. Hector Denis regagne sa place, très ému, tandis que les applaudissements redoublent.

Madame **Bradlaugh-Bonner**, fille du grand Charles Bradlaugh, parle en ces termes :

« Je ne veux dire que quelques mots, car il y a déjà beaucoup de délégués anglais présents à la séance. Mais je tiens à dire que je suis heureuse de prendre part à un Congrès aussi important et aux fêtes populaires qui l'ont précédé hier. Je suis heureuse également d'être la fille d'un homme qui a toujours travaillé pour la France, en 1870 et 1871, et sacrifié sa vie pour la liberté politique et religieuse (*Bravos*). Je suis surtout satisfaite de voir tant de femmes assister au Congrès, car c'est seulement quand les femmes viendront à la Libre-Pensée qu'elles pourront inculquer à leurs enfants les doctrines libres-penseuses (*Nouveaux bravos et applaudissements répétés*).

Le citoyen **Fernando Lozano**, de Madrid, apporte le salut de la Libre Pensée espagnole.

« Pardonnez-moi, mes chers concitoyennes et concitoyens dans l'humanité, de ne pouvoir m'exprimer qu'imparfaitement en Français. Mais je cherche surtout à me faire comprendre de la plupart des congressistes, notamment des congressistes français, de cet admirable peuple qui a fait la révolution politique, qui fait en ce moment la révolution religieuse, et qui fera, j'en suis sûr, la révolution sociale (*Bravos*).

« De même que selon les vieilles théogonies, du chaos primitif la pensée divine tira l'ordre, de même, du chaos du régime capitaliste la clarté parfaite de la pensée française tirera l'ordre et la justice sociale.

« Je vous parle au nom de l'Espagne, de cette Espagne qui, pour avoir conquis la première son unité et avoir donné aux hommes un nouveau monde en découvrant l'Amérique, monta au sommet des nations (*Cris : Vive l'Espagne*), mais qui, depuis, en a été précipitée jusque dans l'abîme où elle se trouve aujourd'hui. Et pourquoi? Parce que l'Eglise catholique, ayant desséché chez elle à la flamme des bûchers de l'Inquisition la source de toute vie, qui est la pensée (*Bravos*), qui est la raison (*Nouveaux bravos*), l'a plongée dans les ténèbres de l'ignorance et du fanatisme (*très bien*).

Fernando LOZANO
Directeur du journal *Las Dominicale* de Madrid.

« Voilà pourquoi le peuple Espagnol, à mesure qu'il prend plus claire conscience de son passé et des causes de sa misérable situation actuelle, crie avec plus de force : « Mort à l'Eglise ! », ce qui revient à dire : « Vive l'Espagne ! » Pour que l'une vive, il faut que l'autre meure (*Vifs applaudissements*).

« Je vous l'affirme, en Espagne la révolution religieuse est faite aux profondeurs de la conscience populaire. Partout on y célèbre des actes civils, dans les plus petits villages et dans les plus splendides villes. Il y a des villes où non seulement des hommes, mais encore des centaines de femmes ont présenté au juge une déclaration écrite où ils abjurent la religion catholique (*bravos*). Jadis il y avait un seul monstre, un seul excommunié : c'était moi. Mais maintenant tous les républicains sont des monstres, tous sont des excommuniés (*Rires et applaudissements*). Vous pouvez tout espérer de l'énergie révolutionnaire du peuple espagnol. N'oubliez pas que si vous Français, nos pères en révolution, vous avez fait la République Française, nous autres Espagnols nous avons fait vingt républiques, puisque toutes ces républiques américaines d'où nous allons faire jaillir une vie nouvelle ont été fondées et maintenues non pas par les indigènes, mais par nous les Espagnols (*Applaudissements*).

J'ai le grand honneur de vous apporter le salut de l'éminent philosophe et ancien président de la République Espagnole, le citoyen Nicolas Salmeron (*Applaudissements prolongés*).

« A son grand regret, il n'a pu venir ici, il doit diriger les élections générales des députés, puisqu'il est le chef du parti républicain uni qui marche maintenant à l'assaut des urnes, en attendant qu'il marche à l'assaut du trône (*Applaudissements répétés*).

« J'ai aussi le plaisir de vous apporter le salut de mon beau-fils Odon de Buen, professeur à l'Université de Barcelone, retenu également en Espagne par les élections pour lesquelles il est candidat. (*Applaudissements.*)

. . . .

« Je ne dois pas venir ici, mes chers concitoyennes et concitoyens, sans vous apporter le cri de joie du peuple espagnol à la vue de ce coup de hache que, en séparant l'Eglise de l'État, vous avez porté sur l'arbre maudit de l'Eglise. Tous les démocrates espagnols sont épris d'admiration pour cette grande France qui, en séparant l'Eglise de l'Etat, prépare le moment où elle unira en son sein l'humanité (*Vifs applaudissements*). Oui, en fondant ainsi la France avec l'humanité tout entière, elle fera de la Patrie française la Patrie de l'Humanité (*Bravos, Vive la France*) et nous serons tous des Français puisque nous sommes tous des hommes? (*Applaudissements prolongés*).

Le citoyen **Magalhaès Lima**, délégué portugais, directeur du journal *Vanguardia*, prononce le discours suivant :

Je suis venu exprès de Lisbonne pour prendre part à cette imposante manifestation et pour vous apporter, avec le mien, le salut fraternel de mes compatriotes libres penseurs. Je suis heureux d'avoir fait ce long voyage — les convaincus ne connaissent pas de fatigues, ni de sacrifices, ni de dangers — pour que vous sachiez qu'il y a, à l'Extrême-Occident de l'Europe, un petit pays qui pense avec vous et suit, avec une impatiente anxiété, les progrès de votre œuvre généreuse de justice et de solidarité humaine, comme un élève, désireux de s'instruire, suivrait les leçons d'un maître aimé.

MAGALHAÈS LIMA
Directeur du journal *Vanguardia* de Lisbonne.

Français par tempérament et par des affinités morales et intellectuelles, nous autres Portugais, qui avons, autrefois, rempli une mission historique au monde, nous aimons la France, nous sentons avec elle et nous voulons ce qu'elle veut. Vos mœurs, votre littérature, votre politique nous sont familières : elles se réflètent chez nous comme dans un miroir.

. . . .

La séparation de l'Eglise et de l'Etat, que la Chambre a votée ne peut et ne doit pas rester un fait isolé. Il faut que les autres pays suivent l'exemple de la France ; il faut que cet exemple devienne un fait universel.

La participation à ce Congrès des délégués étrangers est un hommage à la France républicaine que nous applaudissons, que nous acclamons.

A cet endroit de son discours, l'orateur prononce le nom de M. Emile Combes. Aussitôt il est interrompu par des salves d'applaudissements, tandis que de toutes parts éclatent les cris de : « Vive Combes ! »

Le délégué portugais termine ainsi :

Ce Congrès est aussi un signal de combat pour les revendications des peuples abattus, des peuples opprimés, comme l'est le Portugal. Et si cette manifestation contribuait, comme je le crois, au développement de l'âme humaine, le but serait atteint. Le droit public moderne est basé sur les conquêtes de la Libre Pensée, de la laïcisation de tous les pays et sur les principes de civisme qui élèvent l'homme à la hauteur de sa dignité.

Voilà pourquoi, Mesdames et Messieurs, je pense qu'il faut organiser la Libre Pensée d'une façon internationale, afin de créer une *conscience pacifiste internationale*, pour mettre un terme à l'état anormal de violence et de guerre que nous traversons et qui caractérise malheureusement notre époque, en le remplaçant par un état juridique nouveau, où la force du droit primera le droit de la force.

C'est, du reste, la doctrine formulée par l'illustre savant et notre maître, M. Berthelot, que je regrette de ne pas voir présent, et qui a dit :

« La véritable loi des intérêts humains est une loi d'amour. La science proclame, comme but final de son enseignement, la solidarité et la fraternité universelles ».

Après ce discours chaleureusement applaudi et sur la proposition de l'orateur, l'envoi d'adresses de félicitations au citoyen Combes et au citoyen Roosevelt est adopté.

Le citoyen **Diner-Dénès**, délégué hongrois, prononce ce discours que les évènements actuels confirment.

Citoyennes et Citoyens,

Permettez-moi de vous dire quelques mots seulement au nom de la section hongroise de la Ligue Internationale.

L'année dernière, j'étais seul venu de Hongrie, et je vous ai raconté alors, qu'il n'y avait en Hongrie, ni Libre Pensée, ni libres-penseurs ; et je vous invitais à venir nous aider là-bas à réveiller la Libre Pensée. Citoyennes et citoyens, c'était heureusement une erreur. Déjà six mois plus tard, au mois de mai, nous avions constitué une très nombreuse section hongroise de la Ligue Internationale (*Bravos*) et cette section, qui compte aujourd'hui plus de deux mille membres, travaille déjà, je vous assure.

DINER-DÉNÈS, Délégué hongrois.

Vous savez peut-être, que nous avons là-bas, quelque chose comme une petite Révolution (*Rires*) ou, si ce n'est pas encore la Révolution, cela le deviendra (*Nouveaux rires et applaudissements*). Et, à la faveur de cette Révolution, nous avons un grand mouvement démocratique. Eh bien, la section hongroise a déjà pris part à cette action. Cette semaine, nous avons commencé une grande campagne pour le Suffrage universel ; et je puis dire, sur les renseignements que nous avons reçus ces jours-ci de Hongrie, que cette campagne a un succès énorme. Et c'est pour cela, citoyennes et citoyens, que je vous renouvelle mon invitation : venez pour le prochain Congrès à Buda-Pesth. (*Bravos*).

Je vois avec plaisir que vous consentez (*Sourires*), seulement je ne peux pas vous promettre fêtes et triomphes, comme ici, à Paris. Non, je vous invite pour venir lutter (*Bravos*). Mais nous sommes bien ici pour lutter ? Eh bien il faut lutter, non seulement contre le gouvernement hongrois qui est tout à fait ancien régime, non seulement contre la classe dominante qui est toute pleine de préjugés, mais contre d'autres ennemis que nous avons encore. Ce sont ces mêmes ennemis que vous avez chassés de France ; ils viennent chez nous, et, lâches, vils, comme toujours, ils viennent anonymes, ils achètent de la terre, ils fondent des établissements anonymes, tellement dissimulés, que, quand nous voulons les saisir, nous ne savons pas par où les prendre. (*Rires et applaudissements*).

Citoyennes et citoyens, c'est un travail terrible que font nos ennemis, un travail souterrain comme celui des taupes. On ne les voit pas : seulement un beau jour on aperçoit la taupinée et alors le grain des semailles est gâté. Eh bien, il faut opposer à ce travail souterrain, un autre travail, le travail international des bons ouvriers qui marchent sur la terre au grand soleil (*Vifs applaudissements*). Et pour cela, citoyennes et citoyens, il faut poser bien fort le pied sur la terre afin d'écraser les taupinées. (*Nouveaux applaudissements*) et il faut tenir la tête bien haute, vers le soleil, vers ce soleil qui donne la vie à tout le monde et qui est le symbole de la solidarité humaine. (*Bravos répétés*).

Citoyennes et citoyens, ce soleil s'est levé déjà : le chant du coq gaulois l'a annoncé au Monde. Jamais je n'ai senti si vivement qu'hier en face du Sacré-Cœur, que ce sont encore une fois les Français, qui nous mènent, non pas seulement, vers la Révolution politique, non pas seulement vers la Révolution de la Conscience, mais vers la fin suprême, vers la Révolution sociale (*Vifs applaudissements et bravos prolongés*).

Citoyennes et citoyens, puisque nos ennemis aiment tant l'obscurité, faisons pour eux le Crépuscule des Dieux, mais que ce soit le Crépuscule définitif où ils périssent ensemble avec leur Dieu. (*Rires, applaudissements et bravos répétés*).

Le citoyen **Manuel Ugarte** délégué de la République Argentine, prend la parole.

CITOYENNES ET CITOYENS,

Je n'ai que quelques mots à dire après le beau discours que vous venez d'entendre. Au nom des libres penseurs de la ville de Buenos-Ayres où se tiendra dans un an le prochain Congrès annuel de la Libre Pensée, et, je crois pouvoir le dire, au nom de toute l'Amérique latine, j'apporte aux libres penseurs du monde un salut fraternel.

S'il y a ici des délégués de tous les pays, comment n'y en aurait-il pas de cette Amérique du Sud si meurtrie par l'aberration religieuse ? Celui qui parle en ce moment a peut-être dans ses veines un peu du sang des races que les moines conquérants contribuèrent à exterminer au nom de leur religion (*Bravos*). Depuis la conquête, depuis la grande poussée fanatique qui ravagea jusqu'au Nouveau Monde, depuis les massacres d'Indiens, plus civilisés en bien des choses que leurs persécuteurs, puisqu'ils donnaient l'exemple de la tolérance (*Bravos*), depuis le quinzième siècle jusqu'à nos jours de progrès, où, dans des villes florissantes, dans des villes où la religion se sent surveillée, elle s'empare par la ruse des ressorts de la vie, jusqu'à notre époque où l'Inquisiteur ne tue plus les hommes, mais où il tue les intelligences, façonnant une jeunesse docile qu'il pousse en avant pour ses projets de domination temporelle, le catholicisme n'a été dans l'Amérique du Sud qu'une tare qui a ravagé le continent, a arrêté son progrès, a mis une barrière à son essor. A tel point que quand nous considérons les faits un doute nous saisit : à quel moment s'est-elle montrée, cette religion de charité, plus malfaisante pour nous, quand elle remplissait nos pays d'horreurs et plantait sa croix rougie sur des montagnes de victimes, ou, quand, plus moderne, elle traquait les idées et où, dans les cités que sa domination, hélas, transformait en cimetières, dans les villes en formation où tout était forcément dans ses mains, elle assiégeait par la calomnie et par la famine toutes les pensées libres les vouant à la solitude et à la mort? (*Bravos*). A quel moment a-t-elle été plus nuisible, quand, par la brutalité même de ses procédés, elle provoquait la réprobation du Monde et la résistance désespérée des victimes ou quand elle se contentait de glisser de ses doigts agiles le poison sous l'épiderme de la société?.....

Je suis venu ici pour dire que l'Amérique du Sud, si éprouvée par l'aberration religieuse et par les guerres civiles déchaînées par les tyranneaux qui se disputent à leur faveur le gouvernement des foules, s'apprête aussi à secouer son sommeil. Nous avons déjà un prolétariat conscient qui envoie des députés socialistes à la Chambre, nous avons une Libre Pensée hardie, qui prépare au moyen de projets de loi, de séparation de l'Eglise et de l'Etat, une campagne nouvelle dans ces régions, jusqu'à présent si dociles.

Le cléricalisme qui craque partout commence là-bas à être tenu en échec sous la violente poussée d'une jeunesse affranchie de toutes les superstitions politiques, religieuses et sociales (*Vifs applaudissements*) ; et nous avons confiance en l'avenir parce que, en grattant l'écorce de soumission discrète et de conservatisme craintif formée par la religion, nous sommes sûrs de retrouver en-dessous la fière indépendance des origines (*Bravos*). C'est pour cela que nous sommes venus à ce Congrès, le cœur plein d'espoir dans les victoires prochaines, et c'est pour cela qu'en saluant au nom des libres penseurs de l'Argentine, les libres penseurs du monde assemblés dans ce grand

Paris, qui est l'initiateur et le guide de l'Humanité en lutte avec les puissances de réaction, nous prions les délégués présents de se rendre en nombre au prochain Congrès annuel de la Libre Pensée qui se tiendra à Buenos-Ayres au mois de septembre de l'année prochaine, pour affirmer ainsi que ni la distance, ni l'abîme des mers ne peut interrompre notre solidarité d'hommes libres engagés dans une lutte salutaire contre l'injustice et contre l'erreur. (*Bravos et applaudissements prolongés*).

Pour Malato. — Le citoyen Allemane, qui a remplacé le citoyen Petitjean à la présidence, fait connaître qu'il a reçu de plusieurs membres du Congrès un ordre du jour en faveur de Malato, exigeant la mise en liberté immédiate de Malato et de ses compagnons arrêtés après l'attentat de la rue de Rohan.

Cet ordre du jour est adopté. Il est en outre décidé qu'une délégation du Congrès se rendra auprès du ministre de la justice, pour obtenir cette mise en liberté.

L'Internationale. — La séance est levée et renvoyée à l'après-midi.

Le grand orgue joue alors l'Internationale. De nombreuses voix chantent le couplet

Debout ! les damnés de la terre !

Les accords puissants et les milliers de voix emplissent la grande salle ensoleillée où se tiennent les grandioses assises de la Libre Pensée internationale.

SÉANCE DE L'APRÈS-MIDI

A trois heures le bureau prend place à la tribune. Il est composé des citoyens *Sergi*, président ; *Domela Nieuwenhuis* et *Di Andreis*, vice-présidents ; *Allemane*, assesseur français, *Furnémont*, secrétaire de la Fédération internationale, et *Chevais*, secrétaire adjoint du bureau français.

Au bureau prennent également place les citoyens : *Hoffmann*, *Fulpius*, *Heaford*, *Magalhaès-Lima*, *F. Rabier*, *Ferdinand Buisson*, députés ; *Amilcare Cipriani* ; les citoyennes *Bonnevial*, *Gatti de Gamond* et la doyenne des libres penseuses de France, la citoyenne de *Montrésor* qui, malgré son grand âge — quatre vingt un ans — a tenu à venir représenter au Congrès la libre pensée de Tours dont elle est fondatrice.

Le citoyen *Di Andreis*, député italien, dit, les quelques mots dont voici la traduction résumée.

Je vous remercie au nom des Italiens de m'avoir désigné pour faire partie du bureau. Je suis le seul député appartenant au parti républicain italien qui soit dans cette salle. Les Italiens internationalistes et socialistes m'ont délégué à ce Congrès, en témoignage que le dernier Congrès de Rome n'a pas été vain pour l'Italie et que la lutte de l'esprit libre contre le Vatican, contre le dogme se poursuit chez nous comme dans toute la terre. (*Bravos*).

La parole est donnée au citoyen **Radlinski**, professeur, délégué polonais.

C'est avec une grande joie et une sincère émotion que je saisis l'occasion de m'associer à cette universelle et grandiose manifestation de la Libre-Pensée. Au nom de ceux qui mènent dans mon pays en ce moment une lutte héroïque pour l'existence et la libération, au nom des innombrables victimes qui souffrent et qui périssent chaque jour, je salue les militants du monde entier, en confondant dans la même admiration tous ceux qui ont mis ce qui est le plus précieux, leur liberté individuelle et leur vie, au service des idées humanitaires, qui nous mènent vers une société meilleure. (*Applaudissements*).

Ma reconnaissance particulière pour la France et mon estime pour les services qu'elle a rendus à la science et à l'humanité me fait dire ces mots : Qu'elle porte, la France, sans cesse en avant, le drapeau de la science, qu'elle a pris depuis longtemps d'une main forte et audacieuse ! Qu'elle ne s'arrête dans aucune entreprise, dans la transformation de ses institutions sociales, qu'elle marche à la tête des nations qui sont en état de la suivre, qu'elle secoure et qu'elle entoure de sa protection celles qui ne le peuvent pas. Elle travaillera ainsi pour son bien et sa renommée et pour le salut de l'humanité réconciliée par la fraternité, pacifiée par la liberté et fortifiée par l'égalité. (*Applaudissements prolongés*).

La parole est donnée au citoyen **Semenoff**, délégué russe.

CITOYENNES ET CITOYENS,
CAMARADES,

Je n'avais pas pensé à parler aujourd'hui, parce que, pendant que nous fêtons et acclamons la libre-pensée, des milliers de nos frères meurent là-bas en luttant pour elle, sur les places publiques, dans les rues, sur les barricades et dans les prisons ! (*Applaudissements*.) Ils meurent non seulement pour la libre-pensée intellectuelle, mais pour la libre pensée intégrale, aussi bien dans le domaine intellectuel que dans le domaine politique et social.

Au lieu de nous borner à leur exprimer nos sympathies par la pensée, par les paroles encourageantes qu'on pourrait prononcer ici à leur adresse, je propose au Congrès de faire un acte, et d'envoyer à tous les libres-penseurs qui luttent en Russie un télégramme en la personne de l'écrivain Maxime Gorki, (*Applaudissements répétés*). Maxime Gorki que vous, c'est-à-dire l'opinion publique mondiale, avez arraché déjà à la prison il y a quelques mois.

LE CITOYEN DI ANDREIS. — Je vous prie en ce moment de vous lever tous en l'honneur de Maxime Gorki ! (*Acclamations. — Les membres du Congrès se lèvent tous en l'honneur de Gorki*).

LE CITOYEN SÉMENOFF. — Vous avez envoyé aujourd'hui un télégramme au président Roosevelt. Vous avez bien fait. Je me suis associé à cet acte unanime du Congrès ; mais la vérité doit être dite ici entre libres-penseurs. Je ne veux en rien diminuer le grand rôle généreux de Roosevelt dans la conclusion de la paix ; je ne veux pas non plus ici faire entrer en considération quelle valeur a cette paix pour la Révolution russe. Ce n'est pas ici le moment d'en parler ; mais il ne faut pas oublier, nous nous devons la vérité ici, que si le président Roosevelt a réussi dans son œuvre, c'est grâce au concours, je ne veux pas dire sous l'influence, des capitalistes intéressés dans les affaires financières du Japon et de la Russie. (*Applaudissements*).

Et si nous avons donné ce matin, sans transiger ni marchander, satisfaction au pacifisme et à nos camarades congressistes de la libre-pensée bourgeoise, nous ne devons pas nous contenter de la marque de sympathie que nous avons donnée aujourd'hui à Malato, qui est en prison pendant que nous sommes en liberté (*Bravos*), en prison pour la liberté de penser et d'écrire. (*Nouveaux applaudissements*).

Le citoyen **Gratia Candace**, délégué noir des Antilles, est l'objet, dès les premiers mots de son discours, d'une longue ovation. Il parle ainsi, au nom de la race noire.

CITOYENNES ET CITOYENS,

Je vous apporte le salut fraternel du prolétariat des Antilles et je puis ajouter de tous les noirs émancipés (*Vifs applaudissements*). Vous me permettrez, en ce jour solennel, d'apporter d'abord un hommage de profonde et d'affectueuse gratitude à la France de 1789, à cette noble France qui a proclamé l'égalité des hommes dans cette page immortelle qui s'appelle la Déclaration des Droits de l'homme et du citoyen et qui, après avoir proclamé l'égalité entre les hommes, a brisé les chaînes des noirs esclaves des Antilles. (*Vifs applaudissements*).

Vous me permettrez ensuite de me retourner vers la noble Angleterre, que nous avons l'habitude d'appeler la terre classique de la liberté, de cette noble Angleterre qui, la première en Europe, a fait entendre par la voix de Wilberforce, un cri de protestation contre la pratique de l'esclavage. (*Applaudissements*).

Vous me permettrez enfin de saluer respectueusement les délégués de tous les pays, qui sont ici présents et qui contribuent, par leur action incessante, à l'émancipation de toutes les races, afin d'arriver à la fraternité de tous les hommes. (*Vifs applaudissements*).

Mais, citoyens, s'il y a quelques noirs émancipés, qui forment comme des fragments d'humanité épars sur tous les points du globe, la majorité des noirs est encore plongée dans les ténèbres de l'ignorance, et l'erreur dogmatique les guette. Nous voulons que cette majorité de nègres, qui est encore dans l'enfance, reçoive l'empreinte de la libre-pensée. (*Bravos*). En recevant l'empreinte de la libre-pensée, les nègres recevront par là-même les premiers rayons de la vérité, et ils iront ainsi d'un pas ferme vers toute la justice, vers toute la liberté, vers toute la fraternité. Vous aurez réalisé la fraternité entre les races par l'égalité et par la justice. (*Applaudissements*).

L'Eglise, avant 1789, a eu la direction des Sociétés ; l'Eglise envoyait dans les colonies, ses missionnaires ; elle n'a rien fait pour l'émancipation des noirs. (*Vifs applaudissements*).

Depuis nous avons vu ses missionnaires aller dans les colonies prêcher, quoi ? La résignation, le bonheur dans l'autre monde, c'est-à-dire favoriser ainsi l'exploitation capitaliste. (*Applaudissements*). Nous ne voulons plus de la tutelle de l'Eglise. Je viens en ce jour vous dire, au nom des noirs des Antilles que nous nous plaçons sous les auspices de la libre-pensée et des libres-penseurs de tous les pays réunis ici. Quand vous retournerez chez vous, quelle que soit la parcelle d'autorité que vous puissiez avoir auprès de vos Gouvernements, dans vos Parlements, travaillez donc pour nous, les noirs des Antilles, pour les noirs de l'Afrique, pour tous les peuples opprimés ! Nous voulons nous aussi, notre liberté ; nous voulons être émancipés. (*Vifs applaudissements*).

Le citoyen **Tarrida del Marmol**, au nom des républicains de Cuba, s'exprime ainsi :

Délégué par l'Université populaire de Londres et par le journal libre-penseur et libertaire de la Havane, je ne comptais pas prendre la parole dans cette série de conférences préliminaires, estimant qu'il vaut mieux se mettre résolument à la besogne et faire tout de suite œuvre utile. Cependant je vois que par ces discours inauguratifs mêmes nous faisons œuvre utile. C'est ainsi que nous avons entendu le camarade Séménoff nous montrer comment on trompe l'opinion sur les questions de politique mondiale ; c'est ainsi que l'orateur qui m'a précédé a fait entendre au nom des noirs des paroles aussi utiles que généreuses. Je viens, moi, parler au nom de la République cubaine, conquise par les blancs et les noirs qui ont lutté comme des frères, sans préjugé de race, qui ont vu tomber sur les champs de bataille des héros comme le nègre Guilhermann, comme le mulâtre Macco, et tant d'autres nègres sans distinction de grades, soldats, capitaines, généraux, confondus et mêlés, dans la lutte pour Cuba libre. Nous avons triomphé là-bas, il faut le reconnaître grâce à l'appui, — appui intéressé — des Américains. Nous leur avons voté ce matin des félicitations pour avoir provoqué la paix entre la Russie et le Japon, sans songer au tort énorme que cette paix peut causer à la Révolution ; elle évitera que quelques centaines de mille hommes meurent encore sur les champs de bataille, mais elle prolongera l'esclavage de millions d'hommes pendant de longues années . . . .

Au nom de Cuba, au nom de ceux qui m'ont délégué, qui ont eu le tort de me déléguer, — on a toujours tort de déléguer quelqu'un (*Rires*), au nom de tous mes camarades de lutte, Domela Nieuwenhuis, de Hollande, Séménoff, de Russie, Magalhaès Lima, du Portugal, Cipriani, — mon vieux Cipriani ! — (*bravos*) de l'Italie, nous avons signé une proposition que je viens de remettre au bureau, et où nous réclamons que le parti international de la libre-pensée, sans distinction politique ou sociale d'aucun genre, mais dans une lutte permanente et progressive pour le bien-être moral, intellectuel et matériel de l'humanité, se déclare ennemi de toutes les religions, laïques ou surnaturelles (*Bravos*), ennemi de tous les Dieux, et ne veut que cette devise : Ni Dieu, ni Maître ! (*Bravos prolongés*). Ni Dieu, parce que c'est absurde contre l'intelligence, c'est un crime de lèse-intelligence ; ni Maître, parce que les maîtres sont les ennemis de tout progrès, de toute émancipation (*Applaudissements répétés et prolongés*).

ON JOUE
CE SOIR TARTUFFE
DEMAIN TORQUEMADA
PALAIS DU PEUPLE
THÉÂTRE
au chevalier
DE LA BARRE
LIBRE-PENSÉE
INTERNATIONALE
CONGRÈS de PARIS les 4, 5, 6 & 7 Septembre 1905
Valéry-Müller

CARTE POSTALE, éditée par le Secrétariat du Congrès.

Le citoyen **Shui**, délégué de Chine, vient parler au nom de la race jaune.

J'ai l'honneur, dit-il, de saluer le Congrès de la Libre-Pensée. Ses efforts sont très étendus en toute l'Europe ; mais j'espère que ses progrès s'étendront jusqu'à la Chine, jusqu'à l'Extrême Orient, dans le Monde entier (*Vifs applaudissements*).

Le camarade **Domela Nieuwenhuis**, délégué de la Hollande, prononce la spirituelle allocution suivante :

Camarades de lutte,

En venant du pays des canaux, canards, canailles, comme Voltaire a baptisé la Hollande méchamment et ironiquement, je puis vous affirmer que maintenant, même les canards et les grenouilles commencent à penser. Heureusement, dans le grand domaine de la pensée on ne connait pas de frontières ou de patries, de races ou de classes, car si une chose est internationale, c'est la pensée humaine. Où il y a des hommes, on pense — et en disant cela je ne pense pas aux êtres qui s'imaginent être hommes parce qu'ils marchent sur les pattes de derrière — où il y a des hommes, on pense et chaque pays a donné sa part dans la grande histoire de la civilisation.

Nous serons reconnaissants à tous les penseurs de tous les pays du monde.

Nous nous tendons la main, et quoique la confusion des langues reste toujours un obstacle, nous savons que nous n'avons pas à craindre d'ériger une seconde tour de Babel. De ce côté aussi, nous avons fait des progrès, et nos Congrès font leur devoir quands ils réunissent les penseurs de tous les pays du monde. . . . .

Permettez-moi de faire une petite observation. En entrant dans un autre pays une des choses qu'on voit en premier lieu, c'est l'argent, la monnaie et en prenant une pièce de vingt francs, on trouve dessus les mots : *Dieu protège la France*. Mais ! comment ! Dans un pays où l'on a donné l'exemple à l'Europe pour la séparation de l'Eglise et de l'Etat, en abolissant Dieu, on a oublié de l'abolir sur les monnaies ! J'espère qu'en revenant encore une fois ici nous trouverons que la France vit sans la protection de Dieu sur les monnaies, et dans l'avenir se sauve tout à fait sans Dieu. Alors cet exemple sera suivi, car on trouve la même chose partout.

Dieu et l'argent ont toujours été de bons camarades.

Dieu fut toujours avec le plus fort, c'est-à-dire avec les plus riches, et si nous ne pouvons pas encore vivre sans argent, laissons-nous montrer que nous le pouvons très bien sans Dieu (*Rires et applaudissements*).

On nous a promis le ciel, après la mort, un ciel où l'on chante toujours des psaumes en l'honneur de Dieu. Mais nous ne le désirons pas. C'est trop ennuyant là-bas. Nous préférons l'enfer où tous les grands esprits de tous les temps et de tous les pays sont réunis et s'amusent entre eux, heureux d'être ensemble. Nous laissons le ciel aux amateurs et restons sur la terre; mais alors notre devoir est de faire de la terre un ciel pour tous (*Applaudissements répétés*).

La citoyenne **Gatti de Gamond**, déléguée belge, — décédée depuis le Congrès (1), — prend la parole.

Citoyennes et Citoyens,

Si nous pensons à l'occasion qui nous réunit dans ce Congrès de la Libre-Pensée, où tous nos cœurs et tous nos esprits cherchent l'harmonie, l'harmonie des races, l'harmonie des classes, l'harmonie des sexes, nous pouvons nous demander quelles sont les réformes que la libre-pensée doit réaliser, afin de hâter le moment où nous pourrons nous comprendre, nous aimer et agir de concert.

Aujourd'hui je crois que le grand problème est le problème de l'instruction, que les cerveaux humains doivent arriver à s'entendre, dans une vérité que nous appelons, mais que nous ne découvrons pas toujours. Vous savez combien de fois il arrive aux

---

(1) Nous détachons du journal *La Raison* les lignes suivantes :

Mme Gatti de Gamond est née en 1837. Dès sa jeunesse, elle dirigea avec une rare intelligence et dans un esprit de laïcité hardie et prudente, l'école Gatti de Gamond (rue des Marais, à Bruxelles), où tant de jeunes filles de la bourgeoisie libérale se préparèrent à être d'excellentes épouses et mères de famille, sans être des dévotes.

Elle avait pris sa retraite, il y a quelques années. Ce fut pour se consacrer à la propagande libre penseuse et socialiste : conférences, articles, congrès, elle fut sans cesse à la tâche. Nous l'avons vue au dernier Congrès de Paris, prenant part aux discussions et défendant l'éducation rationaliste avec une incomparable éloquence.

Mais ce qu'elle aimait le plus de toute son œuvre, c'étaient les causeries faites aux ouvriers. « Voilà, disait-elle, mon public. » Elle savait parler le langage populaire, sans rien abandonner de sa finesse gracieuse, de sa distinction toujours souriante.

Les braves gens du peuple disaient, tout court : Gatti.

— Ah ! déclaraient-ils, Gatti est grande dame, mais elle est si bonne !

Et ils avaient un culte pour la « dame citoyenne ». Celle là était vraiment allée au peuple, au cœur du bon peuple.

Mme Gatti de Gamond, dont nous publions le dernier et l'un des plus beaux discours, est décédée à Uccle, près Bruxelles, le 11 octobre 1905, à la suite d'une opération.

hommes de profession, de nationalités différentes, de ne pouvoir se comprendre, comment, dans le ménage, l'homme et la femme ne peuvent arriver à s'entendre pour l'éducation des enfants, comment il est difficile aux hommes de se placer toujours sur le seul terrain de la Justice Il me semble que dans cette question de l'éducation il y a deux problèmes qui se touchent, qui se croisent, et dont la solution est indispensable à l'établissement de l'harmonie entre les hommes. Il faut d'abord enseigner la vérité philosophique. Tant qu'il y aura d'un côté ceux qui croient en un Dieu et en un dogme imposé à l homme et d'autre part ceux qui n'y croient pas, l'humanité restera divisée.......

Si le principe d'égalité n'est pas au fond des consciences, la société ne pourra pas être réformée. A côté de l'idée de la création continue il faut inculquer aux jeunes générations l'idée de l'égalité, de la solidarité, de la justice sociale. (*Vifs applaudissements.*)

C'est parce que ce principe n'est pas respecté que lorsque nous parlons de ces privilégiés, qui sont au sommet des pyramides humaines, nous pouvons dire : Ils savaient tout et ils n'ont rien fait. Ils aspiraient à la paix universelle et ils ont été les égorgeurs et les massacreurs de leurs peuples. (*Vifs applaudissements*).

Il y a un arbre de la science du bien et du mal. Pour que la science du bien en soit le fruit, il faut que cette pyramide s'affaisse, il faut que nous arrivions à la volonté de l'égalité ; il faut que dans la Libre Pensée ce principe règne ; aussitôt que je pense à être au-dessus d'un de mes frères, involontairement, malgré moi, je le foule aux pieds, je l'écrase, je commets l'injustice, je suis criminel. (*Applaudissements*).

Citoyens, voilà pourquoi l'homme d'Afrique, l'homme de la race noire opprimée a paru devant vous, vos cœurs allant à lui ; vous pensiez à tous les crimes de la race blanche, vous vous êtes dit : En lui vient se résumer toute notre malédiction. Quand vous avez vu un homme de la race jaune, vous vous êtes rappelé notre mépris mesquin pour ce que nous appelions les « singes jaunes ». Et alors déjà c'étaient des artistes, c'étaient des hommes qui édifiaient une civilisation. Mais, non, tant qu'ils n'ont pas su nous tuer, nous égorger, nous disions : « Ce sont des imitateurs, ils n'ont pas d'intelligence. » (*Vifs applaudissements*). Et on augurait de leur petitesse, de leur faiblesse physique en disant : Ils ne pourront jamais rien faire ! Et le tzar disait : Je ne cours aucun risque à les attaquer ; je suis prêt à les écraser ! (*Bravos*).

Eh bien, pensez, citoyens, qu'à côté de vous il y a un autre sexe ; les femmes sont de petite taille, elles sont frêles et l'on dit : Parce qu'elles sont de petite taille, elles doivent être moins intelligentes ; leur cerveau est moindre ; elles ne doivent pas avoir les mêmes droits. Et tous ces sentiments d'inégalité qui travaillent en vous, travaillent contre vous. Car le jour où vous êtes à côté de celui ou de celle que vous voulez dominer, de ce jour-là vous êtes tyran et de ce jour-là vous êtes menacé. (*Longs applaudissements*).

Je ne peux pas vous dire de faire des prières ; mais cependant il y a des exclamations qui nous échappent.

Il est certain que l'homme qui part pour l'Afrique, qui est le maître, quand il voit des êtres faibles, timides, n'ayant pas d'armes égales aux siennes, doit se dire : Je suis menacé d'un grand danger. Seigneur ! Protégez-moi contre moi-même.

Celui qui tient une fabrique, une usine, qui commande à des milliers et des milliers d'ouvriers, qui a de grands capitaux et qui voit devant lui des hommes qui lui disent : Nous avons faim ; nous ne pouvons pas donner à nos familles ce qu'il leur faut. Aidez-nous ! Celui-là aussi doit dire : « Seigneur ! Protégez-moi contre moi-même ! », parce qu'il est tout près de l'injustice. Et je puis passer en revue toutes les différences de caste pour arriver aux différences de sexe ; et je dirai que la science est une belle chose, qu'elle nous grandit, qu'elle nous élève, mais que le sentiment de l'égalité, c'est le sel qui doit conserver et empêcher la pourriture de nos âmes et l'orgueil de notre savoir. (*Applaudissements vifs et répétés*).

Le citoyen **Fulpius**, de Suisse, vient saluer au nom de la Libre Pensée suisse, la Libre Pensée mondiale.

Citoyens, chers Camarades,

Voilà la quatrième fois que j'ai le plaisir d'assister à ce splendide Congrès, qui réunit tous les esprits réellement émancipés, ou tout au moins qui tendent à l'être. En 1888, à Bruxelles, j'étais l'unique représentant de la Libre Pensée Suisse, c'est-à-dire de la Libre Pensée de Genève, d'un seul canton, dans lequel nous étions une quarantaine. Le coup de fouet de ce Congrès s'est fait sentir bien vite et après quelques années nous avons le plaisir de nous retrouver ici maintenant en possession d'une fédération intercantonale qui compte déjà 4 cantons et une quinzaine de sections, avec 8 à 900 membres militants et qui a créé 4 écoles comprenant environ 250 enfants. En Suisse la situation est assez difficile pour la Libre Pensée et nous avons besoin de ces encouragements périodiques. De même que dans l'hypothèse de Flammarion les comètes répandent dans l'espace le carbone qui vient donner la vie aux étoiles en formation, de même ces Congrès répandent un peu dans tous les pays la bonne semence d'émancipation et de progrès (*Bravos*).

CH. FULPIUS, Délégué de Genève.

Tous mes vœux sont pour que la Libre Pensée mondiale prenne son essor dans la direction qu'elle suit depuis quelques années, qu'elle comprenne bien qu'elle ne doit pas s'arrêter au simple anticléricalisme, qu'elle ne doit pas croire avoir tout fait quand elle a crié : A bas la calotte ! Mais qu'elle doit lutter énergiquement contre tous les dogmes, contre toutes les religions, et surtout contre toutes les morales religieuses. (*Applaudissements*).

En effet, tant que nous aurons de soi-disant libéraux qui, sous prétexte de libre examen prêcheront le Christianisme et sa morale déprimante, enseigneront au peuple l'absurdité de la résignation dans le malheur avec l'espoir d'une récompense future, tant que nous aurons des directeurs de conscience de la sorte pour nos enfants, nous ne pourrons pas espérer un progrès réel. (*Vifs applaudissements*).

D'un autre côté la Libre Pensée doit être sociale ; elle doit tendre une main loyale et fraternelle à tout ce qui est progressiste en matière économique, à tout ce qui est révolutionnaire en matière sociale. (*Applaudissements*).

Tout le monde ne peut pas suivre la même voie ; mais tous les progressistes peuvent avoir un même but, un grand but, devant eux : C'est la réalisation du bonheur de l'humanité et la suppression complète de la misère pour tous. (*Applaudissements*).

Cela ne pourra se réaliser, mes chers camarades, qu'avec l'union de tous ; il ne faut pas que, pour une misérable divergence de vues sur la manière de s'en servir, la doctrine du progrès et de l'émancipation soit paralysée dans ses effets, comme cela est arrivé jusqu'à présent ; il ne faut pas que, pour de vaines querelles de mots, pour des disputes, enfantines souvent, sur les voies et moyens, le but ne soit pas atteint. Il nous faut marcher en avant ; tous les chemins progressistes mènent au même but, au but tant désiré de l'émancipation humaine. Je terminerai en remerciant vivement la Ville de Paris et ses représentants, le Comité organisateur, toutes les sociétés en général qui ont favorisé la bonne réussite de ce Congrès. Au nom de mes concitoyens suisses, je me fais un plaisir de leur exprimer notre profonde reconnaissance. Nous comptons que cette grande manifestation mondiale aura sa répercussion dans notre petit pays. (*Vifs applaudissements*).

La série des discours est terminée. La séance générale est levée à 4 heures et demie ; les congressistes se réunissent par nationalité pour désigner leurs délégués à la Commission des vœux.

OPINIONS DIVERSES

L'Action, 9 septembre. — Sur la séance d'ouverture.

Tandis que l'orgue puissant, à la voix si humaine, faisait, par toutes ses cordes, vibrer l'*Internationale*, j'ai senti passer en moi ce long frisson qui secoue les ardents et les sincères, lorsqu'ils se trouvent en contact immédiat avec leur idéal.

. . . .

Toutes les races sont réunies dans cette salle, et l'on y parle toutes les langues. Le délégué noir des Antilles y coudoie le Chinois Shui, qui ne professe pas moins de mépris pour Confucius que nous en professons pour Jésus. Italiens lyriques et Espagnols au verbe sonore, y font assaut d'idées avec les Anglais placides et brefs, aux grands yeux clairs, et les Allemands aux tactiques précises, aux mots lentement martelés. Polonais et Russes y fraternisent dans une haine commune pour le tzarisme, et Cuba libre y promet son concours à l'Espagne subjuguée.

L'Humanité, 5 septembre. — Même sujet.

La Libre Pensée se devait d'inaugurer ses séances par une manifestation d'art. Et c'est par l'audition d'artistes de la Comédie-Française que le Congrès a commencé ses travaux.

Les délégués étrangers sont ensuite venus tour à tour remercier la France de son accueil et si toute la journée n'a été remplie que de leur éloquence il n'en faut accuser que leur nombre.

La Lanterne, 6 septembre. — Même sujet.

Après Rome, Paris... Le coup n'est pas moins terrible pour la religion, surtout au lendemain du vote par la Chambre française, de la séparation des Eglises et de l'Etat.

. . . .

Demain, les journaux de sacristie fulmineront contre la hardiesse et la force croissante des libres penseurs. Mais qu'importe ! La vérité est en marche, comme disait Zola ; la raison aussi est en marche ; rien ne saurait les arrêter.

La Raison, 10 septembre. — Même sujet.

A l'Association Nationale des Libres Penseurs de France était échu l'agréable et délicat devoir d'offrir à nos amis congressistes le régal d'une partie artistique. Et, en l'occurrence, le choix des artistes et des œuvres interprétées fut particulièrement savoureux.

Le Radical, 6 septembre. — Même sujet, — de E. Lesigne.

Le Congrès international de la Libre Pensée, qui a débuté par planter fièrement sa statue de protestation en face du Sacré-Cœur, et qui s'est ouvert hier matin dans une manifestation d'art, marque par le seul fait de sa réunion en ce moment, à Paris, une date historique de l'histoire de la pensée humaine.

. . . .

Ils ont (les Libres-Penseurs), en effet, voulu commencé par une manifestationd'art, où l'éloquence des discours alternait avec les chefs d'œuvre de la musique et de la poésie, témoignant ainsi que la Libre Pensée sera réellement universelle, non pas seulement parce qu'elle s'étendra sur tout le globe, mais aussi parce qu'elle comprendra tous les domaines intellectuels.

L'Echo de Paris, 5 septembre. — Même sujet, — de R. Delay.

Constatons d'ailleurs que les orateurs s'occupèrent bien plus de politique que de religion proprement dite. Tout libre penseur doit être socialiste, déclarait l'un ; le libre penseur convaincu est forcément partisan de la patrie universelle, affirmait l'autre. Et ces théories extra religieuses semblaient unanimement goûtées par l'assistance.

Le Figaro, 7 septembre. — Même sujet.

Des couloirs sans fin, des brassards écarlates, des églantines ponceau, des gilets cramoisis séparent le froment de l'ivraie, examinent les cartes et concèdent, après quelques pourparlers, aux journalistes, la faveur de prendre un siège non loin du bureau où pontifient MM. les délégués. Nous entrons à la minute précise où les hourras se déclanchent, où les bravos crépitent, où jaillit l'enthousiasme comme un vin trop mousseux.

Journal des Débats, 5 septembre. — Même sujet.

Le long couloir par lequel passent les congressistes pour se rendre à la salle des Fêtes et à l'entrée duquel a lieu la présentation des cartes n'est pas fait pour donner une haute idée de l'esprit avec lequel les congressistes se disposent à traiter les questions importantes qui figurent au programme. En dehors de la librairie de la Raison, qui a installé sur des tréteaux une multitude de publications et de volumes dont les titres et les couvertures rouges ne peuvent manquer d'agréer aux plus farouches d'entre eux, on y débite, en effet, pour une somme modique, cinq ou dix centimes, un grand nombre de cartes postales satiriques sur l'esprit desquelles nous n'insisterons pas, et jusqu'à des poupées, curés de carton, dont la tête rose émerge d'une robe en papier noir, et que le vendeur offre par ces mots : « Demandez le déjeuner des libres penseurs. »

Mais ce n'est là qu'une impression de couloir. L'aspect de la salle est, en effet, plus sévère, malgré la présence de nombreuses dames attirées sans doute par le programme musical et littéraire de la matinée.

J'en passe...

Le Temps, grave, se borne à être banal.

La Croix, *La Patrie*, comme l'avait prévu *La Lanterne*, fulminent.

Le Figaro du 3 septembre a parlé, par anticipation, de la séance d'ouverture en un long article, plein de mots, à défaut d'idées et signé *Azède*. C'est du Laurent Tailhade clérical. Maître Jacques a pris son tablier de cuisinier.

PREMIÈRE COMMISSION

Plan d'une nouvelle Encyclopédie

Cette première question à l'ordre du jour, qui aurait pu sembler la moins urgente, sinon la moins importante, apparut, après le remarquable rapport du savant belge *Hector Denis* comme l'une des questions capitales du Congrès.

L'un des plus grands résultats de ce congrès sera d'avoir adopté le principe d'une Encyclopédie nouvelle, d'un nouveau recueil de connaissances, d'une œuvre scientifique et populaire, qui contribuera puissamment à l'unité intellectuelle à l'émancipation intellectuelle et sociale, et à l'organisation rationnelle du travail.

Et ce sera tout à l'honneur du Congrès d'avoir été le point de départ de cette œuvre grandiose à laquelle collaboreront les savants les plus illustres de toutes les écoles libres penseuses.

La question de l'Encyclopédie fut d'abord examinée laborieusement par la première commission.

Les citoyens *Hector Denis*, *Lorand* (Belgique), *Dr Otto Karmin* (Suisse), *Noller* (Allemagne), *Leclercq*, *Nergal*, *Nourisson* (France), *Blanc*, *Lubelski* (Pologne) et les citoyens *Dr Cahn*, *Delaveau*, *Hamon*, *Wolfke* en faisaient partie.

A la séance de commission, le citoyen Hector Denis donna communication de son travail sur la question.

Ce rapport, que nous publions plus loin, comprend trois parties :

1° Une exposition de principes ou de doctrines ;

2° Des vœux à soumettre au Congrès ;

3° Une proposition ayant pour but d'élever un monument aux Encyclopédistes du XVIIIe siècle.

Le citoyen Otto Karmin, qui avait rédigé un travail sur la question de l'Encyclopédie, en donne lecture. Il demande qu'une idée directrice préside à la composition de l'Encyclopédie.

Tandis que les deux dernières parties du rapport H. Denis sont admises, des observations sont faites au savant belge pour son exposition de principes.

Les citoyens Nergal et Nourisson demandent que l'Encyclopédie ne soit exclusivement ni positiviste, ni moniste, ni matérialiste, mais impartiale, basée sur les seules données scientifiques, données communes aux différentes écoles libres penseuses.

Le citoyen Nergal, voudrait que cette encyclopédie soit vraiment démocratique et d'un prix très modique, contrairement aux publications similaires déjà parues qui ne peuvent être achetées que par les gens blasés. Il préconise la publication de petits volumes à cinquante centimes, dont la série formerait une véritable encyclopédie populaire destinée à remplacer les livres dogmatiques.

Chaque grande division (astronomie, géologie, biologie, anthropologie, psychologie, sociologie) ferait l'objet d'un ou de plusieurs volumes de vulgarisation.

L'ensemble de la bibliothèque formerait l'encyclopédie des connaissances nécessaires pour se faire une conception scientifique, rationnelle, du monde.

La Commission, après avoir entendu ces divers orateurs, s'entend pour soumettre des conclusions à l'approbation du congrès.

Le citoyen Hector Denis est le rapporteur de cette Commission.

A la séance générale (mardi 5 septembre, après midi) Hector Denis, dans un respectueux silence, et sachant bénéficier de l'attention générale, donne lecture de son rapport.

Séance générale du mardi 5 septembre.

Président : Citoyen Tschirn,
président de l'Union allemande de Libre Pensée.
Vice-présidents : Karel Pelant, de Bohême,
Hector Denis, de Belgique.
Assesseurs : L. Furnémont de Belgique,
Gustave Spiller, d'Angleterre.
Secrétaire : Maurice Chevais.

Hector Denis rappelle que la proposition d'une nouvelle encyclopédie est due à son ami le savant professeur de Greef.

Il s'exprime ensuite ainsi :

La proposition de mon savant collègue M. de Greef ne fut pas soumise en temps utile au Congrès de Rome. Nous avons demandé qu'elle le fût au Congrès de Paris, et j'ai reçu la mission d'en défendre le principe.

Le grand réformateur Henri de Saint-Simon a dit : « Les philosophes du XVIIIe siècle ont fait une Encyclopédie pour renverser le système théologique et féodal, les philosophes du XIXe siècle doivent faire une Encyclopédie pour constituer le système scientifique et industriel. » Ainsi, pour lui, à l'œuvre critique d'un siècle succédait l'œuvre organique d'un siècle nouveau, l'histoire obéissant à un véritable mouvement rythmique. L'immortel A. Comte, plus préoccupé encore d'assigner ce caractère à une entreprise encyclopédique, puisqu'il ajournait toute réorganisation sociale après la réorganisation mentale, tenta de réaliser la partie fondamentale de cette œuvre immense, celle à laquelle Bacon faisait appel comme *Philosophie première*, comme base permanente de toutes les spéculations humaines, et il exposa et publia le Cours de Philosophie positive. C'était déjà l'œuvre organique rêvée, et dont le génie jetait les assises les plus profondes.

A quarante ans de là, la tradition Encyclopédique du XVIIIe siècle est ressaisie par un groupe de savants et de philosophes contemporains parmi lesquels le plus illustre des savants et des libres-penseurs français vivants, M. Berthelot. Les auteurs de la grande Encyclopédie ont été frappés du caractère intermédiaire et transitoire de l'époque contemporaine, aussi bien en philosophie, que dans l'ordre social et politique, et même que dans les applications industrielles de la Science, et bien que l'avenir à leurs yeux ait pour tâche certaine une œuvre organique supérieure, notre âge de transition n'attend de ces nouveaux encyclopédistes qu'une œuvre de large et savante exposition tout entière éclairée par le libre examen ; pour eux, se prolonge ainsi jusqu'au-delà du XIXe siècle, jusqu'à nous, la phase critique que déjà Saint-Simon et Comte voulaient clore. Les esprits éclairés admirent toujours davantage l'impartialité sereine, la puissance d'analyse et la vaste érudition des Encyclopédistes de la fin du XIXe siècle. Cependant le moment n'est-il pas venu d'un retour vers l'organisation positive du savoir humain ? Le grand divorce accompli par la France et hâté par elle pour les nations avancées, n'est pas une œuvre purement négative de dissolution des liens de la Société politique et civile avec l'Eglise ; préparé par trois siècles de Philosophie, depuis Galilée, Bacon, Descartes, n'est-ce pas aussi une puissante affirmation ? N'appelle-t-il pas un effort collectif nouveau vers une conception du monde, de l'homme, de la société, une conception de la morale sociale dégagées de tout dogme, appuyées sur toutes nos acquisitions scientifiques ? N'est ce pas là le gage d'unité, de paix pour les esprits à proposer au monde, le fondement le plus étendu et le plus solide à donner à une réorganisation sociale progressive et pacifique ?

L'Eglise a nettement compris qu'à l'organisation de la lutte contre ses adversaires s'associe nécessairement un effort d'organisation mentale et sociale : mais dans la synthèse qu'elle élabore pour s'adapter au progrès de l'esprit humain, pour essayer de concilier les vetera et les nova, dans son Encyclopédie à elle, elle associe des éléments hétérogènes : à la science humaine, expérimentale, à la philosophie, le dogme, la révélation directe de l'absolu, et c'est la Théologie, la science divine qui prévaut irrésistiblement : comment ne lui opposerions-nous pas, tel qu'il peut être édifié aujourd'hui, l'édifice du savoir, dégagé de l'Absolu, l'héritage commun du genre humain, dans son unité imposante, dans son humanité triomphante ? N'est-il pas légitime de faire nôtre cette question que le vaillant et savant Haeckel se pose dans le testament, sublime d'abnégation, de sa vie de penseur : « Dans quelle mesure, dit-il, nous sommes-nous actuellement rapprochés de la solution des Enigmes de l'Univers ? A quel point sommes-nous réellement parvenus de la Connaissance de la vérité à la fin du XIXe siècle ? Et quels progrès vers ce but infiniment éloigné avons-nous réellement accomplis au cours du siècle qui s'achève ? » Oui, sans doute, je le reconnais, dans le grand combat entre les formes religieuses anciennes et l'esprit philosophique, on n'a pas encore trouvé de formule précise et universellement acceptée qui les remplace, pas plus qu'on n'a donné à la démocratie sa forme définitive, à la Société Economique déchirée par la lutte des classes, un équilibre stable ? Mais la synthèse scientifique sera-t-elle jamais définitive, ne sera-t-elle pas toujours perfectible, n'est-elle pas le *devenir* perpétuel de la pensée collective qui se réfléchit soit dans des générations de philosophes, soit dans des individualités puissantes comme les Bacon, les Diderot, les D'Alembert, les Comte, les Spencer. L'espèce humaine peut se bercer du rêve de l'Absolu, mais il n'atteindra jamais que des approximations de la vérité absolue : son œuvre critique est par la relativité de la connaissance humaine, par la limitation même par ce que Littré appelait l'humilité de notre nature, une œuvre éternelle : néanmoins cette œuvre critique s'accompagne toujours d'une œuvre organique, celle-ci se forme à chaque moment de tout ce qui résiste à cette ventilation inflexible de libre examen. Pourra-t-on jamais dire à un moment de l'histoire : le savoir humain est organisé définitivement, et ne dira-t-on pas de plus en plus légitimement : le savoir humain s'organise, ou, suivant un beau mot de Roberty, l'hégémonie de la science se constitue.

Quand on se reporte à l'entreprise de d'Alembert et de Diderot, sans doute on juge que c'est en leurs mains une arme de combat, mais on se convainc aussi que ces grands hommes se flattaient de laisser à la postérité quelque chose de plus que le tableau de controverses, de déchirements et de ruines.

Dans ses reproches poignants à son éditeur sacrilège, c'est l'altération de l'héritage du XIXe siècle, que Diderot accuse, et on admire dans le discours introductif la continuité qui lie d'Alembert au génie le plus systématiquement organisateur, à A. Comte, comme on admire l'effort du chef de la physiocratie pour dégager un ordre économique financier, social, naturel. Diderot a dit quelque part qu'une Encyclopédie devait s'accomplir après une grande Révolution. Quels titres n'avons-nous pas alors au XXe siècle à son accomplissement ? C'est que dans les crises les plus profondes, des éléments de réorganisation s'accumulent même à notre insu ; leur recherche, leur contemplation, leur coordination, n'eussent-elles que cette vertu de presser cette synthèse supérieure, en nous faisant mieux sentir la distance qui nous sépare de l'idéal, comment ne pas nous y dévouer ? Tout progrès de l'unité stable dans la pensée n'est-il pas un rapprochement de la communion sociale plus parfaite, était-ce sans raison que Comte y cherchait le gage d'apaisement de la grande Crise ? L'organisation intime même du savoir est-elle sans rapport avec la solution du problème social, qu'est-ce alors que cette lutte des conceptions économiques et intellectualistes de l'histoire, reflet de l'opposition de Saint-Simon et de Comte sur le rang du spirituel et du temporel ? Ne pénètre-t-elle même pas entièrement dans l'organisation du travail, et n'est-ce pas aujourd'hui comme avec d'Alembert, concourir à l'émancipation de celui-ci que fortifier celle-là ?

HECTOR DENIS, député,
Professeur à l'Université de Bruxelles.

Toute Encyclopédie présente deux parties bien distinctes : la première renferme sa Philosophie, sa hiérarchie des connaissances, le tableau général de celles-ci, ses principes, son plan, ses classifications ; la seconde, c'est le recueil alphabétique ou méthodique qui réalise le plan de la première par le vaste exposé des connaissances humaines. Le discours introductif de D'Alembert et l'article Encyclopédie de Diderot forment la première partie de la grande œuvre du XVIIIe siècle. L'ordre encyclopédique des connaissances qui y est tracé avec une rare puissance de construction place, suivant les paroles de D'Alembert, le philosophe au dessus de ce vaste labyrinthe dans un point de vue fort élevé, d'où il puisse apercevoir à la fois les sciences et les arts principaux, distinguer les branches générales des connaissances humaines, les points qui les séparent ou qui les unissent. Cette tâche directrice est tracée de même par la grande Encyclopédie du XIXe siècle ; « elle commence lorsqu'ayant rassemblé tous les faits, il s'agit de les coordonner en un ensemble bien proportionné ; cette coordination n'est que la classification des faits généraux, et la classification des faits généraux, c'est la classification des sciences. »

Aujourd'hui que le caractère organique de l'œuvre s'affirmera avec beaucoup plus d'énergie encore qu'au XVIIIe siècle, cette première partie acquerra une importance philosophique inappréciable et par les principes qui en consacreront l'unité et par les progrès de la classification qu'elle réalisera : aussi quelques controverses qu'elle laisse subsister, quelques lacunes qu'elle présente encore, on peut très bien concevoir qu'elle fasse l'objet immédiat d'une élaboration collective, en réservant la réalisation même du recueil alphabétique ou méthodique.

L'unité que D'Alembert et Diderot ne pouvaient donner à leur œuvre sans cesse menacée ou atteinte par l'intolérance sera avant tout dans la consécration exclusive de l'esprit scientifique. La synthèse moderne ne peut être fondée que sur des faits bien constatés : de même nature dans un ensemble philosophique et dans toutes ses parties, elle sera partout l'expression de la relativité des Connaissances humaines ; toutes les classes de phénomènes, des plus simples de l'ordre physique aux phénomènes sociaux les plus complexes seront considérés comme assujettis à des lois naturelles ; le règne universel de la loi exclura toute intervention surnaturelle ; les hypothèses invérifiables par leur nature seront rejetées de la Conception synthétique des Connaissances, basée sur l'élimination de l'Absolu. Ainsi conçue l'Encyclopédie sans doute n'exclura pas les dissentiments des Ecoles, mais ses controverses seront toujours solubles, sa perfectibilité sera indéfinie et son unité ne sera jamais ébranlée, elle défiera les attaques de tous les sectateurs de l'Absolu. Elle assurera enfin le règne de la raison.

C'est dans la classification des Connaissances que les progrès de l'Encyclopédie seront les plus étendus et les plus féconds. Enchaînée par d'Alembert, comme par Bacon aux facultés maîtresses de l'esprit, la mémoire, la raison, l'imagination, elle s'adapte depuis Ampère et surtout A. Comte aux objets mêmes de la connaissance et à leurs rapports de dépendance naturelle, elle peut dès lors suivre avec une flexibilité merveilleuse toutes les conquêtes de l'esprit humain.

Tous les travaux humains sont de spéculation ou d'action. De là la distinction fondamentale entre les connaissances théoriques et les connaissances pratiques qui a traversé depuis d'Alembert toutes les classifications. Les unes se bornent à l'examen de leur objet à la contemplation de ses propriétés, les autres tirent de l'étude spéculative de leur objet l'usage qu'on en peut faire dans la pratique. Les Connaissances théoriques ont été divisées à leur tour en sciences générales ou abstraites et en sciences particulières ou concrètes. Les unes ont pour objet les lois qui régissent les différentes classes de phénomènes considérées dans toute leur généralité, dans tous les cas qu'ils peuvent présenter. Les autres ont pour objet l'histoire effective des différents êtres. D'Alembert rattachait celles-ci à la *mémoire* comme sciences descriptives et historiques, celles-là à la raison comme philosophie du savoir ; Comte, en rendant les fondements de la classification objectifs, a donné à cette division beaucoup plus de précision ; Cournot l'a maintenue sous les noms de sciences cosmologiques et historiques et de sciences théoriques; Spencer lui-même malgré sa division tripartite, a rendu la distinction plus saisissante, plus décisive en ses résultats qu'aucun autre penseur. C'est l'examen de ces distinctions qui sera à la base de la Synthèse scientifique nouvelle.

A. Comte dans son effort encyclopédique prodigieux n'a classé cependant que les Sciences abstraites laissant à ses successeurs le soin de compléter cette grande œuvre. En sériant les sciences fondamentales d'après leur ordre de complexité et de dépendance, il a considéré les propriétés naturelles formant l'objet des sciences abstraites sinon comme *irréductibles*, du moins comme *irréduites* suivant un mot heureux de Blondel.

En marquant la subordination des phénomènes, loin qu'il fit effort comme nous l'a dit Rabier par exemple, pour résoudre l'explication des plus complexes d'entre eux ces termes des phénomènes les plus simples, il voulait au contraire conjurer des généralisations hâtives ou téméraires ; c'est là que Ravaisson a vu son principal titre à la Philosophie ; mais pour échapper à un écueil métaphysique il s'est exposé à tomber dans un autre, tant il est vrai que le libre examen doit sans cesse veiller à la porte : sa condamnation des recherches qui ont abouti à la Biologie cellulaire et à l'équivalent mécanique de la chaleur a reçu de Fouillée le nom de bévue du génie. Cette classification ne semble pas moins dans ses lignes maîtresses, dans sa constitution historique progressive, confirmée par tous les travaux modernes. De Roberty y a vu la partie définitive de l'œuvre de Comte.

C'est ce qu'une révision collective sévère, déjà tentée par Goblot achèvera, je l'espère, de montrer. Elle est susceptible de corrections profondes sans qu'elle subisse d'altération essentielle. Les découvertes modernes sur la corrélation des forces physiques, la constitution de la thermo-chimie laissent subsister les rapports des sciences inorganiques dans la série abstraite. L'introduction par Mill et Baine de la Psychologie dans la classification n'en a nullement altéré le principe. La critique de la connaissance a, depuis A. Comte, été l'objet des plus vastes et des plus admirables travaux, son œuvre n'est pas incompatible avec la classification de Comte. Alfred Fouillée n'a-t-il pas écrit : « Le positivisme de Comte et de Littré s'était borné aux lois mathématiques physico-chimiques, biologiques et sociologiques : il avait laissé de côté les lois psychologiques, exclusion injuste, réparez cette erreur : introduisez de nouveau les lois de la psychologie dans l'organisme des sciences : ajoutez-y même les résultats généraux de la critique kantienne qui a déterminé les lois générales de nos connaissances; vous aurez ainsi un code de la nature plus complet. »

La sociologie donnerait lieu aux mêmes observations de Fouillée : les travaux récents de Durkheim, de Tande, de Degreef, de Ward, de Worms, Loria, Asturaso, ont élargi singulièrement depuis Comte la classification des phénomènes sociaux et donné une place considérable aux phénomènes économiques et juridiques, ils n'ont pas modifié la hiérarchie générale des sciences abstraites, la conception abstraite du monde; aux plus grands débats et aux plus nobles préoccupations se rattachent des problèmes de classification des connaissances. Les rapports de la Biologie, de la Psychologie avec la science sociale ont fait naître des écoles distinctes ou opposées. Les progrès des sciences sociales spéciales, étudiant l'un des aspects de la société n'ont été efficaces que dans la mesure où ils ont rattaché la science spéciale au savoir sociologique, la sociologie criminelle, la sociologie politique, la sociologie économique surtout en sont des témoins éloquents, et la perspective d'une solution méthodique de problème social se dessine à mesure que ces relations complexes se précisent et s'affermissent; l'ordre de subordination des différents aspects de la sociologie, leur corrélation, les réactions réciproques des différents facteurs du problème sociologique éclairent à leur tour des plus vives lumières l'allure trop longtemps incertaine du propres social; les théories rigides: intellectualistes et économiques de l'histoire sont comme des conceptions provisoires qu'une analyse plus profonde, des classifications plus exactes rapprocheront avec plus de flexibilité de l'évolution réelle des sociétés.

Auguste Comte avait renoncé à tenter la classification des sciences concrètes dont l'objet est l'histoire effective des êtres, des aggrégats de phénomènes, parce qu'elle exige la connaissance d'un ensemble de lois fondamentales. Mais après Comte non seulement ces sciences, mais leurs synthèses ont pris un essort extraordinaire. A l'histoire naturelle purement descriptive du discours de d'Alembert, à l'ontologie métaphysique, a succédé l'effort persistant pour substituer une genèse positive: et cet effort est inséparable de la synthèse des sciences concrètes; les grandes hypothèses de Kant et de Laplace, de Lamark, de Lyell, de Darwin de Haeckel en sont comme les assises. Dans l'œuvre de Herbert Spencer la classification des sciences concrètes n'est autre chose que l'ossature puissante de sa théorie générale de l'évolution: aux aggrégats des phénomènes, présentant une complexité croissante, et qui forment l'objet des sciences concrètes, de l'Astronomie sidérale à la sociologie, correspondent les moments successifs de l'évolution des êtres. Haeckel lui aussi a dévoilé les splendeurs d'une conception réaliste de l'univers, et ses lois d'évolution reproduisent elles aussi une classification des sciences concrètes de même ordre.

Sommes-nous rapprochés d'une synthèse des sciences abstraites et des sciences concrètes, dans une vue du monde et de l'humanité présentant une unité supérieure?

Qu'on y veuille prêter attention, nous sommes ici devant le problème le plus grave qui divise la libre pensée dans ses profondeurs; car il s'agit de rapprocher les représentants rigides de la synthèse abstraite de Comte des théoriciens de l'évolution. Ce qui unit ici, c'est avant tout l'idée directrice des théoriciens de l'évolution comme Spencer et Haeckel: leur synthèse est basée tout entière sur des lois naturelles: tout l'édifice de Haeckel a pour fondement *la loi de substance* ou de conservation de l'énergie de la matière; et, dût la théorie audacieuse de G. Lebon sur la matière venir ébranler définitivement cette base, la théorie modifiée de l'évolution des êtres resterait, elle encore, fondée sur des lois naturelles. Ce qui unit encore, c'est que la hiérarchie des sciences concrètes dans les théories de l'évolution est comme la projection de la hiérarchie des sciences abstraites, et des adversaires tels que le vénéré Frédéric Harrisson en ont été frappés. Elle reproduit ce même ordre et présente la même subordination relative. Mais ce qui divise, c'est que les sciences abstraites ont pour objets des *propriétés non réduites* encore les unes dans les autres, et que leurs lois ont des degrés de complexité tout différents, et des travaux comme l'étude remarquable de Harrisson sur Spencer, nous montrent à quelle distance nous sommes encore d'une conciliation.

La théorie de l'évolution par cela même qu'elle implique la *continuité* dans la transformation de la matière et de l'énergie, tend à abaisser même à supprimer les barrières qui séparent les sciences abstraites et les propriétés qu'elles étudient. L'écueil est dans les généralisations hâtives, qui ramèneraient l'explication des phénomènes les plus compliqués aux mêmes lois que les phénomènes les plus simples, qui considéreraient ces lois comme applicables à toutes les sciences cosmiques et humaines, et comme suffisantes pour une explication générale de tous les phénomènes de l'univers, de la terre, de la nature humaine, des sociétés. L'écueil est encore, par une préoccupation exclusive du mouvement incessant de transformation, d'appauvrir le savoir humain en rejetant au second plan les conceptions de stabilité relative, d'ordre, d'équilibre, de ne voir qu'une dynamique générale, là où il y a encore une statique concevable rationnellement.

Il semble que non seulement il y ait pour les nouveaux encyclopédistes à tenter de ramener à une unité supérieure la synthèse des sciences abstraites et la synthèse des sciences concrètes, mais que les progrès rationnels de l'esprit humain le réclament, car si les périls indiqués tout à l'heure sont réels, Comte nous a montré lui aussi, par son exemple, qu'il y a péril à considérer comme *irréductibles* les propriétés naturelles qui ne sont dans l'état actuel de nos connaissances qu'*irréduites*. Le péril est d'un côté de glisser vers l'homogénéité absolue, de l'autre vers l'hétérogénéité absolue. L'œuvre à accomplir n'est pas un vain éclectisme ou quelque injustifiable transaction ; elle est par dessus tout d'une part, dans la révision attentive et dégagée de tout esprit de système des rapports entre les différentes classes de phénomènes, de l'autre dans le contrôle de l'emploi de l'hypothèse scientifique, des conditions de sa légitimité et de sa vérification possible. J'avoue que l'espoir d'une coordination supérieure de tant d'efforts et de si nobles pensées, m'anime tout entier.

En consacrant la distinction des connaissances spéculatives se bornant à l'examen de leur objet, et à la contemplation de ses propriétés, et des connaissances pratiques ayant pour but l'exécution de quelque chose, d'Alembert avait maintenu aussi la distinction des opérations de l'esprit et de celles du corps, ou des arts mécaniques n'ayant besoin que de la main pour être exécutées. L'une des gloires les plus pures des Encyclopédistes du XVIIIe siècle, c'est d'avoir consacré la réhabilitation du travail manuel, dont d'Alembert disait qu'asservi à la *routine*, il a été abandonné à ceux des hommes que les préjugés ont placés dans la classe la plus inférieure. L'indigence qui a forcé les hommes à s'appliquer à un pareil travail est devenue ensuite une raison pour les mépriser tant elle nuit à tout ce qui l'accompagne. Nouer plus profondément le lien qui unit les connaissances pratiques aux connaissances spéculatives, pendant que d'autres réformes refoulent l'indigence, c'est hâter encore l'émancipation du travail. A l'asservissement de la routine on achèvera de faire succéder la pénétration de plus en plus intime des sciences positives et du travail industriel : dans une unité grandiose, le système des connaissances positives dominera à la fois toute pédagogie future, tout enseignement professionnel, et toute organisation de travail social : on comprendra plus nettement qu'en chaque travailleur, les conséquences redoutables de la division du travail de la parcellarité des tâches doivent être contrebalancées suivant un mot profond d'Alexandre Bertrand par un vigoureux et perpétuel effort ramenant de l'état de dispersion à l'unité, à l'harmonie de notre nature, et donnant des hommes et non de la poussière humaine. Ainsi le travail collectif qui est déjà une coopération incessante, une pratique continue de la solidarité humaine, apparaîtra de plus en plus, comme une sorte de projection vivante, agissante de la synthèse du savoir. Il sera finalement, dans des conditions de plus en plus voisines de l'égalité, l'expression de la puissance collective de l'homme sur la nature, dégagée de toute exploitation de l'homme par l'homme, et la réconciliation de ce que nous appelons esprit, avec ce que nous appelons matière, se traduira ici par la rédemption morale du travail.

Les sciences normatives qui recherchent les directions normales dans l'ordre spirituel, telles la logique, l'esthétique, l'éthique, la pédagogie ont accompli des progrès considérables par l'étude de leurs relations avec la psychologie et la sociologie.

L'importance d'une constitution plus parfaite de la hiérarchie des sciences est saisissante à l'égard de la morale sociale. Dans les travaux qui s'accomplissent au XIXe siècle, elle se rattache directement à la sociologie, elle a pour fondement positif non seulement le système des lois de l'esprit, mais le système des lois de la société : avec cette base solide qui enveloppe toutes les acquisitions positives de l'esprit humain, elle n'aura plus à redouter des défaillances de la foi ; et de cette subordination se dégage ainsi pour elle une direction générale : déduite au XVIIIe siècle d'une psychologie abstraite, elle eut surtout une tendance individualiste, fondée au XIXe siècle sur la sociologie elle développera le côté social de la nature humaine, en déroulant une solidarité indéfectible dans le temps et l'espace. La conception de l'humanité comme fin prendra une place grandissante à côté de celle de la finalité individuelle. Le droit qui est la partie de l'*éthique* fixée par la volonté collective, portera la même empreinte de la solidarité sociale. Point n'est nécessaire de déterminer avec précision sa constitution finale pour affirmer le caractère organique de l'époque actuelle, il suffit de surprendre la direction générale de la transformation du droit : droit économique conquérant sur l'absolutisme du droit de propriété, le système des garanties du travail et gravitant vers l'égalité sociale, droit politique élargissant la sphère des devoirs de la société pour assurer l'élévation des individus ; droit criminel s'humanisant par la reconnaissance de la solidarité sociale, d'une responsabilité collective dans l'infraction ; droit des gens subordonnant la considération nationale à celle de l'humanité.

C'est par là aussi qu'une synthèse positive du savoir exercera sa part d'action dans la pacification du monde. Bâtie sur le libre examen, c'est-à-dire sur l'élimination définitive du principe d'autorité dans le domaine de la pensée, elle est comme un autel immense dressé à la tolérance : dégageant comme conception suprême celle de l'humanité, elle lui subordonne toutes les formes abusives de l'égoïsme individuel, familial, national, ou de classe, en les assujettissant à une solidarité toujours élargie ; marquant à un degré supérieur de rigueur le lien des connaissances scientifiques et du travail productif, elle affermit le règne de l'industrie, et hâte l'élimination de celui de la force ; préparant la solution méthodique du problème social, en dégageant un idéal social supérieur, elle jette les semences de la paix dans l'intimité même de la constitution sociale ; elle confond le travail et la science dans un même et sublime effort d'émancipation ; et si cette idée sublime, l'âme de l'œuvre primitive de Saint-Simon et de celle de Comte, d'une succession définitive du régime scientifique et industriel au régime théologique et militaire, est venue se heurter à la continuité de l'histoire, au moins aurons nous conscience cette fois, de nous en rapprocher de plus en plus avec certitude.

Considérants du rapport Hector Denis.

Le Congrès international de la Libre-Pensée ;

Considérant que l'œuvre de la libre pensée n'est pas seulement critique et négative, mais qu'elle est par dessus tout organique et positive ;

Considérant qu'elle a pour mission suprême d'opposer et de substituer aux conceptions dogmatiques des théologies une conception synthétique du monde, de l'homme, des sociétés humaines, conception fondée exclusivement sur les lois des phénomènes ;

Que, de même nature dans son ensemble philosophique et dans toutes ses parties, expression de la relativité même des connaissances humaines, se composant à chaque moment de tout ce qui a résisté au contrôle incessant et inflexible du libre examen ;

Considérant que la synthèse du savoir est toujours et indéfiniment perfectible, qu'il est dès lors aussi légitime, qu'il est nécessaire de poursuivre, au début du xxe siècle, l'œuvre encyclopédique conçue au XVIIIe siècle par le génie de d'Alembert et de Diderot, reprise dans sa portée philosophique au XIXe siècle par des penseurs immortels tels que A. Comte et Herbert Spencer ;

Considérant que la réalisation d'une telle conception encyclopédique est le gage de l'unité intellectuelle et progressive de l'humanité ;

Qu'en éliminant définitivement le principe d'autorité du domaine de la pensée elle doit mettre fin au désordre des esprits sans compromettre jamais la liberté de penser ;

Considérant qu'un nouvel examen critique des synthèses du savoir humain élaborées par les penseurs modernes peut mettre un terme aux divergences les plus profondes qui subsistent entre les libres penseurs, et tout au moins préciser avec plus de rigueur ce qui sépare les représentants rigides de la synthèse des sciences abstraites, tels que les disciples de Comte, des penseurs qui représentent les théories de l'évolution tels que Spencer, Haeckel, ou, en général, les représentants du monisme et du matérialisme ;

Considérant que la synthèse du savoir théorique donne, par la classification méthodique de ses parties, une base positive à la pédagogie ; qu'en rassemblant, dans une unité plus grandiose encore, les connaissances théoriques et pratiques, on met en pleine lumière les relations de la science avec le travail ; que l'on joint à l'enseignement théorique une organisation rationnelle de l'enseignement professionnel ; que l'on contribue largement à restituer au travail toute sa dignité, en communiquant au travailleur le plus haut degré de puissance sur la nature ;

Considérant que la synthèse scientifique donnera le fondement le plus stable possible à la morale, en défiant pour jamais toutes les défaillances de la foi, avec leurs périls, et en donnant à la tolérance une signification sublime qu'elle n'atteignit jamais ;

Considérant qu'elle est destinée à préparer, en assurant des bases solides à un idéal supérieur et en permettant d'en poursuivre avec méthode la réalisation, la solution positive et pacifique du problème social ;

Considérant qu'en dégageant, comme conception suprême, celle de l'Humanité, elle subordonne toutes les formes abusives de l'égoïsme individuel, familial, de classes, national à une solidarité toujours élargie ; qu'elle est ainsi, à tous les points de vue un instrument puissant d'émancipation intellectuelle, morale et sociale, un gage de paix et d'harmonie, de triomphe pour l'humanité :

Le Congrès se prononce pour le principe d'une Encyclopédie nouvelle proposée par M. le professeur De Greef ;

Mais considérant, d'autre part, l'étendue extraordinaire et la complexité formidable d'une telle œuvre, M. Denis propose — en raison aussi des charges qu'elle imposerait — que l'on se mette simplement à l'élaboration d'un plan et d'un exposé, laissant pour plus tard la deuxième partie de l'œuvre qui consisterait en un recueil alphabétique des matières.

Mais, considérant l'étendue extraordinaire, la complexité et les charges énormes d'une telle entreprise, l'importance des œuvres actuellement en cours, et préoccupé avant tout de la portée philosophique de l'œuvre nouvelle ;

Constatant que toute encyclopédie comprend deux parties distinctes : en premier lieu : le plan et l'exposé des principes de l'œuvre, le tableau des connaissances humaines, comprenant la classification des sciences et leur évolution générale ;

En second lieu : un recueil méthodique ou alphabétique réalisant ce plan et exposant l'état des connaissances dans toutes les parties de leur domaine.

Conclusions

Le Congrès déclare que la première partie de cette œuvre peut seule en ce moment faire l'objet de ses résolutions : qu'il charge en conséquence, le bureau international de faire appel dans l'esprit de la plus large tolérance, au concours de toutes les écoles qui se réclament du libre examen ; de charger une commission spéciale de faire ensuite un rapport sur ce grand objet et de rechercher les moyens pratiques d'exécution d'une Encyclopédie telle qu'elle réalise le plus parfaitement possible l'éducation de la démocratie.

L'enquête et le rapport auraient pour objet le plan général, le tableau des connaissances théoriques et pratiques, la revision des classifications postérieures à l'Encyclopédie du XVIIIe *siècle ; celles de Comte, Ampère, Herbert Spencer, Wundt, en y rattachant tous les travaux critiques plus récents ; l'attention serait appelée sur des problèmes tels que la classification des sciences abstraites et des sciences concrètes, la théorie de la connaissance et sa place dans la classification, les rapports de la biologie, de la psychologie avec la sociologie, les rapports des différentes parties de la sociologie entre elles, ou des différentes sociologies spéciales entre elles ; la place de l'Ethique dans la classification en y comprenant le droit, les rapports, de la pédagogie avec la biologie, la psychologie, la sociologie et l'ensemble des sciences et des formes du travail.*

On examinerait de près l'hypothèse dans laquelle l'œuvre encyclopédique nouvelle serait le prolongement et le complément des travaux considérables récents ou en cours tels que la grande Encyclopédie, dirigée par l'illustre Marcelin Berthelot. (De longs applaudissements accueillent la fin de ce discours.)

La section polonaise du Congrès émet les vœux suivants :

Admettre un délégué par Nation qui puisse soumettre à la Direction Générale du Plan de la nouvelle Encyclopédie, divers articles ou mentions ayant trait à l'Evolution des idées affranchies en général et dans son pays en particulier.

2° Autoriser chaque nationalité à la traduction et à l'Edition de la nouvelle Encyclopédie — au fur et à mesure qu'elle paraîtra en français.

Le citoyen **A.-G. Noller**, conseiller municipal à Pforzheim, Allemagne, propose lui-même un plan d'Encyclopédie. Moniste distingué, il reconnait qu'une nouvelle Encyclopédie s'impose, et il trouve dans l'organisation même de l'homme, les divisions de cette Encyclopédie.

1° Doctrine des sentiments et esthétique générale.

2° Conception, pensée, conception du monde.

3° Savoir, connaissance, conscience (gewissen) et conscience de soi-même.

4° Volition et éthique.

5° Pouvoir et esthétique spéciale.

6° Action et doctrine des savants.

Sentiment, pensée, savoir, volition, tout doit conduire au travail perfectionné, d'où naît l'harmonie.

Le citoyen **Eys** lit le vœu suivant :

« Le Congrès décide qu'un club d'étude mondial sera institué à Paris pour déterminer les principes de la vie hors dogmes, pour rédiger ou provoquer la rédaction d'un ouvrage concernant la conception laïque de la vie heureuse, de la vie nouvelle et en particulier de la Nouvelle Encyclopédie, enfin pour rédiger ou provoquer la rédaction d'un abrégé de ladite encyclopédie et généralement des ouvrages de classe et de bibliothèque nécessaires à l'enfance et à la jeunesse libre-penseuses » (*Applaudissements*).

Le Président. — La parole au citoyen Otto Karmin, de Genève.

Le citoyen Karmin. — J'ai eu l'avantage de présenter ce matin à la commission de l'Encyclopédie un très bref rapport. La commission m'a chargé de vous en donner connaissance ; je vous demande la permission de vous en exposer les grandes lignes. (*Parlez ! parlez !*)

Ce qui distingue les discussions entre ignorants et entre savants, c'est que les premiers diffèrent d'opinion sur les données d'une question, tandis que les seconds ne s'accordent pas sur l'interprétation des données en présence.

Si donc des hommes compétents, mais d'opinions diverses, sont d'accord de considérer certaines données comme correspondant à la réalité, l'on peut dire avec un maximum de probabilité que cette conception des faits en question est celle qui caractérise la science du moment.

D'autre part il n'est pas possible de se former soi-même une opinion sérieuse, sans avoir pris connaissance des faits et sans avoir entendu et comparé les appréciations contradictoires faites sur ce sujet par des personnes compétentes.

Comme la Nouvelle Encyclopédie doit être un monument de la science moderne, comme nous voulons tous qu'elle soit l'expression de la « libre-pensée » de notre époque, nous proposons ce qui suit :

« Les paragraphes les plus sujets à discussion, qui feront partie de la Nouvelle Encyclopédie, ne seront pas élaborés par une seule personne. On choisira, au contraire, deux ou plusieurs personnes compétentes, mais d'opinions diverses, qui fixeront d'un commun accord les données de la question ; chacun résumera ensuite ses appréciations et conclusions. »

Le citoyen **Otto Karmin** prévoit des objections qu'il réfute.

La parole est donnée au citoyen **Nergal**, qui renouvelle ses observations relatives au discours positiviste de Hector Denis.

Il fait les remarques pratiques que l'on trouve formulées plus haut, et est approuvé unanimement lorsqu'il demande que la nouvelle Encyclopédie soit populaire, à la portée de tous, se renouvelle sans cesse pour tenir au courant des faits scientifiques.

Il termine ainsi :

Je demande en conséquence au Congrès :

1° de voter les conclusions du rapport de notre éminent collègue Hector Denis, conclusions si lumineuses qu'elles mériteraient d'être publiées par les journaux du monde entier ; (*Applaudissements*).

2° de décider que la commission nommée par le bureau international encouragera l'organisation, si elle ne l'organise pas elle-même, d'une petite encyclopédie philosophico-scientifique, destinée à remplacer dans les mains de tous les livres malfaisants que sont les catéchismes. (*Vifs applaudissements*).

Le camarade **Paraf-Javal** expose quelles devraient être, conformément à la logique, l'Encyclopédie des libres-penseurs et quelles préoccupations physiques devraient guider les encyclopédistes; sont disqualifiés pour se livrer à ce travail tous ceux — (savants officiels ou autres et fussent-ils des spécialistes intéressants) — qui pensent *a priori*, qui croient à un arbitraire (par exemple à la foi ou à la loi) et qui introduiraient forcément partout leurs préjugés.

Seule l'étude des lois naturelles est intéressante.

Le catalogue de ces lois ne peut être fait que par des esprits décidés à penser *a posteriori*, capables en conséquence de concevoir et d'exposer un plan d'organisation scientifique en dehors de l'arbitraire.

La chose est importante, l'ensemble des faits scientifiques actuellement connus fournissant le moyen d'établir les règles que devraient suivre ceux qui désirent vivre en commun de la façon la meilleure.

Sur interpellation de congressistes, Paraf-Javal se déclare à la disposition du comité pour exposer ces idées en détail.

Le Président. — La parole est au camarade Karel-Pelant.

Le citoyen Karel-Pelant. — Au nom des libres-penseurs tchèques, je propose au Congrès de décider que la Fédération internationale de la Libre-Pensée publiera désormais une sorte de revue centrale de la Libre-Pensée, à laquelle les secrétaires des sections nationales de libre-pensée de tous pays seront tenus d'envoyer quatre fois par an au moins tous les renseignements qu'ils pourront avoir soit sur le mouvement de la libre-pensée dans leur pays respectif, soit sur le cléricalisme. Tous les libres-penseurs seraient invités à collaborer à cet organe central qui serait rédigé en français ou en espéranto, la langue auxiliaire de l'humanité prochaine (*Applaudissements sur divers bancs*).

Le Président. — Personne ne demande plus la parole ?...

Je mets aux voix les conclusions du rapport d'Hector Denis.

(Les conclusions, mises aux voix sont adoptées à l'unanimité).

Le Président. — Je mets aux voix la proposition Nergal, tendant à instituer à côté de l'œuvre proposée par Hector Denis un résumé populaire de l'Encyclopédie.

(La proposition, mise aux voix, est adoptée).

Le Président. — La proposition du camarade Karel-Pelant me paraît devoir être renvoyée à la commission des vœux parce qu'elle ne concerne pas la question de l'Encyclopédie.

Je mets aux voix le renvoi à la commission des vœux.

(Le renvoi à la commission des vœux, mis aux voix, est prononcé.)

Le Président. — Le camarade Eys demande la création d'un club chargé d'étudier les questions qui doivent figurer dans l'Encyclopédie (*Adopté*).

Quant à la proposition du camarade Paraf-Javal, je voudrais également bien la mettre aux voix, pour qu'il ne puisse nous accuser de partialité à son égard, mais il ne l'a pas formulée.

Le camarade Paraf-Javal formule sa proposition.

— Si le Congrès, dit-il, ou l'une de ses commissions ou quelque club, en dehors du Congrès, désire connaître les moyens d'arriver scientifiquement, en dehors de l'arbitraire humain, à déterminer les mouvements que les hommes devraient faire pour arriver à s'organiser rationnellement, comme, à tort ou à raison, nous croyons connaître ces mouvements, nous nous mettons à la disposition des organisateurs des réunions pour les leur exposer tout au long.

Le Président. — La proposition du camarade Paraf-Javal ne comporte pas de mise aux voix. Les camarades que la chose peut intéresser retiendront l'offre qu'il leur fait.

Personne ne demande plus la parole ?...

La question de l'Encyclopédie est épuisée.

Il est cinq heures. L'assemblée désire-t-elle siéger encore pendant une heure ? (*Oui ! Oui !*).

Je mets aux voix la continuation de la séance.

(La continuation de la séance, mise aux voix, est adoptée).

OPINIONS DIVERSES

Cette belle séance n'a pas donné prise aux critiques.

La Croix, du 6 septembre, montre un goût dédaigneux et dit seulement :

Laissons au Congrès de la libre-pensée l'ambition vieillote de recommencer l'*Encyclopédie*.

Le Temps, du 7, est inspiré, il rime :

Il pleut des vérités premières :
Ouvrez vos rouges tabliers !

La Raison, du 10, fait un portrait intéressant du savant Hector Denis.

Grand, maigre, le nez busqué, la barbe souple et grise, le grand savant belge marche, parle, affirme ses incontestables vérités et sa conviction philosophique avec la gravité imposante, calme et sereine d'un antique. Quand Hector Denis parle, l'auditoire retient son souffle. On entend voler son raisonnement comme on voit marcher ses idées. Il parle simplement, dit des choses très âpres et très compliquées en langue claire, en phrases sculptées.

DEUXIÈME COMMISSION

La Morale sans Dieu

La question de la morale sans dieu fut la plus longuement traitée. En commission comme en séance plénière, la discussion fut passionnante et pleine d'intérêt.

Aux déclarations les plus remarquables de netteté, de vérité, aux conclusions juridiques, pédagogiques, sociales, succèdent de brillants tournois oratoires où les idées se font jour.

Certaines théories imprévues, viennent, par instants, élargir la discussion, occasionnant parfois de gros orages. Mais le calme revient, l'attention se fixe à nouveau quand tel ou tel éloquent rapporteur développe ses considérants et ses conclusions.

Les désordres passagers sont des détentes nécessaires à l'esprit.

Beaucoup ne s'en émeuvent pas, surtout les nombreux parlementaires français ou étrangers. Ils savent que, dans leurs palais respectifs, les législateurs, quoique moins nombreux que les congressistes et quoique moins pressés par le temps, font souvent plus de bruit et moins de besogne.

La question de la « *morale sans dieu* » était ainsi divisée.

a). *Le Fondement scientifique de la morale.*

b). *La morale sans dieu, au point de vue philosophique et pédagogique.*

c). *La Libre Pensée et l'Art.*

Elle vint en séance générale le mardi 5 et le mercredi après-midi.

a) LE FONDEMENT SCIENTIFIQUE DE LA MORALE

Avec les citoyens *Debierre*, *F. Buisson*, *Laurent*, *Baillon*, *Fulpius*, les morales dogmatiques sont condamnées.

La morale, science des mœurs, est, comme toute science, ouverte à toute perfection. Elle n'est plus une, fixe, immuable. Comme la science, comme l'être, comme les sociétés elle évolue et se transforme.

Elle est donc un fait naturel et social. (*F. Buisson.*)

Elle se borne à synthétiser en des règles perfectibles les moyens pratiques d'action utile, conformes à l'ensemble des connaissances de chaque temps ;

Elle se résout en somme à une hygiène physiologique et morale des individus et des collectivités, à des codes transformables et toujours subordonnés au souci du bonheur des individus et des groupes par le progrès continuel des idées libres. (*Thalamas.*)

Elle est sans dieu, puisqu'elle veut être scientifique, puisqu'elle ne doit plus aller contre les données de la raison, puisqu'elle a pour principal but de développer la personne humaine par la liberté, tandis que les morales dogmatiques demandent l'obéissance à une autorité infaillible.

Le Docteur **Ch. Debierre**, professeur d'anatomie à l'Université de Lille, montre quel doit être le fondement scientifique de la morale. Il indique nettement la place de l'homme dans la nature. Voici les conclusions de son rapport.

L'Homme est un animal au même titre que les autres animaux. Il en a l'organisation et tous les attributs. C'est le premier des Mammifères, le Roi des Primates, les plus parfaits d'entre les Mammifères.

L'Embryologie et la Paléontologie ont scientifiquement démontré que l'Homme, pas plus que le reste du monde vivant, n'a pu sortir d'une « Création » et qu'il ne saurait être une œuvre divine. Chacune des phases par lesquelles il passe durant sa vie embryonnaire représente une forme de la série animale, comme chacun des grands strates sédimentaires de l'écorce terrestre recèle les témoins fossilisés de l'évolution progressive des êtres vivants.

La Science a également mis à l'abri de toute contestation que les seules forces qui ont présidé aux métamorphoses successives de l'embryon dans l' « Œuf » ou des formes vivantes perdues dans les terrains géologiques, sont l'hérédité, force conservatrice par excellence, et l'adaptation, force essentiellement révolutionnaire. La première a conservé le plan général des organismes vivants, la seconde a provoqué leur différenciation et leur divergence. La phylogénèse est la cause mécanique de l'ontogénèse.

La doctrine des « Causes Finales » en supposant un ordre préfixé dans le monde, n'a fait que reculer la difficulté. De l'œuvre, elle a conclu à l'artisan, de la montre à l'horloger, de la bâtisse à l'Architecte. Elle n'a pas vu que l'on pouvait pousser son raisonnement plus loin et soutenir que le créateur, quel qu'il fut, avait lui aussi, besoin d'un père ! Mais la conformité au but n'est ni voulue ni préétablie ; elle est le résultat du triage opéré par la Nature dans sa sélection inconsciente, mais impitoyable. Jamais le théologien n'a pu nous dire pourquoi le jeune Baleineau a des dents et le Protée des cavernes de la Carynthie un œil atrophié sous la peau

L'Homme, apparu bien tard sur une Terre bien vieille, se distingue du reste des Mammifères par sa Station debout, sa Main préhensible, son grand Crâne, la perfection de son Système Nerveux Central et son Langage articulé. Mais supposez qu'il redevienne animal à quatre pattes et qu'il perde son langage et vous serez obligé de confesser qu'il ne se distingue plus de ses plus proches voisins du monde animal. La parole n'est pas l'œuvre d'un Dieu. Elle est périssable misérablement, quand s'effondre un des compartiments les mieux déterminés du cerveau. La « décérébration » abolit l'intelligence et tout mouvement spontané et volontaire. Discourir sur l'immatérialité de « l'âme » et sur son immortalité est aussi absurde que de s'inquiéter si la contraction du muscle est immatérielle.

Tout nous vient du monde extérieur. Tout lui est rendu. Notre cerveau emmagasine l'empreinte des vibrations qui agitent nos organes neuro-sensoriels comme la plaque photographique emmagasine l'image des ondulations de la lumière. Tout change, tout passe, il n'y a que le Tout qui reste. L'Homme n'est qu'une forme momentanée et limitée de la Matière, une force un instant distraite de la Force universelle. La création *ex-nihilo* est une absurdité. La vérité n'est pas dans les rêveries des métaphysiques révélées, mais au bout des efforts des libres chercheurs.

L'heure des légendes puériles — même si elles sont consolatrices — est passée. La critique scientifique a démontré suffisamment l'impossibilité de regarder l'Homme comme une œuvre divine, par conséquent l'inanité des dogmes religieux, ces enfants de la folie. L'ignorance est génératrice de servitude et de misère. Si tous ceux qui pensent librement veulent libérer l'Humanité de ses chaînes séculaires, préparer la paix sociale et la fraternité universelle, ils doivent commencer par déraciner du cerveau humain l'esprit religieux.

De là découle que la Morale ou Code des Devoirs, ne peut s'étayer sur la Religion, pays du rêve, de l'erreur et du mensonge corrupteur. Elle ne peut être qu'une morale humaine, laïque, non confessionnelle, une morale sans Dieu, ni Maître, c'est-à-dire celle dans laquelle l'Homme fait le Bien et recherche le Vrai par Bonté naturelle et respect des droits d'autrui dans l'éternelle justice.

Le citoyen **Fulpius** (1), de Genève, sait préciser l'esprit qui se dégage de la plupart des rapports et discours.

La morale humaine, dit-il, doit, pour être admissible par tous les dégrés du développement intellectuel, s'appuyer exclusivement sur la vérité et sur des expériences démontrables.

La métaphysique, l'idée d'un dieu quelconque ou d'un homme extraordinaire et unique qui aurait découvert par révélation ou par lui-même un guide infaillible de la conduite, tout cela doit être soigneusement écarté de l'enseignement de la morale. En effet, il y a là matière à d'éternelles discussions, car on ne peut supposer une manière de voir commune à tous dès qu'il s'agit d'une croyance quelconque.

Il ajoute, rencontrant d'unanimes approbations :

La morale, ne peut avoir de règles. A notre époque, où la science n'a pas encore dit son dernier mot, elle doit se transformer, évoluer avec elle. Elle varie avec le temps, avec les milieux, elle ne doit point être une science didactique, mais l'histoire de l'évolution de l'esprit humain.

Le docteur **Baillon** a fait un très remarquable rapport sur le *déterminisme physiologique et ses conséquences dans l'ordre juridique* dont les conclusions peuvent se résumer ainsi :

I. — Conclusions physiologiques

L'homme est déterminé ; il est dans l'obligation d'agir selon des lois naturelles fixes qui sont les mêmes pour lui que pour tout l'Univers. Ainsi comme lui, les astres sont déterminés, la matière — qu'elle en prenne ou non conscience — est déterminée, la cellule animale ou végétale doit obéir, sous peine de mort, à certaines lois de vie impérieuses, inéluctables.

Les cellules du corps humain, comme toutes autres, sont soumises aux mêmes règles que la cellule organique primitive.

L'état normal des cellules cérébrales — état provoqué par la nutrition, l'irrigation, l'assimilation, la désassimilation régulières — s'accompagnera de bon fonctionnement : ce sera la *santé cellulaire*, déterminante elle-même de pensées, d'actes consécutifs — pensées et actes que des *influences extrinsèques* (alcool, opium) pourront modifier, que des *influences intrinsèques* (lectures, prière, amour) pourront également modifier.

Toute activité cellulaire trop forte — en bien ou en mal — entravera la marche de l'ensemble : par conséquent, à côté de l'activité cellulaire *normale*, *morale* parce que *sociale* — la morale n'étant autre chose que la loi d'harmonie de l'ensemble — il y aura donc des activités cellulaires *anormales* (folie, crime), *non sociales, non morales* par conséquent. Le *génie* lui-même ne sera qu'une habitude cellulaire anormale et prépondérante.

(1) Le citoyen Ch Fulpius a exposé ses idées dans un petit traité de morale sociale, destiné à l'éducation des enfants. Le demander chez l'auteur, 47, Boulevard du Pont d'Arve à Genève (Suisse).

La constitution des cellules, leur état d'activité dépendent à la fois — et de façon concomitante — de l'*hérédité* de l'individu, du *milieu* dans lequel il vit, de l'*éducation* qu'il reçoit, de l'*habitude*.

L'homme, animal social, pratique la règle de *solidarité*, dominé par la *loi d'évolution* qui le conduit vers des fins inconnues.

II. — Conclusions juridiques

Les actes de l'homme dépendant de causes extrinsèques ou intrinsèques qu'il subit sans les diriger, il ne peut être tenu pour *responsable*, d'où, comme conséquence directe, des modifications nécessaires à apporter au régime pénal actuel.....

Les conceptions scientifiques nouvelles de la morale — envisagée comme produit de l'*activité normale physico-chimique* de nos cellules — appellent cette refonte du code pénal actuel. Si nous prétendons arriver à un résultat par la *terreur*, ce sera toujours un moyen insuffisant et inefficace. De plus, la Société n'a pas, du droit du plus fort, celui de sacrifier l'Individu qui ne doit jamais être un simple *instrument* au service du groupe.

C'est par la conscience du sentiment de *solidarité* que nous espérons voir tous les individus adhérer au contrat social. Mais il faut que ce contrat social soit un pacte d'*équité*. Aujourd'hui, c'est la Société qui, plus que l'individu, doit être tenue pour responsable des crimes qui se commettent dans son sein : « Une Société a les criminels qu'elle mérite. » (Lacassagne).

Les criminels sont des malades : modifions donc les conditions physiologiques d'hérédité, de milieu, d'habitude, d'éducation : en modifiant, en supprimant ainsi les causes provoquées par ces conditions mêmes, du coup nous supprimerons l'effet. A des cellules *socialement, moralement* bonnes, correspondront alors des actes *socialement, moralement* bons.

Le citoyen **Emile Laurent** (1), professeur de l'Université, rapporte la question : Le Déterminisme et la Morale.

Voici, résumé, son intéressant rapport.

La thèse déterministe, qui repose sur l'universalité de la loi de causalité, est imposée par les données de la science qui exclut le hasard et se refuse à admettre tout commencement absolu de séries phénoménales. Les actions humaines dérivent nécessairement d'un ensemble de causes multiples, déterminées et déterminantes, au nombre desquelles se place l'idéal moral, conditionné lui-même par le milieu dans lequel il apparaît, et dont il est un produit naturel.

Au fur et à mesure que les sociétés progressent et que les relations entre les hommes se multiplient et s'enchevêtrent, le sentiment de la *dette* sociale se précise chez les individus, et engendre l'idée de la solidarité. Cette idée, chez certains, devient si puissante qu'elle refoule tout égoïsme, et rend inutile toute idée de sanctions humaines ou posthumes. Toutefois, les classes privilégiées, naturellement conservatrices ou réactionnaires, se refusent à accepter l'évolution du milieu qu'elles encadrent, et elles s'efforcent, aujourd'hui comme hier, de retarder l'avènement d'une société plus juste, plus *solidariste*, qui supprimerait leurs privilèges.

Elles font appel aux prêtres pour endormir le peuple et lui persuader la résignation..

Mais le Déterminisme inflexible de l'évolution, en rendant chaque jour plus sensible l'injustice qui résulte d'une organisation économique mal équilibrée, augmente, dans les masses, le sentiment de la solidarité. Ce sentiment, devenant chaque jour plus conscient, s'étend peu à peu à l'humanité tout entière ; agissant à son tour comme une force déterminante, transforme le milieu social qu'il organise plus harmonieusement en se concrétisant dans les faits ; et il est permis de prévoir, au terme de l'évolution commencée depuis des siècles, l'avènement d'une société vraiment *humaine*,

(1) Le rapport sur le *déterminisme et la morale*, du citoyen Laurent, et celui sur le *déterminisme physiologique*, du Docteur Baillon ont été imprimés ensemble. Nous enverrons ces deux rapports aux citoyens que ces questions intéressent particulièrement, sur leur demande.

dans tout ce que ce mot a de grand et de généreux, détachée de tout dogme et de toute croyance spiritualiste, fondée sur la seule idée de justice, et *déterminée* à appliquer rigoureusement le principe positif et fécond de la solidarité sociale :

UN POUR TOUS, TOUS POUR UN.

b) LA MORALE SANS DIEU AU POINT DE VUE PHILOSOPHIQUE ET PÉDAGOGIQUE

Le rapporteur de cette question était le professeur *Thalamas*. Chargé de faire un rapport général résumant les rapports et communications, reçus au secrétariat, il a su rédiger un travail très documenté, très complet. La Commission, réunie le mardi matin 5 septembre (petite salle du Trocadéro) décida, à l'unanimité, qu'elle faisait sien le rapport du citoyen Thalamas. (Nous le reproduisons plus loin).

FERDINAND BUISSON, Professeur de Sorbonne, Député.

Elle décida en outre qu'il y avait lieu de soumettre au Congrès une autre et très courte série de propositions. Le citoyen *Ferdinand Buisson*, député de Paris, rédigea un avant-projet, contenant un certain nombre de résolutions destinées non pas à remplacer le rapport Thalamas, non pas à supprimer toute discussion sur la question, mais bien à fixer, en pleine connaissance de cause, les points, — les seuls points — sur lesquels la Libre Pensée universelle est d'accord.

Ainsi, suivant le désir exprimé par la deuxième commission, le congrès laisse après lui un certain nombre de déclarations formelles, précises, catégoriques, qui sont l'expression de la pensée de la majorité des congressistes.

Le citoyen **F. Buisson** s'exprime ainsi ; (séance générale du mardi 5 septembre).

Vous savez combien la Libre Pensée est méconnue, ou plutôt combien elle est inconnue. Vous savez combien de gens s'imaginent que nous n'avons pas de programme, que nous ne sommes que des négateurs, capables seulement d'attaquer, de railler, de critiquer. Nos adversaires nous mettent au pied du mur, nous défient de dire ce qu'est notre morale, notre morale laïque, notre morale sans Dieu. Ils prétendent que lorsque nous employons ce mot « morale sans Dieu », nous nous amusons simplement à lancer dans le monde une épithète blessante, agressive, provocante. Ils ne comprennent pas du tout le sens que nous attachons à ce mot et ils s'imaginent que nous l'employons comme un cri de guerre, tandis qu'il est au contraire l'expression simple et calme de notre pensée réfléchie. (*Applaudissements*).

En conséquence, la commission m'a chargé de vous lire l'avant-projet qu'elle a approuvé ce matin et sur lequel l'assemblée, si elle le veut, pourrait délibérer point par point. Les conclusions qu'elle adopterait ensuite, soit dans le texte proposé par la commission, soit dans toute autre rédaction qu'il plairait au Congrès de préférer, constitueraient un court manifeste qui serait pour les libres penseurs épars dans le monde entier non pas un Credo, juste ciel ! nous avons assez souffert des Credos pour ne pas vouloir qu'on nous en impose un nouveau, de quelque nom qu'il se décore ! (*Vifs applaudissements*), mais l'expression pure et simple des sentiments et des idées dans lesquels nous nous rencontrons à l'unanimité. (*Nouveaux applaudissements*).

Le citoyen Buisson annonce les considérants de cet avant-projet, considérants conçus dans le même esprit que ceux du « remarquable et magistral travail » du citoyen H. Denis auquel il rend hommage.

Il donne ensuite lecture de ces résolutions.

Le Citoyen F. Buisson. — Je commence à lire :

« *Le Congrès,*

« *Considérant que les morales fondées sur des croyances religieuses, quelques services qu'elles aient pu rendre dans le passé, se heurtent désormais à une résistance invincible de la raison et de la conscience :*

« Résistance de la raison, *parce qu'il n'est plus possible d'obtenir d'un homme capable de réflexion ni l'obéissance à une autorité prétendue infaillible et qui a failli autant que les autres autorités humaines, ni la conformité à un dogme prétendu immuable et qui n'a cessé de muer, ni à la foi à des faits prétendus surnaturels et qui sont manifestement inauthentiques :*

« Résistance de la conscience, *parce qu'il n'est plus possible à l'homme éclairé par l'expérience des siècles de se contenter d'un idéal moral qui lui impose le bien comme un commandement et qui l'y détermine par des mobiles intéressés ;*

Voilà la critique des religions.

Deuxième point. Ici, nous allons plus loin et nous ne voulons pas non plus d'une morale fondée sur un spiritualisme quelconque :

« *Considérant que les morales fondées sur une métaphysique quelconque supposent encore un reste de dogmatisme irrationnel, puisqu'elles sont obligées, pour édifier une conception générale de l'Univers d'où elles feront dépendre la conduite des hommes, de dépasser les limites des résultats actuellement acquis aux sciences positives, de suppléer à l'expérience par l'hypothèse ou la généralisation hâtive et de compléter prématurément les certitudes scientifiques par des constructions* a priori.

Vous voyez que c'est l'élimination de tout système *à prioristique*.

Le camarade Paraf-Javal. — Y compris la loi ?

Le citoyen Ferdinand Buisson. — Tout ce que vous voudrez. Chacun a la liberté d'y comprendre ce qu'il veut. Telle est la question. Je lis un texte : chacun fera ses observations sur ce texte, ce n'est pas à moi d'en faire le commentaire en ce moment. (*Très bien ! Très bien !*)

Le camarade Paraf-Javal. — Je trouve que le mot « loi » manque dans votre texte.

Le citoyen Ferdinand Buisson. — Ainsi, des deux premiers considérants, l'un écarte toute morale religieuse, l'autre écarte, comme imparfaite, toute morale métaphysique *a priori*.

Je continue ma lecture :

« *Considérant d'ailleurs qu'il y a lieu de distinguer entre la morale théorique et la morale pratique ;*

« *Que, pour établir scientifiquement une morale théorique, c'est-à-dire une science des lois de l'action humaine, il faudrait en emprunter les éléments aux diverses sciences sociologiques, lesquelles, de toute évidence, sont encore loin d'être définitivement constituées ;*

« *Qu'au contraire, la morale pratique peut être définie une technique de l'action, en d'autres termes l'art de régler les relations des hommes entre eux, et qu'il est possible de constituer graduellement une telle discipline, en tenant compte à la fois de la constitution permanente de l'être humain et des données variables du milieu social ;*

« *Résume dans les déclarations suivantes les principes d'après lesquels lui semble devoir être élaborée une morale purement humaine, susceptible d'être appliquée à toute société démocratique :*

Première déclaration... Les six propositions qui suivent sont rédigées dans une forme positive : nous allons droit à l'adversaire qui nous mettait au défi de donner des affirmations et des décisions formelles et catégoriques. Nous employons la forme positive et non la simple forme négative et destructive. (*Applaudissements*).

I

« *La morale est un* fait naturel ; *il ne faut lui attribuer ni une origine ni une autorité qui la rende spécifiquement différente de toutes les autres œuvres de l'esprit humain.* » (Applaudissements).

II

« *La morale est un* fait social ; *elle est la conséquence des idées et des sentiments dont s'inspire une société pour déterminer les droits et les devoirs des individus qui la composent.* » (Applaudissements).

III

« *En conséquence, la morale ne saurait avoir un caractère absolu ; elle évolue comme les sociétés par qui et pour qui elle est faite* (Vifs applaudissements) ;

« ... *Elle vaut par son adaptation même aux conditions du temps, du pays, du régime social auxquels elle s'applique.* » (Nouveaux applaudissements).

Vient alors la grande objection que l'on nous jette à la face, avec quelle véhémence, vous le savez ! On nous dit : Vous niez l'obligation morale et vous êtes partisans de la morale dont Guyot a dit, en la défendant admirablement : Ce sera la morale sans obligation et sans sanction.

Nous répondons : Oui ! Et voici dans quels termes nous le disons dans notre quatrième proposition :

IV

« *Le caractère impératif qu'il convient d'attribuer à la morale n'est pas celui d'un dogme imposé à l'intelligence, d'un ordre imposé à la volonté par une force suprahumaine, mais au contraire celui d'une prescription de la raison dont l'esprit humain se rend compte, et à laquelle il se soumet parce qu'il en a reconnu la légitimité et la nécessité aussi bien pour la société que pour l'individu.* » (Applaudissements).

Cinquième proposition. — Nous n'admettons pas un impératif catégorique qui serait une prétendue obligation d'ordre divin (4e proposition) ; nous n'admettons pas davantage les sanctions du même ordre (5e proposition).

V

« *La morale humaine ne tire pas du dehors ses mobiles et ses motifs : les sanctions de la loi morale ne consistent pas en un système de peines et de récompenses juxtaposé à la loi morale ; elles résultent de l'accord même de cette loi avec la nature humaine et des conséquences naturelles qu'entraîne son application soit dans la vie individuelle, soit dans celle de la société.* » (Applaudissements).

Nous aurions pu nous en tenir là, puisque voilà la réponse aux questions et aux critiques adressées à la morale sans Dieu, mais nous estimons que la Libre Pensée ne doit pas seulement être laïque et anti-cléricale, elle ne doit pas seulement être évolutive et progressiste, niant l'absolu ; elle doit de plus être franchement animée de l'esprit que j'appellerai d'un terme abréviatif l'esprit socialiste (*Applaudissements prolongés*).

Aussi n'avons-nous pas cru pouvoir terminer cet exposé sans indiquer au moins la tendance et l'orientation générale sur lesquelles, si je ne me trompe, tous les libres penseurs seront aussi parfaitement d'accord que sur les données préalables que je viens de vous exposer.

Le camarade Paraf-Javal. — Non.

Le citoyen Ferdinand Buisson. — Sixième et dernière proposition :

VI

« *Le Congrès estime, en outre, que, sans entreprendre de tracer le plan d'un enseignement de la morale conçu d'après les données qui précèdent, on peut dès à présent insister sur quelques-uns des traits qui devront la caractériser :*

« *Cet enseignement reposera sur les deux idées corrélatives et complémentaires qui sont à la base de toute société démocratique ; savoir : d'une part, le développement intégral de toute personne humaine par la liberté ; d'autre part, par la coordination de cette personne avec toutes les autres dans la solidarité sociale.*

« *Mais ni cette liberté ni cette solidarité ne doivent être entendues au sens abstrait et purement formel, qui permettrait de ne les appliquer que dans l'ordre politique. L'une et l'autre doivent s'étendre au règlement des problèmes économiques.* (Applaudissements).

« ... *En reconnaissant à tout homme le droit à la vie et au développement intégral de son caractère d'homme, la démocratie s'engage à supprimer toutes les inégalités qui viendraient non de la nature, mais du fait de l'organisation sociale* (Applaudissements), *pour y substituer, au moins graduellement, un régime de justice sociale, seule base de la véritable fraternité des hommes et des peuples.*

Une telle morale, renonçant à donner pour règle exclusive des actions humaines, soit l'égoïsme, soit l'altruisme, respecte dans ces deux tendances complémentaires l'une de l'autre ce qu'elles ont de naturel et partant de légitime, les limite l'une par l'autre et trouve dans leur équilibre le moyen de concilier les droits de l'homme avec ses devoirs envers la famille, la nation, l'humanité. (Applaudissements prolongés).

Le Président. — La parole est au citoyen Thalamas (*longue ovation*).

Le citoyen Thalamas, rapporteur. — J'ai, avant d'aborder la lecture de mon rapport, à vous donner quelques renseignements très brefs sur la façon dont il a été adopté par la commission. Après avoir délibéré sur la méthode de travail à suivre, la commission a décidé ce matin que lecture serait d'abord donnée du rapport dans lequel j'étais chargé de résumer les différents mémoires ou rapports particuliers envoyés au Congrès. Nous avons constaté un fait très heureux pour la Libre Pensée, c'est que les idées ou plus exactement les tendances morales contenues dans ces rapports étaient toutes tellement identiques, que tout à l'heure, lorsque vous avez, à juste titre, applaudi le remarquable résumé de notre président Buisson, vous vous trouviez applaudir en même temps les idées que l'unanimité des rapports avaient émises. Tant il est vrai que la vérité s'impose à ceux qui la cherchent sans aucune arrière-pensée ! C'est précisément pourquoi, après une discussion, à la fois très vive et très intéressante, la commission a été d'avis de vous faire présenter ce soir le rapport qui, résumant les différents mémoires présentés, se trouve par là même résumer la discussion, laquelle a roulé tout entière sur les idées émises dans les mémoires particuliers présentés au Congrès. Il s'ensuit de là que vous trouverez pour ainsi dire dans mon rapport, en même temps que les conclusions auxquelles s'est arrêtée votre deuxième commission, le compte-rendu de ses travaux.

Nous en déduirons, si vous le voulez bien, que pour des gens qui proclament le droit à la liberté individuelle la plus absolue, le souci des réalités extérieures et la puissance du raisonnement sont suffisants pour que l'accord se fasse en quelque sorte de lui-même. (*Très bien ! Très bien !*)

Voici mon rapport :

De toutes les questions soumises au Congrès, la plus importante, ou au moins la plus actuelle, est celle de la Morale sans Dieu. Malgré les tentatives désespérées de toutes les Eglises et de tous les dogmatismes, les progrès de la science positive et de l'esprit critique sont dès maintenant tels que nulle part l'antique conception d'une morale impérative et catéchétique à base religieuse ne satisfait plus les penseurs libres. Les temps sont venus pour une morale conforme à nos besoins intellectuels nouveaux, à notre vie sociale démocratique, à tous nos désirs d'un progrès continu vers un avenir humanitaire dont nous voyons déjà grandir devant nous l'auguste et splendide aurore. Tout comme la Séparation des Eglises et de l'Etat, la Morale sans Dieu est une nécessité imminente et universelle dont le principe est déjà si fermement conçu, que l'on commence à s'intéresser surtout à la façon dont on l'appliquera, jusque dans l'école. Grâce à la Morale sans Dieu disparaîtra la vieille et piteuse confusion créée par les théocraties entre la foi métaphysique, cette poésie personnelle que chaque âme peut et doit librement se faire, mais pour soi seule et subjectivement, et la science des mœurs, cette vérité positive dont les hommes de tout âge ont eu besoin pour organiser, au mieux des conditions de vie de leur temps, le bonheur de chacun et le bonheur de tous. On ne peut plus confondre désormais les fantaisies individuelles sur la nature de l'Inconnaissable avec les observations critiques sur les nécessités de la vie en société. Que chacun prophétise à son gré dans le temple mystique de son choix : mais ceux mêmes qui veulent faire régner un Dieu dans les cieux, sont obligés de laisser la raison régner sur la terre et poser les règles des sociétés humaines : entre Dieu et la Morale, il y a un abîme infranchissable, il y a la distance du possible, objet des rêves de l'imagination, au réel, qui nous étreint tous de son universel déterminisme. (Applaudissements).

THALAMAS, Professeur agrégé.

Rien ne marque mieux cette opportunité passionnante de la question de la Morale sans Dieu que le nombre, la valeur, l'unité de principe et la variété de vues des divers rapports envoyés au Congrès sur le fondement scientifique de la Morale. D'ailleurs les communications et rapports fondamentaux sont venus de France et peut-être n'y a-t-il pas là seulement une simple conséquence du fait que le Congrès a lieu cette année à Paris. La France me paraît être, avec une partie de la Suisse, le pays où l'indépendance de toute vie confessionnelle est la plus généralisée et où, malgré les traditions monastiques qui pèsent sur l'éducation des classes dirigeantes, l'individu peut le plus aisément s'affranchir de toute croyance théologique sans rien perdre de la considération de ses concitoyens. Si notre société nationale est, à beaucoup de points de vue, en retard pour les progrès de la libre vie collective et pour l'émancipation de l'individu des fatalités économiques, elle est peut-être la plus laïque de toutes, c'est-à-dire celle où l'on recherche le plus ardemment les solutions qui conviennent non à telle ou telle révélation religieuse, mais, selon le sens même étymologique du mot laïque, aux aspirations communes du peuple tout entier. (Applaudissements).

L'orateur passe alors en revue les rapports qu'il avait à analyser, ceux des citoyens *Debierre*, *Fulpius*, *Baillon*, *Laurent*, dont nous avons plus haut donné les conclusions, et auxquels le citoyen Thalamas rend un juste hommage.

Il examine aussi les rapports et communications de MM. Bruno (de Saint-Etienne), Arnaudies (de Perpignan), Havaill, de la loge Soukarrhas, de celle de Niort, de l'Amicale des Instituteurs du Lot, de M. Perdrigout, sur le monisme, de M. Eys libre de Lausanne (Suisse).

Point de vue philosophique. — La morale, dit le citoyen Thalamas, a, comme toute science, son objet et sa méthode.

Mais, pour les théologiens la science est l'application à la vie du monde et de l'homme des affirmations surnaturelles faites par un Dieu ou par son représentant plus ou moins autorisé. La morale n'est plus alors que l'ensemble des règles indiscutées et indiscutables nécessaires à l'accomplissement des volontées divines : elle n'est qu'un formulaire pour le salut éternel ; elle se résume en un catéchisme fait par les représentants vrais ou faux de Dieu et d'autant plus compliqué qu'il prétend prévoir toutes les complications de la vie mondiale et humaine, pour qui Dieu n'est qu'une hypothèse surérogatoire. En particulier pour nous peuples asservis à une longue tradition chrétienne, la morale est destinée à créer un état contre nature où les passions, les raisonnements, les libertés intellectuelles, les besoins immédiats et terrestres de bonheur, en un mot toute la vie, sont considérés comme un mal qu'on doit réduire au minimum et remplacer par un ascétisme monacal qui regarde comme vertus suprêmes les habitudes contraires à nos besoins normaux : célibat, renoncement, humilité, servitude, mépris du corps et *mortifications* autres, d'autant plus louables qu'elles sont plus anormales et monstrueuses. (*Vifs applaudissements*).

Au contraire, pour nous savants et libres-penseurs, la science est l'ensemble des lois tirées de l'observation des choses et a pour but d'adapter les choses à nous, en les modifiant sans cesse et le plus complètement possible. La science des mœurs n'est plus alors la description d'un homme miraculeux, seul libre et seul absolument responsable au milieu du déterminisme universel, sacrifié avant même sa naissance par le péché originel aux caprices d'un despote divin (*applaudissements*). C'est la détermination des liens qui unissent l'homme à la nature en vertu d'une loi de solidarité qui a dans le monde moral une importance égale à celle de la gravitation universelle dans le monde physique; c'est l'analyse des conditions de milieu qui permettent à l'homme d'agir sur les choses et sur lui-même, par application du principe fondamental du monde réel, la loi de causalité; c'est la définition des procédés qui permettent à l'homme de tirer le mieux parti de son énergie, et au premier rang desquels l'observation des faits place le travail et la justice

Ainsi la morale n'est plus une, immuable et paralysante; elle est variable suivant les civilisations, génératrice d'activité productrice et elle se borne à synthétiser en des règles perfectibles les moyens pratiques d'action utile, conformes à l'ensemble des connaissances de chaque temps; elle suppose à la fois le respect absolu de la pensée intime, de la liberté de conscience, de l'initiative individuelle et l'établissement de règles sociales, n'ayant qu'une valeur relative, modifiables d'après les progrès mêmes de la science, tout comme les lois et les institutions humaines. Elle se résout en somme à une hygiène physiologique et morale des individus et des collectivités, à des codes transformables et toujours subordonnés au souci du bonheur des indivividus et des groupes par le progrès continuel des idées libres. Cette morale est sans Dieu comme l'orthographe est sans Dieu; elle est humaine comme la civilisation elle-même; elle respecte d'ailleurs les métaphysiques subjectives, car « elle n'empêche personne de croire que les vertus qu'elle recommande comme nécessaires à la société actuelle sont commandées par Dieu même; elle n'empêche non plus personne de croire que ces vertus sont les nécessités de la vie sociale : elle constate et ne nie pas. » (*Applaudissements*).

Une telle morale ne s'applique plus par l'obéissance à des règles formulées par une église; elle s'applique par un art personnel d'autant plus parfait que l'individu est plus parfait. Ses préceptes ne se formulent plus en une casuistique qui prétend égaler, par la complexité de ses impératifs despotiques, l'infinie complexité de la vie, et remplacer jusque dans l'infime détail le libre jeu des activités naturelles par le mécanisme mortifère de l'obéissance passive. Ses lois se réduisent à des directions mentales générales, à des théorèmes ou principes dont chacun a le devoir de chercher, dans la complexité de la vie, les applications pratiques, dans la mesure de ses forces. Sans doute la morale sans Dieu, pas plus que toute autre morale, n'empêchera pas les déséquilibrés ou des dégénérés qui violeront les règles, mêmes relatives, mais elle ne les punira plus comme jadis on fouettait les syphilitiques coupables d'avoir fait œuvre de chair : elle les soignera pour les guérir. Ses sanctions sont non plus afflictives mais curatives : l'activité morale est l'activité normale de l'individu, en lui-même et dans la collectivité.

Point de vue pédagogique. — L'école de tout ordre, étant destinée à préparer à la vie en société, doit ignorer les affirmations mystiques, qui sont du domaine subjectif. Ni le mot Dieu, ni une idée religieuse ne doivent avoir place à l'école et si l'enfant demande des explications sur ce point, le maître n'a qu'à le renvoyer à la famille : *la neutralité libre penseuse est celle qui se refuse à faire dans l'école publique des affirmations qui échappent au contrôle de la raison pure.*

Ensuite l'enseignement de la morale doit être intégral. Il doit avoir pour but de développer l'individu tout entier d'une manière normale; l'hygiène fait partie de la morale aussi bien que le travail manuel et que la logique en particulier. Cet enseignement doit développer l'initiative individuelle, la loyauté d'esprit d'observation et la tolérance, c'est-à-dire la conscience des droits des autres en même temps que celle des droits de soi.

D'autre part, l'enseignement de la morale doit être pratique. Il doit développer non la mémoire ou l'imagination pour aboutir à des compositions littéraires, où peut réussir non le meilleur mais le plus précoce, ou à de *bonnes manières* qui constatent seulement les aptitudes à l'obéissance passive aux traditions ancestrales. Il doit développer des habitudes de jugement sain et d'activité régulière, c'est-à-dire développer le sentiment du droit et de la discipline utile *et consentie*. Il doit préparer l'enfant au milieu où il vivra en le lui faisant connaître et en l'y plongeant de bonne heure et sans réticences.

Enfin, comme moyens disciplinaires pratiques, sans vouloir empiéter sur l'initiative des maîtres, l'enseignement de la morale doit s'inspirer de cette vérité que l'enfant reproduit toutes les phases de la vie ancestrale et que l'éducateur doit lui faire comprendre ses préceptes d'après le degré de développement déjà atteint. Dans le jeune âge où l'enfant, comme le sauvage, ne comprend encore que la force, il faudra user de contrainte pour donner à l'élève le sentiment des forces étrangères à la sienne. *Le plus tôt possible*, il faudra faire réfléchir l'enfant sur ses actes et sur les obstacles qu'il rencontre, puis l'amener à l'initiative de plus en plus hardie et raisonnable. En tout cas, on devra toujours lui faire comprendre la vie réelle et l'y préparer.

Il serait oiseux d'en dire plus. Tout se résume d'ailleurs en quelques mots : l'éducation morale a pour but de développer : 1° la conscience du déterminisme universel ; 2° la volonté, qui est la perception de l'état actuel de la conscience, autrement dit la perception des forces en présence en soi comme hors de soi ; 3° la loyauté, qui est l'expression du principe du moindre effort social ; 4° la générosité, qui est le sentiment de la sympathie universelle.

Quand un enfant sera ainsi élevé, on ne pourra prédire que ses actes seront conformes aux traditions, mais on pourra sans crainte le lancer dans la vie en lui disant : « En avant, marche ! » (*Vifs applaudissements*).

L'orateur ajoute, enrichi par l'expérience :

Vous voulez une morale sans Dieu ! Eh bien, il n'y a qu'un moyen de l'établir, c'est d'assurer la liberté de ceux qui donnent l'enseignement et de mettre à leur disposition les moyens de n'être pas victimes des préjugés ou de la lâcheté de leurs supérieurs. (*Applaudissements répétés*).

Nous ne pouvons que mentionner ici les autres discours ayant trait à cette seconde partie de la question « La morale sans Dieu », et prononcés au Congrès **à la séance du mercredi 6 septembre.**

Président : citoyen Fernando Lozano, d'Espagne.
Vice-Présidents : citoyen Magalhaès Lima, de Portugal.
citoyen Daubenfeld, du Grand-Duché du Luxembourg.
Assesseurs : citoyen Morin, de France.
citoyen Furnémont, de Belgique.
Secrétaire : Chevais.

Au bureau prennent place la citoyenne *Nelly-Roussel*, les citoyens *Lapie* (Suisse) et *Allemane*.

Après une brillante allocution du président *Fernando Lozano*, et la lecture des rapports sur la Libre Pensée et l'art (voir plus loin), prennent successivement la parole : **Elie Alavail**, contre l'enseignement dogmatique ; **Alexandra Myrial**, sur la morale laïque, qui s'exprime ainsi :

« Si l'on veut conserver le terme *morale* pour l'accoler au terme *laïque*, il convient de lui donner une toute nouvelle acception, de lui faire désigner non plus un ensemble de dogmes et de commandements impératifs, mais une science avec ses lois propres, discutables, perfectibles ; une science comme l'hygiène, basée sur l'homme, faite pour lui, en vue de son plus grand bien. »

Chalmandrey, directeur du Journal *L'Education Civique*, — sur la morale fait physiologique, psychologique et social, qu'il déclare indépendante de toute théorie.

Il termine ainsi son discours :

Citoyens,

Toutes nos facultés se résument dans nos sensations recueillies par nos sens. Nous recevons de l'ambiance du domaine objectif des sensations de toute espèce, y compris les sensations d'ordre moral.... Mais je vais arriver à ma conclusion ; c'est que la morale est un phénomène que vous ne pouvez éviter. La morale, elle évolue en dehors de vous, malgré vous.... (*Bruit et rumeurs prolongées*).

Docteur Bertrand, — qui déclare qu'on n'est pas libre-penseur si l'on garde un rite quelconque et qu'aucune morale libre penseuse n'est possible s'il n'y a pas harmonie économique, entre la forme du travail (actuellement collectif) et la propriété (actuellement individualiste).

Il y a évidemment, dit-il, une transformation de la force qui de sentimentale, est devenue rationaliste, après avoir été primitivement brutale. Aujourd'hui la force devient intellectuelle ; c'est désormais cette force intellectuelle qui doit dominer les autres forces. Il faut, par conséquent, que vous armiez tous les cerveaux le plus fortement possible, chacun suivant sa puissance d'assimilation. C'est ainsi qu'en ma qualité de médecin, moi qui suis partisan de l'éducation intégrale, je n'ai pas la prétention de supposer que tous les cerveaux puissent arriver au même degré de développement. Il y en a qui doivent s'arrêter sous peine de méningite. (*Très bien ! Très bien ! On rit*). Mais il y a un minimum d'instruction scientifique que tout le monde peut acquérir, que chacun doit acquérir sous peine d'être asservi.

Or, que se passe-t-il actuellement ? On pert les neuf dixièmes du temps dans les écoles soi-disant laïques à s'assimiler autre chose que des faits scientifiques. (*Bravos*). On apprend à l'enfant des préjugés, des choses absolument erronées ; on lui apprend à chérir ce qu'il devrait haïr, les guerriers, par exemple. (*Applaudissements*). On ne lui apprend jamais à aimer ce qui fait la force d'une nation, le travail, par exemple.

Citoyens, au lieu de vous occuper des questions de morale, vous autres libres-penseurs, qui avez la noble prétention de vouloir relever toute l'humanité, employez surtout votre énergie à exiger impérieusement l'instruction intégrale à base scientifique pour les enfants. (*Applaudissements*). Il faut surtout que cette instruction scientifique ait une base expérimentale, la mécanique, la physique, la chimie, la médecine, l'hygiène surtout. Je vais plus loin. Il faut que cette éducation à base expérimentale soit donnée surtout aux femmes. (*Bravos*). Elles sont, par leur nature même, un peu trop portées à l'idéalisme ; il faut le contre-poids de la science expérimentale pour les ramener à un niveau moyen. La femme ainsi instruite, ainsi développée, deviendra la compagne réelle de l'homme.

Je vous demande, camarades, si toutes ces réformes, qui sont bien supérieures à votre tentative de morale laïque, peuvent être réalisées actuellement ? Non, sans doute, puisque la forme économique nécessaire n'existe pas ; non, puisque vous êtes encore pétris de préjugés au point de vue de la coéducation des sexes. (*Applaudissements*). Non, encore une fois, parce que la plupart d'entre vous, malgré vous, parce que vous l'avez entendu raconter, croyez que la femme a un cerveau inférieur à celui de l'homme. (*Applaudissements*).

Tarrida del Marmol, de Cuba, — sur la Cosmogonie sans dieu.

On a opposé, dit-il, à notre idée de libre-pensée, de lutte contre toutes les religions, ce fait que nous ne pourrions jamais expliquer les causes premières, qu'il y avait quelque chose d'inconnaissable et d'inexplicable à l'oririgine, que tant que nous ne l'aurions pas expliqué, nous devions admettre une puissance créatrice admise, de fil en aiguille nous devions admettre qu'elle pourrait accomplir tous les miracles et aboutir à toutes les conséquences, même à celles qui nous semblent les plus inconcevables. Par conséquent le but de la science est d'expliquer les énigmes de l'univers. Il faut que nous ne nous contentions pas de critiquer les religions, mais aussi que nous puissions édifier une construction positive en face des mensonges hypothétiques de toutes les religions, en face de l'idée d'un créateur qui n'existe pas et qui est incompatible avec lui-même, du moment qu'il n'est pas capable de manifester son existence, car s'il en était capable, il commencerait par nous détruire, nous tous qui le nions. (*Rires et applaudissements*). Il va sans dire que je l'en défie au nom de nous tous. (*Nouveaux rires*).

Ma conclusion est qu'en face de l'hypothèse d'un créateur, qui n'existe pas, qui, s'il existait, ne saurait pas manifester sa puissance et dont nous pouvons dire, en fin de cause : « Mais ce Créateur lui-même, qui donc l'a créé ? », nous n'avons qu'une attitude à prendre. Nous nous trouvons entre quelque chose qui existe et que nous voyons, qui est la matière éternelle, et quelque chose que nous ne voyons pas, que nous ne verrons jamais, et qui serait Dieu ! Dans ce cas nous pouvons considérer en face de ce soi-disant esprit la substance éternelle se présentant dans ses différents états, éthérique, électrique, atomique, solide, liquide et gazeux, l'éthéré exerçant sa pression sur l'état matériel et provoquant la gravitation, qui n'est pas une attraction, — ce qui serait une hérésie physique et mathématique, mais qui est simplement une pression dans le sens du plus ou moins. De cette attraction, toutes les forces se dérivent, les unes aux autres ; et c'est la réaction de la matière de cette substance éthérée qui produit tous les phénomènes d'électricité, de lumière, de magnétisme et de pensée. (*Applaudissements*).

Prennent alors la parole :

G. Eys, (voir 4e commission) ;

Sorgue, — sur le cas Malato (voir plus loin : autour du Congrès.)

Cyvoct, — sur la délégation envoyée au ministère pour le cas Malato.

Paraf-Javal, — sur sa conception de la morale.

Nous reproduisons les discours des citoyens **Buisson** et **Paraf-Javal.**

Malgré l'importance de ce débat, nous avons dû faire quelques coupures, du reste consenties par les orateurs.

Le camarade Paraf-Javal. — Camarades, il est extrêmement important de traiter la question de la morale. Les orateurs qui ont parlé de la morale suivant moi n'ont oublié qu'une chose, c'est d'abord de la définir....

Nous prendrons dans son sens le plus général : « Attitude à tenir par l'individu. » Oui ou non, l'individu doit-il avoir une règle de conduite ?

Un individu raisonnable doit savoir d'avance comment il a l'intention de se conduire dans les différentes circonstances.

..... Il convient ici de se demander quelle peut être la morale des libres-penseurs, c'est-à-dire la ligne de conduite d'individus qui pensent d'une certaine façon, qu'il importe de définir...

Je pense que nous pouvons être d'accord pour dire qu'un libre penseur est un individu qui raisonne *à postériori* après examen, après avoir jugé, sans préjuger en partant toujours des connaissances physiques, tandis qu'un individu qui n'est pas libre-penseur raisonne *à priori*, avant examen, avant d'avoir jugé avec préjugé, sans tenir compte des connaissances physiques. Nous appelons un tel individu « *iturba* ».

Il est très intéressant, si nous sommes d'accord sur ces définitions, et je crois que nous le sommes, — de nous demander quelle ligne de conduite doit adopter une société d'hommes qui désirent n'agir dans les relations vis-à-vis d'eux-mêmes et vis-à-vis de ce qui n'est pas eux, en raisonnant toujours *à postériori*, après avoir jugé, après examen, sans préjuger en partant toujours des connaissances physiques.

On est d'accord enfin sur un point extrêmement important, c'est qu'en l'état actuel des connaissances humaines, c'est uniquement à la catégorie qu'on appelle science qu'il importe de s'adresser. Or, la science est justement un domaine où les hommes ont la ferme intention de ne prendre que ce qui est admis *à postériori* après examen, après avoir jugé sans préjuger en partant toujours des connaissances physiques...

Ainsi donc voilà une méthode qui donne toujours de bons résultats, qui ne trompe pas..... En quoi consiste-t-elle ?...

Pour qu'une proposition pénètre dans le domaine scientifique il suffit qu'un individu énonce ce qu'il croit être la vérité avec des preuves à l'appui. Cet individu peut être jeune, vieux, avoir des diplômes ou ne pas en avoir, il peut être de l'un ou de l'aure sexe, être catalogué dans la société d'une façon où d'une autre, peu importe, — il suffit qu'il se présente et dise « Voici ce que je crois être la vérité pour telle ou telle raison » immédiatement ceux qui sont capables de le faire, et non pas les autres (les autres ne comptent pas en la circonstance) vérifient; et si on trouve que ce qui a été dit est juste instantanément cela entre dans la science, devient loi scientifique et dure jusqu'à preuve du contraire car la vérité est la vérité, à condition d'être vérifiable.

PARAF-JAVAL

Que faut-il pour que quelque chose sorte du domaine scientifique ? Il suffit qu'un individu vienne dire : « Je ne crois pas que telle chose qu'on considère être la vérité soit la vérité, « voici mes raisons » pour que telle proposition sorte immédiatement du domaine de la science, si les preuves données par le négateur sont reconnues justes. Ainsi donc, dans le domaine scientifique, l'obligation du raisonnement *à postériori* ne comporte pas de vote, ne comporte pas de délégation. On ne charge personne de découvrir la vérité, on ne se réunit pas pour voter si telle ou telle chose est la vérité. Il y a plus. Quand Galilée était seul à dire que la terre tournait, peu importait s'il était seul contre tous ses contemporains ; il y eut même des époques ou la totalité du monde était dans l'erreur, ou personne ne croyait que la terre tournait. Par conséquent, au point de vue de la vérité, au point de vue de la libre-pensée la majorité ne compte pas; ce qui importe, c'est que l'on raisonne *à postériori* après examen, après avoir jugé sans préjuger en partant toujours des connaissances physiques. Voilà la méthode scientifique...

Cette méthode est toute de douceur et cependant elle a une sanction et une obligation..... si en matière scientifique, vous n'appliquez pas les règles scientifiques, vous n'arrivez pas à un résultat, ou bien vous arrivez à un mauvais résultat. Voilà la sanction qui crée l'obligation de se conformer aux lois scientifiques.

Parlons maintenant d'une méthode qui n'est pas scientifique et que nous prenons pour exemple. Prenez garde, camarades, ceci est de la libre-pensée maintenant. Vous allez voir que quand on quitte, ne fût-ce qu'un instant, ne fût-ce qu'une seconde, la méthode de libre-pensée le raisonnement *à postériori*, on est puni instantanément, instantanément on arrive à de mauvais résultats à des résultats désolants.....

Prenons la méthode politique généralement adoptée en France pour déterminer les actes qui seront permis ceux qui seront défendus, ceux qui seront ordonnés sous peine d'amende, sous peine de prison, sous peine de mort. (Interruptions).

VOIX DIVERSES. — C'est intéressant, parlez !

LE CITOYEN PARAF-JAVAL. — Quelle est la méthode que l'on emploie ? Je ne parle pas des autocraties; je prends par exemple, la République.....

On délègue des gens pour accomplir cette œuvre.. La délégation n'est pas scientifique. On émet des appréciations, on émet des opinions. Au point de vue scientifique, une opinion ne compte pas. Un individu viendrait dire : Mon opinion est qu'il fait nuit, cela n'a pas d'importance; ce qui compte au point de vue scientifique, c'est une opinion appuyée de preuves, vérifiée par ceux qui sont capables de le faire. Dans un parlement après avoir émis des opinions, on vote sur ces opinions, et quand on a voté, on impose aux contemporains des appréciations, on leur impose l'arbitraire par la force, ce qui n'a aucun rapport avec les lois scientifiques. Les lois scientifiques consistent à observer la façon dont les phénomènes se passent. On dit : A tel degré de température, à telle pression, la glace se transforme en eau Je l'ai vu une fois, deux fois, cent fois, toujours toutes les fois que j'ai regardé. C'est une loi.

..... Nous avons établi que la méthode scientifique qui a toujours donné des résultats certains, de bons résultats, aux hommes, est la méthode *à postériori*, que toutes les fois qu'ils veulent atteindre la vérité les hommes doivent prendre la méthode *à postériori* à l'exclusion totale de la méthode *à priori* qui a toujours donné de mauvais résultats. Par conséquent s'il s'agit d'aborder la question de la morale, il importe d'aborder cette question comme toutes les autres, scientifiquement avec la préoccupation d'établir une morale scientifique, c'est-à-dire une morale *à postériori* après examen, après avoir jugé, sans préjuger, en partant de connaissances physiques. Voilà le point de départ.....

Cela étant dit, j'examine les vœux de notre ami Buisson, qui sont en discussion ici et je viens vous en lire quelques phrases pour vous montrer combien je suis en désaccord avec lui.

Voici par exemple, un de ses considérants :

Résistance de la conscience parce qu'il n'est pas possible à l'homme éclairé par l'expérience des siècles de se contenter d'un idéal moral qui lui impose le bien comme un commandement et qui l'y détermine par des mobiles intéressés. »

Ceci s'adresse à ce qu'on appelle la morale sans Dieu et, entre parenthèses, ce titre me répugne, parce qu'on ne peut établir une morale en se plaçant au point de vue strict de l'exclusion d'un seul préjugé celui de la divinité sans tenir compte des autres préjugés...

Je reprends la phrase de Buisson. Et au lieu de penser au préjugé divinité je vais penser à d'autres préjugés, par exemple au gouvernement, à l'autorité, à l'arbitraire humain, à l'arsenal des lois qu'il faut observer sous peine de l'amende, de la prison, de la mort, à l'arbitraire que subissent en ce moment nos amis Vallina, Malato, Harvez et d'autres.....

Lisons donc cette phrase en pensant, non pas à la divinité mais à la loi, et voyons si elle est bonne : » Résistance de la conscience parce qu'il n'est pas possible à l'homme éclairé par l'expérience des siècles de se contenter d'un idéal (patrie, propriété, service militaire, etc.) qui lui impose le bien comme un commandement et qui l'y détermine par des mobiles intéressés. » Vous voyez la phrase est bonne.....

Et alors, mes chers camarades, il importe de demander, ce que peut bien être un individu qui se dit libre-penseur et qui admet la loi, c'est-à-dire quelque chose qui est adopté *à priori* et non pas *à postériori*, l'arbitraire imposé aux hommes par la force ? Et notez que cet arbitraire est plus redoutable que les dogmes religieux. Qui ne veut pas aller à l'église n'y va pas tandis qu'il faut subir la loi qu'on le veuille où non. Quand l'ami Buisson va faire des lois, il ne les fera pas seulement pour lui ; il les fera aussi pour nous. Voilà ce que nous ne voulons pas ! (*Applaudissements sur divers bancs*).

Par conséquent, un individu doit-il, peut-il, oui ou non, dire qu'il est libre-penseur s'il veut établir la morale scientifique, en y introduisant d'avance l'idée de loi ? Et alors nous autres, nous dirons aux hommes :

« Ceux qui voudront se dire réellement libre-penseur, ceux qui voudront chercher à établir une méthode scientifique, une règle de conduite des hommes, devront essayer de l'établir, dégagée de toute idée préconcue, de toute idée *à priori*, et cette morale est facile à établir ». Nous ne l'indiquons pas maintenant je ne crois pas que l'Assemblée soit en état de l'entendre (si ! si !) Vous serez juges.

Vous m'avez fait l'amitié pour le moment de respecter l'expression de mes idées, bien qu'elles vous soient peut-être désagréables. Je vous dis ceci, camarades, à tort ou à raison je crois pouvoir vous établir la morale scientifique quand vous le voudrez.....

UNE VOIX. — A tort.

LE CAMARADE PARAF-JAVAL. — A tort ? Vous avez dit cela *a priori* car vous ne m'avez pas entendu. Vous n'avez donc pas le droit de le dire (*Vifs applaudissements*).

Quand vous le voudrez, camarades, je vous exposerai la morale *à postériori* Mais du moment que vous m'avez fait preuve de camaraderie, je tiens à agir de même et je vous en donne la preuve en quittant la tribune (*Applaudissements*).

LE CITOYEN FERDINAND BUISSON. — Je vous avoue, citoyennes et citoyens, que je n'avais pas songé un instant que le débat pût être porté sur le terrain où l'on semble l'engager. Je croyais que nous voulions rester sur le terrain pratique c'est-à-dire prendre la société existante comme un fait, nous placer en face de ses institutions telles qu'elles sont et non pas envisager le problème comme s'il s'agissait d'aller fonder dans quelque île déserte une société nouvelle.

Dans ces conditions j'avais proposé d'admettre comme point de départ nécessaire l'existence d'une société démocratique. La condition *sine qua non* pour l'établissement d'une morale laïque, c'est de supposer qu'on est dans un pays civilisé ayant des institutions libres, je ne dis pas nécessairement républicaines, mais démocratiques.

Partant de là je demandais à l'assemblée de poser quelques principes généraux et régulateurs, d'ailleurs en très petit nombre, sur lesquels après lecture et discussion nous pourrions nous trouver tous d'accord ou à peu près.

La première déclaration que j'avais soumise à la commission et que je vous soumets c'est de rejeter d'emblée toute morale supranaturaliste, qu'elle vienne des religions ou d'un *à priori* quelconque.

Je suis prêt à répéter autant que notre camarade Paraf-Javal l'a répété lui-même la formule très juste d'après laquelle ce n'est pas *à priori*, mais *à postériori*, après examen, après expérience, que toute science humaine doit se faire, la morale comme les autres. Je pensais donc que c'était là une proposition sur laquelle nous étions tous d'accord, y compris le camarade Paraf-Javal et je le crois encore. Tout ce qu'il a dit au point de vue de la méthode, j'y souscris ; il nous a demandé, lui aussi, d'affirmer catégoriquement, que nous repoussons tout *à priori*, tout absolutisme, l'absolutisme de Dieu, ou l'absolutisme du prêtre, ou l'absolutisme du maître : « Ni Dieu ni Maître » la vieille formule de Blanqui laquelle est parfaitement juste au sens qu'il lui donne, car elle exprime fortement l'idée fondamentale de toute société démocratique : c'est par définition une société qui ne supporte ni le pouvoir absolu ni le droit divin. Elle nie la prétendue souveraineté d'un maître sur ses esclaves aussi bien là haut qu'ici bas. Elle ne veut ni admettre sur la terre ni adorer au ciel une force qui prime le droit, une volonté qui soit au-dessus de toute règle et de toute justice.

Sur ce point non plus il n'y a donc pas d'équivoque. Nous parlons franc les uns et les autres, et il est clair qu'il n'y a pas ici de divergence entre nous.

Où commence la divergence ? Le citoyen Paraf-Javal nous dit : « Vous ne proclamez ces principes à propos de la morale que pour vous défendre contre toute autorité dogmatique venant de l'Eglise ou venant de l'Etat. Mais moi, je vais jusqu'au bout, jusqu'où vous n'osez pas aller : je supprime la loi, parce que la loi est à mes yeux un *a priori* ».

Citoyens, je n'empêche pas le citoyen Paraf-Javal de soutenir que nos principes peuvent être poussés jusque là. Je n'ai pas le droit de l'en empêcher. Sur quoi sommes nous d'accord, lui et moi, et vous tous ? Est-ce sur une certaine théorie ? Est-ce sur une certaine doctrine ? Est ce sur un caté-chisme ? En aucune façon. Nous sommes d'accord sur la méthode. La méthode que nous voulons tous suivre les uns et les autres, c'est la méthode du libre examen, la méthode de la liberté de pensée individuelle, de la souveraineté de la raison devant laquelle nous devons tous nous incliner. Et quand fièrement, Paraf-Javal, au nom de ses amis...

LE CAMARADE PARAF-JAVAL. — Non. En mon nom.

LE CITOYEN F. BUISSON. — ...Quand Paraf-Javal nous dit : « je ne m'incline pas, moi », il est dans son droit et l'on peut admirer cette attitude d'indépendance, à une condition pourtant, c'est que tout de même il s'incline devant l'autorité de la raison, du bon sens (*Vifs applaudissements*).

Je ne lui en demande pas plus. Dans les cinq propositions que vous avez sous les yeux, il n'y a pas un mot qui l'oblige, qui l'astreigne directement ou indirectement à approuver telle loi, tel régime, telle organisation sociale. Tout ce que nous disons c'est que la morale ne nous vient toute faite et parfaite ni d'un Dieu, ni d'un pape, ni d'une assemblée de législateurs. Elle se fait tous les jours, la société se la fait à elle-même lentement, progressivement, péniblement. C'est un fruit de l'expérience humaine qui est encore loin d'avoir atteint sa maturité.

Nous ne prétendons pas fixer et figer dès à présent cette morale en cours d'évolution. Mais nous vous proposons de dire dès à présent en quel sens se fait cette évolution. Nous demandons aux libres-penseurs — et c'est la porté considérable de la motion qui vous est soumise — d'affirmer formellement qu'ils mettent hors de conteste, au-dessus de toutes les lois sociales passées, présentes et à venir, la nécessité d'organiser un régime de justice, la justice sociale étant le gouvernement de la raison que l'humanité s'applique à elle-même (*Vifs applaudissements*).

Libre à nos amis et à nos adversaires, à nos concurrents et à nos contradicteurs sur certains points de faire leurs réserves. Libre à nos amis libertaires par exemple, de prétendre tirer de nos principes certaines conséquences qu'ils croient légitimes, de déclarer qu'ils ne peuvent s'accommoder des lois actuelles de la démocratie. Nous pourrons discuter ce point et bien d'autres, mais cela doit-il empêcher l'Assemblée toute entière, eux compris, de proclamer le droit souverain de la raison pour guider l'individu qui doit se faire une morale et le droit souverain de la justice pour en donner une aux Sociétés ? (*Applaudissements répétés*).

D'accord sur le principe, nous ne le serons pas sur les applications, c'est possible ; mais qu'importe ? Nous ne sommes pas des catholiques pour avoir ce besoin d'unité immédiate et absolue dans un dogme uniforme et immuable !

L'important, c'est d'être bien sûrs que nous avons un but commun, vers lequel nous marchons chacun de notre pas.

Et cette communauté d'orientation, qui de nous peut en douter ?

Direz-vous que c'est peu de chose d'être d'accord sur l'orientation ? Ah ! citoyens, tous tant que nous sommes si nous rentrons dans notre conscience, ne serons nous pas forcés d'avouer que nous en sommes encore bien loin, de cet idéal de justice sociale, même sommaire, même vague encore, même insuffisante ? Beaucoup d'entre nous, peut-être même de ceux qui se disent socialistes, révolutionnaires, anarchistes, que sais-je ? gardent encore sans s'en douter une mentalité de privilégiés. Beaucoup peut-être auront de la peine, le jour où il faudra mettre les points sur les *i*, à prendre leur parti de renoncer à de prétendus droits de la propriété individuelle qui ne sont que des privilèges et des abus cachés sous un masque décent (*Vifs applaudissements*).

Ne croyez pas qu'en parlant ainsi j'aie l'intention de blesser qui que ce soit. C'est à moi même tout le premier que j'adresse ce reproche d'avoir gardé l'esprit bourgeois (*Bravos*). Nous avons tous du bourgeois dans l'âme, et il faudra bien, si la Libre-Pensée se développe, si elle est féconde et vivante, si elle a de l'avenir et de l'envergure, il faudra bien qu'elle devienne la Libre-

Pensée sociale et socialiste. Autrement elle ne sera rien (*Applaudissements*).

Je suis profondément convaincu de cette nécessité où nous sommes d'apprendre aujourd'hui, d'apprendre demain, d'apprendre longtemps encore. Car à mesure que nous réfléchirons, nous découvrirons avec étonnement que nous vivons encore en pleine injustice, que dans nos relations quotidiennes d'atelier, de bureau, de camaraderie, nous commettons sans cesse des iniquités dont nous n'avons même pas le soupçon, et c'est le rôle de la morale nouvelle de nous les révéler (*Bravos*).

Cette morale nouvelle, à qui l'on reproche d'être une morale au rabais, en vérité elle est infiniment plus exigeante et plus difficile que l'autre. Quand on vient nous dire que nous l'adoptons pour nous affranchir d'un joug trop lourd ou quand on nous la présente comme une vulgaire et prosaïque recette de savoir vivre, incapable de s'élever aux nobles spéculations de la morale religieuse ou métaphysique, ne nous suffit-il pas d'un retour sur nous-mêmes pour apercevoir que c'est absolument le contraire qui est vrai? Combien il est plus facile de croire que de douter! (*Bravos*). Combien plus facile d'accepter une règle toute faite et de se plier docilement à un *credo* que d'entreprendre de se faire à soi-même sa règle et de faire tout son métier d'homme à ses risques et périls! (*Applaudissements*).

S'il en est ainsi, nous avons bien le droit — tout en respectant celui de Paraf-Javal qui veut rompre avec la société — de ne pas faire comme lui, de procéder au contraire à la façon des relativistes et des évolutionnistes, qui ne croient pas aux coups de baguette magique, pas plus pour la société que pour l'individu (*Applaudissements*). Nous ne demandons pas mieux que de discuter avec des adversaires de notre système, qui nous reprochent de ne pas aller jusqu'au bout de notre système. Nous sommes en mesure de soutenir ce débat; nous essaierons de leur démontrer que le meilleur et le plus sûr des progrès c'est le progrès successif, évolutionnel de nous-mêmes d'abord, de la société ensuite (*Vifs applaudissements*).

Tel est l'esprit du projet ou pour mieux dire encore de l'avant-projet que j'ai été chargé de vous soumettre. Il fallait bien que quelqu'un tînt la plume. Lisez, modifiez, corrigez. Mais ne nous accusez pas de vous apporter une doctrine particulière qui gêne la liberté d'aucun de vous. Il ne s'agit, il ne peut s'agir que d'une direction générale de la Libre-Pensée. Rien de moins, rien de plus.

Le citoyen Paraf-Javal critique ce titre de « morale sans Dieu ». Ce n'est pas moi qui l'ai choisi, nous l'avons trouvé dans le programme arrêté par le Comité directeur depuis un an : nous l'avons accepté. Changez-le si vous voulez.

Il fait encore des réserves sur les considérants du manifeste qui vous est soumis. Je ne pense pas que l'assemblée veuille voter sur le texte des considérants, ce qui n'est pas l'usage. Mais ce n'est pas cela qui importe.

L'important, que je conjure nos amis, Français et Etrangers, de bien considérer, c'est ce qui suit : voilà un Congrès de la Libre-Pensée qui se réunit dans des assises internationales, à un moment où, vous ne pouvez pas le nier, la poussée rationaliste est énorme dans le monde, à un moment où partout, non seulement en France mais hors des limites de la France se dessine un effort touchant, un effort admirable, émouvant de la part des masses ouvrières...

Nous ne pouvons pas nous diviser, et parce que nous ne sommes pas d'accord sur les détails, ce n'est pas une raison pour que le Congrès se termine sans aboutir à une déclaration d'ensemble, qui prouve que la Libre-Pensée si elle n'est pas sûre de réussir à émanciper les hommes et les peuples, veut du moins s'y efforcer. Rien que de l'avoir tenté, ce sera avoir bien mérité de l'humanité.

Le camarade Paraf-Javal. — Un libre-penseur est un individu qui raisonne *a posteriori*, un individu qui ne raisonne pas *a posteriori* n'est pas un libre-penseur. On veut établir une morale. Un individu qui veut établir une morale doit l'établir *a posteriori*. S'il l'établit *a priori* ce n'est pas un libre-penseur. Voilà des points précis sur lesquels nous sommes tous d'accord.

Mais que vient-on nous dire, sortant complètement de la question? On nous dit ce qui est, remarquez-le, en contradiction avec tout ce qui relève du domaine scientifique — que bien que ce soit ainsi — dans la pratique il faut se conduire autrement.

Voyons !... Buisson nous dit : parfaitement une morale qui serait une morale scientifique, serait une morale *a posteriori* de laquelle on éliminerait d'une façon totale, absolue, toute idée préconçue. Nous sommes d'accord sur ce point. Moi, je suis député, j'impose l'arbitraire à mes contemporains. Député, je travaille *a priori*, je ne travaille pas *a posteriori*. Non seulement je fabrique des lois nouvelles, mais, par le seul fait que je suis député, je maintiens tout l'édifice social, de même que tout individu qui va à l'église, même s'il ne croit pas, maintient l'édifice religieux » (*bravos sur divers bancs*).

Et alors la question pratique est la suivante :

(Il faut avoir le courage de regarder les questions en face). Certainement ceux qui veulent détruire ce qu'on appelle la morale religieuse doivent se dire : il peut être ennuyeux de perdre sa place parce que votre femme n'aura pas été à l'église, il peut être ennuyeux par exemple à un professeur dans une petite ville de province, de courir des risques parce qu'il ne sera pas bien avec le curé. Soit, mais de deux choses l'une. Ou je me sens assez fort pour ne pas, malgré ces risques, aller à l'église, pour encourager les miens, si telle est leur idée à n'y pas aller, ou alors je me sens pas cette force. Mais si je ne me sens pas la force de braver tous ces risques et jusqu'à la perte de ma place, je n'ai pas alors à me dire libre-penseur, je ferai partie du troupeau qui se soumet, du troupeau qui subit, du troupeau qui fait durer la religion, qui fait durer le dogme.

Je retiens des observations de Buisson cette remarque :

Un individu dans la société actuelle peut dire à la rigueur : il est facile de prouver que les idées de propriété sont des idées *a priori* que l'idée de patrie, de loi, d'autorité sont des idées *a priori*. Mais, non content de penser de cette façon, il estime qu'un libre-penseur doit mettre en pratique ces idées — cet individu là souffre.

Et alors, ajoute notre camarade, nous qui ne voulons pas être des gens qui souffrent nous commençons par nous soumettre, attendant que les gens qui marchent, eux, aient acquis à notre cause assez de camarades qui nous montreront l'exemple, pour que nous autres, suivant de loin leurs efforts et les empêchant même au besoin d'exprimer leurs idées, nous puissions lorsqu'ils seront assez nombreux, bénéficier de cette morale scientifique que nous leur montrons dans un avenir lointain !...

Camarade Buisson, si tu penses comme nous que, quand on doit établir une morale scientifique, on doit l'établir *a posteriori* et non *a priori*, pourquoi fais-tu durer l'arbitraire des lois qui est antiscientifique, qui est *a priori*. J'ai trouvé ces lois toutes faites, elles ont été faites avant moi, elles ont été faites sans moi, elles ont été faites contre moi ; on me les impose *a priori*. Je n'en veux pas. (*Vifs applaudissements sur divers bancs*) ....

Laisse ceux qui ne croient pas à la méthode scientifique pratiquer l'arbitraire ; toi ne le pratique pas puisque tu dis croire à cette méthode..... Je ne veux pas de l'arbitraire *a priori* imposé par quelqu'un qui ose me dire ici qu'il est partisan de la méthode *a posteriori*..... Viens avec moi discuter cette morale scientifique, mais ne me dis pas qu'il faut avoir une théorie *a posteriori* en tolérant une pratique *a priori*... A une théorie juste correspond une pratique juste, à une théorie fausse une pratique fausse et réciproquement.

Et alors, où en sommes nous au point de vue social ?

Nous voyons que les mouvements des hommes sont mauvais. On ne trouve pas une personne qui dise que la société est bien faite.

Qu'est-ce que cela signifie, sinon que tous les hommes sont d'accord pour convenir que leurs mouvements sont mauvais, qu'il y aurait d'autres mouvements à faire et qu'on ne fait pas et qui seraient des mouvements bons. Puisque les humains ne pratiquent pas ces mouvements, il s'agit de les déterminer d'abord par la théorie et de mettre ensuite la théorie en pratique,..

D'ailleurs nous pourrions vous montrer que même dans la société actuelle ces mouvements sont pratiqués et que sans ce communisme de chaque instant qui est la joie de notre existence, les hommes ne pourraient pas durer (*Bravos*).

La morale scientifique est basée toute entière nous pourrons le prouver — non pas sur la philanthropie, non pas sur la camaraderie vis-à-vis des gens qui ne sont pas des camarades, mais sur la camaraderie entre des gens qui pratiquent la réciprocité.

Cette théorie là peut être mise en pratique. Il ne faut donc pas dire : « Nous allons décider qu'on peut déterminer la morale *à postériori*, que c'est ainsi qu'il faut la déterminer mais nous ne voulons pas la pratiquer; nous voulons être parmi les oppresseurs, parmi les évêques, parmi les papes, parmi les fabricants de dogmes, parmi les fabricants de lois, qui imposent l'arbitraire *à priori* sous peine d'amende, sous peine de prison, sous peine de mort, s'il le faut. Et puis, pour vous punir, vous autres, quand vous voudrez vous insurger, il faudra encore que vous veniez nous trouver, nous fabricants de l'arbitraire, pour nous supplier de faire céder un petit peu de cet arbitraire *à priori* et avoir l'air d'être camarade !...

Camarades, qui appliquez les théories *à priori* vous faites durer la société actuelle. Dites, si vous le voulez, qu'il vous est dur d'abandonner cette méthode, qui dans la société actuelle vous permet de vivre d'une certaine façon à laquelle vous êtes habitués; et que nous pouvons vous prouver mauvaise, mais ne venez pas nous dire que nos théories ne sont pas pratiquables parce que nous avons d'autres idées, parce que nous ne voulons pas imposer de lois, que nous ne cherchons pas à être des maîtres, que nous ne voulons pas être les maîtres de personne et que nous ne voulons être opprimés par personne.

Nous voulons simplement ne pas supporter l'intolérance, et c'est pour cela que parfois on nous considère comme violents. Mais nous rêvons la douceur nous voulons la douceur et nous l'appliquons entre nous.....

En résumé, seuls sont de véritables libres-penseurs ceux qui, ayant reconnu que la méthode *a postériori*, après examen, après avoir jugé, sans préjuger, celle qui part de connaissances physiques est la seule vraie, mettant leurs actes d'accord avec leurs idées. Ceux qui s'imaginent qu'on peut avoir ces idées et agir autrement, font durer la société actuelle. Ils se leurrent eux-mêmes, ils n'arriveront pas à un résultat, leur méthode est mauvaise.

Ce n'est pas avec la méthode *à priori* de la société actuelle, avec la méthode qui n'a jamais, en aucune occasion, donné un seul bon résultat, que l'on peut arriver à un résultat satisfaisant. La société actuelle est abominable, elle est atroce. Il est atroce de penser que les hommes s'entredéchirent, qu'ils se disputent leur peau et leur bonheur. C'est pour cela que nous sommes ici c'est parce que nous voulons faire cesser cet odieux état de choses.... Camarades on le fera cesser en avisant *à postériori* aux mouvements à faire pour cela...., et que nous vous indiquerons quand vous voudrez.....

Une voix. — Pas ici.

Le camarade Paraf-Javal. — Pas ici, c'est entendu, si vous ne voulez pas, mais vous devrez les déterminer pour agir raisonnablement. Autrement vous pourrez parler, vous pourrez ergoter, dire que, bien que n'agissant pas conformément à nos idées vous êtes de notre avis, vous ne ferez rien, vous ne serez pas des libres-penseurs. Pour être libres-penseurs, il faut en toute occasion, toujours penser à agir *à postériori* et c'est ce que seuls font les anarchistes (*Vifs applaudissements sur divers bancs*).

Paraf-Javal remet pour être lue à la prochaine séance du congrès la déclaration suivante :

Un individu est libre-penseur quand il pense *à postériori*, après examen, après avoir jugé, sans préjuger, en utilisant seulement les connaissances physiques.

La morale (règle de conduite) du libre-penseur ne peut être déterminée qu'en dehors de l'arbitraire imposé *à priori* par certains humains à d'autres humains (foi, loi).

Cette morale, comme toutes les autres règles scientifiques, doit-être déterminée *à postériori*, après examen, après avoir jugé, sans préjuger, en utilisant les connaissances physiques.

c) LA LIBRE-PENSÉE ET L'ART

De nombreux et très remarquables rapports étaient parvenus au Secrétariat du Congrès sur la question : La Libre Pensée et l'art.

Les citoyens **Louis Lumet**, **Gustave Kahn**, **Saint-Paul**, **Bloch**, et la citoyenne **Vera Starkoff** méritent entre tous d'être cités pour leurs communications de haut intérêt, qui sont en même temps des chefs-d'œuvres littéraires.

Nous ne pouvons reproduire ces rapports, dont quelques-uns seulement ont été lus au Congrès.

Détachons seulement du rapport du citoyen *Saint-Paul*, sur « la Poésie contemporaine et la Libre Pensée » ces quelques lignes où il fait connaître l'œuvre de Gustave Kahn.

Avec Gustave Kahn nous atteignons ce qu'on pourrait appeler « la philosophie sociologique de la poésie ». Ce poète avait déjà eu le rare mérite d'opérer une des plus grandes révolutions de la poésie française, la plus considérable peut être depuis le Romantisme. Jusqu'à lui, en effet, le vers français était considéré comme inféodé à la rime, de sorte qu'il devenait trop souvent, selon l'expression de Taine, comme une sorte de justaucorps qui emprisonnait et mutilait l'idée.

Kahn fit voir que si la rime est un des éléments les plus importants de notre vers, il était loin d'être le seul et que l'harmonisation intérieure multitonique des syllabes jouait un rôle peut-être encore plus considérable et en était le vrai principe musical.

Avec ce vers libre, le poète, qui nous avait déjà donné des lieds exquis, d'une contexture très chatoyante, et des poèmes puissants, au rythme large, a trouvé, pour rendre les plus hautes conceptions, une forme d'Odes unissant la précision et le dessin d'un André Chénier à la richesse verbale d'un Victor Hugo. Jamais l'idée pure ne s'était montrée parée d'une telle somptuosité de vocables. Là encore Gustave Kahn s'est révélé novateur ingénieux et hardi, et son exemple mérite d'être suivi.

Le citoyen **Bloch**, l'auteur de la statue du chevalier La Barre, vient lire son remarquable rapport sur l'art libre-penseur au salon de 1905. Il montre quelles œuvres, de plus en plus nombreuses, inspirent aujourd'hui l'idée sociale, et la Libre Pensée, avec ses mille et mille temples que sont les monts, les glaciers, les lacs, les bois, et toute la nature.

La citoyenne **Vera Starkoff**, fait applaudir un beau rapport sur la Libre-Pensée et les écrivains.

Elle expose le but de la Libre Pensée, la tâche de l'écrivain, et, rappelant l'œuvre populaire des grands maîtres de tous pays, elle salue Dante, Schakespeare, Schiller, Zola, les écrivains russes.

Le citoyen *Valabrègue* prend la parole pour « flétrir les conseils de prostitution donnés par les Directeurs de Théâtre à leurs pensionnaires. » Il fait adopter un vœu conçu dans ce sens.

OPINIONS DIVERSES

La Lanterne, 8 septembre, Editorial.

Assurément, si la morale sans dieu, si la morale purement scientifique, n'est pas encore développée, l'autre morale, celle qui enseigne à l'homme l'abaissement et la peur en lui donnant, comme règle à la vie, la crainte de l'enfer, est morte à jamais. Elle est allée rejoindre dans le passé les conceptions enfantines des hommes d'autrefois. Et les cyniques escrocs ensoutanés, qui, à l'aide de ces absurdités, soutiraient aux bonnes gens l'argent dont ils se servaient ensuite pour maintenir leur domination malfaisante, peuvent être assurés que leur règne est fini.

Le Dogme est mort ; l'Eglise agonise : place à la Pensée libre qui fera la justice par la science !

La Croix, 9 septembre, signé Cyr.

C'est que ces malheureux manquent de ce qui peut seul faire l'union des intelligences . la vérité.

Et alors, dans la nuit sinistre de leurs négations, ils errent, les infortunés, détournant obstinément les yeux du seul phare où brille la splendeur de la vérité, se heurtant, s'écrasant, s'injuriant, vomissant des blasphèmes, bouleversant tout et semant les ruines dans leur course éperdue.

Ces malheureux, ces infortunés, c'est nous.

La Libre Parole, du 8 septembre, de Gaston Méry.

Ces prétendus novateurs, dont les conceptions sont, au fond, celles de l'âge de pierre, n'ont que les mots de « Science » et de « Raison » à la bouche. Ils en font une consommation véritablement effrayante. Ce que, sous la coupole du Trocadéro, on a dit, en toutes langues, d'insanités au nom de ces divinités nouvelles est inimaginable !

L'Intransigeant, du 7 septembre, de H. Rochefort.

Toutes les religions sont des tissus d'impostures imaginées par des exploiteurs qui vivent de mensonges et d'entôlages.

Mais c'est par le raisonnement, non par la mauvaise foi, qu'on arrivera à la combattre et à triompher d'elle.

Le Libertaire, du 22 octobre, de Harmel.

La morale devient un chapitre du Code : C'est un état d'esprit qui n'est pas neuf. Les inquiétudes de M. Anatole Leroy-Beaulieu, défenseur de la classe bourgeoise, sont sans fondement. La paix sociale ne sera pas troublée !

L'Echo de Paris, du 6 septembre, de P. Delay.

Malgré son réel talent, M. Buisson n'a pu dissimuler ce défaut, capital à notre avis, de la morale athée. La force des morales religieuses, c'est qu'elles s'imposent, on ne les discute pas ! Le bien et le mal deviennent ainsi des entités admises par tout le monde.

TROISIÈME COMMISSION

La séparation des Eglises et de l'Etat

Cette question si importante pour la Libre-Pensée tout entière présentait un intérêt particulier pour la Libre Pensée française, après le vote d'un texte de loi à la Chambre, et avant le vote du Sénat.

Pendant toute l'année qui précéda le Congrès, un grand nombre de vœux parvinrent au secrétariat. Les signataires de ces vœux se prononçaient pour tel ou tel projet pour ceux des citoyens Allard et de Pressensé presque exclusivement.

Le vote de la loi au Palais Bourbon provoqua un nombre encore plus considérable de vœux émanant des groupes politiques et libres-penseurs. La plupart de ces vœux exprimaient le désir de voir le Sénat voter, sans le modifier, le texte de loi adopté par la Chambre, non pas que ce texte fût irréprochable, mais bien pour éviter toute perte de temps.

Au Congrès, les délégués de tous pays prirent un vif intérêt aux travaux de la troisième commission. La Séparation en France doit avoir, en effet, une répercussion mondiale. Ce doit être un point de départ.

La troisième commission se réunit le **jeudi matin, 4 septembre**, dans la grande salle du Trocadéro.

Président : citoyen Ch. Beauquier, député du Doubs.
Vice-Présidents : citoyens Lorand, député belge,
Heaford, délégué anglais.
Assesseurs : citoyens Hoffmann, député allemand.
Di Andréis, député italien.
Rapporteurs : citoyens Aulard, professeur à la Sorbonne.
Beauquier, député français.
Bérenger, directeur du journal l'*Action*.
Fulpins, de Suisse.
Lorand, de Belgique.
Meslier et Rabier, députés français.
Rapporteur général : citoyen Tarbouriech, professeur à l'École des Sciences spéciales.

Le citoyen **Lorand**, après avoir salué le mouvement qui se développe en France en faveur de la séparation, ou mieux, qui part de la France, examine le projet de loi adopté par la Chambre.

La discussion de la loi de séparation à la Chambre française a été suivie avec anxiété par tous les libres-penseurs des pays étrangers, qui ont vu là une œuvre d'une importance capitale. La France, à n'en pas douter, aura à cet égard de nombreux imitateurs à l'étranger : c'est sur la réalisation de cette grande réforme en France que nous comptons un peu partout pour arriver à nous libérer, nous aussi, des liens qui nous assujettissent encore à l'heure actuelle à des Eglises privilégiées. Nous n'avons qu'à vous féliciter, Camarades, et à vous remercier de nous avoir si bien montré la voie. (*Très bien ! Très bien !*)

Nous n'approuvons pas sans réserves la loi française : je l'ai moi-même âprement combattue dans la presse. Je crois qu'elle présente des défauts considérables et qu'elle offre des dangers réels.

(L'orateur critique la loi qui donne à l'Eglise catholique une situation privilégiée).

Il y a là un abus tellement criant qu'un libre penseur impartial ne saurait donner son adhésion à la loi de séparation telle que la Chambre française l'a votée.

Mais la loi étant ce qu'elle est, ne vaut-il pas mieux encore souhaiter que le Sénat la vote en bloc, dans le texte arrêté par la Chambre, afin qu'elle soit appliquée le plus vite possible pour couper court aux difficultés dans lesquelles on se débat et ne pas donner aux réactionnaires l'occasion, lors des élections prochaines, de profiter de la situation pour entraver ce qui a été fait jusqu'à ce jour ? (*Applaudissements*).

Le citoyen **Tarbouriech** rappelle le sens de la loi votée par les Députés. Il déplore également cette loi qui fait une faveur inouie, scandaleuse, aux églises catholiques en leur donnant tous les biens, bâtiments, champs, vignes constitués par les fidèles, ou donnés par l'Etat, les départements ou les communes.

Il critique le projet de loi de la Chambre sur quatre points, comme on le voit dans cet extrait de son rapport à l'Association Nationale des Libres-Penseurs, rapport dont il donne lecture en le commentant.

« I. — D'abord (articles 4 à 6) quant à la dévolution des biens des menses, fabriques, etc., nous avons condamné le système qui a triomphé, en ce que ces biens, d'une valeur de 400 millions, dit-on, faisant partie du domaine de l'Etat ou des communes, seront transmis par les représentants des établissements publics dissous aux sociétés cultuelles à constituer, qui les aquerront en propriété pleine, perpétuelle et transmissible.

« Les principes mêmes de notre droit public devaient conduire à n'admettre pour ces biens qu'une concession effectuée par l'Etat aux nouveaux organes des cultes, dans la limite de leurs besoins, et par conséquent ne pouvant se prolonger au-delà de la durée même de ces besoins : de là l'idée d'une affectation temporaire, pour laquelle nous avons proposé la durée de trente années, sauf renouvellement possible..... »

« II. — Nous avions, dans les rapports faits au nom de l'Association, vivement critiqué le système de la Commission parlementaire, qui, pour les édifices du culte, faisait succéder à une période de jouissance gratuite, une seconde série d'années pendant laquelle les propriétaires de ces édifices étaient tenus d'en consentir la location aux sociétés cultuelles, à des conditions qui pouvaient être dérisoires. Nous demandions que, la première période expirée, — et nous consentions, à titre transactionnel, à l'allonger quelque peu, — le droit commun rentrât en vigueur pour appliquer à ces édifices le régime des aliénations et des baux qui régit les biens de l'Etat ou des communes.

« Aussi quel a été notre désappointement lorsque nous avons vu la Chambre, dépassant en libéralité sa commission, accorder aux associations cultuelles la jouissance gratuite et indéfinie de ces édifices, sauf résolution dans certains cas. Ce système soulève nécessairement la critique de tous les libres penseurs.

« III. — Un principe a été chaleureusement soutenu par notre éminent vice-président de l'Association, M. Aulard, aux applaudissements de tous nos amis. L'Eglise catholique ne peut prétendre à la liberté dans notre démocratie qu'en se pliant elle-même, non quant au dogme ou à la discipline spirituelle, mais pour l'administration de ses intérêts temporels, à des mœurs de liberté démocratique.

« Il faut, disions-nous, constituer l'association cultuelle par la réunion de tous les fidèles pratiquants, hommes et femmes, élisant leur conseil, en sorte que l'Etat et les communes traiteraient, pour les biens ou édifices, avec des citoyens s'administrant d'une façon autonome, non avec l'Eglise romaine déguisée dans les différentes localités sous des noms divers.

« On ne nous a pas donné satisfaction en élevant légèrement le nombre de membres nécessaire pour une société cultuelle.

« IV. — La Chambre s'est, à notre avis, donné un tort apparent en constituant une sorte de Code répressif à l'usage des prêtres, alors qu'il eût été bien préférable de renvoyer, pour les délits qui pourraient être commis à l'occasion de l'exercice du culte, aux dispositions du Code pénal applicables à tous les citoyens. Elles sont, non seulement des plus rigoureuses, mais même plus sévères que les articles en question ».

« ..... Cette dérogation au droit commun, qui est en réalité une faveur, sera présentée par nos adversaires comme une velléité de persécution.

« V. — Enfin, nous devons regretter que la loi n'ait pas statué sur les petits séminaires, dont la suppression s'impose. »

Voilà les critiques. Voyons maintenant les conclusions.

« Dans ces conditions, la question se posait de savoir si nous devions vous proposer un vœu tendant à inviter le Sénat à modifier le texte qui lui a été transmis par la Chambre, dans le sens indiqué par nos précédents rapports et par celui-ci.

« Nous ne devons pas souhaiter que les sénateurs modifient, si peu que ce soit, le texte si péniblement élaboré par l'autre Chambre, puisque le changement d'un seul mot rouvrirait la discussion devant les députés, et que, cette nouvelle discussion ne pouvant être limitée, la droite ne manquerait pas de tout remettre en question et, par une obstruction savante, d'empêcher le vote définitif avant la fin de la législature.

Charles BEAUQUIER, député français.

« Or, l'intérêt primordial de la République et, j'oserai le dire, l'intérêt même de toute la civilisation occidentale, exigent que nous réalisions, *avant les élections*, cette réforme dont on peut proclamer qu'elle sera l'évènement historique le plus important qui se soit produit en Europe, depuis la Révolution Française.

« Aussi, sans vouloir porter la moindre atteinte aux prérogatives parlementaires de la Chambre Haute, par une sommation, qu'elle jugerait injurieuse, de voter sans discuter le projet dont elle est saisie, la Commission du Congrès estime que le Congrès agirait prudemment, et au mieux des intérêts de la Libre Pensée, en s'abstenant de formuler, en faveur de modifications si importantes qu'elles lui paraissent, un vœu qui pourrait déterminer un retard dont nous n'osons assumer la responsabilité, à raison de ses conséquences possibles.

Le citoyen **Charles Beauquier**, député français montre nettement l'étendue de la faute commise.

« Il faut, dit-il, modifier la loi de 1901, la loi Waldeck-Rousseau et revenir à son texte primitif qui interdisait toutes les associations religieuses. Cet article 2 du premier projet a été littéralement escamoté devant le Sénat ; il a disparu, selon toute apparence, à la suite d'un accord tacite entre les protestants et les jésuites. Personne n'en a parlé. S'il avait été maintenu et voté, les associations paroissiales qui vont faire échec à la loi de séparation n'auraient pas pu se constituer. Si le Sénat le voulait bien, il pourrait réparer dès maintenant cette désastreuse omission en insérant dans la loi Briand un amendement conçu à peu près dans ces termes : « En dehors des associations cultuelles, aucune autre association religieuse ne pourra se former. » Ce texte ou tout autre analogue donnerait évidemment satisfaction à ceux qui craignent que la loi de 1901 ne serve à l'Eglise à tourner la loi de séparation. Malheureusement, les circonstances sont telles que pour que la loi soit promulguée en temps utile pour être appliquée dès le 1er janvier prochain, il nous faut renoncer provisoirement à l'insertion de cette clause et souhaiter avec tous nos amis que le Sénat vote la loi de séparation telle qu'elle a été adoptée par la Chambre.

Le citoyen **Delarue**, au nom de la Loge « L'Union africaine d'Oran » donne connaissance d'un très remarquable rapport sur l'interdiction aux ministres des cultes d'enseigner.

Ce rapport est vivement applaudi. Le citoyen **Fouché** dépose un amendement au vœu du citoyen **Delarue**, et demande que l'enseignement soit interdit non seulement aux ministres des cultes, mais encore à tous ceux qui, au cours de leur existence, auront prononcé des vœux.

Cet amendement soulève de nombreuses protestations.

Le citoyen **Turquet**, directeur de l'école de La Ferté-Milon et président de l'Amicale des instituteurs de l'Ain, développe une motion dont voici les intéressantes conclusions :

« Considérant que la Séparation des Eglises et de l'Etat, accueillie avec enthousiasme par la grande majorité des membres de l'enseignement primaire, comme mesure libératrice des consciences et de la pensée humaine, est de nature à provoquer des conflits au détriment des intérêts moraux et matériels des éducateurs du peuple ;

« Considérant qu'il est du devoir de la Libre Pensée, par l'organe de son bureau, d'intervenir le cas échéant, directement auprès des autorités compétentes ;

« Exprime le vœu que les pouvoirs publics, d'accord avec la Libre Pensée, prennent, après enquête, la défense des maîtres et maîtresses ainsi menacés et leur assurent, par tel moyen qu'ils jugeront convenable, pleine et entière sécurité dans la diffusion des principes laïques, humanitaires et sociaux dont ils sont les vulgarisateurs. »

Le vœu du citoyen Turquet est mis aux voix et adopté à l'unanimité.

Le citoyen **Luis Martinez**, prononce un discours en espagnol.

Il commence par féliciter la République française d'avoir accompli la séparation des Eglises et de l'Etat.

Il demande ensuite que les Libres-Penseurs n'abandonnent pas la lutte, même après la séparation. La vigilance sera toujours, et de plus en plus, nécessaire.

Le citoyen **Fulpius**, de Genève, prend la parole.

Nous sommes, dit-il, en pleine question de séparation des Eglises et de l'Etat et comme on l'a dit, il importe avant tout de séparer les églises de la famille. (*Très bien ! Très bien !*)

Le meilleur moyen d'y parvenir, c'est encore à mon sens, de nous emparer de l'éducation de l'enfant, c'est de lui inspirer de rejeter, quand il sera grand, les commandements de l'Eglise, non pas parce que l'Etat le lui conseillera, mais parce que sa propre raison le lui ordonnera.

Après avoir fait le tableau de l'éducation religieuse, de ses funestes effets, l'orateur continue ainsi :

« Ce ne sont pas d'éloquentes conférences prononcées devant un auditoire d'adultes qui pourront transformer une mentalité déprimée et faussée dès l'origine. L'impression produite ne sera que momentanée, — là où elle se produira, — et bientôt les habitudes invétérées et l'héréditaire crédulité auront reconquis leurs victimes.

Aussi est-ce l'enfant qu'il faut atteindre ; ce sont ses premières impressions, ses premières notions qu'il faut diriger d'emblée du côté du vrai, du bien et du beau.

Pour lui apprendre à raisonner sa conduite et ses actes, pour lui éviter les égarements et les erreurs, il faut que chacune de ses questions obtienne une réponse juste, confirmée par des preuves, et facilement assimilable à une intelligence qui s'éveille. Pas de dogmes religieux, moraux ou même scientifiques, mais un enseignement rationnel, basé sur l'observation directe. Ainsi se formera un noyau d'esprits logiques, éclairés et tolérants, prêts à tous les dévouements lorsqu'il s'agira de combattre une erreur ou de protester contre une iniquité ; prêts à tous les sacrifices pour constituer une société d'hommes libres, bons et, partant, heureux.

... La vérité aux petits et rien que la vérité ! (*Applaudissements*).

Le citoyen **A. Aulard** avait fait distribuer son rapport sur les divers usages auxquels servirent les églises pendant la Révolution. Maisons du peuple, local pour les assemblées électorales, magasins militaires ou particuliers, temples pour plusieurs religions à la fois, pour les assemblées primaires, les cérémonies *civiles* du mariage, la lecture des lois, — les Eglises servirent on le voit, à des usages très variés. La cohabitation continua même jusqu'au Concordat.

Comme le fait remarquer le citoyen Aulard, l'exemple de la Révolution, — ou plutôt l'exemple du régime de la séparation tel qu'il fonctionna en France de 1795 à 1802 —, n'est point en faveur de ceux qui croient que le catholicisme romain a un droit historique à la possession exclusive et éternelle des églises.

Le citoyen **Tarbouriech**, rapporteur général est chargé de présenter au Congrès la motion suivante :

Le Congrès,

Regrettant, d'une part, que le texte voté par la Chambre ne soit pas en toutes ses dispositions conforme aux principes de notre droit et qu'il soit très éloigné de l'ideal des libres penseurs ;

Mais estimant, d'autre part, que la mise en application du régime de la séparation avant la fin de la législature est d'un intérêt primordial pour la République et la libre pensée,

Emet le vœu que le Sénat, dans le libre exercice de sa prérogative, s'inspire avant tout de cette nécessité d'obtenir un vote définitif avant le 31 décembre prochain.

A la séance générale du 7 septembre, après la discussion sur le Pacifisme, cette motion est adoptée par le Congrès. Aucune main ne se lève à la contre-épreuve.

Cette motion a, depuis le Congrès, été envoyée aux Sénateurs faisant partie de la Commission de séparation, et à la Presse.

LA SÉPARATION VOTÉE EN FRANCE

Le Sénat français, après avoir, en novembre 1905, discuté les articles du texte de loi de séparation votés par la Chambre des Députés, a, **le 6 décembre 1905**, voté l'ensemble de la loi par 181 voix contre 102.

QUATRIÈME COMMISSION

De l'organisation nationale et internationale de la propagande libre-penseuse

ORGANISATION NATIONALE

Les séances nationales tenues hors Congrès par les Libres Penseurs de chaque pays ne purent suffire à arrêter définitivement des plans d'organisation.

Une seule partie de la question est seulement étudiée : la situation de la Libre Pensée dans chaque nation.

De ces constatations devront découler des conclusions pratiques. C'est ce qui a lieu déjà pour quelques nations. Les Libres Penseurs polonais ont arrêté au Congrès tout un plan de lutte. Un journal doit être, par eux, créé incessamment.

Dans la plupart des diverses sections nationales on a senti le besoin de réaliser plus d'unité d'action, de tirer un plus grand parti des forces libres-penseuses.

La section française a particulièrement fait des efforts en ce sens. De nombreux orateurs se prononcèrent en faveur de l'unification de la Libre Pensée.

La motion *Kosciusko*, en vue de réaliser en France l'unité d'organisation et d'action de la Libre Pensée, fut adoptée à l'unanimité.

Le citoyen *F. Buisson*, président de l'Association nationale, proposa immédiatement de charger une Commission de quinze membres d'élaborer un projet de statuts devant être soumis à tous les groupements français de Libre Pensée, dans un délai de trois mois.

Cette Commission, composée de délégués de la *Fédération française de la Libre Pensée*, de l'*Association Nationale des Libres Penseurs de France*, de la *Commission d'organisation du Congrès de Paris*, et des *Groupements indépendants*, se réunit à Paris les 1 et 2 novembre, et tint quatre séances.

S'inspirant des divers avant-projets qui lui ont été soumis, et d'accord pour baser son projet sur l'organisation interfédérale, elle a rédigé un avant-projet de statuts qui a été soumis à l'étude de tous les groupes de Libre Pensée. Les statuts ne seront définitifs qu'après avoir été approuvés par la Section française de Libre Pensée, réunie en Congrès national.

La situation nationale de la Libre Pensée, dans chaque pays, a été l'objet de rapports très remarquables, rédigés par les citoyens :

WILLIAM HEAFORD, pour l'Angleterre.
IDA ALTMANN, pour l'Allemagne.
LUDOVIC STRAUSS —
BOTOCHENEANO, pour les Etats du Danube.
BELEN SARRAGA, pour l'Espagne.
ANDRÉ NIEMOJEWSKI, pour la Pologne.
S. ROSNER, —
WACLAR NALKOWSKI. —
(Ces rapports polonais sont dus à l'initiative de M. et Mme Zielinski, et de Mme Badior).
KAREL PELANT, pour la Bohème,
DAUBENFELD, pour le Grand Duché de Luxembourg.
FULPIUS, pour la Suisse.
NOBRE, pour le Portugal.
GUSTAVE SPILLER, sur les rapports du mouvement libre penseur avec le mouvement éthique.

ORGANISATION DE LA PROPAGANDE INTERNATIONALE

Le Congrès trop à l'étroit dans ses quatre jours de séances, ne tint pas de séance générale sur cette question.

Par contre la quatrième commission tint deux importantes séances.

Présidente : citoyenne Bonnevial.
Vice-Présidents : citoyen Dons, de Belgique.
citoyenne Gatti de Gamond.
Rapporteurs : MM. Béjambes, Mme Bonnevial, Ida Altmann, V. Charbonnel, L. Crétois, Daubenfeld, Dubosc, Fulpius, Gatti de Gamond, Kosciusko, W. Heaford, Gustave Hervé, Nelly Roussel, F. Nicol, G. Spiller, Mme Roche, Charles A. Watts, Mme Zielinska.

Les conclusions des rapporteurs furent adoptées ainsi que plusieurs vœux déposés pendant le Congrès. Ces conclusions et vœux sont les suivants :

A. — Des missions laïques à l'intérieur. De la propagande

Conférences. — Le Congrès demande que tous les groupes soient invités à organiser chaque année, en dehors de leurs réunions ordinaires et de leurs assemblées générales, de fréquentes causeries éducatives et au moins une grande conférence publique.

Le Congrès demande que chaque groupe de Libre Pensée donne chaque année au moins une fête civique et un banquet.

Le Congrès propose que les groupes de Libre Pensée célèbrent chaque année une Fête des enfants. (**Rapport Charbonnel**).

Fête de la Libre-Pensée — Le Congrès invite tous les libres penseurs à célébrer le même jour, dans tous les pays du monde, une grande fête civique, dite Fête de la Libre Pensée. Il indique la date de Pâques comme particulièrement propre à une telle manifestation, considérant que l'Eglise fait à cette date, par la confession et la communion pascales, un grand effort de prosélytisme religieux contre lequel il importe de défendre le peuple, et que, d'ailleurs, la fête de Pâques peut s'interpréter comme la fête du Renouveau de la Nature et de l'Humanité. (**Rapport Charbonnel.**)

Le Congrès universel de Paris, décide :

Que, par les soins des groupes actuellement existants, des fédérations départementales et régionales, des sections centrales de chaque nation, par les efforts de tous les militants de la Libre Pensée,

Il sera créé aussitôt que possible, dans chaque commune ou agglomération administrative et politique équivalente, une association laïque ayant pour mission d'organiser des cours, des conférences, des fêtes civiques et sociales, en vue d'instruire, éclairer et récréer les citoyens, sans autre préoccupation que celle de combattre les erreurs et les superstitions dogmatiques ;

Que ces associations seront réunies en fédérations départementales ou régionales et rattachées, dans chaque nation, à une Confédération unique adhérente à la Fédération internationale. (**Rapport Crétois.**)

Cérémonies civiles. — Le Congrès décide :

1° Que les Fédérations nationales de la Libre Pensée trouvent dans leur caisse de propagande, où les fonds devront être centralisés, les ressources nécessaires pour pouvoir fournir : *A* — Aux mariages civils : orateurs, musiciens et chanteurs : *B* — Aux obsèques civiles : orateurs.

2° Que la plus large publicité soit faite afin que les libres penseurs puissent assister en grand nombre aux cérémonies civiles.

3° Que les mariages civils aient lieu de préférence le dimanche. (**Rapport Kosciusko.**)

Le Congrès émet le vœu :

« 1° Que, dans l'état actuel des lois, les Sociétés de Libre Pensée exigent de tous leurs adhérents, le dépôt d'un testament en forme légale, par lequel ils exprimeront leur volonté d'avoir des obsèques purement civiles.

« 2° Qu'en ce qui concerne le dépôt à la mairie d'un registre sur lequel les libres penseurs pourront inscrire leur demande d'obsèques civiles, liberté soit laissée à chaque Société de Libre Pensée de juger, d'après les circonstances, s'il y a lieu de l'exiger selon la loi.

« 3° D'autre part, le Congrès, considérant que la liberté civile doit prévaloir sur les traditions confessionnelles, émet le vœu que dans un avenir prochain, la loi défende à tout ministre du culte de procéder aux cérémonies religieuses du baptême et de la première communion, sans une demande expresse et écrite du père et de la mère, du tuteur et subrogé tuteur (si les parents sont décédés), ou de procéder à un enterrement religieux sans une demande en forme légale de la personne defunte. » (**Rapport Charbonnel.**)

Le Congrès émet le vœu :

Que l'enterrement religieux n'ait lieu que si le défunt en a exprimé le désir ;

Que dans tous les autres cas, l'enterrement soit civil. (Vœu de l'*Association des anciens normaliens du Var*, présenté par le citoyen *Allemane*).

LA PROPAGANDE AUX COLONIES

I. Vœux d'ordre international. — 1° Suppression de toute protection politique accordée aux missions chrétiennes en tant que collectivité ;

2° Suppression pour les missions du régime de faveur dont elles jouissent actuellement. Obligation de les assimiler à des entreprises commerciales qui s'organisent à leurs risques et périls ;

3° Suppression par le gouvernement de la métropole ou par le gouvernement de la colonie de toute subvention accordée actuellement aux missionnaires, à titre individuel, sous forme de passage gratuit à bord des paquebots ;

4° Création dans les divers pays d'Europe de missions laïques analogues à la mission laïque française ;

5° Création de stations scientifiques, laboratoires d'études, stations agronomiques, hôpitaux, léproseries — où des savants et des médecins s'appropriant l'outil scientifique préparé de longue main par les observations de la science, apporteraient aux indigènes les bienfaits de la santé physique et intellectuelle par quoi s'élabore la libération des consciences ;

6° Laïcisation intégrale des services hospitaliers ;

7° Introduction de l'Enseignement officiel laïque et gratuit. Création de Bourses d'études dans la métropole en faveur d'élèves indigènes ;

8° Obligation pour l'Enseignement privé de suivre les progammes officiels ;

8° *bis* Abolition de l'esclavage qui persiste encore, plus ou moins avoué ;

9° Réglementation de l'introduction et de la vente de l'alcool et de l'opium dans toutes les colonies ;

10° Facilités de naturalisation pour les métis et les indigènes, afin de leur permettre l'accès de toutes les fonctions et la jouissance plénière des droits du citoyen ;

11° Interdiction d'apporter des armes pour en faire un objet de commerce et d'échange avec les indigènes.

II. Vœux spéciaux à la France. — 1° Que la solution à donner à la séparation des Eglises et de l'Etat soit apportée sans plus de retard.

2° Application à toutes nos colonies de la loi de 1901 sur les Associations et de 1904 sur les Congrégations.

3° Intervention auprès du Pouvoir exécutif qui, seul, a le pouvoir d'étendre, par décret, à nos colonies, le bienfait des lois libératrices votées par le ministère Combes

4° Abrogation de l'amendement Leygues qui a maintenu les noviciats destinés à préparer des congréganistes pour nos colonies et celles des autres puissances européennes.

5° Affichages dans toutes les écoles, prétoires, administrations et stations scientifiques de la « Déclaration des Droits de l'Homme et du Citoyen ».

6° Félicitations à M. Doumergue, ancien ministre des colonies et à M. Clémentel, ministre actuel des colonies, pour l'œuvre de laïcité entreprise sous leurs auspices dans nos colonies, avec l'espoir que cette action se continuera sans faiblesse et sans hésitation.

7° Félicitations aux gouverneurs de nos colonies et à tous les fonctionnaires de la République. La pénétration laïque leur doit le succès de ses premiers pas. La République et la Libre-Pensée s'honorent en les honorant.

8° Félicitations de sympathie sincère et admirative à la mission laïque française dont le but élevé est le programme même de la Libre Pensée.

9° Remerciements et salut fraternel à tous les républicains de nos colonies qui sont de cœur avec nous et dont les adhésions nous ont précieusement encouragés.

10° Encouragements à exprimer auprès de toutes les associations, groupements coloniaux et métropolitains qui, sans défaillance et au milieu des pires difficultés que leur suscite le cléricalisme, luttent avec courage pour notre idéal républicain de solidarité laïque, de tolérance et de liberté absolue des consciences.

Nous mentionnerons spécialement à cet effet le Bloc républicain anticlérical de Cochinchine à Saïgon et le Comité d'action républicaine aux Colonies françaises, à Paris. (**Rapport Nicol.**)

A la suite de l'approbation unanime donnée par la Quatrième Commission au rapport du citoyen **Nicol,** un Comité d'Action Républicaine aux Colonies Françaises s'est fondé.

Ce Comité, qui est déjà plein de vigueur, s'est tracé le plan le plus complet de laïcisation, d'assistance sociale, de solidarité, d'éducation, qu'il soit possible d'exécuter.

Voir : *Autour du Congrès.*

LA PROPAGANDE PAR L'ENSEIGNEMENT

Le Congrès adopte les conclusions du rapport *Eys* tendant à la création d'un club, d'une coopérative et d'une école Thélème.

Une école où les esprits sont libres, où la science seule est enseignée, où les fêtes familiales réunissent dans des préaux couverts parents, maîtres et élèves, où les associations d'anciens élèves et les patronages laïques émancipent et protègent l'adolescent. Cette école, vivant des bénéfices de la coopérative Thélème, sera faite par la Fédération internationale de la Libre Pensée, afin de poser les principes essentiels de l'éducation et, en particulier, de celle de la femme.

La citoyenne **Olga Dubois** (Russie) préconise l'éducation civique rendant les enfants conscients de leurs droits.

Le citoyen **Cyvoct** préconise aussi la propagande parmi les enfants.

Ce n'est pas seulement, s'écrie-t-il, œuvre anticléricale qu'il faut faire, mais surtout œuvre scientifique. Faisons un catéchisme civique, compendium scientifique.

B. — De l'organisation de la solidarité effective entre les Libres-Penseurs de toutes les nations

Le Congrès,

Considérant que les Libres Penseurs de tous pays se doivent en toutes circonstances aide et appui, la solidarité étant la grande loi des sociétés laïques ;

Et qu'il est de toute urgence, tant au point de vue propagande qu'au point de vue principe d'organiser, au plus tôt, sur des bases solides, cette solidarité,

Emet le vœu :

1° Qu'il soit créé, dans chaque pays, une caisse nationale de solidarité.

Que cette caisse s'alimente :

A — Des cotisations régulières des adhérents. Par exemple, 10 centimes par mois et par membre;

B — D'une part des bénéfices produits par les fêtes, réunions, collectes, organisées par les groupes ;

C — Des dons volontaires faits avec cette attribution spéciale ;

D — De subventions, soit des groupements d'élus, soit de groupements sympathiques à la Libre Pensée.

La solidarité devant traverser les frontières, le Congrès propose en outre :

2° Qu'une part, à déterminer, des ressources de chaque caisse nationale aille former la caisse internationale de solidarité ;

3° Que le bureau international entretienne avec les bureaux nationaux des relations qui permettent à chaque adhérent d'être constamment au courant de tout ce qui concerne le mouvement libre penseur : publications, création de groupes, action législative, etc., qu'il facilite pour la création d'un viaticum international, le voyage ou l'installation des membres qu'une circonstance politique obligerait à se déplacer. **(Rapport Bonnevial.)**

Les citoyens **Tschirn** et **Walter** préconisent l'union entre tous les libres penseurs du monde entier. **Walter** demande que l'on crée un trait d'union entre les libres penseurs d'Amérique et ceux d'Europe.

C. — Des obstacles que le capitalisme oppose à l'expansion de la Libre-Pensée. De l'attitude du parti de la Libre-Pensée à l'égard du Socialisme.

Le Congrès de Paris,

Considérant que la propriété est la garantie indispensable de la liberté de penser ;

Que le régime capitaliste n'assure la liberté qu'à une minorité de possédants et constitue donc un obstacle au développement de la Libre Pensée ;

Déclare que la liberté de pensée ne sera entière que le jour où la propriété sociale aura été substituée à la propriété capitaliste des moyens de production et d'échange ;

Comme réformes immédiates, que les candidats se réclamant du Parti de la Libre Pensée devront inscrire sur leurs programmes et chercher à faire aboutir dans la prochaine législature, le Congrès demande :

1° L'abrogation de la loi Falloux et le monopole de l'enseignement ;

2° L'égalité des enfants devant l'instruction ;

3° La laïcité et non la neutralité de l'enseignement ;

4° La réduction à huit heures de la journée de travail. (**Rapport Paul Béjambes.**)

Cette quatrième réforme est appuyée par les citoyens **Brizon** et **Henri de la Porte**, délégués de la Libre Pensée de Voiron et de Niort.

Le citoyen **Noël**, de Limoges, demande au Congrès d'émettre un vœu en faveur du retrait de la gendarmerie qui ne sert que la cause de ceux qui entravent le régulier développement de la liberté.

A signaler le rapport très documenté envoyé sur cette question *par le Cercle d'Etudes sociales de Bellegarde* (Ain).

D. — De l'organisation du droit à l'assistance publique. De la laïcisation de tous les établissements de bienfaisance d'un caractère confessionnel ou religieux.

« Le Congrès,

Considérant que l'assistance des orphelins par les religieux ne permet pas à l'enfan de recevoir une éducation qui le prépare utilement à la vie sociale ;

Considérant que de récents procès ont prouvé que les congrégations religieuses étaient indignes de remplacer la société auprès des enfants sans famille ;

Considérant que la fortune des orphelinats est le produit de dons destinés aux orphelins, et que cette fortune est de ce fait leur propriété,

Emet le vœu :

« Que tous les biens des orphelinats soient décrétés propriété des orphelins, et qu'en raison de l'indignité notoire de la congrégation, un conseil d'administration laïque soit désigné pour gérer ces biens, sous la surveillance et le contrôle de l'Etat, et au profit de tous les enfants sans famille ;

« Que tous les services d'infirmiers soient laïcisés dans le plus bref délai possible, et que pour faciliter le recrutement du personnel des infirmiers laïques, les pupilles de l'Assistance publique soient placés dans les écoles d'infirmiers, toutes les fois qu'ils montreront des aptitudes suffisantes ;

« Que tous les groupes de Libre Pensée organisent un comité destiné à préconiser, à créer, à soutenir toutes les œuvres de « Solidarité sociale » d'après les besoins locaux ou régionaux, nationaux ou internationaux. » (**Rapport E. Roche.**)

QUESTIONS CONNEXES

Le Citoyen **Tarbouriech** fait adopter le principe d'une langue internationale, seul instrument possible de la propagande internationale.

Quelques vœux (que nous mentionnons plus loin, voir Sixième Commission) ont appuyé ce vœu du citoyen Tarbouriech, et ont désigné plus particulièrement l'**Espéranto** comme devant être la langue internationale.

Le citoyen **Henri Arnould**, ingénieur, propose l'adoption d'un calendrier républicain, à la fois plus scientifique, plus fixe, plus pratique, et aïcisé. Il donne connaissance de son projet, conforme à la proposition de la société astronomique de France.

Rapport de M. **Jean Barès**, directeur du *Réformiste* :

Comme je le dis et redis chaque jour, « simplifier l'orthographe, c'est donner des ailes à la pensée ».

En effet, avec la capricieuse orthographe dont nous gémissons chaque jour davantage, l'écrivain doit à chaque instant interrompre l'émission de ses idées pour consulter la sybille, c'est-à-dire le fameux dictionnaire contenant les formules aussi obscures que dogmatiques de la graphie *imposée* à tout Français, sous peine de se voir exclu de toute fonction publique et de tout commerce avec des gens instruits.

Tantôt, c'est pour savoir s'il faut écrire *cantonnier*, *résonner*, *honneur*, et *tonner*, par un *n* comme *cantonal*, *résonance*, *honorer*, et *détoner* ; s'il faut écrire : je *cachette*, *grelotter*, *sotte* et *palotte* par un *t*, comme j'*achète*, *dorloter*, *dévote* et *idiote* ; si *trappe*, *échapper* et *appauvrir* se contentent d'un *p* comme *atraper*, *chape* et *apaiser* ; si on peut sou*ffl*er et si*ffl*er avec un *f* comme on peut *boursoufler* et *persifler* ; si on peut écrire *bien-aimé* comme *bienheureux* ; essen*t*iel et confiden*t*iel par un *c* comme sentencieux et artificiel, etc., etc.

Tantôt on s'arrête pour se demander pourquoi on dit et écrit : *cuisseau* de veau, *cuissot* de chevreuil et *gigot* d'agneau ; pourquoi on traite de *forcené* un homme hors de sens (fors sené) ; pourquoi on écrit astr*e*indre, étr*e*indre, etc., etc., autrement que contr*a*indre, pl*a*indre, etc. ; pourquoi ar*ch*iépiscopal, caté*ch*umène, *ch*iromancien, *ch*oral, é*ch*os ne se prononcent point comme ar*ch*evêque, caté*ch*isme, *ch*irurgien, etc. ; pourquoi *quidam* et *rhum* ne sonnent point comme *Amsterdam* et *rhume* ; pourquoi ? pourquoi ? pourquoi ?...

Or, lorsqu'on a sondé et éclairci un de ces mystères, on a presque toujours oublié ce qu'on voulait écrire. Il faut donc lire ce qu'on a écrit pour reprendre possession du sujet traité, avant de pouvoir de nouveau exprimer les idées chassées de l'esprit par la recherche imposée par les caprices de l'orthographe académique.

Voilà ce qui arrive tous les jours et pendant l'existence entière à ceux qui écrivent en français et voilà pourquoi on délaisse de plus en plus notre langue. Voilà aussi pourquoi nous souffrons d'une intense crise de librairie que la simplification ferait bientôt disparaître et que le *statu quo* aggravera chaque jour davantage.

J'ai donc eu raison de dire que « simplifier l'orthographe, c'est donner des ailes à la pensée » et j'aurais pu ajouter que ce serait produire une économie de temps représentant en moyenne le dixième de la vie de l'homme.

Nous devons donc nous débarrasser au plus tôt de cette entrave que l'Académie, qui est complètement imbue du rétrograde esprit clérical, ne veut maintenir que pour continuer à tenir la France divisée en deux classes, dont une seulement a les moyens de gaspiller dix ans de sa vie pour apprendre la langue des mandarins.

En dehors de ce motif qui permettrait aux uns de continuer à tondre les autres, l'Académie ne peut fournir que de puérils prétextes pour soutenir ses doctrines aussi obscures qu'arbitraires.

Par conséquent, je propose au Congrès de la Libre Pensée, d'émettre le vœu suivant, dernièrement encore soumis à M. le Ministre de l'Instruction publique par une délégation du Conseil général de la Ligue de l'Enseignement :

Comme les Congrès des Instituteurs de Marseille et de Lille et comme le Comité administratif des Amicales ; comme l'Alliance française, la Mission Laïque française, le Congrès international des Instituteurs à Liège, la Presse de l'Enseignement, les Amicales d'Instituteurs, l'Entente des délégués départementaux de l'Instruction publique de France et toutes les autres associations enseignantes ; le Congrès de la Libre Pensée prie respectueusement M. le Ministre de l'Instruction publique de vouloir donner une prompte et favorable solution à la question de la simplification orthographique en adoptant et faisant mettre en pratique au plus tôt, les suivantes simplifications :

I. Remplacement de *ph*, *th*, *rh*, *ch*, par *f*, *t*, *r*, *c*.

II. Remplacement de *y* par *i*, lorsqu'il ne forme pas un mot à lui seul ou ne compte point pour deux *i*.

III. Formation uniforme du pluriel par *s*.

IV. Remplacement de *x* et *s* par *z* lorsqu'ils se prononcent *z* comme dans dixième, troisième, etc., qu'on écrira : dizième, troizième, etc.

V. Remplacement de *t* par *c* lorsqu'il se prononce *c* : importacion, etc.

VI. Remplacement de *g* par *j*, s'il se prononce *j* : sugjérer, bourjois, etc.

VII. Suppression des consonnes doubles qui, d'après le dictionnaire de Hatzfeld, Darmesteter, et Thomas ne se prononcent point.

CINQUIÈME COMMISSION

La Libre-Pensée et le Pacifisme

Le jeudi, 7 septembre eut lieu l'importante discussion sur la Libre Pensée et le Pacifisme. On sait que la question militariste passionne aujourd'hui toute la presse. Pour employer l'expression des réactionnaires, nous sommes en pleine « crise de patriotisme». Les séances de ce dernier jour, sur un sujet aussi grave, aussi actuel, devaient donc être pleines d'intérêt. Toutes les idées humanitaires d'arbitrage, de désarmement, de pacifisme y furent développées ; et le Congrès, couronné par ce grand débat, put se terminer dans la plus entière fraternité, au cri longtemps répété de « Vive l'Internationale de Libre Pensée !

Séances de Commission, Mercredi matin. 6, et jeudi matin, 7 septembre.

Président : citoyen Domela Nieuwenhuis, de Hollande.
Vice-Présidents : citoyens De Marmande,
Vogtherr, d'Allemagne.
Thivet, de France.
Secrétaire : citoyen Le Breton.
Rapporteurs : citoyens Le Foyer,
Taillade, avocats.

Lecture est donnée des rapports, et de leurs conclusions.

Rapport **Lucien Le Foyer**, rapporteur général.

I. — La Libre-Pensée et les Sociétés pacifistes

« Le Congrès invite les libres penseurs :

« 1° A faire partie des Sociétés de la Paix.

« A fonder des Groupes locaux ou Sections régionales des dites Sociétés, à fonder des Sociétés de la Paix dans les pays où il n'en existe pas, à obtenir pour les Sociétés pacifistes des subventions de l'Etat, des Conseils départementaux et municipaux, si l'indépendance de ces Sociétés ne doit pas en subir d'atteinte, à s'abonner aux publications pacifistes, journaux, revues et almanachs, à devenir les correspondants des Sociétés et journaux pacifistes, dont ils recevront des documents qu'ils répandront par la presse et par les conférences, et auxquels ils adresseront des communications et des études notamment des monographies de famille, de village, d'atelier, considérés dans les trois états ; de guerre, de paix armée, de paix juridique ou désarmée ;

« 2° A prendre part aux manifestations pacifistes du 22 février et du 18 mai ;

« 3° A prendre part aux Congrès internationaux et nationaux de la Paix.

« Le Congrès invite les Sociétés de Libre Pensée :

« 4° A envoyer leur adhésion au Bureau international permanent de la Paix, de Berne ;

« 5° A insister auprès du gouvernement de leurs pays respectifs pour qu'il alloue une subvention annuelle au Bureau de Berne, à l'exemple de ce que font déjà la Suisse et la Suède et Norvège. »

II. — La Libre-Pensée et l'Arbitrage international

« Le Congrès,

« Sans entrer dans l'examen des transformations sociales susceptibles d'assurer la paix internationale ;

« Considérant que les aspirations pacifistes et humanitaires ont le besoin immédiat d'un instrument juridique capable de régler, conformément à la justice, les différends, inévitables entre les peuples ;

« Considérant que l'arbitrage fournit la solution juste, efficace, économique, des différends internationaux ;

« 1° Recommande l'étude théorique, pratique et historique de l'arbitrage international, la recherche des perfectionnements à y apporter, la propagande en faveur de son expansion ; il appelle, en particulier, l'attention sur les moyens et les méthodes fournis par la première Conférence de la Haye, et sur la tâche à imposer, prochainement, à la seconde Conférence de la Haye ;

« 2° Recommande à tous les citoyens d'obliger les candidats et, par suite, les élus parlementaires, à faire partie de l'Union interparlementaire, et, en outre, en France, à s'inscrire au groupe parlementaire de l'Arbitrage international ;

« 3° Adjure les citoyens et les groupements de s'organiser, et, en cas de péril pour la paix, d'empêcher par des manifestations promptes et énergiques le gouvernement de leur pays de faire la guerre, et l'amener à proposer ou à accepter l'arbitrage ;

« 4° Rappelle aux Parlements qu'il est de leur devoir de surveiller la politique extérieure des gouvernements, et que tous les traités contractés par un peuple loyal et libre doivent être soumis à la ratification des Chambres ;

« 5° Invitent tous les peuples qui travaillent en paix à mettre à l'index les peuples qui font la guerre, à leur refuser, dans la mesure du possible, les produits, et, dans tous les cas, l'argent nécessaire à la continuation des hostilités. »

III. — L'Enseignement du Pacifisme dans les Ecoles

« *A.* — Le Congrès,

« Adresse un pressant appel aux femmes, aux mères, aux instituteurs et institutrices pour qu'ils concourent à substituer, au plus grand bénéfice de l'enfant, l'éducation pacifiste à l'éducation militariste.

« *B. — En ce qui concerne les programmes d'études et d'examens, la composition des manuels, le choix des livres de prix, la décoration des salles de classe, l'illustration des cahiers scolaires.*

« Le Congrès,

« 1° Estime que l'enseignement doit avoir pour objet essentiel de démontrer le respect dû à la personne humaine, de révéler la solidarité comme un fait et la fraternité comme un idéal, de déshonorer la guerre par le tableau sincère des maux et des vices qu'elle engendre, d'éclairer l'idée de patrie à la lumière de la morale et du droit, et de concilier la tradition nationale avec l'aspiration humanitaire ;

« 2° Est d'avis que l'étude de l'histoire doit s'attacher principalement, non aux faits et gestes des rois et aux récits de batailles, mais aux progrès de la civilisation ;

« Que l'étude de la géographie doit consister surtout dans l'examen comparé de mœurs, des idées, des institutions, et des voies et moyens de subvenir aux besoins de tous par l'échange pacifiste des produits ;

« Que l'enseignement sommaire de la doctrine, de l'histoire et de la géographie de l'arbitrage doit être donné dans toutes les écoles.

« *C. — En ce qui concerne le jeu.*

« Le Congrès émet le vœu :

« Que les enfants soient détournés des jouets et des jeux qui figurent l'imitation de guerre ;

« Que tous les mouvements de parade soient supprimés dans les exercices de préparation militaire, et remplacés par des exercices de sauvetage, tels que le maniement en commun des appareils contre l'incendie.

« *D. — Autour de l'école et instruction post-scolaire.*

« Le Congrès,

« Recommande l'enseignement du pacifisme par les procédés graphiques, l'emploi de tableaux, la rédaction de devises,

« Signale à l'attention les conférences avec projections lumineuses établies par l'*Association de la Paix par le Droit*, et déposées à la Ligue Française de l'Enseignement, et au Musée Pédagogique.

« *E. — Dans les relations internationales.*

« Le Congrès,

« 1° Recommande l'étude pratique des langues vivantes ;

« 2° Recommande l'usage de la « correspondance internationale » entre enfants et adolescents ;

« 3° Se prononce en faveur d'une langue auxiliaire internationale demande que cette question figure aux programmes de l'enseignement supérieur, et soit l'objet de cours rétribués.

« 4° Emet le vœu que les voyages d'enfants et d'adolescents soient rendus plus faciles et plus nombreux par le développement des bourses de voyage ;

« 5° Souhaite de voir favoriser par l'initiative privée et par le concours gouvernemental les échanges d'enfants entre des familles de nationalités différentes.

« *F. — En ce qui concerne les étudiants et l'enseignement supérieur.*

« Le Congrès,

« 1° Recommande aux jeunes gens de poursuivre leurs études supérieures à l'étranger ;

« 2° Réclame l'équivalence des grades entre les Universités des divers pays ;

« 3° Emet le vœu que les sociétés de la Paix fondées par les étudiants se multiplient, que les Associations internationales d'étudiants soient encouragées, et que les visites collectives d'étudiants dans les pays étrangers soient facilitées par les pouvoirs publics. »

IV. — La Libre-Pensée et le Désarmement

« Le Congrès,

« Considérant que les vingt-six puissances réunies à la conférence de la Haye ont adopté à l'unanimité la résolution suivante :

« La Conférence estime que la limitation des charges militaires qui pèsent actuelle-« ment sur le monde est grandement désirable pour l'accroissement du bien-être maté-« riel et moral de l'humanité » ;

« Considérant que la Conférence a également émis le vœu :

« Que les gouvernements, tenant compte des propositions faites dans la Conférence, « mettent à l'étude la possibilité d'une entente concernant la limitation des forces « armées de terre et de mer et des budgets de la guerre » ;

« Invite les libres penseurs, notamment les parlementaires, à obtenir de leurs gouvernements qu'ils se concertent, conformément au vœu de la Conférence de La Haye, pour étudier et réaliser la réduction générale, simultanée et progressive des armements, et qu'à défaut d'une entente antérieure ils inscrivent cette question à l'ordre du jour de la prochaine Conférence de La Haye. »

Les autres rapports portent sur les mêmes questions ;

1° La Libre-Pensée et les sociétés pacifistes.

A signaler le rapport du citoyen *Thivet*, délégué de l'Ecole de la Paix, du citoyen *Woldeck von Arneburg* ancien officier allemand, délégué par le groupe pacifiste de Strasbourg (on lira plus loin son beau discours), du citoyen *Ernest Taillade*, qui propose le vœu suivant :

« Le Congrès, convaincu que la méthode positive doit régler le mouvement pacifiste, émet le vœu que les pacifistes s'efforcent de développer l'esprit de solidarité humaine et l'amour de la paix par des procédés de propagande adaptés à l'état politique et social de chaque pays ».

2° La Libre-Pensée et l'arbitrage international.

Le citoyen **E. Taillade** constate les progrès de l'idée d'arbitrage. Il compte sur la Libre Pensée, avec sa méthode positive, pour définir les termes : intérêts vitaux, honneur, indépendance d'un pays, justice; et propose d'adopter le vœu suivant :

« Le Congrès émet le vœu que la prochaine Conférence de la Haye admette le principe de l'arbitrage obligatoire, en indiquant, d'une manière claire et précise, la nature des litiges qui en seraient exclus, et les motifs qui auraient déterminé cette exclusion. »

3° L'enseignement du Pacifisme dans les Ecoles.

Dans un rapport très complet, **Odette Laguerre** étudie l'Ecole et la Paix, l'esprit pacifique, l'évolution du patriotisme à l'Ecole, l'œuvre de la Société d'éducation pacifique, les moyens d'enseigner la paix dans l'éducation physique, dans l'enseignegnement de la morale, dans l'enseignement scientifique, dans l'enseignement historique (1).

Odette Laguerre propose au Congrès le vœu suivant :

« Considérant que l'Ecole est le plus indispensable instrument de la propagande pacifique ;

« Les libres penseurs réunis au Congrès de Paris s'engagent à unir leurs efforts à ceux des pacifistes pour substituer dans les écoles l'enseignement d'un patriotisme éclairé et humain à l'éducation belliqueuse donnée jusqu'ici aux enfants ;

« Approuvent le programme de la **Société de l'Education pacifiste** nettement opposé aux doctrines négatives de la patrie ;

« Invitent les éducateurs à réformer notamment l'enseignement de l'histoire dans le sens indiqué par la Ligue de l'Enseignement au Congrès d'Amiens, et les Amicales primaires dans les plus récents Congrès. »

Sur cette question, l'**Ecole de la Paix** « propose énergiquement la démilitarisation de l'école par tous les moyens possibles et insiste auprès des institutrices et instituteurs laïques pour qu'ils détruisent dans l'école tout ce qui tend à l'extériorisation de l'honneur et créent chez les élèves des habitudes pacifiques, par la pratique de l'arbitrage pour litiges de toutes natures dans tous les milieux. »

Le camarade **Arnaudiès**, délégué du Syndicat des instituteurs et institutrices des Pyrénées Orientales, indique que l'histoire, bien enseignée, peut devenir une école de patriotisme vrai, n'excluant pas la sympathie et la justice envers les autres nations.

Edmond Laubat, délégué de l'Association amicale des instituteurs et institutrices du Lot, propose les résolutions suivantes :

« 1° Le pacifisme ne fera pas l'objet d'un enseignement spécial ;

« 2° Le pacifisme aura sa place en morale et constituera un corollaire à l'enseignement de l'histoire ;

« 3° Le pacifisme conciliera l'amour de la patrie et l'amour de l'humanité ».

---

(1) Nous le reproduisons presque en entier plus loin.

4° La Libre Pensée et le désarmement.

Domela Nieuwenhuis propose sur cette question les conclusions suivantes :

« Le Congrès de la Libre Pensée réuni à Paris les 3, 4, 5, 6 et 7 septembre 1905,

« Considérant que la Libre Pensée et le militarisme forment une antithèse indissoluble parce que *la Libre Pensée veut combattre avec les arguments de la raison, et le militarisme avec les armes de la force brutale.*

« Considérant que c'est seulement en supprimant la cause qu'on peut combattre les conséquences;

« Déclare que ni les améliorations de l'armée, ni la diminution des armées, ni la nation armée ne peuvent donner le résultat qu'on cherche, mais que seulement la formule

« Aucun homme, aucun centime au militarisme »

attaque la racine du mal,

« Proclame cette formule comme l'expression de la raison humaine, et approuve toute agitation en ce sens. »

Le citoyen **Vogtherr**, ancien député allemand, déclare que la guerre et la paix armée correspondent à un état d'esclavage physique et moral, ruinent les forces économiques des nations, et ne pourront disparaître qu'avec l'organisation actuelle de la société.

Il préconise, en conséquence, et en attendant, l'idée d'une alliance internationale.

Les citoyennes *Felicia Numesca, Henriette Meyer, Magne,* les citoyens *Le Breton, Thivet, Le Gleo, Murman, Anderson-Larsen, Semenoff, Cyvoct, Le Foyer, Domela Nieuwenhuis,* prennent tour à tour la parole.

La plupart des discours de ces citoyens ont été redits en séance générale. Nous ne les développons pas ici. D'autre part, les vœux concernant le pacifisme se trouvent rassemblés plus loin, et mentionnés avec le travail de la *Sixième Commission* (Commission des vœux).

Nous donnons le compte rendu sténographique, très peu réduit, de la séance générale du jeudi 7 septembre, après-midi.

SÉANCE GÉNÉRALE DU JEUDI 7 SEPTEMBRE

Président : citoyen L. Furnémont, de Belgique.
Vice Présidents : citoyennes Ida Altmann, d'Allemagne,
et Zielinska, de Pologne.
Assesseurs : citoyens Semenoff, de Russie,
et Manuel Ugarte, de République Argentine.
Secrétaire : M. Chevais.
Prennent place au bureau : citoyenne Edwards Pilliet : citoyens Domela Nieuwenhuis, Nicol, Le Foyer, F. Buisson, Diaz (d'Espagne), Tarbouriech, Berlenda.

LE PRÉSIDENT. — Ainsi que le Congrès l'a décidé, nous abordons la question de « La Libre-Pensée et le Pacifisme ».

La parole est au citoyen **Vogtherr**, ancien député au Parlemand allemand, le premier des orateurs inscrits.

Le citoyen Vogtherr. — Citoyens, nous sommes heureux, nous autres, Allemands, de venir traiter cette question devant vous, car vous savez, citoyens et M. Jaurès le sait mieux que tout autre, que le chancelier prince de Bülow a appris, depuis 1870 à redouter les orateurs français. Je me sens donc ému moi-même, d'autant plus que je ne sais pas très bien parler français. Permettez-moi donc de parler en allemand. (*Non ! Non !*) J'ai peur de vous. (*Rires*).

Je continuerai donc puisque vous le voulez.

La guerre et la paix armée correspondent à un état d'esclavage physique et moral, qui nous est imposé au seul bénéfice des classes et des individualités privilégiées. (*Très-bien ! très-bien !*) La guerre et la paix armée ruinent la force économique des peuples et abaissent leur morale. L'esprit militariste dirige les nations vers la dissociation et empêche ainsi la conquête pacifique et le progrès de la civilisation. (*Applaudissements*). La guerre cruelle et inhumaine est en contradiction absolue avec la civilisation moderne et la liberté humaine. (*Très-bien ! très-bien !*) L'Eglise, en prenant la défense de la guerre, montre encore par là qu'elle est l'amie et l'alliée des classes dirigeantes et l'ennemie du bien-être, de la liberté et de la fraternité des hommes. La guerre et la paix armée sont intimement liées à l'ordre social actuel et ne pourront disparaître qu'avec lui. (*Très-bien ! très-bien !*)

En attendant l'affranchissement intégral, travaillons à rapprocher les nations, éduquons la jeunesse, donnons-lui des sentiments pacifiques et montrons-lui que le bien-être et la liberté humaine ne peuvent exister que dans la société définitivement pacifiée. (*Vifs applaudissements*).

Lecture en allemand de cette même déclaration.

Le Président. — La parole est au citoyen **Sébastien Faure.** (*Applaudissements*).

Le citoyen Sébastien Faure. — Camarades, en dépit des modalités particulières et provisoires des formes politiques et économiques que revêtent les nations diverses, on peut affirmer que toute notre civilisation fatalise une triple misère :

misère physique, la pauvreté ;
misère intellectuelle, l'ignorance ;
misère morale, la haine.

On peut ajouter, sans se donner beaucoup de mal et avec la certitude de ne pas se tromper, que lois, institutions, forces sociales organisées, tout se meut, tout fonctionne au profit de trois bandits, trois sortes de malfaiteurs publics, seuls bénéficiaires de l'organisation sociale. Le premier de ces bandits, c'est l'homme de proie, l'homme de rapacité, celui qui vole. Le second de ces coquins, c'est l'homme d'imposture, de ruse, de mensonge, celui qui ment. Le troisième, c'est l'homme de violence, de bestialité, l'assassin, celui qui tue.

Pour parler net et donner à mon langage une forme précise, claire, simple, populaire, saisissante, je dirai que le premier de ces bandits s'appelle le capitaliste, celui qui nous dépouille ; le second s'appelle l'imposteur, le prêtre et le politicien, celui qui nous dupe ; (*Applaudissements*). Le troisième s'appelle le soldat, le guerrier, celui qui tue. (*Nouveaux applaudissements*).

De deux choses l'une : ou la Libre-Pensée doit se condamner à planer dans les hautes sphères de la spéculation et, dans ce cas, je me demande pourquoi de si loin vous êtes venus si nombreux, je me demande aussi quelle besogne utile, féconde peut sortir de ces délibérations. Ou bien au contraire, la Libre-Pensée a pour objet, pour fin précise, pour mandat net et formel de libérer non pas seulement la pensée humaine, mais l'homme tout entier, de l'affranchir de cette triple misère, de cette triple servitude dont je viens de vous parler, misère du corps, la pauvreté, misère des esprits, l'ignorance, misère des cœurs, la haine. (*Applaudissements*).

Il n'est pas douteux, camarades, que grâce aux applications multiples de la science à l'agriculture et à l'industrie, grâce au mouvement qui se fait dans les idées, au travail des esprits, l'usure se produit dans le domaine capitaliste : le régime capitaliste lui-même peu à peu tend à disparaître. Il n'est pas douteux que, sous la poussée des critiques formulées contre eux, les imposteurs de la politique et de la religion sont fortement battus en brèche. Ces deux premiers bandits, si redoutables qu'ils aient été hier et qu'ils soient encore demain, seraient en réalité un danger moins pressant, moins sérieux, s'ils n'avaient à leur disposition la force sur laquelle ils s'appuient. C'est donc grâce à la complicité du troisième larron, du troisième forban, l'assassin, le guerrier, le soldat, que les deux premiers bandits, celui qui vole et celui qui ment sont encore debout. (*Applaudissements*).

Voilà des vérités acquises et que comprend une foule sans cesse grandissante. Ce sont ces vérités qu'il appartient aux hommes de pensée libre, de volonté robuste et indépendante de propager par tous les moyens possibles. Ici, le problème que nous avons à envisager devient plus serré.

Je passe de considérations générales préliminaires, mais qui m'ont semblé indispensables, à des considérations limitées et précises.

Nos adversaires, en ce qui concerne le patriotisme, le militarisme, déclarent qu'il serait injuste d'assimiler les soudards appartenant à l'armée actuelle aux mercenaires d'autrefois. Sous le régime de la démocratie, nous dit-on, le soldat fait partie de la nation, il ne cesse pas d'être citoyen. Les intérêts du soldat sont ceux de la nation tout entière.

SÉBASTIEN FAURE, fondateur de « La Ruche ».

On a soin d'ajouter que tout homme arrivant à l'âge de sa majorité devant être incorporé dans l'armée, devant être soldat, il ne serait pas juste de le considérer comme hors le prolétariat auquel il appartient, bien qu'il en ait été arraché et l'on ajoute que, si, autrefois, les bandits et les mercenaires qui constituaient les armées du passé n'étaient que d'affreux soudards, des êtres féroces et sanguinaires, prêts à toutes les tueries, à tous les viols, à tous les crimes, aujourd'hui au contraire l'armée est devenue une sécurité pour tous, un gage de liberté et d'indépendance pour chaque nation; en conséquence, le rôle des armées a cessé d'être ce qu'il était autrefois. Ce rôle, ce mandat, serait, paraît-il, précis, exclusif, limité : il consisterait à assurer simplement, quand celles-ci sont menacées, la sécurité du territoire et l'inviolabilité des frontières.

Voilà la théorie. Je lui donne, je l'espère, et sa sincérité et sa vigueur.

L'histoire, que dit-elle ? L'expérience, qu'atteste-t-elle ? L'histoire et l'expérience sont-elles là pour confirmer ou pour contredire une telle thèse ?

Je sais bien que tous les 25 ou 30 ans, quand il arrive que les frontières sont menacées, les armées permanentes ont pour rôle de courir à la frontière et de bouter dehors l'envahisseur. 1814, 1871 sont des dates nationales qui attestent que si tel est le rôle du soldat à l'heure actuelle, ces armées ne sont pas à la hauteur de leur tâche, quand il s'agit de se montrer. (*Applaudissements*).

Il n'est donc pas démontré par l'histoire, l'expérience ne proclame donc point que la thèse de nos adversaires, repose sur des réalités, tandis qu'au contraire ce qu'atteste l'histoire, ce que proclame éclatamment chaque jour l'observation, l'expérience, c'est que bien loin d'être membre de la nation, le jeune homme qu'on arrache à la vie libre, au labeur, au foyer, à l'amour, à la dignité, à la vérité, pour l'enfermer plusieurs années dans l'oisiveté corruptrice de la caserne, l'entraîner méthodiquement sur des champs de manœuvre aux massacres prochains, ce jeune homme cesse d'être un homme pour devenir une brute. (*Applaudissements sur divers bancs*). Ce qu'établissent l'histoire et l'expérience, c'est que les armées permanentes coûtent à la production rien qu'européenne plus de 10 milliards par an, consacrés au budget de la guerre et à celui de la marine, causes de ruines, prélèvement scandaleux sur le labeur des multitudes qui produisent. Ce qui est établi, c'est que six millions de jeunes hommes sont arrachés à la culture des champs et au labeur industriel des villes pour être soldats, c'est-à-dire prêts à tous les massacres et à toutes les boucheries. (*Applaudissements sur divers bancs*). Ce qui est établi, c'est que les guerres de conquête fleurissent plus que jamais; ce qui est établi, c'est que la guerre n'est que le prolongement dans le domaine international des divisions, des scissions, des guerres, qui arment au sein de la nation castes contre castes, individus contre individus, classes contre classes. (*Applaudissements*). Ce qui est établi, c'est qu'on cultive amoureusement les sentiments guerriers, les instincts belliqueux, sous prétexte qu'un peuple qui n'est pas prêt à se défendre est un peuple prêt à abdiquer. Ce qui est établi, c'est l'absurdité criminelle de ce vieux dicton, avec lequel on a endormi nos jeunes années : Si tu veux la paix, prépare la guerre ; comme si l'on pouvait préparer la pacification des esprits en jetant dans ces esprits des haines irrationnelles, séculaires, irréfléchies. (*Applaudissements sur de nombreux bancs*). Ce qui est établi, c'est que la guerre est profitable aux intérêts des riches et des maîtres, (*Très-bien ! très-bien !*) mais que les peuples qui, par leur sang, par leur corps, par leur vie, en font tous les frais, sont toujours de ces guerres les dupes et les victimes. Ce qui est établi enfin, c'est que non point deux ou trois fois par siècle, non point tous les 25 ans, mais tous les jours, à toute heure, chaque minute, chaque seconde, le rôle des armées permanentes dans notre société n'est pas d'assurer la sécurité des frontières, l'intégrité du territoire, mais d'assurer la sécurité des riches et l'intégrité de leur coffre-fort. (*Vifs applaudissements*).

Que faire, camarades, pour affirmer pratiquement notre volonté d'en finir avec les guerres ?

Ici les opinions sont nombreuses.

(L'orateur examine ces diverses opinions : Diminution du service, diminution des effectifs, arbitrage).

Il n'y a, et il faut le dire, qu'un moyen de faire disparaître à jamais les guerres, les tueries, les massacres, qu'un moyen d'instaurer d'un façon définitive la paix, c'est le désarmement intégral et définitif.

Seulement, il faut tout dire, et c'est par là que je terminerai, le désarmement lui-même ne peut être que la conséquence d'un fait ; il a lui-même une préface nécessaire, une introduction indispensable.

Comment ! nous avons dit, et je crois pouvoir affirmer que j'ai prouvé que l'existence des armées était nécessaire aux maîtres pour garder le pouvoir, aux riches pour assurer leur richesse, la possession de leur fortune. Donc aussi longtemps qu'il y aura dans une société deux classes, les riches, les pauvres, ceux qui font des lois, ceux qui les subissent, ceux qui commandent, ceux qui obéissent, les maîtres, les esclaves, les bourreaux, les victimes, les privilégiés, les déshérités, ceux qui mangent, ceux qui crèvent de faim, les premiers, c'est-à-dire les bénéficiaires de l'état de choses, voudront s'entourer d'un rempart qui les protège et les mette à l'abri des assauts toujours possibles des dépouillés, l'armée. (*Applaudissements sur divers bancs*). Donc, impossible de songer sérieusement au désarmement, si l'on ne suppose pas tout d'abord que ce désarmement doit avoir comme préface, comme seuil, ce que nous appelons la révolution sociale, c'est-à-dire la transformation de cette formule meurtrière, inhumaine qui caractérise les temps modernes et anciens : Tout à quelques-uns, la substitution à cette formule de cette autre : Tout appartient à tous. (*Applaudissements*).

Dans une société réconciliée, que viendrait faire le soldat ? Quel serait son rôle ? Qu'aurait-il à défendre ? Plus rien. Dès lors, autant il est enfantin de songer au désarmement avant que soit accomplie l'œuvre de la révolution sociale, autant il serait puéril, au lendemain de cette révolution de songer à garder le soldat devenu dans la machine sociale un rouage inutile, par conséquent dangereux. Le désarmement intégral, définitif, c'est donc la conclusion de mon discours.

Je n'ai plus qu'une objection à envisager, à combattre.

Je suis convaincu que si je prenais ici 500 personnes au hasard, sans même les trier sur le volet, et si je demandais à chacune d'elles : Es-tu pour ou contre le désarmement, chacune, si timides soient ses aspirations, si peu large soit l'horizon de son passé, répondrait : Le désarmement, j'en suis, je le désire. Seulement sur ces 500 personnes qui, sans hésitation, répondraient affirmativement à la question bien nette que je leur poserais, 400 ou 450 ajouteraient aussitôt : « Mais je n'aperçois que dans un lointain fort éloigné l'ère du désarmement. Sans doute le désarmement est désirable, comme l'est la paix elle-même, mais dans l'état actuel des choses, étant donné l'armement général des peuples, l'ossature de forces qui pèse sur notre civilisation, ce serait un grave danger que d'effectuer immédiatement le désarmement; par conséquent on ne peut y songer pour le présent, ni en proposer l'idée. »

C'est à cette dernière objection qu'avant de quitter cette tribune je désire répondre. Je prétends, moi, qu'une nation qui désarmerait sans attendre que le désarmement devînt général et simultané, si désirable que soit en principe cette simultanéité, ne perdrait rien de la fausse sécurité que l'esprit public a le tort d'attribuer arbitrairement aux armées permanentes, aux services qu'elles peuvent rendre. Je prétends que ce désarmement deviendrait au contraire une cause inappréciable de sécurité pour la nation qui accomplirait cet acte (*Mouvements divers*). J'entends dire à mes côtés : Cette nation serait mangée. Permettez-moi de vous demander encore de me prêter pendant deux minutes une oreille attentive ; le sujet en vaut peut-être la peine (*Oui ! Oui !*)

Vous prétendez que cette nation serait mangée. Laissez moi donc vous rappeler qu'il y a des exemples attestant que certaines nations, neutres aujourd'hui et que leurs voisines pourraient engloutir, dévorer d'un seul coup de dent, doivent précisément, comme la Suisse et la Belgique, à leur qualité de nations neutres leur propre sécurité. Or, si la neutralité est une sécurité pour une nation de 5 ou 6 millions d'habitants, comment dans votre raisonnement pouvez vous admettre qu'elle devienne un danger pour une nation six ou sept fois plus grande.

Une voix. — C'est une neutralité armée.

Le citoyen Sébastien Faure. — Il me semble que la sécurité devrait être d'autant plus grande qu'il y a plus d'écart entre la petite et la grande nation. J'ajoute qu'à supposer qu'au lendemain du geste dont je parlais et qui aurait été accompli par la France, pour prendre un exemple, une autre nation voulût envahir les frontières de la nation désarmée, de la nation qui en pleine possession de sa force, de sa richesse, de sa prospérité, sûre d'elle-même, aurait donné le signal merveilleux du désarmement, aurait dit : Je ne veux plus connaître d'ennemis, à supposer, dis-je que dans un vent de folie, qui emporte quelquefois les nations comme les individus, un voisin eût le désir et l'ambition de s'emparer de notre territoire, pensez-vous que les autres nations, qui forment ce qu'on appelle le concert européen, verraient d'un œil impassible un tel attentat se perpétrer ou même seulement être tenté ? Assurément non. Les autres nations, de toute évidence, se garderaient bien de laisser la chose se faire (*Applaudissements sur quelques bancs*).

Un Congressiste. — Et la Pologne !

Le Président. — Citoyens, je vous prie de ne pas interrompre le camarade Sébastien Faure, d'abord parce que les interruptions risquent de troubler l'ordre qui doit régner dans l'assemblée, ensuite parce qu'il serait déplorable que nous ne puissions entendre les uns et les autres des pensées aussi fortement exprimées et dans un langage aussi éloquent (*Très bien ! très bien !*)

Le citoyen Sébastien Faure. — J'entends bien que l'on m'objecte que ce serait au contraire une proie que dévoreraient à l'envi, de concert, en se la partageant plusieurs grandes puissances : rappelez-vous l'histoire de la Pologne.

Je ne perds pas cet exemple de vue. Je sais qu'en effet il pourrait se faire qu'au lieu de se concerter pour empêcher l'attentat, les grandes puissances dont je parle se concertassent pour le commettre d'un commun accord. Je le sais. Mais supposez qu'on en vienne là. Supposez qu'il s'agisse de la France, que celle-ci ait accompli le geste de désarmement volontaire dont nous nous occupons. Elle ne l'aurait pu faire, ne l'oubliez pas, qu'après la réconciliation de ses enfants : il ne s'agirait donc pas d'une France divisée comme celle d'aujourd'hui, d'une France où seuls seraient appelés à bénéficier d'une conquête quelconque un certain nombre d'hommes, mais bien d'une France où tous les éléments seraient mis d'accord par la socialisation du sol national, des instruments de travail, des produits de toute nature, de la richesse sous toutes ses formes. Que se passerait-il alors ? Que se passerait-il si une nation cessait d'être sacrée parce qu'elle aurait fait le geste auguste dont j'ai parlé tout à l'heure, parce qu'il n'aurait pas suffi que d'un coup d'aile génial elle se plaçât au-dessus des méprises qui font que les peuples en viennent aux mains, parce qu'il n'aurait pas suffi qu'elle forçât les autres peuples au respect? Supposons qu'une pareille barrière morale n'eût pas arrêté le flot des envahisseurs. Eh bien! alors, tous, d'un bout à l'autre du territoire, nous nous lèverions pour nous défendre. (*Applaudissements répétés*). Pourquoi ? Parce qu'il ne s'agirait plus pour nous de défendre le coffre-fort de celui-ci, la propriété de celui-là, l'usine d'un troisième, les avantages, prérogatives ou privilèges politiques d'un autre, c'est parce que tous, nous aurions un intérêt personnel en même temps que collectif à défendre ce qui serait le patrimoine commun (*Nouveaux applaudissements*).

J'ajoute que si un tel attentat était commis contre la nation qui se serait volontairement désarmée, il existe d'ores et déjà, — et c'est l'une des faces du rôle de la Libre-Pensée dans le monde, — un certain nombre d'hommes de cœur, de volonté et d'énergie, qui pour ne pas se rendre complices, fût-ce par leur abstention et leur silence, d'un crime aussi épouvantable déserteraient leur propre pays pour venir combattre avec nous, parce que nous représenterions la civilisation et l'humanité et non pas simplement l'ambition terrestre (*Applaudissements prolongés*).

LE PRÉSIDENT. — La parole est au citoyen **Domela Nieuwenhuis**. (*Vifs applaudissements*)

LE CITOYEN DOMELA NIEUWENHUIS, de Hollande. — La Libre Pensée et le Militarisme, voilà un sujet extrêmement important. Peut-être y a-t-il des personnes, qui disent : Nous ne sommes pas dans un Congrès de la Paix. Mais comprenez-bien que comme l'Eglise est un obstacle à la Libre-Pensée, le Militarisme en est un aussi et nous devons écarter tous les obstacles. (*Applaudissements*).

La Libre-Pensée veut qu'on pense, qu'on raisonne, qu'on donne des arguments, et le Militarisme veut le contraire, ne connait pas d'arguments, mais des armes de fer et d'acier. Un être qui pense, n'agit pas avec les moyens de violence, mais avec des arguments. Frédéric II le comprenait très bien quand il disait : « Si mes soldats commencent à penser ou à raisonner, aucun d'eux ne restera dans les rangs? » Qu'est-ce donc qu'une armée ? Une collection de personnes sans pensée, sans volonté, un troupeau de brebis qui obéissent aveuglément au berger, par crainte de son grand chien, et sans comprendre qu'il y a de mauvais bergers. (*Vifs applaudissements*).

Le principe du Militarisme c'est le concours forcé, mais qu'est-ce que le concours forcé sinon une autre façon de désigner l'esclavage et le despotisme ? C'est une attaque directe à la civilisation.

Une des controverses les plus curieuses dans le monde est celle-ci : Chacun pour soi blâme, maudit la guerre, le militarisme, et tous ensemble l'entretiennent et le maintiennent. On parle de pacifisme, mais c'est un mot. Tous nous sommes des pacifistes, mais cela n'a pas de signification du tout. Les budgets de la guerre et de la flotte vont toujours en augmentant ; les armées et les flottes grandissent chaque année et si cela doit continuer, la fin doit être inévitablement une ruine de tous.... On feint l'amour de la paix, mais en même temps on se prépare à la guerre. On monte des comédies de la Paix comme celle de la Haye et les acteurs ont une déclaration de guerre dans leurs poches. (*Vifs applaudissements*).

On parle d'humaniser la guerre ! Peut-on être plus hypocrite ? L'idée d'humaniser la guerre est aussi ridicule que celle d'améliorer les prisons. Non, on n'améliore pas les prisons ni les guerres, on les abolit. (*Très bien, sur plusieurs bancs*).

DOMELA NIEUWENHUIS, délégué de Hollande.

Au nom de la civilisation et sous l'égide de l'empereur d'Allemagne on a donné l'exemple d'une guerre humanisée contre les chinois incivilisés en n'accordant pas de pardon et en enfilant à la baïonnette les femmes et les enfants.....

Mais un siècle de Libre-Pensée fera beaucoup plus pour la civilisation et le progrès que dix-huit siècles de christianisme. (*Applaudissements*).

Les Chinois les connaissent, nos chrétiens civilisés ! Ecoutez le mot d'un chinois : premièrement on nous envoie des hommes en habits noirs (les missionnaires) qui prétendent nous ouvrir les portes du ciel, des hommes que nous ne demandons pas et que nous ne désirons pas. En vérité, ils se font les espions des hommes en habits blancs, qui les suivent pour faire du commerce avec nous, pour nous tromper et nous escroquer. Et lorsque nous demandons des comptes à ces messieurs blancs, ils envoient des hommes en habits multicolores avec des canons et des fusils pour nous tuer. (*Rires et approbations*).

Les armées permanentes, déjà nommées « une maladie nouvelle » par Montesquieu sont le plus grand fléau, car la guerre provient nécessairement des armées, comme la plante provient de la graine. Même je prétends que la paix armée est beaucoup plus nuisible que la guerre, car la guerre est passagère et la paix armée est permanente. (*Applaudissements sur un grand nombre de bancs*).

C'est aussi une sélection, mais non pas naturelle, plutôt artificielle, ce n'est pas la lutte pour l'existence, non c'est une lutte contre l'existence. Est-ce que le professeur Hæckel n'a pas dit dans son *Histoire de la création des êtres organisés d'après les lois naturelles*, que les jeunes gens les plus sains et les plus forts sont sacrifiés annuellement par un recrutement sévère dans tous les rangs de la société et que tous les faibles et infirmes sont dispensés de cette sélection militaire pour rester chez eux pendant la guerre pour se marier et se multiplier ? Plus il est faible et infirme, plus le jeune homme a la chance d'échapper au recrutement et de fonder une famille. C'est pourquoi il ne faut pas s'étonner qu'en réalité la faiblesse du corps et du caractère soit toujours croissante chez nos peuples civilisés, tandis que les corps forts et sains, les esprits libres et indépendants deviennent de plus en plus rares. Oui, nous sommes restés des barbares avec un petit vernis de civilisation. (*Applaudissements*). Mais grattez un peu et partout vous trouverez la barbarie, la bête humaine. (*Vifs applaudissements*).

Oh ! Quand un moderne Erasme chantera la louange de la sottise humaine, qu'il fera œuvre utile ! mais je crains qu'il n'ose pas commencer par crainte de ne jamais finir, car le livre de la sottise serait encore plus gros que la bible des croyants.

Qu'est-ce qu'il y a à faire contre ce fléau du Militarisme ? Selon moi (et, dans notre commission nous l'avons adoptée unanimement), la formule : *Aucun homme* et *aucun centime*, doit être proclamée par la Raison. Chaque homme qu'on livre à l'armée permanente est un homme de moins pour l'armée de la Libre-Pensée. Chaque centime qu'on donne pour l'œuvre destructive du Militarisme est un centime de moins pour l'œuvre productive dont nous avons besoin pour le bien-être, pour le bonheur des peuples.

Et quels sont les moyens pratiques pour combattre le Militarisme ? Il y en a tant qu'il faut les étudier et discuter avec un cerveau clair et un cœur généreux.

J'en nommerai quelques-uns : la grève militaire en cas de guerre, la grève générale des ouvriers productifs, la résistance passive, le refus individuel du service militaire, le boycottage des puissances belligérantes par tous les pays civilisés. Oh ne pensez pas que d'en haut la paix viendra sur la terre, ni par un Dieu céleste ni par des maîtres terrestres, car ils ont l'intérêt de faire les guerres. Seulement quand les ouvriers productifs comprendront qu'eux, qu'eux seuls peuvent en finir avec la guerre, nous y arriverons. Les ouvriers des ports doivent décider de ne charger ni de ne décharger aucun vai[illegible] destiné à transporter les soldats, les canons ou les vivres. Il faut isoler les puissances belligérantes. Les ouvriers des chemins de fer feront de même et alors la guerre sera impossible. Peut-être vous me direz, mais vous prêchez aussi la guerre civile.

Je réponds : oui, si j'ai le choix entre la guerre civile et la guerre de deux nations, qui ne savent pas pourquoi elles se battent, oui, je préfère la guerre civile, car alors on combat ses vrais ennemis, les capitalistes qui nous oppriment. C'est la seule guerre légitime, la guerre sociale pour recouvrer nos droits de l'homme. (*Applaudissements.*)

. . . .

Nous cherchons l'harmonie et voulons écarter toute dissonance, et le Militarisme c'est une dissonance dans le cœur des pensées.

Nous voulons la délivrance du peuple, partout opprimé. Mais la pensée ne peut délivrer que si elle a pour domaine la liberté. Ces deux se tendent la main pour fonder cette société des hommes libres que nous désirons et pour laquelle je veux travailler avec des cheveux gris mais avec un cœur jeune tout le temps que je vis encore. (*Longs applaudissements, répétés, sur tous les bancs*).

SUR DIVERS BANCS. — Hervé ! Hervé !

LE PRÉSIDENT. — La parole est au citoyen **Casewitz**, délégué de la Fédération des Universités populaires.

LE CITOYEN CASEWITZ. — Citoyens, je ne vous demande que trente secondes d'attention. J'ai une motion très brève à vous soumettre au nom des universités populaires. Voici cette motion :

« Le Congrès international de la Libre-Pensée, réuni à Paris les 4, 5, 6 et 7 septembre, décide d'adhérer au congrès international de la paix qui doit avoir lieu le 18 septembre à Lucerne, prie le citoyen Magalhaès Lima de l'y représenter. Le congrès émet le vœu que la seconde conférence de la paix de La Haye, due à l'initiative du président Roosevelt, se réunisse très prochainement et qu'elle aboutisse enfin à l'organisation d'un tribunal d'arbitrage international permanent et obligatoire et à la cessation absolue des guerres entre les nations civilisées. « (*Applaudissements sur divers bancs.*) »

LE PRÉSIDENT. — La parole est au citoyen **Woldeck von Arneburg**, ancien officier de l'armée allemande. (*Mouvement d'attention.*)

LE CITOYEN WOLDECK VON ARNEBURG. — Citoyennes, citoyens.

Je suis heureux de pouvoir prendre ici la parole au nom de mes amis de Strasbourg, où nous nous sommes réunis, il y a deux ans, pour collaborer à la grande œuvre de la Libre-Pensée.

Nous considérons comme l'un de nos devoirs les plus importants de travailler avec toute l'énergie possible à la réalisation de l'idée pacifique dont est pénétrée toute l'humanité civilisée.

Frédéric II disait à ce sujet :

« La guerre est un fléau, une calamité inévitable, parce que les hommes sont corrompus et méchants, parce que les annales du monde attestent que l'on s'est fait la guerre en tout temps et peut-être parce que le créateur de la nature a voulu qu'il y ait toujours des révolutions pour convaincre les hommes qu'il n'y a rien de constant dans cet empire terrestre. »

C'est ce qu'a pu écrire l'ami de Voltaire, le grand libre-penseur sur le trône de Prusse.

Mais une époque qui a pu établir que l'homme d'aujourd'hui, dans son apparition physique, et psychique est le produit d'une lente évolution, est autorisée à espérer que la bête humaine qui, aujourd'hui, n'est qu'enchaînée par de nombreuses lois de morale et de droit et qui peut malheureusement trop facilement se déchaîner, sera tôt ou tard anéantie.

En tout cas, celui qui admet le principe de l'évolution a le devoir impérieux de travailler énergiquement au perfectionnement et à l'ennoblissement de l'homme. Il a surtout le devoir de travailler à éclairer l'humanité, qui, en grande partie, s'illusionne en croyant que l'esprit belliqueux est l'une des plus grandes vertus qu'il faut bien cultiver dans l'intérêt de son propre peuple et dans l'intérêt même de l'humanité entière.

C'est une erreur regrettable, à laquelle j'ai été moi-même trop longtemps adonné.

Le général Vogel von Falkenstein écrivait il y a trois ans :

« Il est certainement à craindre que ces constantes exhortations à la paix n'étouffent peu à peu l'esprit belliqueux de notre nation. Naturellement, je n'entends pas par là une sauvage intention de batailler ou le désir du mercenaire de faire fortune par la guerre ; j'entends plutôt par là de très hautes et valeureuses vertus militaires... Notre temps ne semble pas permettre de laisser s'éteindre cet esprit belliqueux qui s'est conservé jusqu'à nos jours. Cet esprit est une condition préliminaire du patriotisme auquel il est étroitement lié. »

. . . .

Quand j'ai noté ces déductions dans mon journal, je croyais devoir leur donner mon assentiment et aujourd'hui encore je respecte complètement la sincérité profonde de ces paroles. Mais j'ai reconnu depuis qu'il est infiniment plus beau, mais aussi plus difficile de vivre pour l'humanité que de mourir pour la patrie. (*Vifs applaudissements.*) Aujourd'hui, je suis convaincu que ce n'est pas un crime, mais au contraire l'un de nos plus grand devoirs de prêcher la paix ; et je ne fais que suivre un sentiment très profond en réitérant en ce lieu mes remerciements les plus sincères à M Jaurès, car c'est à lui que je dois en grande partie ma nouvelle conception à ce sujet.

. . . .

On prétend que les armements sont nécessaires dans l'intérêt du maintien de la paix. C'est une grande erreur, ces armements continuels doivent inévitablement entraîner la guerre. (*Très-bien ! très-bien !*) Le jour n'est peut-être pas éloigné où l'une des grandes puissances européennes s'apercevra qu'elle ne peut plus suivre d'un pas égal les autres nations, et alors, avant de céder volontairement la place qu'elle occupait, elle cherchera de préférence une solution par les armes.

Mais supposez que nous ayons encore une période de paix de trente ans, croit-on que les peuples continueront bénévolement à sacrifier des millards et des milliards au militarisme ? Ne demanderont-ils pas un jour pourquoi ces sacrifices énormes ? Les représentants du régime actuel se verront alors obligés de prouver au peuple qu'ils n'ont pas fait ces sacrifices en vain. Dans ce but, ils seront forcés de provoquer un conflit, voire même une guerre. Qui donc peut se faire une idée de la misère sociale qui serait la cause inévitable d'une guerre à venir ?

. . . .

On a certainement beaucoup fait dans le courant du XIXe siècle pour améliorer ces conditions, mais néanmoins, une politique nationale militariste rend impossible une politique vraiment sociale. (*Applaudissements*).

Comment cependant pourrions-nous combattre le militarisme avec succès ? Jusqu'à quel point le système de production capitaliste, dominant aujourd'hui dans les pays civilisés, soutient-il le militarisme, si précisément l'état économique actuel marque un danger particulier pour la paix ? Jusqu'à quelle limite peut-on lui substituer une autre organisation, qui, elle, exclurait tout danger de guerre ? Ce sont là des questions auxquelles je ne saurais pas répondre à l'heure actuelle ; je n'ai pas encore pénétré assez profondément dans l'étude de ces questions pour pouvoir prendre la responsabilité d'un jugement à ce sujet. En tout cas il me semble que ce sont là des problèmes d'une importance essentielle, dont tout homme devra se préoccuper s'il prend au sérieux l'idée de la paix.

Mais je suis dès à présent convaincu que ce n'est qu'avec l'aide du prolétariat que pourra se réaliser l'idéal du pacifisme. En Allemagne également, nous avons une société de pacifisme assez étendue qui a rendu de grands services dans l'intérêt de la diffusion de l'idée de paix ; cette société compte actuellement environ 10.000 membres Mais il s'agit maintenant avant tout de lancer cette idée dans les grandes masses. C'est à elles qu'il est réservé de réaliser ce que les plus grands penseurs du passé, ce que les hommes les plus nobles demandent depuis des milliers d'années. Le fait que le parti socialiste, l'adversaire irréductible du militarisme, obtint trois millions de voix lors des dernières élections au Reichstag, me paraît être la meilleure garantie que l'idée de la fraternité des peuples, propagée avec tant de succès par le socialisme, réussira également en Allemagne. (*Applaudissements*).

Il est donc maintenant de notre devoir de procurer à cette partie du peuple allemand l'influence politique qui lui revient, mais ceci n'est possible qu'en démocratisant l'Allemagne.

. . . .

Jamais le constitutionnalisme illusoire qui règne en Allemagne et le danger qu'il implique ne furent mis à jour d'une façon si éclatante que dans les mois qui viennent de s'écouler.

Dans cette crise le peuple français s'est trouvé en état d'indiquer à sa diplomatie la voie à prendre et de participer par ce moyen à éviter le conflit menaçant. (*Très bien ! Très bien !*) Par contre le peuple allemand avait les mains liées ; on avait su retirer à ses représentants toute possibilité d'intervenir dans la marche des affaires. Cela ne peut pas, cela ne doit pas rester ainsi. (*Très bien ! Très bien !*).

Puisse le peuple allemand reconnaître que les droits qu'une génération aînée lui a conquis dans des luttes qui ont coûté de grands sacrifices, l'obligent maintenant à faire usage de ces mêmes droits. (*Vifs applaudissements.*)

. . . .

Le Président. — Nous désirons tous évidemment que la discussion soit aussi complète et aussi approfondie que possible. Mais, sans vouloir imposer une règle absolue aux camarades qui vont prendre la parole, je crois qu'il me suffira de signaler la nécessité où nous sommes de permettre à tous ceux qui le désireront d'exprimer publiquement leur pensée, pour que les divers orateurs essaient de se limiter le plus possible.

La parole est au camarade **Hervé**. (*Vifs applaudissements sur un grand nombre de bancs.*)

Le Citoyen Hervé. — Citoyens, tout à l'heure le citoyen Domela Nieuwenhuis, du parti socialiste hollandais....

Plusieurs voix. — Anarchiste.

Le Citoyen Hervé.... le citoyen Domela Nieuwenhuis, qui était le leader du parti socialiste hollandais, au temps où les socialistes n'avaient pas commis la sottise d'exclure les anarchistes de leur parti, au temps où le parti socialiste n'était pas amputé de ses éléments les plus révolutionnaires, les éléments anarchistes, le citoyen Domela Nieuwenhuis, dis-je, vous a expliqué que la formule de l'anti-militarisme devrait être d'un bout à l'autre du monde : Pas un sou, pas un homme pour le Militarisme. (*Applaudissements.*)

C'est le citoyen Domela Nieuwenhuis qui, au Congrès de 1891 posa la question du Militarisme et de l'Internationalisme d'une façon plus claire et plus brutale encore, lorsqu'il demanda à l'Internationale socialiste de prendre la décision, non pas nationale, mais internationale, qu'au cas où les dirigeants jetteraient deux grandes nations quelconques de l'Europe à la gorge l'une de l'autre, le prolétariat des deux pays intéressés répondrait à l'ordre de mobilisation par la grève générale, par la grève militaire et par l'insurrection, en faveur de la Révolution sociale. (*Vifs applaudissements sur un grand nombre de bancs.*)

Cette doctrine, seuls, les partis socialistes de trois nations l'adoptèrent : le parti socialiste hollandais, le parti socialiste anglais et, — vous allez peut-être vous en montrer quelque peu étonnés — l'ensemble des socialistes de France. (*Rires ironiques sur plusieurs bancs.*)

Aujourd'hui, ces doctrines sont devenues basses, détestables, répugnantes. Qui se douterait qu'en 1891, elles eurent l'honneur de recevoir l'approbation du parti socialiste français, bien avant son unification !

Quand nous parlons du pacifisme, tous, ici, nous cherchons les moyens d'empêcher les guerres prochaines. Les moyens proposés, tous excellents, ont été nombreux. On nous a dit : Nous allons prêcher aux enfants la haine de la guerre ; nous prendrons comme devise, disent nos instituteurs : Guerre à la guerre. Nous commencerons par façonner les cerveaux d'enfants.

Je suis de cet avis et je ne demande pas mieux que de façonner les cerveaux d'enfants, mais, si, avant que nous en ayons eu le temps, si, avant que nous ayons eu le temps de faire de ces enfants des adultes, nous recevons, nous, les adultes, l'ordre d'aller à l'abattoir ? On nous parle encore du Congrès de La Haye, de l'arbitrage international. Je ne demande certes pas mieux que les classes dirigeantes daignent s'arranger entre elles au lieu de s'arranger sur notre propre dos. (*Rires et applaudissements.*) Mais, si, par hasard, il leur prenait la fantaisie, malgré les tribunaux d'arbitrage, de s'arranger une fois de plus sur notre dos, croyez-vous que la solution qui consiste à voir tout régler pacifiquement par l'arbitrage internationnal ne serait pas quelque peu insuffisante ?

C'est parce que ces deux solutions et quelques autres que je ne veux pas examiner, pour ne pas excéder le temps qui m'est imparti, c'est parce que ces deux solutions nous ont paru insuffisantes à beaucoup de camarades socialistes et à moi, que nous avons dit : Il faut chercher autre chose. Nous tous, réunis dans cette salle, nous sommes des compatriotes, tous citoyens de la même patrie, le monde. Sentez-vous, vous, que vous êtes Allemands, vous, que vous êtes Anglais, vous autres que vous êtes Français ou Espagnols ? N'êtes-vous pas tous des hommes ? (*Applaudissements.*) Les paroles que nous échangeons aujourd'hui sont des paroles de fraternité : nous nous déclarons frères de la grande patrie libre-penseuse, de la grande patrie humaine. Demain, au sortir de ce Congrès, nous retournerons chacun chez nous, mais qu'y aura-t-il de changé en nous ? Serons-nous d'autres hommes parce que nous aurons rejoint le petit coin de terre où le sort nous a fait naître ? Supposez qu'à la suite des embrassades retentissantes à Brest et à Portsmouth de la classe capitaliste anglaise et de la classe capitaliste française, supposez qu'au lendemain de ces embrassades destinées à en imposer à la classe capitaliste allemande, les affaires du Maroc ne s'arrangent pas. Supposez que les appétits coloniaux déchaînés de la classe capitaliste allemande qui, par tous les moyens, cherche des débouchés dans toutes les parties du monde, et que les appétits coloniaux de la classe capitaliste anglaise, qui non seulement ne veut pas perdre un seul de ses débouchés, mais encore cherche à en conquérir d'autres, se heurtent de telle façon qu'ils nous vaillent un ordre de mobilisation. Quelle attitude adopterez-vous, libres-penseurs de toute la terre, libres-penseurs des pays directement intéressés dans le conflit ? A cette question, on n'aime pas beaucoup répondre. (*Rires approbatifs.*) On s'en tire par des cabrioles, par des sophismes. On répond : Certes, nous sommes contre la guerre d'agression, mais si la Patrie, notre mère, était attaquée, nous donnerions jusqu'à la dernière goutte de notre sang. Et plus nous sommes libres-penseurs, plus nous sommes socialistes, plus nous mettrons d'enthousiasme pour aller à l'abattoir ! (*Rires.*)

GUSTAVE HERVÉ

Voilà ce que l'on nous sert. Ah ! je reconnais qu'un tel raisonnement présente des avantages : il permet de concilier patriotisme et internationalisme. En période électorale, on n'en peut que tirer parti. (*Rires et applaudissements sur divers bancs.*)

Ne trouvez-vous pas, Camarades, que ces raisonnements vous ont un petit air de justice candide tout à fait charmant. Non, nous ne sommes pas pour l'agression, non, nous ne voulons pas attaquer la patrie d'à côté ; mais, si l'on attaque la nôtre.... Remarquez bien que l'on n'a jamais dit avec une précision aussi grande : Mais si notre patrie attaque celle d'à côté, nous marcherons contre notre patrie. On n'a jamais tenu un tel langage carrément. (*Applaudissements sur un certain nombre de bancs.*)

Supposez donc qu'un conflit éclate. Commencez par vous demander ce qu'il y a de naïveté, ce qu'il y a de justice seulement apparente dans ce propos. Oui certes, il a l'air très juste, mais examinez-le de près. Croyez-vous que l'on sait qui, dans une guerre, est l'agresseur ? Il semble à première vue qu'il serait très simple de le savoir et qu'il suffit pour cela d'ouvrir son journal et de lire. Que disaient donc nos journaux français, quand les affaires du Maroc commençaient à s'envenimer ? Sauf quelques très rares exceptions, les journaux français, les journaux à grand tirage, *Le Petit Journal*, 5 millions de lecteurs, *Le Petit Parisien*, 5 millions de lecteurs, et les autres vous prouvaient par raisons démonstratives que tous les torts étaient du côté des Allemands. (*Très-bien ! très-bien ! sur quelques bancs.*) Mais, si, au même moment, vous aviez lu les grands journaux à fort tirage du pays voisin, vous auriez vu, — et vous avez vu, vous, Camarades allemands, qui avez parcouru les feuilles de cette bonne presse capitaliste allemande, — que c'était les Français qui s'étaient conduits comme des goujats. (*Très-bien ! très-bien ! sur les mêmes bancs.*) Dans tous les cas, c'est la même chose. En 1870, c'est le Gouvernement français qui a déclaré la guerre. Ne croyez-vous pas que le Gouvernement allemand était sinon plus, du moins aussi responsable ? Lorsque la guerre anglo-boër a éclaté, les Anglais, nous le savons bien, n'étaient pas intéressants, mais les Boërs ne valaient pas mieux. Et, dans la guerre russo-japonaise, comme dans toutes les guerres, les deux gouvernements ont eu des torts réciproques. C'est le gouvernement japonais qui a commencé les hostilités, c'est vrai, en torpillant les vaisseaux de notre glorieux allié, le pendeur de toutes les Russies. (*Vifs applaudissements sur un certain nombre de bancs.*)

Plus vous prendrez d'exemples, plus vous constaterez que les choses sont toujours aussi compliquées et qu'il n'est jamais possible de tirer au clair quel peuple est l'agresseur. En réalité, quand un conflit éclate, les torts sont réciproques et il est facile aux gouvernements, grâce à l'influence qu'ils ont sur les journaux, il est facile aux classes dirigeantes qui possèdent les grands journaux capitalistes, de prouver que c'est l'adversaire qui a commencé. (*Très-bien ! très-bien !*)

Le remède ? Camarades. C'est qu'au lieu de vous voiler la face, vous envisagiez la question en véritables libres-penseurs. Il y a trop de libres-penseurs qui croient qu'être libres-penseurs, c'est parler librement du bon Dieu et de la Sainte-Vierge et dont l'esprit critique s'arrête quand il faut discuter le dogme de la sainte Propriété ou de la sainte Patrie. (*Très-bien ! très-bien !*)

Il faut, au risque d'ameuter contre vous tous les dévots du patriotisme, comme Voltaire, comme Diderot ont ameuté, il y a un siècle d'autres dévots, quand ils se sont attaqués à d'autres idoles, ne pas craindre, lorsque vous serez les uns et les autres de retour dans votre pays, de dire que vous ne connaissez que deux patries dans le monde, la patrie de toutes les calottes d'une part et la patrie de tous les exploités, de tous les penseurs libres d'autre part (*Applaudissements*).

Reprenant l'idée géniale de notre camarade Domela Nieuwenhuis, il faut que chacun de vous, de retour dans ses foyers, propage cette idée que s'il plaît aux gouvernements, pour des intérêts qui ne sont certainement pas les nôtres, qui seront des intérêts capitalistes antagonistes, de nous faire nous entr'égorger, nous ne marcherons pas, ni dans un pays, ni dans l'autre (*Applaudissements sur divers bancs*). Je vous assure que les gouvernements comprendront ce discours-là ; je vous assure que les classes capitalistes, lorsqu'elles feront leur petit bilan, lorsqu'elles mettront d'un côté les avantages à tirer d'une guerre et de l'autre les risques de révolution sociale à courir, sauront trouver la route qui mène chez le juge de paix de La Haye. (*Applaudissements*).

Je supplie nos camarades allemands, je supplie ceux de nos camarades, citoyens de pays encore un peu plus en retard que notre République bourgeoise, de heurter de front l'opinion publique de chez eux, de prendre chez eux le taureau par les cornes ; (*Très-bien ! très bien !*). Je les supplie de ne pas se retrancher derrière des formules équivoques, comme celles que nous entendons énoncer même dans des pays de liberté de presse et de liberté de réunion. Que nos camarades de la Social-Démokratie ne nous racontent pas qu'ils ont peur de voir décapiter leur parti, emprisonner leurs meilleurs militants, dissoudre leur groupe. Un parti ne meurt pas de cela. (*Applaudissements*).

La Social-Demokratie allemande a montré, au temps où elle n'avait pas encore trois millions d'électeurs, qu'on n'en mourait pas. En 1878, elle s'est heurtée à un homme qui passe pour avoir eu une certaine poigne ; il s'appelait M. de Bismarck. M. de Bismarck trouva en 1878 que la Social-Demokratie faisait des progrès trop inquiétants et il fit des lois à peu près analogues à celles dont la République française, la plus douce des patries, a gratifié les anarchistes ; non seulement il fit des lois, mais encore, comme il n'aimait pas à légiférer pour le seul plaisir de faire des lois, mais qu'il aimait les appliquer, M. de Bismarck appliqua les lois qu'il avait faites. On vit se dissoudre comme par enchantement tous les groupes socialistes ; tous les journaux socialistes furent supprimés, sauf un, mais il s'imprimait à Zurich, en Suisse. Ce régime a duré douze ans; il a été marqué par des persécutions sans nombre. La Social-Demokratie est loin d'être veule, elle a eu et elle a ses moments d'ardeur révolutionnaire et elle compte dans son martyrologe presque autant de héros que les camarades libertaires d'Espagne ou nos camarades d'Italie...

Une voix. — Et les anarchistes de France ?

Le citoyen Hervé. — Je ne parle pas de nous, parce que nous sommes chez nous; il ne nous convient pas de nous adresser des éloges. (*Très bien! très bien !*) Pour connaître le résultat de ces persécutions de la Social-Demokratie allemande, consultez le baromètre électoral. Pour moi, il n'a d'importance qu'à ce point de vue là. En douze ans, le chiffre des électeurs socialistes est passé de 1,428,000 à 2 millions et demi. En présence de ce beau résultat, le Gouvernement a trouvé qu'il valait encore mieux supprimer les lois contre les socialistes.

Si nos camarades allemands, sans peur de perdre au début quelques voix électorales, voulaient faire des hommes, des révoltés, voulaient recommencer la lutte héroïque qu'ils ont soutenue jadis, non plus cette fois pour la seule diffusion du collectivisme, mais pour la diffusion de la doctrine internationaliste et anti-patriotique, ils peuvent être sûrs que les hommes qui les suivraient braveraient tout, la prison, la mort au besoin, pour affranchir l'humanité entière de ce cauchemar hideux qu'est la guerre, pour l'affranchir des hécatombes qui ont fait en Mandchourie 700.000 à 800.000 victimes innocentes, qui avaient des pères, des mères, des femmes, des enfants.

Le Président. — Permettez-moi de vous dire, camarade, que dans cette assemblée, il ne saurait y avoir d'aristocratie, même celle du talent. Je dois vous prier d'abréger en conséquence le plus possible.

Le citoyen Hervé. — Je n'abusais d'aucune aristocratie, surtout du talent. J'abusais seulement d'une malheureuse tendance, que j'ai contractée dans l'enseignement, de vouloir mettre les points sur les *i* et de ne m'en aller que lorsque j'étais sûr que l'on m'avait bien compris.

Or, citoyens, je suis sûr que vous m'avez bien compris (*Oui! Oui!*). Je ne demande pas à nos camarades allemands de venir se compromettre à la tribune pour le déclarer. Je prie même notre président de ne pas le tolérer. Il ne faut pas qu'en sortant de ce congrès, ils soient emprisonnés aussitôt rentrés chez eux. Je ne demande pas que du jour au lendemain, ils soient désignés au Kaiser comme victimes.

Plusieurs congressistes. — Nous n'avons pas peur.

Le citoyen Hervé. — Mais je vous demande à tous, si, rentrés chez vous, vous n'avez pas le droit, dans vos patries à demi-serves ou à demi-féodales, de dire ce que le sang de nos pères versé sur les barricades nous permet à nous, de dire à la face de nos dirigeants, je vous demande au moins de commenter nos paroles et nos actes et de laisser entendre à votre gouvernement que vous n'êtes pas très éloignés de penser comme nous sur cette grave question.

A vous tous enfin, camarades, je vous demande de laisser inscrire à l'ordre du jour du prochain congrès international de la Libre-Pensée cette question sous la forme brutale où je la pose : De l'attitude des libres-penseurs en cas de guerre (*Vifs applaudissements sur un grand nombre de bancs*).

La citoyenne **Gabrielle Petit**. — Rien que deux mots, citoyens, l'heure est trop avancée et vous avez entendu de trop belles choses. Moi, je viens vous dire très modestement, au nom des femmes du peuple, au nom des mères conscientes, puisque nous sommes tous d'accord, que la guerre est une horreur, que la paix armée est encore une autre horreur, et qu'elle est une ruine.

Je demande donc qu'on inscrive, à l'article premier dans la propagande de la libre-pensée et qu'on répande parmi toutes les nations représentées ici l'idée du désarmement général et simultané, l'idée que vient de nous exposer le citoyen Hervé. Je répands partout cette idée, et je vous réponds qu'il peut se reposer de temps en temps. Son idée circule; elle fait des petits, ce sont les femmes qui l'ont ramassée; ce sont les mères qui se la communiquent comme un secret (*Applaudissements*).

Je propose qu'on répande cette idée qu'en cas de guerre, ce doit être la grève générale non seulement des réservistes, mais de toutes les armées.

J'ai assisté à plusieurs conférences du citoyen Hervé. Vous avez vu le succès qu'il a eu ici; eh bien, il faut que vous sachiez tous que partout son succès a été le même. Tout le monde est de son avis. Nous en avons assez de ces farces, quand on nous dit qu'il faut que l'armée française soit commandée par des chefs républicains. Nous ne voulons plus d'armée du tout! (*Applaudissements*).

LA CAMARADE **Libertad**.— Si un homme a dit des mots précis, c'est Domela Nieuwenhuis. Après sa parole, si nous avions été des gens qui peuvent comprendre ces mots : « pas un sou, pas un homme pour le militarisme », nous n'avions qu'à fermer boutique et à nous retirer. Mais comme ces paroles ne sont pas assez expliquées pour que tous nous les comprenions, il faut recommencer : « Pas un sou, pas un homme pour le militarisme. » C'est très bien. Or à la commission on a manqué accorder cela avec la théorie de l'arbitrage.

D'un côté : « pas un sou, pas un homme pour le militarisme et de l'autre : « Arbitrons les nations; faisons les conseils d'arbitrage. » On voyait tout d'un coup des gens parler de pacifisme. Céla dépend comment vous entendez le pacifisme, braves gens. Moi je ne suis pas un homme pacifique, pas le moins du monde; et je n'ai qu'un regret, c'est de ne pouvoir être encore moins pacifiste que je ne le suis. . . . .

Vous parlez de pacifisme; vous voulez instituer ce que vous appelez des conseils d'arbitrage. Je vous dis, moi : déclarez donc la guerre de tous les jours; entrez donc en bataille; vous qui souffrez, qui n'arrivez pas au complet développement de votre individu, entrez donc en bataille avec tout ce qui vous gêne; et alors peut-être la guerre cette guerre, mesquine et médiocre entre nations, cette guerre qui a si peu d'importance, et où on ne tue à la fois que 2 ou 300.000 hommes, cette guerre finira aussi. Mais la guerre la plus terrible, c'est la guerre de tous les jours, où tous les jours nos corps sont écrasés; c'est la guerre que font les gens qui possèdent, qui vivent largement, à ceux qui ne peuvent pas vivre. . . . .

Le camarade Hervé, pour une raison ou pour une autre, s'arrête là et dit : Faites la grève en temps de guerre entre nations. Moi, je dis : Faites la grève immédiate. Ne soyez plus soldats. Ne laissez plus partir vos enfants. Ne soyez plus rien de ce qui tient un fusil contre lui-même. Faites la grève de l'armée. Pas un homme, pas un sou pour le militarisme. Cessez de payer l'impôt, cessez d'être de ceux qui font des Gouvernements, cessez de former seulement une *guardia civica!* En tant que citoyens, vous êtes des ennemis de votre prochain, vous êtes des soldats. Camarades, je ne prolongerai pas le débat. Je sais que vous avez entendu, mais que vous n'avez pas compris. Vous avez entendu; c'est suffisant : Pas un homme, pas un sou pour le militarisme. Que chacun de vous se dise : Il ne faut plus être soldat. Si vous aviez compris et que vous ayez la volonté de ne plus être soldats, il n'y aurait plus d'armée et l'arbitrage et toutes les réflexions faites ce soir seraient inutiles, puisque vous n'auriez plus la volonté d'être soldats.

LE CITOYEN **Ferdinand Buisson**. — Citoyens, comme Hervé, moi aussi je dois à l'enseignement l'habitude de mettre les points sur les i. Et c'est précisément parce que je crois que nous sommes arrivés à un moment où il faut dans cette grande et brûlante question, que chacun prenne ses responsabilités, en pleine connaissance de cause, que je vous demande la permission de répondre en quelques mots aux discours des citoyens Hervé et Libertad.

Avec tout le Congrès, avec la commission, avec le rapporteur, dont j'accepte toutes les conclusions, je suis profondément convaincu que nous avons le droit et le devoir d'affirmer de la manière la plus catégorique que nous voulons, d'une manière réfléchie, en sachant ce que nous faisons, tendre par tous les moyens possibles, à l'abolition effective de la guerre. Je suis persuadé, comme eux tous, qu'il faut que nous arrivions à organiser en ce sens une pression, de l'opinion publique allais-je dire, hélas! je ne me fais pas d'illusion, il faut dire surtout de l'opinion prolétariennne, qui pèsera d'un poids si lourd sur les Parlements et sur les Gouvernements que d'abord il sera de plus en plus difficile d'engager une guerre et que bientôt ce sera littéralement impossible.

Voilà le but. Là-dessus je crois que nous sommes tous parfaitement d'accord. Mais il faut pourtant que nous nous expliquions sur la méthode à suivre, sur les voies et moyens, sur le sens et la portée des déclarations que vous allez faire. Le citoyen Hervé demande qu'on mette à l'ordre du jour du prochain Congrès l'attitude des libres-penseurs devant la guerre. Je ne demande pas mieux que de voir inscrire une pareille question ; mais nous ne pouvons pas attendre le prochain Congrès pour avoir un avis sur notre devoir à cet égard. La question est inscrite en ce moment devant la conscience de chacun de vous, devant le pays où vous êtes, devant tous les pays auxquels vous appartenez et où vous allez retourner. C'est cette question qu'il nous faut dès à présent envisager.

Il y a deux procédés, qui ne s'excluent pas, que l'on peut conseiller l'un et l'autre. C'est ce que font Hervé et Libertad. De ces deux procédés, l'un auquel je me rallie pour ma part absolument, consiste à faire tout ce qui dépendra de nous, par tous les moyens qui sont en notre pouvoir, pour organiser cette pression universelle du prolétariat sur les Gouvernements, pour mener de front dans tous les pays en même temps cette campagne à la fois politique et sociale contre la guerre.

Cela, c'est un devoir effectif, c'est un travail auquel nous pouvons donner notre temps et faire accéder le plus grand nombre possible d'individus. Voilà une forme de la campagne que je crois possible, légitime et efficace.

Il y a un autre procédé qui consiste à dire : Dès à présent, aujourd'hui, demain, si une guerre éclate, si les évènements malheureux que nous déplorons d'avance, si les évènements plus forts que nous, viennent à déchaîner de nouveau cet abominable fléau de la barbarie, puisque nous y sommes encore, — nous qui tenons une plume, nous qui écrivons, nous qui parlons, nous qui avons quelque autorité dans des cercles populaires, dans des cercles ouvriers, dans des sociétés, dans des familles, nous allons conseiller fortement aux jeunes gens de faire désertion, de refuser le service, et cela sans attendre autre chose, sans attendre que tout le monde soit prêt à en faire autant.

Citoyens, je considère que prendre cette attitude, c'est encourir la plus formidable responsabilité qu'un homme puisse prendre, et à plus forte raison une assemblée comme celle-ci. (*Applaudissements sur de nombreux bancs.*) J'estime que c'est une responsabilité terrible de prendre sur soi de conseiller à un malheureux jeune homme, dont nous n'irions pas faire la peine, de s'exposer au déshonneur et au malheur pour sa vie toute entière. (*Applaudissements.*

Quand on me demande : Etes-vous partisan de la grève internationale, simultanée et collective du prolétariat tout entier contre la guerre déchaînée par des gouvernements quelconques, y compris celui de mon pays, je réponds : Oui! Cela revient à dire que j'espère la réalisation pochaine de ce qu'un homme qu'il faut bien nommer, de ce que Robespierre osait dire en 1790. Avant la Convention, il, osait déjà, lui, demander que la France prît l'initiative. C'est M. de Mun qui l'autre jour nous a fait le plaisir d'exhumer et de remettre en lumière avec des accents d'horreur cette proposition de Robespierre. Oui, j'espère, et en cela je suis dans la tradition de la Révolution française, j'espère que dans le monde entier — est-ce demain? est-ce après demain? le verrai-je de mon vivant, ou ne le verrai-je pas? je ne sais, — un jour viendra où se lèveront les peuples tout entiers pour tout entiers s'opposer à cette criminelle barbarie qui se perpétue sous le nom de la guerre, soi-disant civilisée, et qui n'est qu'une barbarie.

LE CITOYEN HERVÉ. — Pourquoi ne pas l'enseigner alors?

LE CITOYEN BUISSON. — On me demande : pourquoi ne pas l'enseigner? Mais citoyens, vous oubliez donc que les instituteurs dont nous parlions tout à l'heure, précisément à Lille l'autre jour, ont pris pour devise : « Guerre à la guerre. » (*Applaudissements*) qu'ils l'ont déclaré officiellement, en présence du directeur de l'enseignement primaire représentant le ministre. Vous oubliez qu'il y a là une corporation enseignante composée de modestes fonctionnaires, ayant une responsabilité et qui ont eu le courage, que pas une autre corporation n'a eu, de dire tout haut ce qu'ils pensent à cet égard. Il ne faut donc pas nous dire que nous ne l'enseignons pas. Vous voyez bien qu'ils veulent l'enseigner, puisqu'ils le disent et le proclament publiquement, par le vote de délégués mandatés tout exprès. Et je suis d'accord avec eux; et si quelqu'un de nouveau les insulte et les calomnie, — ce qui ne manquera pas, — je prends ma part de toutes ces calomnies et de toutes ces injures. (*Vifs applaudissements*).

Mais ce n'est pas là la question. C'est la même difficulté qui nous séparait hier avec le citoyen Paraf-Javal. Il s'agit de savoir si nous vivons dans l'abstraction ou dans la réalité. (*Applaudissements sur de nombreux bancs*).

Dans la réalité il y a une société, il y a des lois. Allons-nous faire désobéir à ces lois, les exposant ainsi à toutes les peines afflictives et infamantes qu'elles prévoient, de braves jeunes gens qu'il est facile à un homme comme Hervé d'entrainer, facile, hélas! au-delà de tout ce qu'il conçoit lui-même et de tout ce qu'il se représente. Il ne sait pas la portée d'une parole de lui....,

LE CITOYEN HERVÉ. — Pardon!

LE CITOYEN BUISSON. — ..... appuyée d'ailleurs sur l'autorité personnelle qu'il faut lui reconnaître, et que je ne méconnais pas. Je n'ai pas l'habitude d'injurier ceux que je combats et je serais désolé d'avoir l'air ici de faire des personnalités. Je n'en fais aucune. Si je prends Hervé pour exemple, c'est parce que Hervé s'est fait cette situation dans notre pays, et en ce moment, il est, avec la plus grande franchise, le patron d'une théorie que je considère comme profondément dangereuse, comme tout à fait déplorable au point de vue social. (*Applaudissements sur un certain nombre de bancs. Exclamations sur d'autres bancs*).

LE CITOYEN DURU. — C'est la réaction politicienne! (*Bruit*).

LE CITOYEN FURNÉMONT. — Camarades, aujourd'hui je suis obligé de demander la tolérance de cette partie de l'Assemblée qui la réclamait hier pour un de ses amis. (Bravos). Il faut qu'on soit tolérant les uns à l'égard des autres. Si ce que vous dit le citoyen Buisson vous déplait, dévorez cet affront en silence. Vous voterez tout à l'heure.

LE CITOYEN BUISSON. — Il n'y a d'affront pour personne. Ne croyez pas que je veuille imposer ni mes paroles ni ma présence. Je demande simplement que chacun mesure sa parole; je tâche de mesurer la mienne.

. . . .

Le Congrès de la Paix de Nîmes a émis cette décision formelle : Le Congrès de la Paix estime que l'éducation laïque et républicaine peut et doit développer en même temps les sentiments patriotiques et les sentiments humanitaires parce que le devoir envers la patrie est la première forme et la plus concrète des devoirs envers l'humanité. (*Applaudissements sur de nombreux bancs*).

UNE VOIX. — C'est du bourgeoisisme!

LE CITOYEN BUISSON. — Voilà ce qu'a voté le dernier Congrès de la Paix. Cela peut vous paraître réactionnaire. Jugez le comme vous voudrez, je m'en tiens là. Je demande au présent Congrès de vouloir bien distinguer les deux questions, (car il y en a deux). Prêcher la résistance de tous les peuples à toutes les guerres, prêcher l'insurrection prolétarienne. — c'est sur celle-là que je compte, combinée et concertée par dessus toutes les frontières, pour empêcher aussi bien les Allemands d'attaquer les Français que les Français d'attaquer les Allemands : — cela j'en suis. Mais je n'admets pas qu'on dise aujourd'hui à un citoyen Français, à lui tout seul, ou à un Allemand, ou à tout autre jeune homme : « tu vas dès à présent, pénétré des idées que je fais luire devant toi, méconnaître et violer la loi de ton pays, te considérer comme si tu étais le maître, comme si tu étais tout seul au monde, ne connaissant plus aucune autorité sociale, te mettant au-dessus de toutes les lois; et de même que tu refuserais de payer tes contributions, tu refuseras de payer l'impôt du sang. Si tu fais cela, tu es un bon citoyen, un bon républicain, anarchiste ou socialiste ».

Il faut faire bien attention. Dans des paroles véhémentes, enflammées, le citoyen Hervé a soutenu cette idée, résumée dans une formule que je lui laisse : « Pas une goutte de notre sang, pas un centimètre carré de notre peau! » Je ne souscris pas à cette formule, je la combats. Jamais je ne me permettrai de conseiller à un jeune homme d'encourir des responsabilités que, moi, je ne porterais pas. Je ne veux pas le faire parce que je n'en ai pas le droit, parce que ce serait commettre en quelque sorte un abus de pouvoir. (*Applaudissements sur de nombreux bancs*).

Chacun a son avis là-dessus. Je ne veux pas prolonger cet exposé. Je supplie l'Assemblée de croire que je ne cherche pas à faire dévier le débat, qui est si important, si ample et si grave ; mais je crois pour ma part, et je pense qu'il y en a d'autres dans cette Assemblée qui pensent avec moi, qu'il est indispensable qu'une déclaration nette et précise sorte d'ici, afin qu'on sache si, oui ou non, le Congrès international de la Libre-Pensée fait adhésion pleine et entière aux doctrines d'Hervé. (*Applaudissements sur de nombreux bancs*). Voici le texte que je propose :

« Le Congrès international de la Libre-Pensée en adoptant la devise : « Guerre à la guerre » et en recommandant la plus énergique propagande contre le militarisme,

« Estime que pousser les jeunes gens dans un pays en particulier, à des actes individuels de désertion est un procédé condamnable, entraînant une lourde responsabilité pour ceux qui mettraient ainsi hors la loi de leur pays les jeunes citoyens les plus ardents et les plus précieux pour le progrès social et humain, affaiblissant d'autant l'armée des militants de la démocratie sociale. (*Applaudissements sur de non. ux bancs*).

« Et déclare que la véritable pro, ande antimilitariste doit tendre à faire entrer la jeunesse de tous les pay. dans les organisations prolétariennes, d'où sortira un mouvement international collectif et simultané forçant les divers Gouvernements à substituer pour les conflits de peuple à peuple la solution rationnelle par l'arbitrage à la solution barbare par l'inutile massacre des hommes. » (*Applaudissements sur les mêmes bancs*).

LE CITOYEN HERVÉ. — Je me permets de revenir à la tribune, non seulement parce qu'on m'a cédé un tour de parole, mais encore parce que j'ai été mis directement en cause (*Applaudissements sur de nombreux bancs.*), comme patron d'une idée qui a été lancée pour la première fois, comme je le rappelai tout à l'heure, par un autre. Je veux bien recevoir les coups; mais je veux que l'honneur d'avoir lancé cette idée, revienne non à moi, qui n'ai été que le porte-parole des paysans de l'Yonne, mais à notre camarade Domela Nieuwenhuis, du parti socialiste hollandais.

LE CITOYEN ALMICARE CIPRIANI. — Cela date de 1864.

LE CITOYEN HERVÉ. — J'ai d'ailleurs été très heureux d'avoir été pris pour le patron de cette idée, alors que depuis plus de trois mois j'apprends tous les jours par la presse, par la presse socialiste comme par la presse radicale que je suis un isolé. Je suis le patron et le seul employé de la maison Hervé. (*Applaudissements et rires sur de nombreux bancs*). Puisqu'il a plu au citoyen Buisson de me traiter de patron, qu'il me permette de lui dire avec tout le respect que je professe pour son évolution discontinue vers la gauche. (*Très bien! sur divers bancs. Mouvements divers*) qu'il fut un temps où le citoyen Buisson.....

UNE VOIX. — Cela ne nous regarde pas !

LE CITOYEN HERVÉ. — ... où le citoyen Buisson patronait à la tête de l'enseignement primaire une idée qui a empoisonné le pays et qui a valu au pays le boulangisme d'abord, le nationalisme ensuite. (*Applaudissements sur divers bancs*).

Le citoyen Buisson m'objecte le vote des instituteurs à Lille. L'autre jour il y avait à Lille parmi les non-congressistes, non point M. le ministre de l'instruction publique, que les instituteurs avaient invité au lendemain du jour où il avait sabré quelques uns de leurs meilleurs camarades (*Applaudissements sur divers bancs*), mais le directeur de l'enseignement primaire; il y avait le Préfet, il y avait M. Buisson; mais moi, l'exclus, le révoqué, l'hérétique, je n'avais pas le droit d'y parler. (*Applaudissements sur divers bancs. Mouvements divers*). Je crois que si j'avais pu parler à côté des autorités, peut-être au lieu d'un vote qui est pacifiste, c'est vrai, mais qu'un pacifiste comme M. Bocquillon aurait pu voter, puisque ce n'est qu'une flétrissure de la guerre, il y aurait eu un ordre du jour sur lequel on aurait pu compter les révolutionnaires qui existent dans l'enseignement, beaucoup plus nombreux que ne le croit M. Gasquet.

Je viens seulement ici pour relever deux points du discours du citoyen Buisson. D'abord le citoyen Buisson ne veut pas prendre la responsabilité de dire aux jeunes gens : N'allez pas à la boucherie; mais il prend la responsabilité de leur dire : Allez à la boucherie. (*Vifs applaudissements sur un certain nombre de bancs*).

Un second point, je serai bref : Le citoyen Buisson, trahissant le fond de sa pensée, pour qualifier l'attitude des camarades qui n'iraient pas à la boucherie, a osé prononcer le nom de déshonneur. Eh bien, camarades que le citoyen Buisson me permette de lui dire que nous n'avons pas la même conception de l'honneur. Pour lui, l'honneur consiste, quand on est un gueux dans un pays, quand on est un paria dans un pays, à aller sur un ordre des maîtres se faire éventrer, sans savoir pour qui, sans savoir pourquoi! Voilà votre conception de l'honneur. (*Vifs applaudissements sur les mêmes bancs*). Tandis que moi, avec mes camarades, je considère que l'honneur consiste, lorsqu'on vous donne un ordre criminel, de résister à cet ordre, quelles que soient les conséquences. (*Applaudissements sur les mêmes bancs*).

Permettez-moi de le dire en terminant, citoyen Buisson, lorsque des hommes de bonne foi comme vous, et des hommes de bonne foi comme je prétends l'être, sont en désaccord sur une question aussi grave, au point que l'un appelle honneur ce que l'autre appelle dé honneur, c'est le moment où une société est mûre pour une révolution so ale. (*Applaudissements*).

Il m'est égal, citoyens, que l'on vote l condamnation de mes idées et des idées de Domela Nieuwenhuis, que demande le citoyen Buisson. Condamné une fois de plus ou une fois de moins, je vous assure que cela ne n'empêchera pas de continuer ma propagande. (*Applaudissements sur de nombreux bancs*).

Tous les partis d'avant-garde commencent par être une poignée. Tous les ibres-penseurs, quelles que soient les idoles qu'ils aient affrontées, ont été njuriés, ridiculisés, et ce n'est ni le ridicule ni les injures qui nous emêchent de continuer.

Mais je crois que l'ordre du jour que je propose est beaucoup plus conciiant; car il permet aux camarades des différentes nations de poser la quesion dans leur pays et de revenir dans un an ou dans deux ans nous dire, au prochain Congrès international de la Libre-Pensée, s'ils sont avec l'internationaliste tricolore qu'est le citoyen Buisson, ou avec les intertionalistes antipatriotes, comme nous sommes dans la maison Hervé. (*Vifs applaudissements sur un grand nombre de bancs*).

Le Président. — Je rappelle à l'Assemblée qu'en fait, la proposition du camarade Hervé tend à ce que le Congrès décide que la question sera portée à l'ordre du jour d'un prochain Congrès. La parole est au citoyen Le Foyer, rapporteur.

Le Citoyen **Lucien le Foyer**, rapporteur-général.— Camarades, j'ai à vous faire connaître quel a été l'état d'esprit de la commission ce matin et les résolutions qu'elle a adoptées. L'état d'esprit de la commission a été double, comme d'ailleurs celui du Congrès lui même. De telle sorte que vous aurez tout à l'heure, en dehors de la motion nouvelle et spéciale apportée par le citoyen Buisson à vous prononcer sur deux ordres de motions. L'une qui a pour auteur le citoyen Domela Nieuwenhuis, sur la libre-pensée et le désarmement se résume dans la formule : « Aucun homme, aucun centime au militarisme ». L'autre, citoyens, qui est contenue dans le rapport général que j'ai signé, contient un certain nombre de résolutions sur les quatre rubriques qui nous avaient été soumises ou imposées par la commission d'organisation du Congrès.

Il peut vous sembler étrange, citoyens, que l'on vous propose à la fois l'adoption de l'une et des autres de ces motions. J'ai le mandat précis de vous dire pourquoi la commission, après avoir longuement et ardemment délibéré, a cru qu'il était bon de justifier et de juxtaposer ces deux sortes de motions.

L'une est la motion théorique, la motion absolue, la motion de refus, dont la date est indéterminée. Peut-être demain si, suivant la pensée de Domela Nieuwenhuis, le nombre de ceux qui refusent le service militaire va s'accroissant de jour en jour. Rejetée peut-être à une époque plus tardive si, comme le dit Buisson, on attend le moment où la propagande internationale sera assez étendue pour que simultanément tous les jeunes soldats convoqués l'automne à l'accomplissement du service militaire opposent un refus concerté.

Quoiqu'il en soit, à côté de cette conception, il y en a une autre, plus petite, plus médiocre, plus mesquine, si vous le voulez, mais se présentant avec un caractère immédiat qui doit faire, je crois, qu'on la respecte et qu'on y souscrive.

Citoyens, je ne vous donnerai pas lecture maintenant de ces diverses motions, quoi que ce soit mon mandat précis. Ces motions [1] ont trait d'abord à la collaboration des sociétés de Libre-Pensée avec les sociétés de la paix, — et je n'entends pas uniquement les sociétés de la paix bourgeoise, encore que j'aie le droit de me vanter d'en être, mais avec les sociétés de tout titre et de toute nature qui se proposent l'abolition du Militarisme et l'instauration d'un régime de paix juridique, de paix morale, de paix désarmée.

La seconde [1] de ces résolutions a trait à l'arbitrage international. On ne cesse de nous dire, et ce point de vue a sa valeur : Une fois que la mobilisation aura été ordonnée, une fois qu'il s'agira de quitter la maison, l'atelier, les champs, que faudra-t-il faire ? Nous devons ici reprendre la pensée que le citoyen Buisson avait indiquée d'un mot et qu'il convient de développer. Il y a une autre œuvre à accomplir. Nous pensons que dans tous les pays libres, où le citoyen peut agir, penser et parler, il y a une œuvre immédiate, peut-être moins retentissante à accomplir, mais également et peut-être encore plus utile, et qui consiste à s'organiser pour empêcher que l'ordre de mobilisation vienne. Nous disons aux Gouvernements : Nous ne voulons pas d'ordre de mobilisation ; nous disons aux élus parlementaires : Nous voulons qu'au premier article de votre programme il y ait le refus de se laisser aller aux guerres, auxquelles une vieille habitude corrompue, — celle des chiens de chasse, disait Anatole France, — pousse encore les Gouvernements et les peuples. Nous voulons aussi, citoyens, que si à un moment donné, sous un prétexte quel qu'il soit, — par exemple dans cette question du Maroc, je suis aussi sévère juge que quiconque, — sous le prétexte fou et vain de ce prestige national, qui a fait couler tant de sang dans tant de boue, on nous conviait encore aux sanglantes tueries des champs de bataille, toutes les sociétés organisées, réunies sous le même drapeau blanc du refus de la guerre, se levant dans tous les villages, dans toutes les villes, dans tous les coins de tous les territoires, disent au Gouvernement : Nous ne voulons pas de la guerre !

Citoyens, nous n'en sommes pas au jour de demain ou d'après-demain, où il s'agira de refuser ou non de porter le sac et le harnachement militaire. Nous en sommes à l'heure qui précède, à celle où le citoyen a encore en fait toute la puissance, toute l'autonomie, toute l'autorité, et où il faut faire savoir aux Gouvernements qui sont issus de lui qu'il ne veut pas qu'ils déclarent ou qu'ils acceptent la guerre. (*Applaudissements !*)

J'aborde enfin une dernière idée. — Si je parle ici comme rapporteur, c'est que j'ai peut-être eu la discrétion de ne pas faire de rapport au début. —

---

(1) — Voir plus haut l'ordre et les titres de ces résolutions au rapport général de L. Le Foyer, — *Séances de Commission*.

Cette seconde idée doit être mentionnée. On nous dit : Comment distinguer les guerres défensives des guerres offensives ? Et on nous a cité un certain nombre de ces guerres où, en effet, des deux côtés nous pouvons jeter les torts à pleines mains.

N'en déplaise au citoyen Hervé, il y a un moyen précis, positif, certain, de savoir quand une guerre est offensive. Le voilà : Si vous estimez que vous avez raison, demandez ou acceptez des arbitres. — C'est ce qui se passe à l'intérieur de la société entre les employeurs et les employés. On peut s'en trouver mal parfois ; au total on s'en trouve bien ; cela vaut mieux souvent que de se serrer le ventre dans la grève. (*Interruptions !*)

Eh bien, citoyens, quand on a le sentiment du droit, comme hélas ! tous les peuples croient l'avoir, quand on les pousse sur le sentier maudit de la guerre, que doit-on faire ? On doit demander des juges. Voilà le critérium. L'arbitrage est l'instrument de discernement entre les guerres offensives et les guerres défensives.

Donc, je demande aux libres-penseurs, aux sociétés, à l'opinion publique, de protester, de mettre un veto, quand on est à la veille de cette mobilisation maudite, de dire : Nous n'en voulons pas ; et puis aussi de préciser ce qui suit devant les Gouvernements : Si vous avez raison, demandez des juges ; et si vous avez peur d'aller devant les juges, c'est que vous avez tort, c'est que tous les prétextes dont vous vous servez sont de mauvais prétextes. (*Bravos.*)

Les deux autres questions qui vous sont soumises sur lesquelles vous avez les textes publiés dans le rapport qui est entre vos mains, ont trait, d'une part à l'enseignement du pacifisme dans les écoles, — je ne crois pas que la moindre difficulté puisse être soulevée ici, — et d'autre part à cette même question de la Libre-Pensée et du désarmement. Il va se réunir dans quelque temps, — on doit le croire, maintenant que la guerre russo-japonaise a pris fin, — une seconde conférence de La Haye. Je ne veux pas savoir, — je pourrais, croyez-le bien, répondre à la question, — si la première conférence de La Haye a fait une œuvre grande ou petite. Je dis simplement qu'il va s'ouvrir une seconde conférence de La Haye. Imposons-lui autant que possible le programme de notre choix. Nous n'avons pas le droit de nous croiser les bras, de nous en désintéresser, nous avons l'obligation précise et étroite d'imposer aux Gouvernements autant que nous le pourrons le respect de nos désirs, l'étude des questions que nous voulons. Or, précisément la question de la limitation des charges militaires, évolution manifeste vers le désarmement, a été recommandée à l'attention des Gouvernements et quasi-inscrite au programme de la deuxième conférence de La Haye par la première. Je dis que quelles que soient nos opinions personnelles, il est de notre devoir étroit de ne pas lâcher pied sur ce point spécial. (*Applaudissements.*)

Et maintenant, citoyens, puisque les uns et les autres nous sommes venus ici pour accomplir des actes par des votations vous permettrez au rapporteur, dont c'est la mission et la tâche de terminer par des paroles d'union. Nous devons choisir les terrains et les textes qui nous sont communs. Nous devons essayer d'éliminer dans un esprit fraternel et cordial les idées qui divisent et au contraire nous réunir sur toutes les idées, sur toutes les motions qui, pour aujourd'hui ou pour demain, grandement ou petitement, peuvent servir la cause qui est la nôtre, la cause même de la vie, c'est-à-dire, selon la définition célèbre de Bichat « l'ensemble des forces qui luttent contre la mort. » (*Applaudissements vifs et répétés.*)

Voix nombreuses. — La clôture !

Le Citoyen Furnémont. — Je rappelle qu'il conviendrait peut-être d'entendre les délégués étrangers qui voudraient parler, avant de prononcer la clôture.

Le Citoyen Spirus Gay. — La clôture, mais après les orateurs inscrits !

Le Citoyen Furnémont. — On fait observer que certaines opinions n'ont pas encore été émises. De plus, je le répète, il convient d'entendre les délégués étrangers qui voudraient dégager leur responsabilité. Sous cette réserve, je mets aux voix la clôture.

La clôture, sous cette réserve, est adoptée. La parole est donnée au citoyen Diaz (Espagne.)

Le citoyen **Diaz**, d'Espagne.

C'est par délégation des Comités parisiens représentant respectivement deux grandes organisations révolutionnaires de l'Espagne que j'ai l'honneur de prendre part à cette intéressante discussion sur le pacifisme universel.

L'un de ces organismes est le Parti républicain proprement dit; l'autre est le Parti autonomiste révolutionnaire.

Ce sont deux éléments qui se complètent réciproquement.

Le premier poursuit l'instauration d'une république générale dont le développement naturel nous conduirait à l'étape fédérative puis au régime socialiste. L'autre, passant par-dessus l'étape d'une république élémentaire et s'appliquant à la reconstitution des nationalités naturelles détruites exclusivement par et pour la tyrannie, entre dans le régime fédéral et envisage directement la fédération sociale européenne.

Ces deux partis tendent vers un but commun : la République sociale universelle, base et garantie unique de la paix humaine, objet final de la civilisation. (*Applaudissements.*)

L'orateur continue ainsi :

. . . .

La Paix ne peut s'établir que sur une base : la Liberté, qui est celle de l'amour et, partant celle de la Concorde.

Plus large et profonde sera cette base et plus parfaite et plus solide deviendra la paix humaine.

Donc, pour aller directement à la paix, il faut s'adresser droit à la liberté...

La tyrannie étant la cause unique de la discorde sociale, dont elle se nourrit, la guerre doit fatalement exister, tant qu'on n'aura pas détruit cette cause originaire...

De même que les maladies humaines ne guérissent pas quand on ne détruit que leurs seuls effets, de même les maladies sociales ne disparaissent pas quand on n'a pas détruit l'élément générateur...

Ainsi, tout préliminaire de paix qui s'appuierait sur le principe du despotisme ne peut être que superficiel, éphémère et trompeur.

Il est bien inutile, bien superflu de faire des projets de paix sans d'abord abolir ce germe immédiat de la guerre qui est la tyrannie.

Du reste, une paix de cette sorte peut être encore plus fatale aux peuples que la continuation de la guerre jusqu'au complet épuisement des forces des tyrans.

A la fin, ce n'est pas le monarque et ses adjoints qui payent les frais... c'est toujours le peuple qui les paye en sang et en argent.

Seule est désirable, seule nous intéresse la paix positive, réelle, la paix issue du cœur des hommes, la paix établie par le peuple lui-même.

Eh bien! camarades! pour avoir cette paix positive, cette paix solide, parfaite, nous l'avons déjà dit, il faut détruire le puissant obstacle qui lui barre le chemin, il faut détruire tout ce qui est une réminiscence de tyrannie!

La méthode pacifiste positive ne consisterait donc qu'à l'entente des peuples déjà libérés pour prêter leur concours à ceux encore opprimés qui cherchent à s'affranchir.

L'orateur rend longuement hommage à la France, qui, dit-il, a tant de fois pris la cause des peuples opprimés. Il souhaite que tous les peuples qui se révoltent trouvent un appui matériel et moral auprès de tous les libres penseurs. Il termine ainsi :

Nous émettons donc des vœux pour que tous les libres-penseurs du monde, les seuls qui ont la tâche de préparer la paix universelle, s'unissent pour aider l'action révolutionnaire, quel que soit le pays où elle se développe. C'est à eux qu'incombe la suprême action pacifiste.

A la France républicaine, à la grande Union américaine et à tous les autres peuples dégagés des liens de la tyrannie, est commandé le devoir moral de contribuer de toutes leurs forces à la réussite de toutes les révolutions, pour faire œuvre libératrice, pour que ce but final de l'humanité vers la paix universelle finisse bientôt d'être une simple hypothèse pour devenir un fait accompli. (*Applaudissements unanimes.*)

LE CITOYEN **Lebreton**. — Citoyennes et citoyens, c'est au nom de la commission du pacifisme que je me présente devant vous ; je ne veux pas vous faire de discours ; je veux tout simplement vous donner lecture d'une proposition qui a été maintenue dans la commission pour être proposée à votre vote. La voici :

« *Considérant que le premier devoir du Congrès est de dénoncer tout ce qui peut compromettre la paix du monde, qu'en ce qui concerne la question marocaine, il convient de s'opposer à la sourde campagne menée par le parti militaro-financier, auquel le moindre incident qui se produit au Maroc sert de prétexte à des excitations dites patriotiques qui ne tendent à rien moins qu'à pousser le gouvernement de la République Française à intervenir violemment contre le sultan et le maghzen,*

« *Le Congrès dénonce à l'opinion publique les louches manœuvres d'une presse spéciale, toute dévouée au parti militariste et aux intérêts financiers, dénonce tout ce qui peut compromettre la paix du monde et sur le point spécial du Maroc, invite le Gouvernement de la République Française à poursuivre avec le plus grand calme l'œuvre de pacification, en s'opposant à toute tentative de nature à compromettre le succès de la conférence internationale, laquelle, en faisant disparaître toute cause de désaccord, devra s'appliquer à donner toute garantie aux nations intéressées* (Applaudissements) ».

La parole est donnée au citoyen **Spirus Gay**.

LE CITOYEN SPIRUS GAY. — Citoyennes, citoyens, camarades, j'aurais volontiers, abandonné mon tour de paroles ; mais quelques camarades anarchistes espagnols m'ont demandé de prendre la parole en leur nom. Je tenais à vous faire observer la contradiction qu'il y a eue dans certaines discussions. Le mal, selon nous, vient de ce que nous n'avons pas appliqué depuis que ces idées ont été émises, la parole de Diogène : « Les honneurs sont les ornements du vice ». Si cette idée avait été appliquée nous n'aurions pas eu à entendre ce que Buisson nous a dit tout à l'heure ; il n'y aurait pas des gens qui se disent partisans du libre-examen et qui ayant découvert une vérité, se refusent à l'appliquer, bien qu'ils la reconnaissent pour vraie.

Si on est persuadé que le patriotisme ne doit pas exister, qu'il n'est pas logique, que la logique exige que soient constitués les Etats-Unis des travailleurs du monde entier, marchant la main dans la main, on doit alors avoir le courage de le dire partout et il ne faut pas craindre d'empêcher les gens, qu'ils soient jeunes ou vieux, d'aller à la boucherie.

Nous trouvons aussi que le mal vient de ce que l'homme a toujours été égoïste et n'a pas élevé la femme à son niveau. On parle des droits imprescriptibles de l'homme, de la déclaration des droits de l'homme. Personne n'a osé s'élever, parmi ceux qui sont des « votards », pour l'émancipation complète de la femme, pour les droits imprescriptibles de la femme. (*Applaudissements sur divers bancs*).

LE PRÉSIDENT. — Je donne la parole à son tour au citoyen Lévêque et je rappelle pour qu'il n'y ait pas de surprise que nous devons livrer la salle à sept heures.

LE CITOYEN LÉVÊQUE. — Je viens dire ce que nous entendons par pensée libre et par pacifisme, au nom de la Pensée libre du XVe (*Exclamations et bruit*).

Le pacifisme est tout simplement une question d'intérêt. Si tous les ouvriers, si tous les travailleurs de la pensée ou de la main voulaient tout simplement échanger leurs produits, la guerre n'existerait pas. On n'aurait plus besoin de patrie ni de religion. Le citoyen Hoffmann a dit que les églises pourraient servir d'universités populaires. Nous n'avons pas besoin d'églises pour fonder des universités populaires. La question de la Libre-pensée commence par le ventre. Il n'y a pas de cerveau sans ventre (*Bruit prolongé*).

Voix nombreuses. — La clôture !

La clôture est prononcée.

Le citoyen Furnemont, président. — Nous allons d'abord mettre aux voix les conclusions du rapporteur, qui n'ont donné lieu à aucune discussion. L'assemblée n'en demande pas, je suppose, une nouvelle lecture (*Non ! Non !*)

Les conclusions du citoyen **Le Foyer**, rapporteur, sont mises aux voix et adoptées.

Le Président. — Nous sommes ensuite saisis de la motion suivante :

« Le Congrès de la Libre-Pensée, considérant que tout libre-penseur doit s'être libéré de tous les préjugés, y compris le dogme patriotique, considérant que l'établissement de la paix et du désarmement général sera le fait, non des classes dirigeantes, mais des seules spoliées du monde entier, exhorte les libres-penseurs à répondre à l'ordre de mobilisation par la grève générale et l'insurrection. » (*Applaudissements sur divers bancs*).

Il y a ensuite une motion du citoyen Ferdinand Buisson que vous avez entendue.

Plusieurs voix. — De qui est la première ?

Le Président. — Peu importe, si elle est bonne vous la voterez, si elle est mauvaise vous ne la voterez pas (*Très bien, Très bien, et rires*). Puis il y a la motion du citoyen Hervé, à laquelle se rallie le citoyen Ferdinand Buisson et qui consiste à mettre à l'ordre du jour du prochain Congrès de la Libre-Pensée la question très nettement posée par le citoyen Hervé, à savoir ce que feraient les libres-penseurs en cas de guerre.

C'est bien net. Le citoyen Buisson se rallie à cette motion ; de telle sorte que, si elle était votée, votre bureau international, exécutant fidèlement vos volontés, mettrait cette question en tête de l'ordre du jour du prochain Congrès. Et il serait bien entendu que d'ici là la question resterait entière, que la libre-pensée internationale ne se serait prononcée pour aucune des méthodes, que le citoyen Hervé aurait exposé la sienne, que chacun de nous y réfléchirait, que chacun de nous les soumettrait à son groupe, et que nous pourrions au prochain Congrès international voter et répondre ainsi à la question posée par le citoyen Hervé.

Le citoyen Ferdinand Buisson. — Pardon ! Je propose la motion suivante. Je demande que « le Congrès, en adoptant la devise « Guerre à la guerre » déclare qu'il n'entend pas autoriser les appels à des actes individuels de désertion » (*Applaudissements sur de nombreux bancs*).

C'est la condition de mon acceptation. Je consens très bien que l'on mette la question à l'ordre du jour du prochain Congrès, mais d'ici là je ne veux pas laisser dire que nous nous associons à la doctrine qui permet et qui ordonne de conseiller les désertions individuelles. (*Applaudissements sur les mêmes bancs. Exclamations ironiques sur d'autres bancs. On chante ironiquement la Marseillaise*).

Voix diverses, ironiquement. — Vive l'armée. Vive Galliffet ! Vous êtes un nationaliste !

Le citoyen Rollin. — Si les 600.000 victimes de Mandchourie n'avaient pas obéi, il y aurait 600.000 morts de moins sur la conscience humaine.

Le citoyen Furnemont, président. — Il est de mon devoir de dire qu'il y a un malentendu. C'est une opinion personnelle ; je dois l'exposer à l'Assemblée pour me faire comprendre. Je regrette de ne pas être d'accord avec le citoyen Buisson. J'avais compris qu'en acceptant la motion du citoyen Hervé, le citoyen Buisson acceptait en même temps que la question restât entière, que l'assemblée ne se prononçât ni dans le sens du discours prononcé par Hervé, ni dans le sens du discours prononcé par Buisson (*Très bien, très bien*). Et je crois qu'au point de vue de l'intérêt de notre organisation et de la propagande de la libre-pensée mondiale, il importait que nous puissions porter la question dans nos pays respectifs et devant nos groupes respectifs pour arriver dans le Congrès prochain avec une motion sérieusement et parfaitement délibérée (*Applaudissements*). Et j'étais pour ma part, reconnaissant au citoyen Hervé dont les opinions semblaient en faveur auprès de la majorité de cette assemblée...

Le citoyen Ferdinand Buisson. — Vous n'en savez rien ! C'est une singulière façon de présider.

Le citoyen Furnemont. — Je dis et je répète que les opinions du citoyen Hervé semblaient en faveur auprès de la majorité de cette assemblée.

Le citoyen Buisson. — Vous n'avez pas le droit de dire cela.

Le citoyen Furnemont. — J'ai le droit de le dire aussi bien que n'importe quel délégué.

J'ai donc été reconnaissant au citoyen Hervé de ne pas profiter de ce courant qui aurait pu lui paraître exister, si vous aimez mieux, et d'avoir laissé la question entière. Le citoyen Buisson, maintenant, la résout ; et il la résout en donnant tort à la thèse du citoyen Hervé. Je demande, moi, que nous ne nous engagions pas aujourd'hui et que nous fassions comme le citoyen Hervé nous le demande.

La question vaut la peine que nous la mettions à l'ordre du jour du prochain Congrès et que d'ici là nous la fassions discuter par tous nos groupes. Ce n'est pas que je m'oppose à ce qu'on vote sur la motion du citoyen Buisson, — je n'en ai pas le droit ; mon devoir essentiel et strict de président est de la mettre aux voix et je la mettrai aux voix.

Je me suis simplement permis d'indiquer un sentiment personnel, qu'il appartient au président comme à tous les autres membres de l'Assemblée d'indiquer quand il croit qu'il parle dans l'intérêt de la Libre-pensée internationale (*Vifs applaudissements sur de nombreux bancs*).

Le citoyen Buisson. — Je demande la parole.

Le Président. — Vous avez la parole.

Le citoyen Buisson. — C'est une question de pure et élémentaire loyauté. Veuillez faire effort pour examiner une question très délicate, mais de simple loyauté. Je reconnais qu'il est très naturel de renvoyer à un prochain Congrès la question ainsi posée de l'attitude des libres-penseurs en cas de guerre. Je ne fais aucune objection au vote de cette proposition, et je trouve très juste que la question soit ainsi posée et destinée à être discutée amplement et loyalement. Mais d'ici là je ne veux pas, — c'est mon sentiment personnel, — que l'on puisse dire, que l'opinion publique puisse croire que le présent Congrès approuve, en attendant, la pratique qui consisterait à faire appel à des actes individuels de désertion.

Le citoyen Hervé. — C'est inexact.

Le citoyen Buisson. — Nous sommes tous citoyens de notre pays ; je ne vous demande pas de voter ce qui sera réglé à l'avenir, je vous demande seulement pour le présent une déclaration négative...

Le Citoyen Hervé. — Il y a un malentendu.

Le Citoyen Buisson. — Le citoyen Hervé croit qu'il y a un malentendu. Je lui cède la parole.

Le Citoyen Hervé. — Citoyennes et citoyens, il y a un malentendu. Je n'ai pas assez mis les points sur les *i*. Le citoyen Buisson et quelques camarades commettent un contre sens sur ce que j'ai dit. Je ne suis pas partisan de la désertion individuelle en temps de paix. (*Applaudissements sur divers bancs.*) Quand des camarades à plusieurs reprises m'ont demandé s'ils devaient déserter en temps de paix, j'ai toujours dit : « Non, en temps de paix, restez à la caserne ; il y a là de la bonne besogne à faire. »

Ce que j'ai dit, c'est que, pour empêcher les guerres, le seul moyen était de propager dans tous les pays cette idée qu'au cas où l'on voudrait nous faire entr'égorger, nous, libres-penseurs nous devrions répondre par l'insurrection générale des deux côtés de la frontière à l'ordre de mobilisation. Voilà ce que j'ai dit. (*Applaudissements sur de nombreux bancs.*)

Le Citoyen Furnemont, président. — Je crois maintenant que l'Assemblée est éclairée. Nous allons voter sur la motion de Hervé qui demande que la question qu'il a posée soit mise à l'ordre du jour du prochain Congrès.

Cette proposition, mise aux voix, est adoptée.

Le Président. — La question, dans les termes que le citoyen Hervé vient de formuler et qui ont ont été recueillis par la sténographie, sera portée à l'ordre du jour du prochain Congrès, (*Applaudissements.*)

J'appelle maintenant le Congrès à voter sur la proposition du citoyen Buisson :

Le Congrès, en adoptant la devise « Guerre à la guerre » déclare qu'il n'entend pas autoriser les appels à des actes individuels de désertion ». Cette proposition, mise aux voix est adoptée. (*Applaudissements sur de nombreux bancs. Exclamations ironiques sur d'autres bancs en assez grand nombre.*)

Le Président, après avoir donné la parole au citoyen *Tarbouriech*, sur la question de la séparation, (voir plus haut) déclare la séance levée et le Congrès international de la Libre Pensée clos, aux cris de : *Vive l'internationale de Libre Pensée* ! »

Nous ne relevons, dans la presse d'opposition, que des critiques sans intérêt.

L'ENSEIGNEMENT DU PACIFISME DANS LES ÉCOLES

Ce chapitre de la grande question ; La Libre-Pensée et le pacifisme, ayant été insuffisamment développé au Congrès quoique de la plus haute importance, et quoique passionnant les nombreux congressistes faisant partie de l'enseignement, nous reproduisons presque en entier le remarquable rapport de la citoyenne **Odette Laguerre** adopté en séance de commission.

L'école et la paix. — C'est d'une petite élite d'esprits affranchis que partent et rayonnent les grandes idées directrices de l'humanité. Mais pour que ces idées se traduisent en progrès social, il faut qu'elles pénètrent les masses et qu'elles y trouvent un terrain favorable à leur croissance.

Qui préparera ce terrain, si ce n'est l'école ?

Elle seule peut former des générations pacifiques, éprises de justice et de vérité, délivrées des préjugés héréditaires qui divisent les peuples et les maintiennent armés les uns contre les autres ; elle seule peut, par une sorte de prophylaxie morale, préserver nos fils de ces accès de chauvinisme agressif par où se manifeste encore, dans l'homme moderne, l'âme barbare du vieil ancêtre des cavernes ; elle seule, peut rendre réalisable, un jour, l'idéal encore fuyant et lointain des apôtres de la paix.

L'évolution du patriotisme à l'école. — Jusqu'en ces dernières années, nos éducateurs, dominés par les souvenirs de la néfaste guerre de 1870, ont fait de l'école une antichambre de la caserne, une pépinière de petits trublions qu'ils s'imaginaient entraîner aux revanches nécessaires en leur apprenant les vers de Déroulède, en les faisant jouer au soldat, en leur soufflant le mépris de l'étranger et la haine du Prussien.

Ils ne voyaient pas qu'ils reniaient ainsi la grande tradition révolutionnaire, le large esprit fraternel des patriotes de 1792 et de 1848, pour exalter les tendances militaristes qui préparent les 18 brumaire et les Waterloo, les 2 décembre et les Sedan. Tout l'enseignement favorisait ces tendances : l'histoire, les leçons d'instruction civique, la poésie, le chant, au lieu d'une culture nationale distribuaient le virus nationaliste en laissant dans l'ombre les besognes utiles de la paix, l'héroïsme sans panache et sans fracas des ouvriers de vie et de progrès, pour mettre en relief les gestes militaires, pour encenser les victoires de l'épée, la gloire des conquérants et la beauté de la mort sur les champs de bataille.

Veut-on juger, par un exemple typique des résultats de cette éducation ? Il y a cinq ans, un journal scolaire bien connu avait mis au concours cette question : « Quel est, dans l'histoire, le grand homme que vous aimez le mieux ? Dites les raisons de votre préférence. »

Sur 752 réponses envoyées par les écoliers 689 désignaient des guerriers ou des guerrières. Le prestige de la gloire militaire seul avait frappé la plupart de ces cerveaux d'enfants.

Les éducateurs conscients ont enfin compris la nécessité de réagir contre un enseignement si propre à réveiller la bête de proie qui sommeille au cœur de tout homme, si favorable aux futures tentatives césariennes. Les lumières projetées par l'affaire Dreyfus sur les mœurs militaires, les espérances provoquées par la conférence de la Haye, ont déterminé dans l'enseignement primaire une orientation nouvelle. Au lieu de préparer les jeunes générations à la guerre, il aura désormais pour but de les acheminer à la paix sociale et internationale.......

Faut-il aller plus loin ? Faut-il, comme le voudraient certains esprits absolus, impatients de détruire l'injustice et de réaliser l'harmonie universelle, demander à l'école d'enseigner que la patrie est une conception barbare et anti-sociale, que les frontières n'existent pas, que tous les pays se valent, que toute guerre est un crime et que le devoir des peuples est d'empêcher ce crime en se refusant au service militaire, en désertant, au besoin sur les champs de bataille où pourraient les conduire la folie de leurs gouvernements ?

Si un tel enseignement pouvait être vraiment et complètement international, s'il pouvait à la même heure et dans la même mesure s'infiltrer dans toutes les écoles et dans tous les cerveaux et produire dans tous les pays du monde une évolution parallèle de la conscience humaine, il faudrait l'accepter avec enthousiasme.

Mais ce parallélisme ne saurait être obtenu actuellement ; les patries existent ; elles diffèrent profondément les unes des autres par le régime politique, la langue, l'esprit, les mœurs, la civilisation ; cette diversité, est leur raison d'être, et tant qu'elle subsistera, nous pouvons rêver la fédération, mais non la fusion ni la destruction des patries.

Surtout nous ne devons pas renier ni risquer d'affaiblir celle en qui s'accomplit, comme dans le cerveau du monde, la genèse des idées émancipatrices, en qui se développe avec le plus de puissance et de largeur le mouvement pacifique.

Nous devons être Français d'autant plus ardemment que nous sommes plus humanitaires, puisque, jusqu'ici c'est la France qui a été la grande éducatrice de l'humanité et qu'avec elle disparaîtrait dans les brumes les plus épaisses l'espoir de voir triompher la pensée libre et pacifique.

Ce n'est donc pas l'antipatriotisme qu'il faut enseigner aux enfants de nos écoles, mais un patriotisme élargi ; ce n'est pas le refus du service militaire, mais la ferme volonté d'arriver, par une recherche internationale de plus en plus sincère et complète, à la pratique de l'arbitrage et au désarmement simultané.

C'est là le terrain lumineux et solide dont ne doivent pas s'écarter les éducateurs de la jeunesse, sous peine de perdre contact avec la réalité des faits, et de provoquer, en dépassant le but, les plus funestes réactions.

En France, la grande majorité des institutions l'a compris. Quarante sept Amicales et associations pédagogiques diverses ont donné leur adhésion au programme de la **Société de l'Education pacifique**.

D'autre part, la Ligue de l'Enseignement qui jusqu'ici montrait une certaine défiance de l'idéal pacifique et s'obstinait à respecter l'épée à l'égal du livre, s'est décidée à rompre avec des traditions caduques pour s'élever à une conception plus haute et plus neuve de l'enseignement civique. Elle a voté au Congrès d'Amiens une série de résolutions tendant à ouvrir franchement et largement les écoles à la propagande pacifique.

Hors de France aussi, cette propagande est en progrès. Les éducateurs anglais ont fait le plus enthousiaste accueil à l'adresse que leur a envoyé récemment la **Société de l'Education pacifique** pour leur exposer son programme et leur demander d'y adhérer.

La Fédération générale des Instituteurs belges doit examiner à son prochain Congrès de Liège « Ce que peut faire l'école pour amener la frater-

ternité des peuples et la paix universelle. » En Italie, en Suisse, en Allemagne aux Etats-Unis, les pacifistes s'efforcent d'organiser la propagande par l'école.
Nous avons essayé d'en déterminer l'esprit et le but. Voyons quels en peuvent être les moyens.

LES MOYENS D'ENSEIGNER LA PAIX

L'éducation physique d'abord, en formant des êtres harmonieux, bien équilibrés, heureux de vivre, nous paraît appelée à jouer un rôle important dans la lutte contre les instincts destructeurs et les violences impulsives de la bête humaine. Il faut écarter de cette éducation tout ce qui solliciterait les énergies brutales, le goût de la bataille. Pas de guerres entre les enfants même pour rire, pas de jeux cruels, et pas de jouets éveillant l'idée du meurtre.
Remplaçons les exercices militaires des anciens bataillons scolaires par une rationnelle gymnastique de mouvements, faisons aimer aux enfants les jeux riants et beaux, comme la danse par exemple, qui sollicitent le corps aux nobles attitudes et l'esprit aux impressions d'art et de joie.
L'Enseignement de la morale à l'école doit être un des plus puissants instruments de la propagande pacifique, s'il est bien compris, s'il constitue non une sèche énumération de ce qu'il faut faire ou ne pas faire, mais une constante sollicitation à la bonté, un constant appel à la raison et à la sincérité de l'enfant.
Profitons de son séjour à l'école pour ouvrir son âme à la bienveillance à la sympathie non seulement envers ses camarades, mais envers tous les êtres animés qui l'entourent et même envers les choses. Car les choses aussi travaillent pour nous.
Sans détruire en lui la personnalité, sans lui ôter le sentiment de son droit propre, principe de dignité et d'énergie, il faut habituer l'enfant à chercher son plaisir dans le plaisir commun, son intérêt dans l'intérêt de tous, en un mot développer en lui le sens social, fondement de l'esprit pacifique.....
Et pour que cet enseignement porte tous ses fruits, il est nécessaire de le dégager entièrement du dogme, source perpétuelle de haine et de conflits entre les hommes.
Nul ne peut être pleinement humain s'il ne s'affranchit des préjugés enfantés par les religions, et de l'esprit d'intolérance qu'elles portent partout avec elles.
Enseignement scientifique. — L'enseignement scientifique ne vaut pas seulement comme discipline de l'esprit, il a encore une valeur humanitaire. C'est la science, en effet, comme le dit Fouillée, qui a peu à peu rapproché les hommes et les rapproche chaque jour davantage. « Dès l'origine, les intelligences ont coïncidé dans les proportions géométriques tout autant que coïncident les côtés de deux triangles égaux. Le petit Japonais ou le petit Russe qui apprennent la géométrie ne font qu'un en esprit..... Toute vérité est aussi une solidarité. »
Il importe donc au triomphe de l'idée pacifique, autant qu'à celui du rationalisme d'établir l'enseignement populaire sur des bases scientifiques et par là nous ne demandons pas le bouleversement des programmes et l'introduction de nouvelles matières, mais l'application de la méthode scientifique et le développement de l'esprit critique, dans toutes les branches de l'enseignement primaire.
L'enseignement historique. — C'est surtout dans l'enseignement de l'histoire qu'il faut apporter des vues nouvelles. Il ne s'agit pas de dénaturer les faits du passé, de supprimer comme l'ont demandé quelques-uns, le récit des batailles et le souvenir des héros guerriers, car ce serait fausser absolument la vision des temps barbares traversés par l'humanité. Maintenons cette vision dans son intégrité mais faisons sortir d'elle des leçons de justice et de raison ; montrons les horreurs de la guerre, l'envers sanglant des victoires, et tout ce que coûte la gloire d'un Napoléon : mettons en lumière l'histoire négligée, jusqu'ici, du travail humain ; plaçons les créateurs avant les destructeurs, montrons qu'il est des héros pacifiques, louons comme ils le méritent,

les défenseurs du droit et de la vérité; combattons les préjugés qui divisent les hommes, insistons sur les liens de solidarité qui les unissent. Faisons toucher du doigt, en nous appuyant sur des chiffres exacts, des graphiques parlant, l'énormité croissante et ruineuse des budgets nécessités par les armements, même en temps de paix, et le soulagement immense qui résulterait pour les peuples d'un meilleur emploi des sommes ainsi engouffrées. Instruisons les enfants des origines et du développement du mouvement pacifique, des principes et des premières applications de l'arbitrage international. Et apprenons-lui à connaître et à aimer les noms des apôtres de la paix (1).

L'histoire serait encore un puissant moyen de pacification si elle devenait plus internationale, moins préoccupée de suivre l'évolution d'un peuple que de marquer les grandes étapes de la civilisation humaine. Il faut progressivement nous acheminer à cette universalité de l'enseignement historique.

Quand tous les petits écoliers du monde auront appris l'histoire de la même façon, ils seront bien près de se sentir frères.

L'enseignement artistique. — Par le chant, par la poésie, par l'image, les idées pacifiques ont de puissants moyens de pénétrer dans les cerveaux des enfants. L'éducateur ne doit négliger aucun de ces moyens. Les vers de Déroulède, les affreuses illustrations de certaines couvertures de cahiers, les scènes de tueries exposées aux murs des écoles ont été pour la Jeunesse d'actifs propagateurs de militarisme. Il est temps de réagir contre cette influence délétère, par un prophylaxie énergique.

Enseignement des langues. Echanges d'enfants. — L'enseignement des langues étrangères et les échanges internationaux d'écoliers allant, d'un pays à l'autre, compléter leur éducation, seraient d'admirables moyens de propagande pacifique s'ils étaient à la portée du peuple. Mais tant qu'on n'aura pas résolu le problème de l'enseignement intégral, ces moyens resteront dans le domaine bourgeois.

Coéducation. — Nous n'envisageons ici la coéducation qu'au point de vue pacifiste et elle nous apparaît éminemment propre à combattre chez les jeunes garçons, les tendances dominatrices et brutales qui font encore de l'homme un animal de combat.

Non seulement nous désirons, dans ce but, le fraternel rapprochement des deux sexes dans l'étude et le jeu, mais nous voudrions voir la femme diriger plus qu'elle ne le fait l'éducation de la jeunesse et de son cœur, et de son cerveau, créer ces générations pacifiques dont nous attendons la construction de la Cité meilleure.

---

(1) L'auteur de ce compte-rendu du Congrès ajoute qu'un livre existe qui est la réalisation de ce programme. Ce livre est intitulé **Pour la Paix**, et a pour auteurs la citoyenne *Odette Laguerre* elle-même, et la citoyenne *Madeleine Carlier*.

Nous rappelons en même temps que les théories antimilitaristes du citoyen *Gustave Hervé* se trouvent exposées, plus complètement qu'en son discours du Congrès, dans *un livre* intitulé **Leur Patrie**, en vente chez l'auteur, 89, rue de Vaugirard, Paris.

M. C.

SIXIÈME COMMISSION

Commission des vœux

La Commission des vœux se composait des citoyennes et citoyens dont les noms suivent :

Allemagne, Ida Altmann, L. Strauss.
Angleterre, Mac Cab, Snell.
Belgique, Dons, Furnémont.
Bohême, Hedvika Chyska, Karel Pelant.
Espagne, Jules Ferrand.
France, Lenoir, Elisabeth Roche.
Italie, Berlenda, Dr Andreis.
Luxembourg (Grand-Duché), Paul Flesch, Joseph Klees.
Pologne, Radlinski, I Zielinska, adjointe O. Badior.
Portugal, Magalhaès Lima.
Russie, Sémenoff.
Suisse, Botochénéano, Louis Grange.

Quelques vœux ont été mentionnés au cours de ce compte rendu. Nous classons les autres vœux et motions suivant l'ordre des questions du Congrès.

PLAN D'UNE NOUVELLE ENCYCLOPÉDIE

Vœux **Blanc** et **Eys** (voir première commission). Vœu du **Dr Waldemar C. de Korab**, du Paraguay demandant :

1° La publication, pour commencer, d'un extrait ou abrégé, en 1 ou 2 volumes ;

2° La publication du même en 4 langues, français, anglais, allemand et espagnol.

MORALE SANS DIEU

a) Fondement scientifique de la morale

Vœu présenté par la **Libre-Pensée Saint-Loïse**, en vue de créer une morale purement laïque, s'inspirant du développement de la personnalité, des rapports de celle-ci dans la solidarité sociale, et des devoirs envers la nation et l'humanité.

Proposition présentée par les citoyens **Cipriani, Heaford, D. Nieuwenhuis, M. Lima, O. Karmin, T. del Marmol, Semenoff, Pirodil**, ainsi conçue : « Le Congrès international de la Libre Pensée se déclare ennemi de toutes les religions, et adopte la devise : Ni dieux ni maîtres. »

b) L'enseignement de la morale. Vœux relatifs à l'enseignement

Sur la question de l'enseignement bien qu'elle ait été examinée déjà aux Congrès de Genève et de Rome, certains groupes ont voulu affirmer une fois de plus leur volonté de voir laïciser effectivement et efficacement, tous les établissements d'éducation et d'instruction à tous les degrés.

Les groupes du **2e arrondissement de Lyon**, de **Dieppe** et de **Sfax** (Tunisie) réclament la suppression de tous les établissements congréganistes, suppression des aumoniers dans les lycées, collèges, sur les bâtiments de la flotte, etc...

Pendant le Congrès **123 instituteurs ou institutrices** qui assistaient aux séances, se sont réunis, et ont proposé le vœu suivant :

Les instituteurs et institutrices de France et des colonies présents au Congrès international de la Libre-Pensée de Paris, demandent au Congrès qui va répandre les principes de la morale sans Dieu : 1° de faire exposer par les rapporteurs de la question, et en particulier par le citoyen F. Buisson, tous les méfaits de la **neutralité scolaire**, mensongère, avec laquelle on a combattu jusqu'à maintenant l'esprit critique qui n'a pas à connaître Dieu pour enseigner. 2° Que les organisations de Libre-Pensée représentées au Congrès prennent à tâche en démontrant la supériorité de la morale sans Dieu, et en exposant les moyens de l'enseigner, de faire accorder par un mouvement profond provoqué dans la Libre-Pensée et l'esprit républicain, **la garantie des libertés du citoyen**, chez tous les universitaires et fonctionnaires qui doivent propager et vulgariser par la Libre-Pensée, les progrès de la science.

Le vœu de la citoyenne **Félicie Numietska** réclame l'éducation intégrale pour tous les enfants sans distinction de fortune ni de sexe, et basée sur le principe de la coéducation.

Vœu présenté par la **Libre-Pensée de Saint-Dié**, demandant la suppression dans le programme de morale des écoles primaires, du chapitre intitulé : Devoirs envers Dieu. Demande qu'il ne soit point fait allusion à des obligations envers un être, hypothétique ou non qui, à l'école primaire et toujours dans un but de liberté, ne doit être *ni affirmé, ni nié*.

Vœu présenté par la **Libre-Pensée de Lyon et du Rhône**, réclamant des pouvoirs publics dans le délai le plus rapproché, la disparition complète des livres mentionnant le nom de Dieu, et faisant, l'apologie des religions, dans les écoles publiques.

Vœu présenté par la **Libre-Pensée du 6e arrondissement de Lyon**, demandant une révision complète des livres scolaires.

Vœu de la société de propagande républicaine, radicale socialiste, de Givors délégué, citoyen **Francis Baudrand** ; demandant la laïcisation complète des livres destinés à l'enseignement dans les écoles de l'Etat.

Vœu présenté par la **Libre-Pensée de Saint-Dié**, relatif aux listes départementales de livres classiques, qui entravent toute initiative raisonnée du maître et sont contraires, par conséquent, à l'esprit de la libre pensée.

Vœux nombreux tendant à donner à l'état le monopole de l'enseignement.

Vœu présenté par le **Dr Beulaygue** d'Alger, réclame une fois de plus l'abrogation de la « loi Falloux », et le monopole de l'enseignement par l'Etat.

Vœu de la citoyenne **Gombert**, tendant à unifier l'enseignement et à ne plus entretenir d'écoles où les riches seuls ont accès.

La citoyenne **Petit** propose que les préaux des écoles soient utilisés le dimanche pour l'organisation de fêtes familiales instructives et éducatives, ces fêtes auraient pour but en même temps que de procurer gratuitement des distractions saines et honnêtes de développer le goût du beau tant au point de vue musical qu'esthétique ou poétique.

Le citoyen **Deschamps**, instituteur à Poissy, propose que les libres-penseurs des deux mondes, réunis au Trocadéro, envoient leur salut fraternel aux professeurs et instituteurs déplacés pour cause d'opinion socialiste ou libre-penseuse.

La **Solidarité Sfaxienne**, le **Groupe du 2e arrondissement de Lyon**, la **Fédération Vosgienne « Science et Vérité »**, la **Libre-Pensée de Saint-Dié**, ont présenté des rapports citant des faits précis prouvant qu'il arrive, dans certains cas, que la qualité de libre-penseur est en quelque sorte incompatible avec la sécurité et l'indépendance des fonctionnaires. Ces rapports se terminent par des vœux demandant que la liberté civique des fonctionnaires soit respectée, en particulier celle des instituteurs et des institutrices, trop souvent victimes de l'intolérance et des rancunes cléricales. La fédération Vosgienne en particulier demande que la circulaire du 25 mars 1903 adressée par M. Combes à tous les préfets, soit appliquée dans toute sa rigueur.

Le groupe de **Libre-Pensée de Feyzin** (Isère), demande que tous les ministres exigent de la part de certains fonctionnaires plus de fidélité à la république qui les paye, et au besoin l'épuration du personnel administratif.

La **Libre-Pensée de Grenoble et de Voiron** (Isère) présente un ordre du jour en faveur de tous ceux qui sont poursuivis pour délit d'opinion.

Pour ce qui se rapporte à la situation particulière de son pays, la **Fédération Tunisienne** demande l'appui du Congrès pour réclamer la suppression des décrets du 13 mars et du 5 avril 1905, comme étant contraires à l'exercice de la liberté.

c) La Libre-Pensée et l'art

Vœu présenté par le citoyen **H. Godet**, au nom de l'association des artistes libres penseurs, ainsi conçu :

Le Congrès, considérant que les religions ont trouvé dans l'art un de leurs plus puissants moyens d'action intellectuelle, considérant d'autre part le caractère essentiellement international de la propagande, émet le vœu que dans chaque nation les militants libres penseurs et les organisations de la Libre Pensée, favorisent la laïcisation de l'art en encourageant la création d'œuvres d'art ayant un caractère de propagande antireligieuse.

Le Congrès international, considérant la puissance moralisatrice de l'art et son incompatibilité avec tout ce qui est laid, bas et vulgaire, émet le vœu, que l'éducation de l'instinct du beau et le développement du sens artistique, deviennent la base de la morale laïque.

ORGANISATION DE LA PROPAGANDE

Vœux relatifs aux inhumations :

Sur la question des funérailles, et comme complément à la loi sur les inhumations le **Groupe de Tours** demande : que dans toutes les mairies il soit établi un registre destiné à recevoir les testaments. La commission informe les congressistes que ce registre existe ou doit exister dans toutes les mairies, il appartient donc à tous les propagandistes, à tous les groupements ou fédérations de le faire savoir, d'en réclamer l'établissement là où il n'existe pas, et aussi d'inviter les libres-penseurs qui veulent que leurs volontés soient respectées à se servir de ce registre. Et une proposition ainsi formulée :

Les congressistes prient M. le Ministre de l'intérieur de vouloir bien faire adresser aux municipalités une circulaire portant à la connaissance de tous la nouvelle loi sur les inhumations, afin qu'elle puisse recevoir une exécution complète.

Emblêmes religieux, Baptêmes :

De la même origine un autre vœu priant M. le Ministre de l'instruction publique d'adresser une circulaire très ferme pour l'enlèvement de tous les emblèmes religieux, à l'intérieur et à l'extérieur de tous les établissements d'enseignement de l'état.

Au nom de la liberté et du droit de l'enfant, le citoyen **Léger** délégué du patronage Etienne Dolet demande qu'il soit interdit aux prêtres de baptiser un enfant sans le consentement écrit du père et de la mère, et qu'une peine juridique soit la sanction de cette infraction.

Publications rationalistes :

Vœu présenté par le citoyen **Karel Pelant**, de Prague, invitant le secrétariat international de la Libre Pensée à centraliser les renseignements concernant la L. P., à éditer des œuvres rationalistes, des documents, etc., — un organe central sera rédigé par ses soins en français ou en espéranto.

Vœu présenté par les citoyens **Rahier, Chevals, Secretin**, tendant à la création d'un annuaire de la Libre Pensée internationale, annuaire qui sera à la fois un *calendrier* libre penseur, un document sur la situation de la Libre Pensée dans chaque pays, sur le mouvement libre penseur, etc.

Erections de statues :

Un vœu signé par le citoyen **Verraud** proposant qu'à Paris il soit élevé un monument à P.-J. Proudhon.

Egalement un autre vœu de la **Fédération de Vienne** (Isère) demandant que le Congrès émette un avis favorable au projet d'élever un monument à la mémoire de Michel Servet, et que dans tous les pays où l'intolérance s'est affirmée cruellement par la violence et l'effusion du sang, les libres-penseurs prennent l'initiative de perpétuer et d'honorer la mémoire de ces victimes.

Le citoyen **Kienlin** exprime, au nom d'un groupe de libres-penseurs, le désir de voir ériger dans Paris un monument à Giordano-Bruno en commémoration de son séjour à Paris en 1582 et de l'appui qu'il est venu apporter aux philosophes français de l'époque dans leur lutte contre la scolastique.

Un autre vœu proposant une statue commémorative de la séparation de l'église et de l'état. La commission tout en considérant la séparation de l'église et de l'état comme un événement politique et historique de la plus haute importance, estime qu'il serait prématuré de glorifier cet acte, avant que la loi ait été mise en application.

Langue internationale :

Vœu présenté par le citoyen **Fonrobert**, avocat, tendant à mettre à l'ordre du jour du Congrès l'étude de la langue internationale espéranto.

Même vœu du citoyen **Botochénéano.**

Même vœu du citoyen **Bazire.**

Ces vœux ont été soutenus par le citoyen **Tarbourlech**, délégué de la société pour la propagation de la langue espéranto, — et adoptés.

Libre-Pensée et Socialisme :

Vœu de la **Libre-Pensée de Saint-Claude** (Jura), tendant à ce que la Libre-Pensée oriente son action vers le socialisme intégral qui seul peut affranchir les consciences aussi bien au point de vue moral qu'au point de vue matériel.

Le Groupe « **L'Idée sociale** » d'Arles, dans un rapport définissant ce qu'est la Libre-Pensée, termine son exposé en disant : que l'émancipation intellectuelle et morale de l'humanité n'est possible que par son émancipation économique, c'est-à-dire par l'établissement d'un régime social sous lequel pas un être humain ne pourra plus être sacrifié, ni même négligé, et où tous auront le même droit à la vie, à l'éducation et à l'instruction.

Vœu présenté par les citoyens **Libero Merlino, A. Cipriani, D. Nieuwenhuis, Sémenoff, Stackelberg, Scaturro,** où — après avoir protesté contre les méthodes inquisitoriales en vigueur dans les prisons italiennes et russes, contre l'intervention de la force armée dans les conflits entre le capital et le travail, — les signataires affirment la nécessité de constituer, au sein du congrès, un comité permanent chargé de soulever dans l'opinion publique des autres pays un mouvement de protestation générale et suivie, contre ce renouvellement des massacres de travailleurs et contre tous les systèmes qui continuent les traditions inquisitoriales catholiques.

La Loge d'Alger, « **L'Evolution mutuelle** » propose le vœu suivant :

A la suite du vote de la loi sur la séparation des Eglises et de l'état, de ce grand acte de libération morale, il est du devoir du parlement Français, de ne pas terminer la présente législation sans avoir fait aboutir la loi sur les retraites ouvrières et paysannes, et l'impôt sur le revenu.

Assistance :

Le citoyen **Bochoraz**, délégué tchèque, demande pour son pays que le congrès émette le vœu qu'afin de soustraire les libres-penseurs sans ressources aux pressions des organisations d'assistance religieuse, les frais afférents aux mariages et à la traduction des pièces officielles, soient réduits autant que possible, car actuellement ils sont si considérables que des associations chrétiennes se sont formées pour payer ces frais, elles mettent de ce fait les jeunes ménages sous la dépendance de l'église. Le citoyen Valabrègue dénonce les associations catholiques d'agents qui se sont formées sous l'œil bienveillant des grands chefs. Les termes des statuts sont tels qu'ils portent atteinte à la neutralité nécessaire dans une administration publique, et par conséquent aux opinions des libres-penseurs. Il propose un vœu invitant le Ministre des travaux publics à ouvrir une enquête sur la propagande faite par les grands chefs en faveur de cette œuvre, et sur la pression exercée sur le personnel pour qu'il s'inscrive à cette association cléricale.

La **Fédération régionale de Bretagne et de Vendée,** en son Congrès régional, tenu à Nantes en 1905, a décidé que le Congrès international de la Libre-Pensée de septembre serait invité à étudier la fondation d'un orphelinat, où les enfants recevraient une éducation appropriée aux idées de justice, d'égalité et de solidarité qui constituent la raison d'être de la Libre-Pensée.

Libre-Pensée et Féminisme :

Vœu de la citoyenne **Vera Starkoff**, ainsi conçu :

Le Congrès soucieux de réhabiliter la maternité flétrie par l'église et le code actuel s'engage à faire abolir dans le plus bref délai l'ignoble règlement des maisons dites d'enfants assistés qui défend à la mère de voir son enfant.

« **L'Union Fraternelle** » des femmes propose : Que les organisations libres-penseuses comprennent dans leurs programmes les revendications féministes, et ne négligent en aucune occasion de soutenir et au besoin de réclamer toutes les réformes tendant à l'égalité sociale absolue des deux sexes.

Libre-Pensée aux Colonies :

La fédération de la **Libre-Pensée de la Guadeloupe** a présenté un rapport très clair, net et précis, empreint du plus pur sentiment de justice. Il se termine à peu près par ces mots :

Pourquoi deux morales? pourquoi deux doctrines républicaines? pourquoi enfin poursuivre par tous les moyens l'abolition des religions en France et dans tous les états civilisés, et favoriser aux colonies la domination des ces mêmes religions, propagées par leurs hideux missionnaires de toutes les superstitions dont on poursuit la ruine ailleurs? Les populations coloniales ont le droit d'exiger que la Libre-Pensée les pèse dans la même balance de l'Egalité, et qu'elle les traite suivant les nobles principes dont elle se prévaut dans le monde. C'est pourquoi nous formulons les vœux suivants :

1° *Application aux colonies, comme elles le sont dans la métropole, de toutes les lois, décrets et mesures générales, qui ont été jusqu'ici arrachées en France et ailleurs à l'égoïsme bourgeois et à l'esprit d'obscurantisme.*

2° *En vertu des principes de la Libre-Pensée, qui sont ceux de la République, ne faire aucune différence entre les hommes, les races et les peuples que celles que créent la vertu, la probité, la pratique du devoir, l'honneur et la dignité.*

Sur l'œuvre coloniale, la citoyenne **Baduel Renaud** appelle l'attention du Congrès sur les esclaves du Sénégal, et la citoyenne **Séville** propose trois vœux demandant :

1° Que le Gouvernement aide de tout son pouvoir les missions laïques; 2° que le gouvernement choisisse de préférence des fonctionnaires libres-penseurs pour administrer les colonies. Et enfin que le gouvernement désigne des femmes comme fonctionnaires toutes les fois qu'elles en auront les aptitudes.

Vœux divers :

Vœu présenté par le citoyen **Catonné**, invitant chaque Groupe de Libre-Pensée à créer, dans sa propre commune, une université populaire.

Vœu présenté par la **Ligue de propagande d'athéisme**, tendant à supprimer, sur les monnaies, les mots : Dieu protège la France (ou la Belgique, etc.)

Et un deuxième vœu invitant le gouvernement français à ne plus se faire représenter « aux cérémonies ou mascarades » religieuses.

Vœu **Ida Altmann**, contre la peine de mort.

Vœu de l'**Ecole de la paix**, tendant à favoriser la création de sections de « jeunesses libres penseuses ».

Vœu du citoyen **Augé** tendant à ne plus reconnaître comme officielles les fêtes religieuses, mobiles ou fixes, et à les remplacer par des fêtes civiques.

Vœu sur le repos hebdomadaire :

Vœu présenté au Congrès de Paris, par le Dr Petitjean, sénateur, et tendant à ce que le Sénat ne rétablisse pas la loi de 1814 interdisant le travail du dimanche.

Citoyens,

Une loi d'un intérêt social considérable est actuellement en discussion devant le Parlement, loi qui mérite de retenir l'attention des libres-penseurs et appelle un manifeste de la part du Congrès de la Libre-Pensée, car suivant que cette loi sera votée dans un sens ou dans l'autre, elle peut produire les meilleurs résultats et être une loi de liberté, ou porter atteinte au plus inviolable des droits, à la liberté de conscience et redonner à l'esprit d'obscurantisme la force que, grâce à nos efforts il est en train de perdre.

Il s'agit du repos hebdomadaire.

Il y a plus d'un siècle que l'on a reconnu universellement la nécessité pour l'homme de se reposer un jour sur sept.

Notre grande Révolution en libérant les esprits du joug moral que faisaient peser sur eux la monarchie et l'Eglise, a voulu ainsi affranchir le corps de l'homme du joug matériel qui l'accablait. Elle a inscrit dans la loi l'obligation du repos.

Aujourd'hui, et depuis cinquante ans, médecins, économistes, philosophes sont d'accord avec les philanthropes pour reconnaître que l'homme a droit à un jour de repos, après six jours de travail, et que ce repos lui est nécessaire.

Les patrons, soucieux de leurs véritables intérêts accordent ce jour de repos depuis longtemps, car ils savent, pour l'avoir constaté, que l'homme qui ne se repose jamais ou rarement, qui, en tous cas ne jouit pas d'un repos régulier, mathématique, use rapidement ses forces et ne fournit plus la somme de travail désirable, devient un rouage coûteux, quand, au contraire, l'homme qui peut se reposer un jour sur sept produit un travail plus rémunérateur pour le patron et pour lui-même.

La généralisation du repos hebdomadaire existe en Angleterre et certains économistes de ce pays affirment que c'est là une des raisons de sa prospérité industrielle et commerciale.

En France, actuellement, le repos régulier n'existe que pour les fonctionnaires, à quelques exceptions près, et pour certaines grandes industries.

La loi en discussion a pour but de créer définitivement l'obligation du repos hebdomadaire. Il ne saurait y avoir contestation sur l'utilité d'une telle loi. Il faut que tout travailleur ait le droit de se reposer un jour sur sept, sans que son employeur puisse pour cette cause, le remplacer. C'est par le caractère obligatoire de la loi que l'on obtiendra ce résultat. On ne peut donc qu'en désirer le vote rapide.

Mais il faut que cette loi, destinée à sauvegarder des intérêts très louables, à assurer la liberté du repos, ne soit pas une loi attentative à la liberté de conscience et à la liberté du travail.

Vous savez que la Chambre des députés, sur un rapport de M. Georges Berry, député de la Seine, a voté l'obligation du repos hebdomadaire, et que, sans un incident qui s'est produit au Sénat, au début de la discussion, nous pourrions jouir déjà des bienfaits de cette loi.

La haute assemblée allait en effet la voter telle que la Chambre la lui avait envoyée, lorsqu'un sénateur a déposé un amendement portant que le repos hebdomadaire aurait obligatoirement lieu le dimanche.

Nous allons vous démontrer le caractère essentiellement religieux d'une telle institution, appeler votre attention sur ses dangers, vous prouver que, en même temps qu'une atteinte à la liberté de conscience, elle serait une atteinte à la liberté du travail, et vous donner sur ce sujet, l'opinion des vieux républicains, de ces pères de la démocratie, dont l'avis a bien pour nous une autre valeur que celui des pères de l'Eglise.

Le dimanche (Dies dominica, jour du Seigneur) est le premier jour de la semaine, celui qui est consacré aux pratiques de la religion chrétienne.

En vertu de l'institution apostolique, le dimanche remplace le Sabbat des Juifs comme jour de repos et jour consacré à Dieu.

L'observation du dimanche fut ordonnée par une loi de Constantin de l'an 321 : toutes les affaires judiciaires, tous les travaux des artisans furent suspendus ce jour-là.

Valentinien Ier confirma cette loi et les empereurs Gratien et Théodose, dans leur foi religieuse, allèrent jusqu'à prohiber les spectacles le dimanche.

L'Eglise désigne en général les dimanches d'après les parties de l'année liturgique auxquelles ils correspondent. Ainsi, elle les nomme les dimanches de l'Avent, de l'Epiphanie, du Carême, de la Passion, des Rameaux, de Pâques, de la Pentecôte, etc.

En 1814, au lendemain des désastres qui ont entraîné la chute du premier empire et amené la Restauration, comme don de joyeux avènement, le roi dota la France d'une Charte instituant la religion catholique religion d'Etat et d'une loi obligeant tous les Français à célébrer ce culte en chômant le dimanche.

Sous l'ancienne monarchie, divers édits et ordonnances étaient intervenus pour défendre le travail des dimanches et jours fériés. Ces prescriptions avaient disparu avec la Constitution de 1791 et les Constitutions postérieures, qui, en proclamant la liberté du travail, reconnaissaient à chacun la faculté de disposer de son temps comme bon lui semblerait. L'article 3 de l'arrêté du 7 thermidor an 8 disposait « que les simples citoyens ont le droit de pourvoir à leurs besoins et de vaquer à leurs affaires tous les jours, en prenant du repos, suivant leur volonté, la nature et l'objet de leur travail ».

La loi du 18 novembre 1814, votée sous l'influence d'une réaction politique et religieuse, vint remettre en vigueur les anciennes dispositions sur la célébration du dimanche. Aux termes de l'Art. Ier les travaux ordinaires devaient être interrompus les dimanches et jours de fêtes reconnues par la loi de l'Etat.

L'article 2 faisait de cette règle un certain nombre d'applications en interdisant : 1° aux marchands d'étaler et de vendre à volets ouverts ; 2° aux colporteurs et étalagistes de colporter et d'exposer en vente leurs marchandises ; 3° aux artisans et ouvriers de travailler extérieurement et d'ouvrir leurs ateliers ; 4° aux charretiers et voituriers de faire des chargements dans les lieux publics de leur domicile. Toute contravention était punie de peines de simple police (Art. 5).

La loi établissait toutefois, à raison de l'urgence et d'une sorte de force majeure, des limitations dont les unes étaient subordonnées à l'appréciation de l'autorité municipale (ouvriers employés à la moisson, aux travaux urgents de l'agriculture ou du bâtiment, art. 8), et dont les autres existaient *ipso facto* (postes, voitures publiques, chargements de navires, comestibles, etc., art. 7).

La loi disposait enfin que dans les communes de moins de cinq mille habitants il était interdit de donner à jouer ou à boire pendant l'office, dans les établissements publics (art. 3).

Cette loi fut appliquée assez rigoureusement pendant la période de la Restauration, mais après la Révolution de 1830, ou plutôt depuis la révision de la Charte, elle fut contestée et considérée comme implicitement abrogée par suite de la suppression de l'art 6 de la Charte de 1814, qui proclamait la religion apostolique et romaine religion d'Etat, et du remplacement de cette disposition par celle des art. 5 et 6 de la Charte constitutionnelle de 1830 portant que cette religion est celle de la majorité des Français, que chacun professe sa religion avec une égale liberté et obtient pour son culte la même protection.

Cette doctrine, combattue par Foucart a été également repoussée par la Cour de Cassation en 1838, 1845, 1850, 1851, 1854, 1856, 1864 et 1872. Ces dates ont leur importance, car elles indiquent que sous tous les régimes qui ont suivi la Restauration, la jurisprudence a toujours reconnu l'existence de la loi de 1814 et maintenu son application.

Il était donc nécessaire de recourir à l'intervention du législateur et de lui demander de prononcer l'abrogation d'un texte qui avait cessé d'avoir sa raison d'être et qui n'était plus en harmonie ni avec notre état social, ni avec notre régime politique.

C'est ce qu'ont pensé les républicains, après l'échec du coup d'Etat du 16 mai, et la loi du 12 juillet 1880 abrogea la loi néfaste de 1814.

Mieux que toutes considérations, une analyse succinte et impartiale des discussions auxquelles cette abrogation donna lieu, montrera les effets funestes de la loi de 1814 et quel caractère l'Eglise et ses représentants attribuent au repos dominical.

C'est un vaillant républicain, un combattant des journées de février, représentant du peuple en 1849, M. Maigne qui fut député de 1876 à 1885 qui proposa l'abrogation de la loi de 1814. Deux lignes sur sa carrière politique attestent la fermeté de ses convictions républicaines et anticléricales.

Maigne appuya l'interpellation de Ledru-Rollin sur l'expédition de Rome. L'empire le condamna à la déportation et le déclara déchu de son mandat. Compris dans l'amnistie du 15 août 1859, il se retira à Genève et y resta jusqu'à la chute de l'Empire.

Rentré à la Chambre en 1876, il siégea à l'extrême-gauche, et vota l'amnistie plénière proposée par Louis Blanc. On le trouve avec les 363. Il vote pour la séparation des Eglises et de l'Etat, pour la liberté absolue de réunion, d'association et de la presse et fait voter un amendement, en 1880, exceptant les réunions électorales de la présence d'un délégué de l'Administration.

C'est en 1877 qu'il proposa l'abrogation de la loi de 1814 Parmi les nombreux signataires de sa proposition, on voit les noms de Benjamin et F. V. Raspail, de Greppo, de Marmottan, Daumas, Cantagrel, Dautresme, Gatineau, etc.

En une phrase lapidaire, il caractérise la loi à abroger.

« A cette institution d'une religion dominante, dit-il, il fallait des moyens de mise en œuvre, des instruments de suprématie et de coercition

« La loi du 18 novembre 1814, sur le repos du dimanche, fut un de ces instruments et non pas le moins tyrannique et le moins détesté.

« Les progrès de l'esprit public et le courage civique de nos pères nous ont délivrés de la Charte de 1814 et de l'oppression d'une religion d'Etat; la révolution de juillet les a justement et glorieusement emportés l'une et l'autre.

« Mais la loi du 18 novembre qui leur servait de corollaire et d'instrument, reste encore debout comme un encouragement aux espérances du cléricalisme, comme un moyen de ses entreprises sur la liberté de conscience et sur celle du travail. Les administrateurs s'en autorisent pour prendre des arrêtés plus ou moins vexatoires ; les tribunaux condamnent ceux qui l'enfreignent et la Cour de Cassation confirme invariablement leurs décisions, en se fondant sur ce que ses dispositions n'ont été formellement abrogées par aucune loi. »

Cette proposition fut l'objet d'un premier rapport sommaire présenté à la séance du 18 janvier 1878 par M. Deschanel, père.

« Le repos du septième jour, dit M. Deschanel, a été pratiqué à toutes les époques ; le Décalogue rappelle aux Hébreux d'observer le jour du Sabbat, et Laplace a trouvé des preuves de l'existence de la semaine avec le repos du septième jour chez plusieurs peuples de l'antiquité.

« Il est bien certain que non seulement l'homme, mais les animaux ne peuvent travailler continuellement sans prendre d'autre repos que le sommeil.

« Lorsque la Convention prescrivit l'observation du repos du decadi, on put constater qu'un travail non interrompu pendant neuf jours était au-dessus des forces de l'homme, et on institua le repos de la moitié du quintidi ».

Puis, après avoir constaté que la loi de 1814 « ne figure dans nos codes que comme instrument de vexation » il déclare que l'Etat « n'a pas le droit d'imposer à un citoyen l'observation du repos du dimanche, pas plus qu'il n'aurait celui de lui imposer une croyance ou une pratique religieuse. »

M. Maigne, nommé par la commission, rapporteur de sa proposition de loi, déposa son rapport à la séance du 24 mai 1879

Il faudrait reproduire intégralement ce rapport. Malheureusement nous devons nous borner à quelques extraits.

Parlant des vexations auxquelles le loi de 1814 donne lieu, M. Maigne dit :

« Tout cela est connu d'un grand nombre d'entre nous, et les départements ne sont pas rares où l'on peut lire encore sur les murs des salles de consommation, dans les cafés, et en général dans les débits de boissons, des arrêtés préfectoraux pris en vertu de l'art. 3 et en prescrivant l'observation. N'avons-nous pas vu, enfin, les journaux annoncer aux beaux jours du 16 mai, de pieuse mémoire, une circulaire d'un procureur de République qui recommandait aux maires de son ressort la stricte observation des dispositions de la loi de 1814 relatives à la cloture des cafés et des débits de boissons pendant les heures des offices. »

Puis, il cite des arrêts de condamnation pour enfreinte au repos dominical.

C'est d'abord un citoyen qui est condamné pour avoir travaillé chez lui le dimanche. La haie de clôture de son jardin était sèche et on l'avait vu travailler à travers les interstices (1875).

C'est, toujours en 1875, un entrepreneur de Versailles travaillant un dimanche à la réparation d'une maison, qui reçoit d'un commissaire de police l'injonction de cesser immédiatement son travail.

C'est un entrepreneur de battages qui est condamné « pour depuis la moisson de 1877 n'avoir pas observé la loi sur la célébration des fêtes et des dimanches. »

Nous verrons plus loin une condamnation qui porte, en plus, réellement atteinte à la liberté de conscience.

Examinant le point de vue moral, M. Maigne demande si la Chambre pourrait refuser d'abroger cette loi.

« Le pourrait-elle, dit-il, sans consacrer de sa haute autorité de nombreuses et profondes atteintes à la liberté de conscience et à la liberté du travail? Sans donner au sein de notre république une nouvelle vie aux vieilles institutions des monarchies de droit divin, tant de fois condamnées par nos pères et par nous-mêmes? Sans ajouter aux espérances, à l'audace, à la force d'un parti qui se fait gloire de retourner aux iniquités du passé et se vante de nous y ramener ; qui, par lui-même ou par la voix des chefs qui le dirigent de l'étranger, déclare la guerre à tout ce qui est sorti de notre Révolution, compromet à l'extérieur nos alliances les plus naturelles, parle d'une guerre civile à laquelle il est seul à songer ; d'un parti qui étend sa main sur tous les ressorts de la puissance publique et dont les actes nous révèlent chaque jour, une menace, une agression, un envahissement nouveau. »

La situation a-t-elle changé, et M. Maigne aurait-il aujourd'hui un mot à retrancher de ce qu'il disait en 1879 de l'action du parti clérical ?

Il poursuit ainsi :

« Une nation est composée de citoyens professant des religions différentes et aussi de citoyens n'en professant aucune. Est-il douteux pour quelqu'un que la liberté de conscience et la liberté de travail seront violées chez cette nation, si les adeptes d'une des religions qui y sont professées ont le privilège de pouvoir dire à tous les autres citoyens : Nos croyances nous imposent comme devoir religieux de suspendre nos travaux à certains jours et à certaines heures. Bien que ces croyances ne soient pas les vôtres, qu'elles leur soient même hostiles et que vous les repoussiez ouvertement, néanmoins, de par la loi, vous aurez à suspendre vos travaux aux jours et aux heures où nos croyances le commandent.

« N'est-ce pas là exactement ce qui se passe chez nous ?

« Et comment peut-il être douteux dès lors que la liberté de conscience et la liberté de travail y sont violées, quand armés de la loi du 18 novembre 1814, les catholiques peuvent dire aux israélites, aux protestants, aux musulmans, aux indifférents, aux libres-penseurs :

« Quoi que vous puissiez croire ou ne pas croire ; quelles que soient à notre égard et touchant notre religion, vos sentiments et vos pensées, vous aurez à suspendre vos travaux, à arrêter votre commerce, les dimanches et jours de fête institués avant tout par les lois de notre culte.

« Où est la liberté de conscience des israélites, quand on leur impose les obligations d'une religion au nom de laquelle ils ont été abreuvés d'avanies et de tourments pendant de longs siècles ? Où est pour eux la liberté de travail, quand, après s'être imposé comme un devoir religieux le repos du samedi, ils doivent encore chômer le dimanche et quatre fêtes catholiques ?

« Le catholicisme n'a pas été chez nous beaucoup plus tendre avec les protestants qu'avec les israélites. Et cependant les protestants doivent sous peine d'amende chômer avec les catholiques deux fêtes que le protestantisme ne reconnaît pas : la Toussaint et l'Assomption (arrêt de Cassation, 29 avril 1866).

« Où est ici leur liberté de conscience ? Où est ici leur liberté de travail ?

« Avec celle des musulmans, lorsque la religion de ceux qu'ils appellent : « Chiens de romains » les contraint de chômer les dimanches et les fêtes après qu'ils ont dévotement chômé le vendredi et les solennités de l'Islam. »

M. Maigne suit la loi de 1814 depuis sa promulgation jusqu'en 1879 en montrant comment les divers gouvernements qui se sont succédé en ont tiré parti au profit de l'Eglise romaine.

La proposition de loi de M. Maigne avait été prise en considération par la Chambre, le 14 février 1879.

« Au nom des cléricaux, M. de La Bassetière avait « fait toutes les réserves et protesté énergiquement contre une proposition de loi qui est un démenti à toutes nos traditions françaises et catholiques ». (J. O. 15 février 1879, page 1083, col. 2).

Ce qui avait amené à la tribune M. René Goblet sous-secrétaire d'Etat à la Justice et aux Cultes, qui avait fait la déclaration suivante :

« La loi du 18 novembre 1814 a été certainement inspirée par un sentiment des plus respectables, mais il est certain qu'elle n'est plus en rapport avec nos mœurs (réclamations à droite), et qu'elle est une atteinte aux principes de liberté et particulièrement à la plus précieuse des libertés, à la liberté de conscience. »

M. Clémenceau avait ajouté :

« Et à la liberté du travail ».

La première délibération (10 Juin 1879) donna lieu à une nouvelle affirmation des cléricaux du caractère religieux de la loi de 1814.

Enfin la véritable discussion eut lieu le 1er décembre 1879.

M. Keller, au nom des catholiques, combattit avec âpreté le projet Maigne. Il osa même demander une aggravation de la loi de 1814.

« Vous le savez, dit-il, comme catholiques, la question des dimanches nous touche profondément puisqu'elle se rattache à un des principes fondamentaux de l'Eglise qui est la sanctification du dimanche. »

L'orateur catholique essaya de démontrer que l'obligation du repos dominical était utile aux ouvriers. Il établit volontairement la confusion entre le repos dominical et le repos hebdomadaire.

Il s'appuya sur l'autorité du pape Léon XIII pour tenter de démontrer que « la voix de l'Eglise était d'accord avec la raison, le bon sens, la justice, la vraie liberté. »

Et suivant la coutume de l'Eglise, qui lorsqu'on l'empêche de persécuter crie qu'on la persécute, M. Keller prétendit qu'abroger la loi de 1814 serait une atteinte à la liberté de conscience des catholiques.

M. Maigne n'eut pas de peine à réduire à néant les arguments de M. Keller. Il revendiqua pour les républicains le soin d'améliorer le sort des travailleurs.

« Je veux demander à mon honorable contradicteur dit-il, si ce sont des hommes de son parti qui ont affranchi les ouvriers des chaînes, des maîtrises et des jurandes, si ce sont eux qui ont demandé la liberté des coalitions pour les ouvriers, en regard de la liberté de coalition des maîtres. »

Il affirme que la question du repos n'est pas en cause.

« Non, dit-il, — nous avons pris soin de le dire dans ce rapport, — le repos n'est pas en question, nous ne voulons pas l'enlever, nous ne nions pas ses bienfaits ; nous voulons seulement que chacun puisse travailler et se reposer à son gré et surtout ce que nous ne voulons pas, c'est que sous prétexte de socialisme catholique, on vienne imposer le repos du dimanche à ceux qui n'ont pas pour le dimanche le même culte que les catholiques.

« Il n'importe nullement qu'il y en ait beaucoup ou très peu : la question n'est pas là. »

Il demande aux catholiques s'ils observeraient le repos du samedi si les israélites voulaient le leur imposer, le repos du vendredi si les musulmans l'exigeaient.

Il constate que « le paysan déteste la loi du dimanche, parce que si le mauvais temps menace, il court à ses récoltes sans songer à demander une autorisation. Il la déteste encore pour une autre raison, parce qu'après avoir travaillé toute la semaine, il aime à se réserver le dimanche matin pour faire ce que sa famille réclame de lui. »

« Laissez-nous notre liberté, dit-il, quand nous vous laissons la vôtre. Qui vous empêche de vous reposer ces jours-là ? Qui vous empêche même de vous associer pour convertir tous ceux que vous pourrez à l'observation de ce repos ? Vous ne vous en privez pas d'ailleurs. Vous avez l'association dominicale qui est organisée par toute la France et dans laquelle il y a des centainiers, des dizainiers, et pour tous les membres de nombreux avantages, sans compter les indulgences du Pape.

« ...Nous ne voulons prescrire de travail à personne ; nous voulons laisser la liberté du repos à tout le monde, et vous n'avez pas autre chose à demander. Vous ne devez pas exercer une pression sur les cultes autres que le vôtre... »

Il termine par une définition très nette de la doctrine ultramontaine et déclare que ce sont ses principes et leurs conséquences que l'abrogation de la loi de 1814 veut atteindre.

« La loi sur le repos forcé du dimanche, dit-il n'est autre chose qu'une pierre d'attente, un instrument de cette théocratie qui, si nous la laissions faire anéantirait bientôt l'esprit de tolérance et de liberté de notre pays, et avec son esprit, son existence politique. »

Après un nouvel effort de M. Keller, une intervention du duc de La Rochefoucauld, qui déclara que « la liberté avait été suspendue par la Révolution », le projet de loi fut adopté par 329 voix contre 96.

La Libre-Pensée venait de remporter une grande victoire.

Voici quelques noms pris au hasard parmi les députés qui ont voté l'abrogation de la loi qui imposait le repos du dimanche. Vous verrez que des républicains très modérés se trouvent mêlés aux libres-penseurs.

« MM. Allain-Targe, Andrieux, Barodet, Louis Blanc, Henri Brisson, Sadi-Carnot, Casimir Périer, Clémenceau, Cochery, Constans, Deschanel, Jules Ferry, Floquet, Gevelot, Emile de Girardin, Girerd, Goblet, Lebaudy, Lepère, Lockroy, Loubet, Madier de Monjau, Martin-Feuillée, Méline, Robert Mitchell, Martin-Nadaud, Naquet, Renault-Morlière, Ribot, Rouvier, Sarrien, Spuller, Thomson, Tirard, etc. »

« Par contre parmi les 96, on trouve : M. de Fourton et le baron Haussmann.»

M. Casimir Fournier présenta au Sénat un rapport en faveur de l'abrogation, le 18 mars 1880.

Il constate aussi qu'il ne saurait y avoir de dissidence sur l'utilité de couper le travail par un intervalle de repos. Il pense que dans le passé, les édits et les ordonnances qui défendaient le travail les jours fériés ont pu être utiles. Ils soulageaient les classes asservies. Mais depuis l'affranchissement du travail chacun est maître de son temps à ses risques et périls.

A son avis, la loi de 1814 est le produit d'une réaction politique et religieuse. La pensée des auteurs de la loi a été de fixer les prérogatives de la religion et de l'Etat et d'exiger pour elle des marques de respect de la part des citoyens de tous les cultes.

« On lui reconnaîtrait, dit-il, encore le caractère politique à ce signe que son application depuis 1814 jusqu'à nos jours, a subi des variations et des intermittences qui ont toujours coïncidé avec les défaillances ou les succès des opinions libérales. »

M. Fournier cite l'arrêt auquel nous faisons allusion plus haut et qui constitue une véritable atteinte à la liberté de conscience :

« Un protestant, le Sieur Paris avait été définitivement condamné à l'amende pour avoir été rencontré conduisant une voiture chargée le jour de la Toussaint. (Cassation Ch. Crim. 20 avril 1866). Il avait vainement plaidé que, respectueux de l'observation du dimanche, il ne se croyait pas tenu de chômer le jour de la Toussaint parce qu'il ne devait d'hommage religieux qu'à Dieu seul, et que toute pratique se rattachant d'une manière quelconque au culte de ceux que l'Eglise catholique appelle Saints, lui paraissait, à lui protestant, une hérésie et une superstition. »

« La Cour, ajoute M. Fournier, avait appliqué la loi dans son véritable sens qui est celui d'un hommage imposé, même aux dissidents, envers le culte catholique. »

La discussion au Sénat fut aussi vive qu'à la Chambre.

M. Fresneau défendit le premier (séance du 7 mai 1880) la loi catholique. Il reconnut qu'il était difficile, même pénible, dans cette discussion, de faire abstraction de sa foi religieuse.

Il voulut tirer parti de la négligence de la République de 1848 qui n'avait pas songé à « détruire le seul hommage public et national rendu à Dieu. »

« Vous avez, dit-il, une loi qui défend la morale religieuse, qui assure ou prétend assurer le respect dû à la religion. »

Comme M. Keller à la Chambre, il tente de démontrer que la loi de 1848 protège l'ouvrier.

M. Oudet, président de la commission du Sénat, a déterminé le caractère de la loi. Il a rappelé que l'auteur de la loi de 1814. M. Bouvier, député du Jura disait dans son exposé des motifs : « Dans tous les temps, chez tous les peuples civilisés, la religion et son obéissance extérieure ont été les plus solides appuis du gouvernement politique. Je ne pense pas que l'égalité de droits et de protection pour tous les cultes, consacrée par la Charte, puisse être un obstacle à ce que notre législation honore spécialement la religion que professent les 19 vingtièmes de la nation. »

« M. Oudet à démontré ensuite que la loi de 1814 constituait essentiellement un hommage à la majesté de Dieu. »

E. Chesnelong se fit, naturellement, l'avocat de la loi religieuse. Parlant des lois de liberté déjà votées ou en préparation, il s'écria :

« Je constate, c'est un fait, qu'il y a un ensemble de lois qui se rattachent à un plan de destruction dirigé contre tout ce qui reste d'esprit chrétien en France. »

M. Chesnelong entrant dans le vif des débats va plus loin encore et mieux que les républicains caractérise la loi de 1814 :

« Il ne s'agit ici, dit-il, ni de cléricalisme, ni de théocratie : il ne s'agit ni de l'empiètement du spirituel sur le temporel, ni quoi qu'on en dise, de la prédominance d'une religion dominante. Savez-vous de quoi il s'agit ? Il s'agit de savoir si la France croit en Dieu.

« Il s'agit de savoir, si traitant Dieu comme une hypothèse dont on n'a pas à s'occuper, vous déclarerez par l'abrogation pure et simple de la loi de 1814 que la France n'a ni hommage à rendre à Dieu, ni jour à lui réserver. »

Nous passons rapidement sur le discours du rapporteur M. Fournier, qui n'eut pas de peine à démontrer à M. Chesnelong que la France avait autre chose à faire que de rendre hommage à Dieu.

Rappelons toutefois une preuve d'intolérance plutôt comique qu'il apporta à la tribune à l'actif de la loi de 1814.

Un curé fut poursuivi pour avoir fait dresser un reposoir un dimanche !

Par 165 voix contre 110 le Sénat abrogea la loi de 1814.

Parmi les Sénateurs qui ont voté l'abrogation, nous voyons MM. Emmanuel Arago, Berenger, Challemel-Lacour, général Faidherbe, général Frebault, de Freycinet, Hebrard, Littré, Henri Martin, général Pelissier, Pelletan, le père, Léon Say, Scheurer-Kestner, Schœlcher, Jules Simon, Tolain, Victor Hugo.

Parmi ceux qui ont voté contre l'abrogation, à côté du préfet de police de Napoléon III, Pietri, nous trouvons M. Bocher, le maréchal Canrobert, et tous les ducs et marquis bien pensants.

M. Batbie, l'ancien ministre très clérical du 16 mai s'est abstenu en compagnie du général d'Audlau de triste mémoire.

Nous vous prions de nous excuser de nous être attardés si longuement sur les discussions auxquelles a donné lieu l'abrogation de la loi de 1818 qui instituait le repos dominical.

Nous avons tenu à ce qu'il n'y ait de doute pour personne et à vous faire entendre la voix des grands républicains, nos pères, de ceux qui ont souffert pour la République et pour la liberté à côté de « la voix de Dieu » portée à la tribune par MM. Keller et Chesnelong.

Nous pensons que maintenant tous les libres-penseurs sont bien convaincus que la loi qui instituait le repos dominical était bien une loi à caractère divin, c'est-à-dire à caractère oppressif de la conscience une loi de l'Eglise en un mot.

Il ne nous reste plus qu'à vous faire saisir, les conséquences que pourrait avoir le vote de l'amendement déposé au Sénat et qui ne tend à rien moins qu'au rétablissement de la loi de 1814, en l'aggravant.

Il n'est pas douteux que le repos hebdomadaire peut être observé un jour quelconque de la semaine, que chacun pourra le choisir suivant ses convictions religieuses ou philosophiques et suivant sa profession. Ne faut-il pas d'autre part, laisser aux chefs d'industrie la latitude de choisir le jour qui leur convient le mieux et qui peut nuire à leur exploitation ? Ne peut-on pas leur permettre d'établir entre leur personnel une alternance qui assurera à chacun un jour de repos.

Avec les médecins et les économistes nous pensons qu'une nation qui se repose économise sa force de travail et par conséquent ménage son seul capital de valeur, le capital-travail. Mais s'ensuit-il que la nation doive toute entière se reposer le même jour ?

Celà nous ne le pensons pas. Nous croyons au contraire que l'arrêt complet du travail un même jour est une cause de perte que l'on ne peut pas retrouver.

Ce point de vue économique vaut bien aussi qu'on s'y arrête. C'est pourquoi nous revendiquons pour tous les Français le droit au travail tous les jours, même le dimanche, avec un jour de repos au choix.

C'est, comme l'a dit M. Clémenceau à la Chambre, la liberté du travail. Elle ne saurait subir aucune réglementation, aucune entrave.

Il en est de même de la liberté de conscience qui nous préoccupe plus spécialement aujourd'hui.

Or, le repos dominical est une atteinte à la liberté de conscience. Tous les républicains de 1879-80, tous ceux qui venaient de lutter contre la réaction du 16 mai vous l'ont dit. La loi de 1814 vous l'a prouvé.

On peut peut-être penser que la situation n'est plus la même aujourd'hui. Ce n'est pas à des libres-penseurs venus de tous les coins de France qu'il faut dire que la liberté de conscience est à l'abri des attaques du Clergé. Ce n'est pas devant eux qu'il faut prétendre que la dénonciation du Concordat, la séparation des Églises et de l'Etat va affranchir définitivement les consciences. Ils savent bien ce qui se passe dans les campagnes. Ils savent bien que l'influence du curé ne disparaîtra pas du jour au lendemain. Ils savent, par expérience, que toute conquête républicaine sur la doctrine ultramontaine a, au contraire, fourni à l'Eglise l'occasion de redoubler sa propagande et de forcer les consciences.

Pour ceux qui pourraient conserver quelque illusion à ce sujet et sur les conséquences possibles, disons même certaines, de l'institution du repos dominical, regardons ce qui va se passer après la séparation des Eglises et de l'Etat.

La loi prévoit la constitution des associations cultuelles.

Que seront, que feront ces associations?

Le clergé va nous fournir la réponse à cette question :

Déjà, la plupart des évêques ont donné des instructions à leurs prêtres pour l'organisation de ces associations. Déjà le plan et les bases s'établissent.

Donc, les évêques vont constituer des associations destinées à assurer l'exercice du culte A cela rien à dire. La loi le permet, et les libres-penseurs ne veulent pas entraver l'exercice d'un culte quelconque. Mais à une condition, c'est que le clergé recrutera ses adhérents par des moyens réguliers, par une propagande loyale et n'exercera pas sous le nouveau régime, la pression qu'il exerce actuellement et qui lui a permis de dominer des hommes dont les consciences ne lui apparaissent pas.

Or, le clergé de la Marne, sur un mot d'ordre de son évêque, mot d'ordre qui sera suivi dans tous les diocèses et qui semble bien venir de Rome, prépare une pression telle que jamais on n'en avait vu de semblable.

« Les personnes non inscrites au registre de l'association paroissiale, disent-« ils, ne pourront plus avoir droit aux secours ni aux services de la religion. »

A première vue, cette décision semble rationnelle et ne devrait pas émouvoir les libres-penseurs. Mais on s'aperçoit à la réflexion, que c'est une menace grosse de dangers, car elle peut avoir, elle aura certainement pour résultat d'obliger à entrer dans les associations cultuelles un grand nombre de familles qui n'accordent à l'exercice de la religion aucune importance.

Il ne serait pas raisonnable de négliger cette menace et ses conséquences, car il y a là une atteinte à la libre-pensée. Nous entendons bien que l'on peut objecter que les catholiques pratiquants n'intéressent pas les libres-penseurs, qu'ils n'ont pas l'espoir de les amener par le raisonnement à une saine philosophie et que leur propagande s'adresse aux nouvelles et aux futures générations. Mais qui ne comprendra que cette propagande même va être paralysée par les associations cultuelles telles quelles vont fonctionner ?

Ils sont nombreux les citoyens qui, soit dans les petites villes, soit dans les villages, ont réussi à s'affranchir de la tutelle de l'Église, grâce à l'instruction, qui ne suivent plus les offices, qui protestent même contre les processions, mais qui se marient à l'Eglise, font baptiser leurs enfants, leur font faire leur première communion, et veulent que leur corps passe par l'Eglise avant de se rendre au cimetière.

Nous devons avoir le courage de le constater, trop nombreux sont encore les Français qui ne veulent pas renoncer à ces pratiques pour des raisons que tous vous connaissez et sur lesquelles il est inutile de s'étendre. Tous ceux-là continueront encore longtemps — la plupart tant qu'il y aura des Eglises — à réclamer « les services de la religion », car ils croiraient qu'une sorte de réprobation s'attacherait à eux et à leur famille s'ils y manquaient.

Nous avons connu un citoyen, d'opinion politique très avancée, faisant partie d'un groupement anticlérical, n'allant jamais à l'Eglise, combattant ouvertement le curé de son village. et qui a adressé au Ministre de l'Intérieur et des Cultes, alors M. Combes, une pétition pour se plaindre que ce curé avait refusé d'enterrer sa fille, laquelle était divorcée.

C'est que dans les petites communes, la cérémonie religieuse fait encore partie intégrante de l'enterrement. et que l'on traite de réprouvés ceux qui s'en abstiennent. C'est qu'il existe encore, même dans la partie non pas avancée, mais à l'état d'avancement de la population, une certaine peur devant la mort.

D'autre part, quel est l'homme qui, sur le point de se marier avec une femme qu'il aime, et dont il sera aimé, renoncera [à ce mariage lorsque la famille de sa fiancée exigera qu'il soit religieux?

Répondre négativement serait nier l'évidence.

Or, qui nous dit que ces indécis ne prendront pas au sérieux les menaces du clergé et que pour pouvoir obtenir en cas de besoin « les services de l'Eglise » ils ne vont pas se faire inscrire à l'association cultuelle de leur village? Qui nous dit que dans quelques mois la France entière ne donnera pas le spectacle d'innombrables associations cultuelles comprenant les deux tiers de la population?

Nous savons bien que tous ces inscrits ne seront pas des pratiquants : nous n'ignorons pas que leurs croyances n'en seront pas accrues et qu'ils ne s'évaderont pas de la saine philosophie. Mais n'en donneront-ils pas moins la triste illusion d'une nation attachée aux mystères d'un autre âge?

Et qu'arriverait-il, si armé par la loi qui obligerait au repos dominical, le clergé en profitait pour amener peu à peu les inscrits à assister aux offices du dimanche?

Croyez-vous que la foi républicaine ne serait pas menacée par cette propagande si bien facilitée par la loi?

Nous pensons qu'il y a là un véritable danger pour la Libre-Pensée, une menace pour la liberté de conscience.

C'est pourquoi nous vous proposons d'émettre le vœu suivant?

« Le Sénat républicain est invité par la Libre-Pensée de France de s'inspirer « dans la discussion de la loi sur le repos hebdomadaire, des discussions qui ont eu « lieu en 1879 et 1880 à la Chambre et au Sénat lors de l'abrogation de la loi de « 1814; à écouter le cri d'alarme poussé par les Républicains, à méditer les décla« rations des représentants catholiques, et à ne pas inscrire dans la loi soumise à « son examen, l'obligation pour tous les Français d'observer le repos dominical. »

Citoyens, en terminant nous voulons appeler votre attention sur un vœu émis le mois dernier par un Congrès de travailleurs.

L'association des employés de commerce, si intéressée à la question, a émis, à son Congrès de Nantes, un vœu demandant au Sénat de voter le repos hebdomadaire, mais non dominical.

Le Congrès des libres-penseurs qui a la glorieuse charge de défendre la liberté de conscience ne peut pas ne point protester contre le rétablissement d'une loi d'oppressions religieuses et ne pas s'associer au vœu des employés de commerce.

1er septembre 1905.

Dr PETITJEAN
Sénateur de la Nièvre

SÉPARATION DES ÉGLISES ET DE L'ÉTAT

Nous avons dit le grand nombre de vœux provoqués par cette question. Nous ne pourrions donner ici que de longues listes de signataires, noms de groupes ou d'individus, classés suivant les projets de lois qu'ils recommandent, et suivant les points auxquels ils se rattachent.

La décision importante prise par le Congrès en sa séance générale du 7 septembre répond du reste aux désirs exprimés dans la grande majorité de ces vœux.

Vœu du citoyen **Faure** tendant à interdire le port de la soutane.

LA LIBRE-PENSÉE ET LE PACIFISME

Désarmement

Vœu du citoyen **Treuillot**, délégué de la Libre Pensée de Lyon et du Rhône, demandant la suppression de l'armée permanente et son remplacement par une milice nationale.

Vœu du citoyen **Fulpius**, de Genève, ainsi conçu :

Considérant que le goût du militarisme est funeste et ne doit pas être inspiré à la jeunesse,

Le Congrès proteste énergiquement contre la création et le maintien des corps de cadets au sein des nations civilisées.

Vœu de l'**U. P. des Lilas** « Le progrès social », proposant au Congrès d'organiser un vaste pétitionnement dans le but d'exiger des pouvoirs publics la *suppression des périodes* dites d'instruction militaire, périodes d'une inutilité incontestable, — et sources de nombreux préjudices pour l'homme qui les accomplit, et de frais considérables pour l'Etat.

Vœu **Lévèque** où une alliance Franco-allemande est préconisée en vue du désarmement.

Vœu **Heaford**, d'Angleterre, ainsi conçu : « Le Congrès international de la paix aura lieu le 17 septembre à Lucerne. Je demande que le Congrès envoie des délégués chargés de le représenter à ce Congrès ».

Ce vœu a donné lieu à la décision suivante :

Le Congrès international de la Libre Pensée, réuni à Paris le lundi 4 septembre 1905, décide d'adhérer au Congrès international de la paix qui doit avoir lieu le 18 septembre, à Lucerne, prie le citoyen **Magalhaès Lima** de l'y représenter. Le Congrès émet le vœu que la seconde conférence de la paix de La Haye, due à l'initiative du président Roosevelt se réunisse très prochainement et qu'elle aboutisse enfin à l'organisation d'un tribunal d'arbitrage international permanent et obligatoire et à la cessation absolue des guerres entre les nations civilisées.

Vœu présenté par les citoyens **Dobelle, O. Karmin, Janvion, Fuss-Amore, Tarbouriech**, ainsi conçu :

« Le Congrès émet le vœu qu'en cas de guerre les journalistes, les députés et autres personnes qui y ont poussé ou y poussent, soient incorporés dans un bataillon d'avant-garde qui marchera le premier contre l'ennemi ».

L'Enseignement du pacifisme

Plusieurs vœux sont présentés demandant la réintégration du livre d'Hervé dans les écoles, et dans les bibliothèques populaires. A noter celui de la **Libre-Pensée de Saint-Dié,** — et celui du citoyen **Allcaume** demandant que le livre d'Hervé soit mis dans toutes les bibliothèques des écoles normales afin que les élèves-maîtres puissent s'inspirer des idées pacifistes qui y sont contenues.

Vœu **Lhuissier,** délégué de l'Amicale de la Mayenne, tendant à interdire les livres glorifiant la guerre, dans les bibliothèques populaires, — et les gravures tableaux de batailles, ou de meurtres, dans les salles de classe.

Divers

Vœu du citoyen **Vermare,** — ensemble de vœux dont les plus importants tendent à obliger l'officier à faire, comme tous, deux ans de service, à exiger de tout candidat officier, qu'il ait reçu toute son instruction dans les établissements de l'Etat.

Vœu du camarade **Alex. Epstein,** ainsi conçu :

« Le Congrès déclare qu'il est d'urgence extrême d'organiser une lutte permanente contre toute protection financière des massacreurs comme le tsar ou le sultan, et en particulier en vue de discréditer les emprunts russes qui constituent une exploitation honteuse du peuple d'un pays contre le peuple d'un autre pays ».

Guerre Russo-Japonaise

Vœu du **Dr Beulaygue,** ainsi conçu :

La guerre russo-japonaise ayant pris fin et la Mandchourie devant être sous peu rendue à la civilisation et à l'humanité, le Congrès émet le vœu qu'un consortium intervienne entre tous les gouvernements du monde pour qu'il soit interdit aux moines et aux nonnes de toutes les religions de s'abattre de nouveau sur cette malheureuse province de l'empire chinois, pour y terminer, par l'exercice de leur commerce et de leur industrie confessionnels, l'agonie de toute une population si abominablement commencée par tous les crimes du militarisme.

Guerre du Maroc

Proposition **J. Allemane.**

Le Congrès dénonce à l'opinion publique les louches manœuvres d'une presse spéciale, toute dévouée aux intérêts capitalistes et au parti militariste.

Il s'élève avec force contre tout ce qui peut compromettre la paix du monde et, sur le point spécial du Maroc, invite le Gouvernement de la République française à poursuivre avec le plus grand calme l'œuvre de pacification en s'opposant à toute tentative de nature à compromettre le succès de la conférence internationale laquelle, en faisant disparaître toute cause de désaccord, devra s'appliquer à donner toutes garanties aux nations intéressées.

MOTIONS D'ORDRE

Les soussignés proposent de modifier le règlement des Congrès en ce sens, que seuls les délégués des groupes ayant adhéré aux statuts de la Fédération internationale de la Libre-Pensée pourront à l'avenir prendre part à la discussion et aux votes dans les Congrès internationaux.

Ont signé : *Dons, E. Roche, Appellis, Botochénéano, Dobelle, Woldeck, Schneel, Strauss, Frikmayer, Sémenoff, Pasquier, Ch. Beauquier, Fulpius, Ida Altmann, Hoffmann, W. Heaford, Reiss, Dr Desmons, Treuillot.*

Motions d'ordre, présentée par le groupe matérialiste *de la pensée libre de Givors* (Rhône).

« Les Libres-Penseurs réunis au Congrès de Paris décident l'exclusion du Congrès de tous les groupes et de tous les délégués qui ne prendront pas ici l'engagement solennel de rompre avec toutes les religions ou avec toutes les associations franc-maçonniques et rituelles, et de ne commettre eux-mêmes ou de ne laisser commettre par leurs conjoints ou descendants directs mineurs, aucun acte religieux. »

Le Délégué : *Charbonnériat.*

La Commission des vœux, saisie de cette motion, — reconnaissant que la franc-maçonnerie avait aidé puissamment à faire la séparation, en France, — qu'une grande partie des loges sont affiliées à la Fédération internationale de libre pensée, — que ce serait faire acte d'intolérance et d'ingratitude en excluant les francs-maçons du congrès, — propose l'ordre du jour suivant :

« Le Congrès international de la Libre-Pensée invite ses adhérents à entrer dans toutes les associations laïques afin d'y faire pénétrer l'esprit qui nous anime ;

Félicite le Grand Orient de France pour le rôle laïque et social qu'il joue dans la lutte actuelle contre toutes les réactions ;

Exprime le vœu que les Francs-Maçons de tous les pays imitent leurs frères de France dans la lutte contre le cléricalisme et le dogme, contribuant ainsi à l'avènement de la République sociale, laïque et universelle.

Le Rapporteur : *Botochénéano.*

Il est juste de faire remarquer que tous les libres penseurs de Givors ne sauraient être rendus responsables de la motion présentée par le citoyen Charbonnériat. Le citoyen *Francis Baudrand*, président de la section de Givors de la Ligue des Droits de l'Homme et du citoyen, était porteur de la délégation suivante.

La Société de propagande républicaine radicale-socialiste de Givors, réunie, (etc.)... désigne le citoyen Francis Baudrand, secrétaire-général de la Société, comme délégué au Congrès de la Libre-Pensée qui se tiendra à Paris....

Elle lui donne plein pouvoir en ce qui concerne toutes les questions inscrites à l'ordre du jour du Congrès, et lui donne pour mandat de combattre énergiquement toutes motions ou propositions ayant un caractère hostile envers la franc-maçonnerie qui est une organisation républicaine au premier chef.

Fait à Givors, le 27 août 1905.

(La société de propagande républicaine, radicale et socialiste de Givors est composée de 120 membres).

OPINIONS DIVERSES

Le citoyen Charbonnériat, auteur de la motion d'exclusion des francs-maçons, est approuvé par la réaction. Tous se réjouissent de cette tentative. Notamment :

La Croix, du 7 septembre.

Au milieu des heurts de l'illogisme, de l'intolérance et de l'incohérence dont le Congrès de la Libre Pensée est le théâtre, il convient de faire une place à part au groupe libre penseur de Givors, qui cherche des solutions pratiques en accord avec la Libre Pensée.

La Croix, au reste, constate l'inutilité de la motion, et son illogisme.

La liberté est le contraire de la contrainte. Or, ce que propose le groupe de Givors au nom de la liberté, c'est précisément la contrainte. En quoi il n'a pas échappé à l'illogisme qui couvre de ridicule les délibérations et décisions du Congrès de la Libre Pensée.

. . . .

On le voit, le brouillamini dans lequel tombe quiconque veut s'affranchir de la foi est tel que le groupe de Givors est lui-même incapable de le débrouiller.

La Libre Parole, du 8 septembre, de Gaston Méry.

A un moment, pourtant, une lueur de bon sens sembla sur le point de briller au milieu de cette assemblée de déments. Le citoyen Charbonnériat, de Givors, proposa l'exclusion, etc.

Notre confrère et ami de l'**Aurore** relève quelques insultes dont nous aurions tort de nous froisser.

Les manifestations de la Libre Pensée ne plaisent guère à nos confrères réactionnaires. Rien d'étonnant, puisqu'elles ne sont pas faites pour cela ! Mais, pourquoi traduire son mécontentement par des injures grossières ?

Pour la *Libre Parole*, les congressistes sont des « voyous à mine patibulaire ». C'est déjà bien. Mais notre confrère l'*Autorité* a plus d'élégance encore dans la polémique. Pour lui, ce sont des « *fumiéristes* » qui défilèrent devant la statue de La Barre.

LES FÊTES

LES FÊTES

Nous avons déjà dit avec quel entrain, quel dévouement les organisateurs des manifestations et des fêtes s'étaient mis à l'œuvre et quel précieux concours ils avaient apporté au bureau de la Commission française.

Nous ne voulons pas perdre cette nouvelle occasion de remercier les citoyens *Jacques Prolo*, *Baudrit*, *Le Grandais*, du comité La Barre ; *Nicol*, *Milon*, et les organisateurs de la Fête de nuit à la Tour Eiffel ; *Charbonnel* pour la partie artistique de la séance inaugurale ; *Sincholle*, *Morin*, pour la réception au Grand Orient ; *Henri Bérenger*, pour la fête de l'Action ; *Trèves*, *Kosciusko*, organisateurs du lunch de clôture ; *Godfroy*, *Thalamas*, *Cadoret*, pour l'excursion à Versailles.

Devant une telle entente des libres penseurs pour l'organisation des manifestations et fêtes, la réaction grimaça un rire jaune. Elle fit remarquer que les congressistes, peu ardents au travail, allaient de fête en fête, de réceptions en soirées de gala, et que le Congrès n'était qu'une suite d'attractions.

Evidemment nous n'avions pas à nous lamenter, sur les temps présents, à déplorer la marche des idées, comme l'ont fait, à la même époque, les membres du Congrès catholique, fils de Jérémie.

Le Congrès semblait se continuer dans ces fêtes, ces récréations, où la Libre Pensée fut toujours la seule inspiratrice. Les artistes qui interprétaient les chefs-d'œuvre littéraires, dramatiques, musicaux présentés aux congressistes n'étaient-il pas les éloquents rapporteurs de l'une des grandes questions du Congrès : la Libre Pensée et l'Art !

N'était-ce pas prouver triomphalement que la Libre-Pensée, que l'on dit être privée d'idéal, ne s'adresse pas seulement à la raison, au bon sens, mais encore aux sentiments artistiques et esthétiques ; et que ses fêtes laïques riches en émotions élevées et saines, ne le cèdent en rien aux plus brillantes représentations liturgiques !

D'un côté les séances et travaux ; — d'un autre, les fêtes. Voilà scrupuleusement interprétés les désirs des congressistes qui avaient décidé à Rome que le prochain Congrès de Paris aurait pour but :

« Ou bien de fêter cet évènement (la séparation) d'une importance mondiale ;

« Ou bien de le hâter, si, par impossible, il était retardé par quelque obstacle imprévu ».

Nous avions, dans la circonstance, à fêter, et à hâter le vote définitif de la loi de séparation. De là, dévotes gens, notre double programme.

La Réception des Congressistes francs-maçons au Grand-Orient

A l'occasion du Congrès international de la Libre Pensée qui s'est tenu à Paris, le Conseil de l'Ordre du Grand Orient de France a reçu, le mardi 5 septembre 1905, en tenue solennelle, sous la présidence de l'un de ses vice-présidents, M. J.-B. Morin, les francs-maçons qui faisaient partie de ce Congrès.

Les francs-maçons de tous les pays ont répondu en très grand nombre à la fraternelle et cordiale invitation du Grand Orient de France.

Cette réception, qui fut des plus brillantes, a été suivie d'un concert et d'un lunch au cours desquels la plus franche gaieté n'a cessé de régner.

Reprise de *Ces Messieurs*

Du 3 au 10 septembre, les congressistes allèrent applaudir, au théâtre du Gymnase, la pièce anticléricale de *Georges Ancey*, reprise à l'occasion du Congrès.

Les citoyens *Henry Bérenger* (4 septembre), *A. Charpentier* (5 septembre), *A. Flotron* (6 septembre) et la citoyenne *Brémontier* (7 septembre) prononcèrent, avant le lever du rideau, de vibrantes allocutions libres penseuses qui furent chaleureusement applaudies.

Aucun choix de pièce ne pouvait être plus heureux. Cette comédie, par la hauteur des pensées, par le grand enseignement qu'elle contient, est de celles qui s'imposent à l'attention de tous ceux qui s'efforcent de s'inspirer des idées de justice, et qui combattent l'ignorance et le fanatisme religieux.

Nous avons pu, grâce à l'amabilité de M. Alphonse Franck directeur du Gymnase reproduire une scène du 3e acte.

C'est le moment où les enfants chantent la Marseillaise du séminaire, devant l'évêque et son entourage de prêtres et de dames pieuses.

L'auteur nous montre ses prêtres, pris sur le vif, leur influence, leurs sournoises manœuvres, leur puissance sur les âmes simples, qu'ils endoctrinent,

Une scène de l'Acte III de *Ces Messieurs*.

sans efforts. Et, à côté de ces dangereux tartuffes, apparaît l'homme honnête, qui bien que portant la soutane, n'a plus la foi, — il a appris à connaître le troupeau dans lequel il était égaré — et qui rachète son incrédulité par une vie de pauvreté et de dévouement.

En outre, un homme, un époux, un père de famille, fait entendre sa voix humaine dans ce milieu clérical, voix qui sonne mal aux oreilles des jésuites, voix forte qu'ils ne parviennent pas à étouffer. Et c'est un cri d'humanité, de bon sens et d'amour qui retentit à la chute du rideau, résumant toute l'idée de l'auteur qui, rarement, sut être plus éloquent.

Cette pièce, qui fut interdite par la censure sans doute parce qu'elle frappait juste, a remporté un brillant succès pendant le Congrès.

Nos plus vifs remerciements doivent aller au directeur du Gymnase, M. Franck, et aux brillants interprètes qui ont su merveilleusement rendre le geste, l'accentuation onctueuse du jésuite, et, d'autre part, le naturel, la simplicité de l'homme droit et de bon sens.

La soirée de Gala, offerte par l'*Action*

Une fête d'un grand caractère artistique était offerte à tous les congressistes le mercredi 6 septembre au théâtre Sarah Bernhardt, par le journal « l'Action ».

Le succès de cette soirée de gala fut complet.

Après deux brillants morceaux d'orchestre, l'écrivain Laurent Tailhade prononça un long discours.

Mlle *Marcilly*, de l'Odéon, déclame « avec une magnifique progression d'enthousiasme », comme a su le dire l'*Action*, l'admirable poème de Lamartine : « La Marseillaise de la paix ».

Tous, de tous pays, applaudirent longuement ces vers généreux et sublimes:

> Nations ! mot pompeux pour dire barbarie !
> L'amour s'arrête-t-il où s'arrête vos pas ?
> Déchirez ces drapeaux ; une autre voix vous crie
> L'égoïsme et la haine ont seuls une patrie ;
> La Fraternité n'en a pas !
>
> . . . .
>
> Je suis concitoyen de toute âme qui pense :
> La vérité c'est mon pays !

Mme *Nelly Roussel*, auteur de la pièce « *Par la Révolte* » interprète brillamment le principal rôle. Mmes *Ludger, Borgos, Gustral*, toutes de grand talent, font applaudir cette pièce symbolique et puissante.

La pièce de *Fresquel*, « les Vautours », est le gros morceau de cette belle fête.

Les prêtres ne paraissent plus en scène avec *Fresquel*, mais leur influence se fait, sans cesse, tristement sentir.

Dariot, député républicain, libre-penseur, très influent à la Chambre, doit prononcer un grand discours pour la suppression de l'enseignement congréganiste.

Sa fille Marthe, d'abord, sous l'influence des jésuites, essaie de le détourner de son dessein. Comme il s'obstine, elle demeure des jours entiers dans sa chambre, refuse la nourriture, le menace d'entrer au couvent.

Dariot ne cède pas, et la loi est votée. Marthe, à sa majorité, entre au couvent, et y meurt sans revoir son père.

La mère, à son tour, quitte son mari. Et Dariot, sentant sa raison s'enfuir, se tue, épuisé par une telle lutte, vaincu par « les Vautours ».

Lunch de clôture

Le jeudi 7 septembre, dernier jour du Congrès, les congressistes se réunirent à 9 heures du soir dans la galerie de pourtour du Trocadéro.

Ce fut la dernière fête, la fête d'adieu, où les Libres-Penseurs de tous pays vinrent nombreux, oubliant les vives discussions des jours précédents, heureux de se revoir une fois encore et d'échanger, entre militants d'une même cause, les marques d'amitié les plus fraternelles.

Les citoyennes *Nelly Roussel*, *Fausta*, les citoyens *Sémenoff*, *Thalamas*, *Nicol*, les représentants des divers pays, prirent tour à tour la parole, reconnaissant tous que le travail accompli était considérable et porterait ses fruits.

Excursion à Versailles

La Libre Pensée de Versailles, avait organisé une excursion dans cette ville historique.

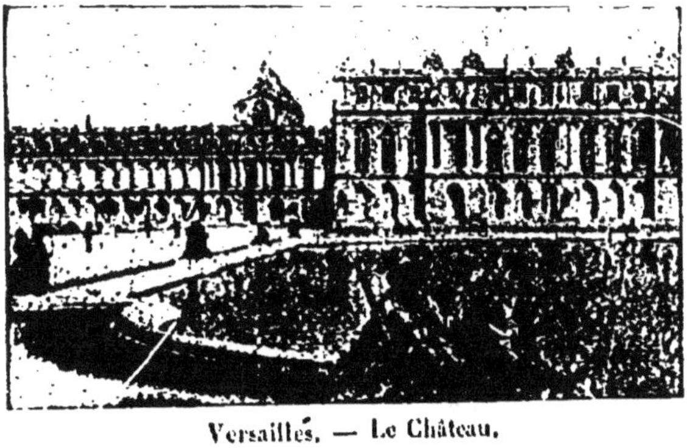

Versailles. — Le Château.

Les congressistes, au nombre de cinq cents, furent reçus à la gare par les citoyens *Godfroy* et *Thalamas*. Le professeur Thalamas conduisit les excursionnistes dans les salles historiques, celle du jeu de paume, celle du Congrès, du Sénat, et dans les cours, salles et jardins du Château.

Déjeuner et dîner furent improvisés, à cause de l'augmentation imprévue du nombre des congressistes, dans la salle de l'Orangerie. Le déjeuner fut présidé par le citoyen Carlo Berlenda de Rome.

Petit Trianon. — Le Hameau.

Une promenade eut lieu dans le parc, les trianons, le village.

Après le dîner, un concert où nous revîmes Mlle Didier, de l'Odéon, et le chansonnier Charles Galilée, termina cette belle journée de clôture.

OPINIONS DIVERSES

Le Réformiste, sur la pièce « *Ces Messieurs* » (orthographe simplifiée)

Mais c'est mon opinion personèle que je tiens à faire conaître. Une choze m'a surtout frapé dans *Ces Messieurs*, ce sont les trois tipes de prêtres prézentés au public : Le premier, l'abé Thibaud, est le curé ambicieus, patelin, bien élevé, beau frazeur, reçu dans les salons. Il sait soutirer la *bone galète* des dévotes, jeunes et vieilles, pour les écoles congréganistes qu'il entretient. Il est la coqueluche des dames bien pensantes et sait faire naître un amour coupable dans le cerveau de la jeune veuve Héniette, malgré son frère, libre-penseur convaincu. C'est le curé le plus à craindre, car tous ses actes, toutes ses démarches, toutes ses paroles sont étudiées en vue de son avancement.

Le second, l'abé Nourrisson, est le jézuite. Tout en faizant bone figure à son colègue, il en est jalous. Il dit du bien de Thibaud à l'Evêque, mais les réticences sont si nombreuzes que le réquizitoire devient une véritable dénonciation, quoique ne voulant pas dénoncer. L'Evêque est des plus amuzants quand il dit à ce curé méchant et envieus : Avec des moyens de comunicacion aussi faciles qu'aujourd'hui, on ne peut oblijer le prêtre à demeurer dans son vilaje. Je sais que neuf de mes curés sur dix, font une fugue à Paris, toutes les semaines habillés en civil, je sais qu'ils fréquentent de mauvais lieus, mais ils ne me créent aucune difficulté. C'est le dizième, c'est vous, mon cher Nourisson, qui me créez le plus d'ennuis spirituels avec votre chasteté irraizonée.

Enfin, le troizième prêtre est le missionaire qui ne croit plus. C'est le bon vivant qui trop tard se sent dévoyé ; c'est lui qui crie à son ami Thibaut : « — Si tu n'as plus la foi — et tu ne l'as plus — fais-toi missionaire, va dans nos colonies pour fatiguer ton corps, ou bien défroque-toi.

Très bien réussi également le vieus *colo* en retraite. Comme il montre bien l'alliance du sabre et du goupillon.

Quand un dieu exije de créatures humaines des sacrifices comme ceus que nous comprenons dans *Ces Messieurs*, on peut affirmer que c'est une absurdité de croire en lui.

La morale de la pièce est simple à mon avis : Chassez le prêtre de votre maizon, si vous ne voulez pas que votre famille soit perdue pour la société laïque :

La Presse, du 9 sept., sur l'excursion de Versailles.

Les excursionnistes étaient au nombre d'environ 500.

A leur tête se trouvaient : MM. Petitjean, sénateur de la Nièvre ; Furnemont, secrétaire général de la Fédération de la libre-pensée et Victor-Charbonnel.

Parmi les notabilités étrangères on remarquait MM. Sergi, de Rome ; Hector Denis, Hoffmann, député au Reichstag ; Heaford, etc., etc. Un certain nombre de dames avaient pris part à l'excursion.

Or, ni le Dr Petitjean, ni les citoyens Furnémont, Charbonnel, Sergi, Denis, Heaford, n'ont pu venir à Versailles, les uns s'étant rendus au Congrès de Tours, les autres étant indisposés ou repartis de Paris.

Le Figaro, du 9, même sujet.

Ils étaient cinq cents congressistes à se promener par les belles avenues, les rues silencieuses... M. Thalamas les conduisait. Ah ! quel spectacle !... Ah ! qu'il dut être, M. Thalamas, intructif et savant, éloquent même ! Et qu'il dut prendre de plaisir à débiner cette histoire, qui n'est pas républicaine, et qui n'est vraiment pas faite pour lui, pas faite pour ces penseurs en gros souliers, dont il s'était institué le cicérone !...

Et M. Thalamas leur expliquait les tableaux de batailles, leur vilipendait la gloire des armes, leur prônait son pacifisme trivial.

On les imagine aisément à Trianon ; ils circulent par les allées où la Reine jouait à la bergère ; ils regardent le Temple de l'Amour...

Et leurs souliers, ah ! leurs souliers sur les marches de marbre rose !...

Tout laisse à penser que le rédacteur du Figaro a connu de très près ces souliers auxquels il garde rancune. Ah ! ces souliers ! Comme ils font mal, et grand mal, partout où ils se posent !

En tout cas, nous blâmons énergiquement le congressiste qui a perdu son temps à vouloir corriger cet élégant trissotin.

AUTOUR DU CONGRÈS

AUTOUR DU CONGRÈS

SÉANCE DE LA COMMISSION INTERNATIONALE

Quelques importantes réunions eurent lieu, hors Congrès, du 3 au 8 septembre, organisées par les sections étrangères ou françaises.

Nous rendrons compte seulement de la réunion de la **Commission internationale.**

Au début de la soirée consacrée au punch d'adieu, la commission internationale tint séance sous la présidence de Léon Furnémont.

Elle décida que le prochain Congrès international aurait lieu à Buenos Aires, en 1906, et à Buda-Pest en 1907, et que le siège de la Fédération internationale serait maintenu à Bruxelles.

« Je demande, ajoute Furnémont, que le Congrès décide d'envoyer un télégramme de sympathie à celui qui a été pendant un an le travailleur obstiné, l'artisan admirable du magnifique congrès auquel nous avons assisté ; j'ai nommé notre ami le citoyen Chauvelon (vifs applaudissements. Cris nourris de : Vive Chauvelon !)

L'adresse suivante est adoptée :

Au moment de se séparer, les membres du congrès international de la Libre-Pensée adressent au citoyen Emile Chauvelon leurs plus sincères remerciements pour son dévouement à réaliser l'œuvre de préparation du Congrès de Paris que lui avait confiée le Congrès de Rome ;

Et expriment leurs sincères regrets de le voir privé de la légitime satisfaction due au militant discipliné qui poussa jusqu'au sacrifice de sa propre santé l'abnégation et le désintéressement pour la noble cause de la Libre-Pensée, de l'internationalisme et de l'affranchissement économique et social de l'Humanité.

ADRESSES ENVOYÉES

Des remerciements sont ensuite votés :

A la Commission française d'organisation ;

A la ville de Paris, hospitalière ;

A la Presse républicaine et socialiste.

Pendant le Congrès des adresses ont été envoyées, à Gorki ; à Roosevelt, président de la République des Etats-Unis ; à Emile Combes, ancien président du Conseil des ministres; au Congrès des Trades-Unions.

Adresse aux membres de la Presse (proposition *Allemane, Chevais*).

Le Congrès adresse d'unanimes remerciements aux membres de la Presse pour le concours qu'ils ont apporté, et le grand retentissement qu'il ont donné aux travaux du Congrès de la Libre Pensée.

Adresse à l'écrivain Maxime Gorki (proposition *Semenoff*).

Le Congrès international de la Libre-Pensée de Paris vous envoie ses sympathies confraternelles et ses vœux pour votre grande patrie rénovée.

Adresse au Président Roosevelt (proposition *Magalhaès Lima*).

Les congressistes de la Libre-Pensée, réunis à Paris au nombre de 5.000, applaudissent à votre œuvre et vous acclament comme un bienfaiteur de l'humanité.

Adresse au citoyen Emile Combes (proposition *Magalhaès Lima*).

La Libre-Pensée mondiale réunie en Congrès au Trocadéro vous envoie son salut fraternel. Elle espère que vous continuerez, comme par le passé, à défendre les aspirations de la Libre-Pensée.

Adresse au Congrès des « Trades-unions » Hanley Angleterre.

« Le Congrès international de la Libre-Pensée à Paris envoie ses vœux chaleureux et ses salutations aux travailleurs britanniques, avec ses vœux pour la complète émancipation du prolétariat. » (*Applaudissements*).

RÉPONSES

Réponse du Président Roosevelt

Secretary of the International Congress of Free Thought
63, Rue Claude Bernard, Paris

Sir :

The President has received your letter of the 3 rd ultimo, communicating the complimenty address adopted by the International Congress of Free Thought at its meeting in Paris on the 4 of september last, and he charges me to convey to you his appreciation of the courteous references to himself contained in the adress.

I am, Sir, Your obedient servant
Signé : MUSLOOT

Réponse du citoyen E. Combes

Télégramme. — Je remercie très cordialement le Congrès International de la Libre-Pensée, réuni au Trocadéro, de son salut fraternel. Comme je l'ai télégraphié à Buisson, je suis de cœur avec le Congrès International et je lui renouvelle volontiers l'assurance que je continuerai de travailler, dans la mesure de mes forces, à l'émancipation de la pensée humaine.

EMILE COMBES

ADRESSES REÇUES

Lecture a été donnée, pendant le Congrès, de télégrammes envoyés par les citoyens :

Emile Chauvelon; Henri Michel, député, et par les groupes suivants :

Congrès des Amicales des instituteurs de France et des Colonies, réunis à Lille; « *Rayon de Soleil* »; *groupe socialiste d'Oullins;* Libres Pensées *de Pertuis; de Privas, d'Ambazac, de Fourmies, de Lure, Fédération, socialiste de Louvain*, Section de la *Ligue des Droits de l'Homme et Loge maçonnique de Carpentras*, pour la France. Sections de la libre-pensée *de Padoue, de Benevento, de Naples, de Gottchi, de Milan, de Cologne, de Trieste; Union « Darwin » de Munich;* Conseil provincial *de Bari* (Italie) : *Association du registre civil de Lisbonne; Société allemande de la Paix, à Pforzheim*; et des citoyens *de Nava, Porteverde.*

CONGRÈS DES JEUNESSES LAIQUES

La Fédération des Jeunesses laïques de France, qui devait, quelques jours après, ouvrir son Congrès à Tours, envoya le 4 septembre le télégramme suivant :

Salut et fraternité aux congressistes de la Libre Pensée mondiale, à nos aînés. Nous n'attendrons point, pour marcher sur vos traces, que vous ayez disparu; nous y marchons déjà et continuerons toujours.

Un certain nombre de congressistes se rendirent à Tours aussitôt après le Congrès de Paris, pour contribuer au succès (qui fut complet) du Congrès des Jeunesses laïques.

AFFAIRE MALATO

Dès le premier jour, il fut décidé qu'une délégation du Congrès interviendrait auprès du ministre de la Justice pour réclamer la mise en liberté des citoyens détenus en prévention pour l'attentat de la rue de Rohan, contre le roi d'Espagne.

M. Chaumié, ministre, reçut lui même la délégation, constata qu'une telle démarche, dictée par le sentiment général des congressistes, devait être considérée comme un fait très significatif, en ce sens qu'elle constituait une marque de sympathie et un témoignage d'estime pour l'inculpé, témoignage dont il aura le droit de faire grand état.

M. Chaumié promit de demander au procureur de la République de hâter l'instruction de l'attentat de la rue de Rohan, afin que justice soit rendue à Malato et à ses coaccusés, selon la loi et le droit, dans le plus bref délai possible.

Les inculpés sont venus devant la Cour d'assises de la Seine les 28-29-30 novembre, et tous ont été acquittés.

Lettre de Domela Nieuwenhuis

En allant du congrès de la libre pensée de Paris à Cologne pour rendre une visite à un de mes amis d'outre Rhin, mais on m'arrêtait dans cette ville sans aucun motif et seulement parce que je suis anarchiste. Peut-être c'était la réponse à mon discours anti-militariste au congrès de Paris, car dans les yeux d'un bon patriote allemand il n'existe pas un crime si grand que d'être anti-militariste. Un pays qui fait des semblables actes, ne mérite plus une place dans les rangs des pays civilisés. Et comme le journal allemand social-démocrate Vorwärts écrit, quand il y a avait une conscience culturelle des nations on le ferait, mais les intérêts financiels valent plus dans notre monde que la conscience culturelle. En Allemagne on a dressé une liste de personnes, qu'on arrête tout à seule sans aucune forme de procès, on les met en prison pour les expulser après. C'est ainsi qu'on m'a emprisonné pendants 18 jours sans savoir pourquoi et sans recevoir une lettre de ma famille, qui seulement par la presse savait où j'étais. Ce sont les anarchistes, qui paradent dans les listes et comme suspects on les poursuit. Les persécutions pour la religion sont disparues, comme on dit, mais qu'est-ce que cela nous aide si on nous persécute pour nos idées politiques et sociales? Il me semble que nous ne sommes pas encore très avancés, si des faits semblables sont encore possibles et l'Allemagne bien loin d'être l'avant-garde du progrès est l'avant-garde de la réaction. Oui, nous avons dans l'orient de l'Europe deux puissances, qui se donnent la main, c.à.d. la Russie et la Bo-russie (la Prusse) et contre cette alliance de la barbarie et de la tyrannie il nous faut à nous occidentaux, de faire front. Non, la Russie ni l'Allemagne peuvent être les alliés d'une république comme la France et ce sera beaucoup mieux si la France, l'Angleterre, la Belgique, la Hollande, la Suisse marchaient de commun accord pour empêcher la barbarie allemande et russe d'envahir le monde. Que les peuples plus avancés s'unissent afin de former un rempart solide contre les invasions des barbares, quels noms ils portent

F. Domela Nieuwenhuis

DOMELA NIEUWENHUIS ARRÊTÉ

Le sympathique citoyen Domela Nieuwenhuis, de Hollande, dont les congressistes avaient applaudi les idées antimilitaristes et si généreuses, fut arrêté, retour du Congrès, en passant sur le territoire allemand. Nous avons demandé à notre éminent ami de bien vouloir raconter lui-même, dans ce Compte rendu, son arrestation et son emprisonnement.

Nous reproduisons sa lettre autographiée.

PROPAGANDE AUX COLONIES

A la suite du rapport, et sur l'initiative du citoyen **Nicol**, un comité d'action républicaine aux colonies françaises s'est fondé.

Ce Comité a pour but :

1° D'intéresser plus étroitement l'*opinion* publique en France, et particulièrement celle des *républicains français* aux multiples problèmes coloniaux et sociaux, dont la solution doit être cherchée dans le loyal accord et la collaboration étroite des Français de la Métropole et des Colonies avec les indigènes « *nos associés* ».

2° De combattre l'*esclavage*, l'*alcoolisme* et l'*abus de l'opium* :

3° De *collaborer* activement à toutes les œuvres tendant à l'*amélioration* du sort des indigènes et à leur *émancipation* ;

4° De *provoquer* une action énergique de *propagande républicaine et anticléricale* aux Colonies, dans les pays de protectorat et d'influence française ;

5° De *faire appliquer* à toutes nos Colonies la loi de 1901 sur les Associations, de 1904 sur les Congrégations, ainsi que la *séparation* rigoureuse des Eglises et de l'Etat ;

6° D'*obtenir l'établissement de la laïcité* intégrale dans tous les rouages des services coloniaux et la *suppression* complète dans le bubget de la Métropole ou dans les budgets des Colonies (généraux, locaux, régionaux, municipaux), de toute *subvention*, sous quelque forme que ce soit, aux *missions religieuses* ou à leurs membres ;

7° D'*encourager* les œuvres de *mutualité*, d'*assistance sociale*, caisses de retraites, secours mutuels, etc., afin de donner aux coloniaux plus de sécurité et plus de confiance dans les multiples aléas de leur activité et afin d'inculquer aux indigènes des sentiments de solidarité et de prévoyance ;

8° De *soustraire progressivement* nos Colonies à la tutelle administrative et économique de la Métropole par une décentralisation rationnelle ainsi que par l'application d'un régime douanier plus libéral que celui qui règle les rapports de nos Colonies avec la Métropole ;

9° De prendre l'initiative de l'*éducation* des indigènes par une diffusion de l'*enseignement* sous tous ses modes utilitaires et pratiques : Missions laïques, création de fermes-écoles, d'ateliers de menuiserie, de serrurerie, etc. ; stations scientifiques et médicales, hôpitaux, léproseries, laboratoires d'études, etc. ;

10° D'*apporter* à tous les agents de la colonisation française, aux travailleurs de tout ordre : employés, fonctionnaires, professeurs, instituteurs, artisans, agriculteurs et colons isolés, un *appui* fraternel et la confiance d'une *solidarité* effective qui donnera à toutes les initiatives individuelles, dans leurs divers champs d'activité, la sécurité d'une protection efficace.

Le *Comité d'Action républicaine aux Colonies françaises* centralisera toutes les observations utiles, tous les renseignements, toutes les propositions pratiques que lui communiqueront ses membres et ses Comités départementaux et coloniaux, afin de provoquer dans nos Colonies, dans les pays de protectorat ou d'influence française, les diverses mesures d'ordre législatif, administratif, judiciaire, économique et social dont la poursuite est l'objet de ses efforts. Il interviendra à cet effet, en toute occasion, soit dans la Métropole, soit aux Colonies, auprès des pouvoirs publics et des diverses administrations. Pour établir un lien entre ses Comités départementaux et coloniaux qui chacun dans sa sphère d'action, poursuivront l'idée directrice dont ils seront l'émanation effective il organisera tant en France qu'aux Colonies : Des cours, des conférences, des bibliothèques, etc. Il publiera des brochures de propagande, des notices, un *Bulletin mensuel*, organe de la Fédération, ainsi qu'un *Annuaire*.

Le *Comité d'Action républicaine aux Colonies française* admet comme membres tous les Français, sujets et protégés français, métis, indigènes, sans distinction de couleur ni de race.

Pour adhésions, s'adresser au Comité d'Action républicaine aux Colonies françaises, 8, rue de la Victoire, Paris (siège provisoire).

INCIDENTS

L'exécution du chant de l'*Internationale* à l'Hôtel de Ville, le jour de la réception des congressistes par le conseil municipal, a eu le don d'exaspérer quelques conseillers municipaux nationalistes. L'un d'eux, M. Dausset, à prévenu le préfet de la Seine qu'il l'interpellerait à ce sujet. M. Duval-Arnould, de son côté, proteste contre la réception.

Une protestation plus amusante encore émane de M. Leroy-Beaulieu, (Anatole) président de la « Ligue nationale contre l'athéisme. »

Le Congrès de Paris « s'étant donné pour programme de faire prévaloir la morale sans Dieu », le digne président de cette ligue que beaucoup ne soupçonnaient pas, croirait manquer à son devoir s'il ne protestait contre pareille prétention.

M. Leroy-Beaulieu (Anatole) ne s'arrête pas là.

Il ne s'indigne pas seulement contre la question de La Morale sans dieu, mais encore contre celle de la Libre Pensée et le Pacifisme.

« Lier le pacifisme à la Libre Pensée, dit-il, ce n'est pas seulement discréditer une cause déjà compromise par les outrances des internationalistes et les blasphèmes des antipatriotes, c'est méconnaître les services que rendent au rapprochement des peuples les croyances religieuses qui chevauchent par-dessus les frontières. »

Cependant, et tout cela semble assez inconciliable, M. Leroy-Beaulieu (Anatole) est consolable. Ce qui le rassure c'est justement de voir, lui patriote, que le congrès de Paris est international. Du reste, il sera consolé plus complètement encore dans l'au-delà, si toutefois, dans l'Eden supraterrestre les âmes des français ne paissent pas dans les mêmes prés verts que celles des allemands.

M. Leroy-Beaulieu est mûr pour l'Académie.

OPINIONS DIVERSES

La Lanterne, du 10 septembre ; après le Congrès.

La blague de nos adversaires masque mal le dépit qu'ils éprouvent en constatant que les forces de la démocratie s'organisent pour les luttes futures. Ils rient jaune et s'aperçoivent, en fin de compte, que les meetings anticléricaux et les discussions — même véhémentes — des libres-penseurs, témoignent d'une résolution ardente et invincible de travailler à l'émancipation sociale, politique et religieuse.

Le Radical, 10 septembre ; bavardage.

La Libre-Pensée ne s'arrête pas aux questions religieuses, elle va aux questions économiques et sociales, et la grande utilité du congrès actuel a été de prouver que le Sacré-Cœur et le Vatican ne sont pas les seuls forteresses à renverser.

L'œuvre a donc été bonne et se doit continuer.

A Vanguarda (quotidien républicain de Lisbonne).

« Paris a affirmé une fois de plus sa grande force démocratique. Le Congrès de la Libre-Pensée est la preuve la plus évidente des progrès énormes accomplis pour les idées de liberté et de justice. C'est un triomphe pour l'humanité. »

LA PRESSE ANGLAISE

Le **Times**, réactionnaire, se tait.

Le **Daily Chronicle** raconte que les manifestants du 3 septembre ont été reçus à Montmartre par une grande hostilité du public. Il y eut des bagarres, paraît-il, entre libres-penseurs et catholiques. Ceux-ci s'emparèrent de plusieurs bannières libres-penseuses, et les traînèrent dans la boue. Les désordres anarchistes réjouissent fort ce journal.

Le **Morning Leader** fait un compte rendu sobre mais exact.

Le **Freethinker** est plus que sévère. Il n'avait pas beaucoup de sympathie pour le Congrès de Rome. C'est maintenant à celui de Paris qu'il s'attaque. Ce sont les français qui ont tous les torts, surtout le tort d'être venus trop nombreux aux Congrès. Du reste, le délégué *Heaford* de Londres, n'est pas épargné lui-même.

Le massacre est, comme on le voit, assez considérable.

LA PRESSE ALLEMANDE

Le journal **Der Freidenker**, organe de la Confédération allemande de Libre-Pensée publie, dans les nos qui suivent le Congrès, un compte rendu du citoyen **Tschirn** de Breslau. Nous en donnons quelques passages :

Le Congrès de Paris nous a laissé une multitude d'impressions vraiment inoubliables, que le temps ne pourra pas effacer ! Je voudrais posséder le talent d'un romancier pour pouvoir décrire à mes lecteurs les tableaux grandioses du Congrès ! Devant nos yeux s'est déroulé, dans la salle splendide du Trocadéro, un spectacle saisissant, gigantesque, qui nous a fait vivre une foule de scènes imposantes, souvent dramatiques, de la vie contemporaine.

. . . .

Quant aux travaux du Congrès, on ne peut pas encore bien juger de leur résultat pratique, car il nous manque encore les rapports des différentes commissions. Mais nous autres délégués Allemands, nous avons emporté l'impression qu'en général il a été fait de la besogne plus pratique et plus précieuse qu'à Rome, et que nous avons fait des expériences qui pourront nous être d'une très grande utilité dans l'avenir ! Sur le chapitre *d'une nouvelle Encyclopédie* comme sur celui de la *Morale sans Dieu* nous avons entendu beaucoup de choses précieuses, notamment le postulat d'un nouveau livre d'enseignement pour notre jeunesse.

Hoffmann de Berlin a pris le premier la parole dans la grande séance d'ouverture, et l'auteur de ces lignes (citoyen Tschirn), a du présider la première séance plénière.

Aussi avons-nous tous l'impression que nos amis Français ont voulu nous donner des marques tout à fait spéciales de leur grande sympathie et de leurs sentiments amicaux.

Las Dominicales, le journal libre-penseur que dirige le citoyen *Fernando Lozano*, consacre de longs articles au Congrès de Paris,

On lira plus loin l'opinion même du citoyen *Lozano*.

OPINIONS DES CONGRESSISTES

Opinion de la citoyenne Ida Altmann, déléguée Allemande.

Le Congrès fut un triomphe — mais, un triomphe incomplet en quelques points. Ce fut le triomphe de l'esprit et de la vigueur de la France aidée par le concours scientifique et moral des libres-penseurs de toutes les nations civilisées.

Citoyenne IDA ALTMANN, déléguée d'Allemagne.

La Séparation de l'Eglise et de l'Etat est votée, mais elle n'est pas encore réalisée ! Quand elle le sera, le triomphe de la France libre-penseuse sera complet.

Ce Congrès si bien préparé fut un triomphe du travail civilisateur de la France, mais le travail n'est fait qu'à moitié, tant que des gens se disant libres-penseurs trouvent plaisir à crier : Hou, hou ! la calotte, tant que des hommes (à barbe grise — non pas de petits gamins) se plaisent à porter comme drapeaux des curés en papier pendus au bout de leurs cannes. Le triomphe de la France civilisatrice et éducatrice sera complet, quand elle saura éliminer du mouvement sublime, dont il s'agissait à ce congrès, les éléments non encore libres, mais simplement évadés de l'Eglise et de la synagogue.

De pareils gens sont incapables de délibérer convenablement et dignement les grandes questions traitées par nos Buisson, Denis, Fulpius, Gatti de Gamond, Haeckel, Sergi et tant d'autres travailleurs et travailleuses de la liberté. Mais les séances du Congrès doivent être réservées aux délibérations des questions théoriques et pratiques, et l'éducation de ceux qui ne sont pas encore libres-penseurs, doit-être faite par la propagande.

Il est vrai, ce fut un triomphe du travail civilisateur et éducateur que de tolérer sans perdre patience, ces vaniteux illogiques qui volaient au congrès les heures précieuses de travail, mais le triomphe sera parfait, quand on saura, non pas tolérer mais sans violence et brutalité tenir éloignés des lieux du travail de la pensée ceux qui ne reconnaissent pas les lois que se sont créées les travailleurs.

Le triomphe fut complet en tout ce qui concerne le côté esthétique et artistique. La France entière, surtout Paris, la cité de la Lumière, célébrait des triomphes sur les cœurs et les esprits par l'hospitalité grandiose offerte aux congressistes, et par les grâces infinies et indéfinissables se manifestant en tout et partout — dans les discours scientifiques des savants, comme dans la simple parole de l'ouvrière. Le congrès, bien qu'il n'ait fait que la moitié de son travail, a été superbe et restera toujours un souvenir lumineux pour ceux qui avaient le bonheur d'y collaborer.

Opinion du citoyen Hector Denis. — L'éminent député belge interviewé sur le Congrès, répond ainsi aux diverses questions qu'on lui pose :

Je ne puis vous parler du Congrès tout entier ; j'avais une mission spéciale à remplir : défendre la proposition d'une encyclopédie nouvelle présentée par G. de Greef ; je l'ai accomplie de mon mieux et je suis revenu très fatigué dans ma retraite. Les adhérents les plus illustres ont été retenus loin du Congrès, par la maladie, la fatigue, l'âge, la distance, et par leurs travaux personnels, tels Haeckel et Berthelot. Mais ce ne sont pas les individualités, si grandes qu'elles soient, qu'il faut considérer ici ; ce serait là juger mal, superficiellement l'œuvre de la Libre Pensée : c'est la masse qu'il faut considérer.

— Les délégués étaient donc si nombreux ?

— Il y avait là quatre à cinq mille délégués de groupes, associations de tous les points de la France, de tous les pays, même les plus éloignés, des délégués de l'Argentine, du Mexique, des noirs de Saint-Domingue, de la République cubaine, comme de l'Arménie, de la Tunisie, de la Chine et du Japon. Mon ami Furnémont était un peu leur Anacharsis Cloots. Ce qu'il y avait surtout, c'étaient des travailleurs, industriels et agricoles ; et ce qui les caractérisait, c'était l'énergie des convictions, l'avidité de savoir. Un paysan bourguignon vint s'asseoir auprès de moi ; il était accompagné de sa fille, qu'il rapprocha le plus possible du bureau : J'en ai fait, me dit-il, le secrétaire de notre société de libres-penseurs, et il faut qu'elle entende ». Ce mot peint toute l'assemblée.

Même les discours les plus prolixes sur l'encyclopédie ne l'ont pas fait reculer, n'ont pas même fait fléchir un instant son attention, et la presse réactionnaire, à cet égard, a impudemment dénaturé les faits. Et pourquoi ? Parce que derrière la sécheresse des classifications, la froideur de l'exposition d'un plan d'encyclopédie, la masse des libres-penseurs entrevoyait une conception nouvelle, une conception purement scientifique, positive du monde, de l'homme, de la société humaine. Détachée de la foi théologique, c'est là ce qu'elle cherchait : la Libre Pensée telle que le Congrès de Paris l'a révélée n'est plus seulement critique ; elle n'accomplit plus seulement l'œuvre de combat du grand XVIIIe siècle : elle est devenue aussi organique, positive ; elle l'est devenue dans le domaine de la philosophie, de la morale, de la direction de la vie, de la conduite sociale sous tous ses aspects, et ce qui n'était que dans l'esprit et la conscience d'une élite passe maintenant dans la pensée collective, dans la science collective. Ce n'est plus pour un illustre savant comme Berthelot ou Haeckel que l'esprit humain s'est dégagé de l'étreinte des conceptions absolues, c'est pour le grand nombre ; ce n'est plus pourune sorte d'aristocratie intellectuelle que l'autonomie et l'hégémonie de la science et de la philosophie scientifique s'affirment aujourd'hui dans un congrès, c'est pour tous : nous sommes devant la démocratisation de la philosophie, et c'est aujourd'hui que mon grand maître Proudhon pourrait parler de philosophie populaire ».

— « La femme était-elle largement représentée ?

— C'est un trait important que la participation extraordinaire de la femme au Congrès de Paris ; j'en fus frappé chaque fois que j'assistai aux séances publiques ; il y avait autant de femmes, ou à peu près, que d'hommes dans l'auditoire et, détail curieux, les femmes ont conquis en section le droit de s'affilier à la franc-maçonnerie, droit qui leur fut si longtemps dénié ».

Nous abordons un ordre d'idées différent. J'interroge Hector Denis sur la « morale laïque ». Je lui communique aussi une impression qui semblait se dégager du Congrès et qui tendrait à dire que la Libre-Pensée doit aboutir inévitablement, ou plutôt « naturellement », au socialisme.

« Plus grande est la portée sociale de la morale laïque, me répondit-il : elle n'est pas seulement faite de respect de la dignité et de la personne humaines : elle est faite de solidarité, d'altruisme, et c'est ici que l'on voit, à mesure qu'elle devient plus positive, plus constructive, que la Libre-Pensée étend son action à tout le problème social ; le libre penseur se rapproche du socialiste tant que la solution stable du problème social est inséparable de la consécration d'une morale sociale supérieure ; le droit économique nouveau, expression du socialisme même, c'est par-dessus tout la subordination de l'ordre économique à une morale supérieure de justice et de solidarité, comme le droit politique se confond avec l'égalité et la démocratie pure. La Libre-Pensée dans son œuvre, dégage de plus en plus la conception de l'humanité dans toute sa pureté ; elle la purge de l'esprit de conquête, de domination de l'étroit nationalisme ; elle élève à sa hauteur morale la notion de justice, en l'élargissant et la soumettant définitivement à un principe supérieur.

De là le pacifisme que vous avez vu affirmer avec tant d'énergie par toutes les races dans le Congrès de Paris. J'ai vu avec quelle sincérité, quelle sympathie sans retour les mains allemandes cherchaient les mains françaises. Assurément, ce sont là encore des manifestations de sentiment que le souffle redoutable de la politique internationale pourra disperser, refouler dans la sphère idéale ou nous aurions vécu pendant ces quelques jours, si les anarchistes n'en avaient méthodiquement troublé la sérénité. Mais chaque jour suffit à son œuvre ; la paix de l'avenir, si elle doit avoir des fondements économiques et politiques stables, que nous sommes loin d'avoir atteints, ne peut se passer d'une compréhension vraiment humaine du monde et de l'humanité ; c'est celle-là qui se consolide lentement dans la conscience des groupes émancipés, et nous avons pu entrevoir les progrès qu'elle accomplit ».

« Quant aux anarchistes, je ne conteste pas leur sincérité ; ce sont des esprits fascinés, emportés par un idéal abstrait et absolu, qui ne comprennent ou ne veulent comprendre quelle longue et laborieuse évolution rapproche de l'idéal. J'ai connu le théoricien de l'anarchie, Proudhon, mon maître, j'ai été l'ami du plus illustre représentant contemporain de l'anarchie idéale, Elisée Reclus. C'étaient des stoïciens antiques pratiquant des vertus austères, en même temps qu'ils étaient pénétrés de l'humanisme futur. L'idéalisme absolu, Proudhon l'a mieux compris que personne. Les anarchistes du Congrès me semblent avoir oublié en tout cas l'enseignement fondamental de leurs maîtres, que l'expression positive de l'anarchie, c'est avant tout le gouvernement parfait de soi, c'est-à-dire la discipline de ses passions, de ses entraînements, de son orgueil. Le Congrès qui porte en soi un puissant idéal, n'a pas cédé aux impatiences, aux entraînements de l'absolu. Si modeste que puisse être son œuvre, elle marque les progrès de la conception scientifique du monde et de la société, de la morale sociale, contre le dogme et l'autorité ; à chaque jour son œuvre.

Opinion de L. Furnémont (relevée dans l'*Humanité*),

Des travaux du Congrès proprement dit, je retiendrai la magistrale étude philosophique d'Hector Denis sur la nécessité de la création d'une nouvelle Encyclopédie et la sobre mais éloquente déclaration morale de M. Buisson.

Deux choses, en outre, sont à retenir ; c'est d'abord l'orientation persistante de la Libre-Pensée vers le socialisme et ensuite la volonté formelle des rationalistes internationaux du désir de la Paix.

LÉON FURNÉMONT
Secrétaire général de la Fédération Internationale
de Libre Pensée.

Vous avez, dans l'*Humanité*, fait ressortir avec juste raison ce fait essentiel de nos discussions : l'importance de la part prise aux débats par les délégués allemands et l'affirmation soutenue de leur énergie pacifiste. Tous ont été d'accord : Hoffmann, député au Reischtag ; Tschirn ; Vogtherr, ancien député au Reischtag, Ida Altmann ; Woldeck von Arneburg, ancien officier allemand, etc...

Enfin, conclut le citoyen Furnémont, nous avons lieu d'être satisfaits ; l'Internationale libre-penseuse, socialiste et pacifique est en marche !

Opinion de Ch. Fulpius, (relevée dans l'*Action*).

« Dans les Congrès antérieurs, nous avions constaté les tendances socialistes de la Libre-Pensée. Cette année, pour la première fois, nous voyons apparaître à nos assises l'élément anarchiste qui, fidèle à sa tactique, a voulu du premier coup, s'imposer à nos assemblées.

« Je ne suis pas un adversaire des théories anarchistes — toutes les opinions sincères sont défendables — mais je ne puis admettre que l'on vienne bouleverser un Congrès sous prétexte de propagande anarchiste. Ce qui s'est passé au cours des séances plénières est très regrettable. Le jeu des anarchistes était cousu de fil blanc. Ils ne sont venus au Congrès que pour faire de l'obstruction systématique et leur but, j'en suis persuadé, était d'empêcher les congressistes de prendre des résolutions définitives.

. . . .

En terminant, je tiens à déclarer que, depuis 1888, le Congrès de Paris est le premier dans lequel le programme ait été suivi point par point. Précédemment, on travaillait au petit bonheur. L'ordre du jour des séances n'était pas respecté et la plupart des fêtes étaient manquées.

Opinion de W. Heaford, (relevée dans l'*Humanité*).

Les délégués de tous les pays ont été frappés, croyez-m'en, de la liberté avec laquelle le cortège de La Barre s'est déroulé dans Paris, sans cris, sans bruit, sans incidents, et aussi de l'accueil admirable qu'ils ont reçu à l'Hôtel de Ville de Paris, de ce Paris d'où les révolutions du monde partent toutes. La Libre-Pensée est en route ! C'est aujourd'hui un fait acquis, et le succès de nos fêtes comme aussi celui de nos délibérations indique un progrès que ne pourront plus arrêter les forces de l'action cléricale et capitaliste. Ce qu'il y avait de caractéristique dans notre Congrès c'est la présence et l'intervention non pas seulement des délégués de tous les pays occidentaux mais encore de ceux des races slaves, des races noires et des races jaunes. On commence à comprendre, en effet, que le mouvement libre-penseur est destiné à rapprocher tous les hommes puisque c'est la religion qui les sépare... La Libre-Pensée n'est pas seulement la Cité-Lumière, c'est encore la Cité-Humanité !

WILLIAM HEAFORD, délégué anglais.

Opinion de Fernando Lozano, (sous le titre : *Gloire à la France !*).

Le magnifique Congrès de Paris a surtout prouvé que la France marche à la tête du monde de la liberté.

Le délégué de l'Allemagne, au banquet de la Tour Eiffel, déclara qu'un semblable Congrès était impossible dans l'Allemagne cléricale actuelle.

Le délégué anglais fit la même déclaration pour son pays où existe toujours un sombre et hypocrite cléricalisme.

En Suisse, même, dans ce berceau de la République et de la liberté de conscience domine encore, comme l'a dit son délégué, une importante bigoterie cléricale.

Quant aux Etats-Unis, nous avons dû remarquer que cette nation qui se vante d'être la plus libre du monde, était plus empressée à faire construire des cuirassés qu'à envoyer des représentants au Congrès de la Libre-Pensée.

Les peuples protestants, confiants dans leur bon Dieu que tous portent sous le bras avec la Bible, ne s'occupent que d'entasser du fer ou de l'or. La France entasse des idées ; et les autres nations latines, Belgique, Espagne, Italie, Portugal, élevant des Républiques Hibero-Américaines, la suivent.

Il n'y a plus de doute : catholiques et protestants, qui croient à un Dieu issu d'une vierge qui est en même temps sa fille, sont des êtres privés de raison. La vérité se trouve dans la science, et il n'y aura ni liberté, ni justice, ni paix sur terre tant que les hommes n'abandonneront pas la folie religieuse pour venir communier dans la vérité scientifique.

La religion est la mort, parce qu'elle est le mensonge.....

La France, en déployant d'une main hardie le drapeau de la Libre-Pensée, montra aux Peuples le chemin de la lumière et de la vie.

Sans ce Congrès de Paris on ne saurait faire cette affirmation, ni apporter cet immense soulagement aux humains.

Gloire au Congrès de Paris! Gloire à la France!

Nous avions également demandé les opinions des citoyens **Carlo Berlenda** (de Rome), et **Diner-Dénès** (de Buda-Pest). Au moment de mettre sous presse nous recevons l'explication de leur silence involontaire. Le citoyen *Berlenda*, ingénieur, rentré en hâte, après le Congrès, à l'annonce des tremblements de terre en Calabre, n'a pu s'occuper jusqu'à présent de libre pensée. Le citoyen *Diner-Dénès*, qui prend une grande part au mouvement hongrois en faveur du suffrage universel, sera lui-même tout excusé.

Opinion d'Emile Chauvelon.

Les militants qui firent voter, par le Congrès de Rome de 1904, un Congrès pour l'année suivante à Paris, et qui organisèrent ce Congrès en lui donnant des proportions inusitées, eussent été bien téméraires, s'ils n'avaient eu foi dans le succès, et si les événements ne leur avaient donné raison.

Or, le succès n'est plus niable, car leur but est atteint : le Sénat français, par son vote du 6 décembre, vient de rendre définitive et irrévocable la Séparation des Eglises et de l'Etat.

La campagne de propagande et d'agitation que la Libre Pensée française menait sans interruption depuis le mois de juillet 1904 se termine dans la victoire.

Sans doute, tout n'est point parfait dans la loi de séparation, mais du moins deux principes d'une importance capitale, sont acquis :

1° Le budget des cultes est supprimé;

2° Le service public des cultes, c'est-à-dire leur caractère officiel, est supprimé.

Ainsi donc, la Cité est émancipée de la religion. Elle ira désormais vers ses destinées nouvelles avec le seul appui de la science, de l'expérience, de la raison, du droit humain, indéfiniment perfectible.

Ce résultat inappréciable, la Libre Pensée française le doit non pas seulement à ses propres efforts, mais aussi à la collaboration fraternelle des Libres Penseurs de toutes les nations civilisées. Elle ne l'oubliera pas, et saura seconder énergiquement leurs luttes pour l'intégrale émancipation humaine.

Mais le caractère particulier des Congrès de Rome et de Paris, et leur succès (l'émancipation religieuse d'un grand pays) ont d'ores et déjà créé une tradition et une loi. Cette loi peut se formuler ainsi :

Tout Congrès mondial de la Libre Pensée doit viser un résultat immédiat, une grande réforme d'ordre législatif et d'intérêt collectif.

Tout Congrès mondial doit faire époque dans l'histoire de l'affranchissement humain.

Pourquoi?

Parce que la Libre Pensée, grâce aux efforts héroïques de ses fondateurs, est désormais adulte.

Elle en a conscience, et elle veut être souveraine. Et c'est justice.

A qui le tour, parmi les nations civilisées, de s'affranchir du joug de toutes les Eglises?

On dit grand bien d'une importante conférence faite récemment à Londres sur la Séparation de l'Eglise et de l'Etat en Angleterre.

C'est le cas de dire aux Libres Penseurs d'outre Manche, très fraternellement : « Et maintenant, Messieurs les Anglais, tirez les premiers ».

LES PROCHAINS CONGRÈS

La Fédération Internationale nous permettra de rappeler en son nom à tous les militants qu'ils doivent dès maintenant se préparer pour les prochaines Assises de la Libre Pensée,

à BUENOS-AYRES, 1906

à BUDA-PEST, 1907

Vive la Libre Pensée Internationale!

NOTA. — Il sera envoyé une annexe au Compte rendu, contenant la situation de la Libre Pensée dans chaque pays, et le Calendrier libre penseur.

TABLES

TABLE ANALYTIQUE

TABLE DES GRAVURES

TABLE DES MATIÈRES

LE CONGRÈS.

LES TRAVAUX DU CONGRÈS.

Première Commission.

Deuxième Commission.

Troisième Commission.

Quatrième Commission.

Cinquième Commission.

Sixième Commission.

LES FÊTES.

AUTOUR DU CONGRÈS.

SAINT-AMAND (CHER). — IMP. BUSSIÈRE

LIBRE PENSÉE

ALMANACH 1906

Annexe au Compte rendu du Congrès International de Paris (septembre 1905).

Prix : 0 fr. 15

EN VENTE :

AU SECRÉTARIAT DU CONGRÈS DE PARIS
63, Rue Claude-Bernard, PARIS (Ve)

Avant-propos

et Souhaits

Nous publions ici les rapports mentionnés dans le **Compte Rendu du Congrès de Paris**, aux travaux de la *quatrième Commission*, et concernant la situation de la Libre Pensée dans les différents pays. Nous réalisons ainsi en partie les vœux *Karel Pelant* et *Rahier* tendant à la création d'un Annuaire de la Libre Pensée internationale.

Enfin, il nous a été permis en publiant ces rapports en dehors du Compte Rendu, d'en faire un tirage plus fort, et d'en tenir un plus grand nombre à la disposition de tous les militants.

*
* *

Nous y insérons le Calendrier Libre Penseur pour l'année 1906.

*
* *

Qu'il nous soit permis, au moment où commence une nouvelle année, d'exprimer notre vif désir de voir la Libre Pensée internationale marcher en rangs de plus en plus nombreux et serrés vers plus de lumière et de bien-être.

L'année 1905 a surtout été bonne pour la section française de la Libre Pensée. Paris a eu son grand Congrès, dont l'heureuse influence se fait toujours sentir; et un plus grand pas a été fait vers la laïcité intégrale, par le vote de la loi de Séparation des Eglises et de l'Etat.

Que l'année 1906 soit bonne pour toutes les sections de Libre Pensée, surtout pour celles où le cléricalisme, l'autocratie, pèsent plus lourdement qu'ailleurs.

Que les agitations ou les Révolutions nées en Hongrie, en Bohême, en Catalogne, en Pologne et dans la Russie tout entière, libèrent définitivement les peuples de ces nations opprimées.

Que partout la Libre Pensée, élargissant son champ d'action, fasse triompher la cause de justice et de vérité.

Vive la Libre Pensée internationale!

M. Ch.

La Situation de la Libre Pensée dans les différents pays

CALENDRIER LIBRE PENSEUR

NOMS & ADRESSES DES SECRÉTAIRES DES SECTIONS NATIONALES
DE LIBRE PENSÉE

Secrétaire général : Léon FURNÉMONT, 48, rue du Remblai, Bruxelles.

ALLEMAGNE. — Citoyenne Ida ALTMANN, Wilmersdorf Pfalzburgerstrasse, 53, Berlin.
— Georg. WILLENBERG, Liegnitz, Grünstr. 10.

ANGLETERRE. — William HEAFORD, 29^s Mersham R^d Thornton Heath, Surrey.
— John ROBERTSON, à View hurst, Hill Park Westerham Kert.

AUTRICHE. — S'adresser au citoyen WILLENBERG, d'Allemagne.

BELGIQUE. — DONS, 155, rue Saint-Bernard, Bruxelles.
— FURNÉMONT, 48, rue du Remblai, Bruxelles.

BOHÊME. — Karel PELANT, Kràl Vinohrady, près Prague, Máchová, 15.

ESPAGNE. — Odon de BUEN, 62, Arribau, Barcelone.
— Fernando LOZANO, calle de San Matéo, 18 (2e), Madrid.

FRANCE. — Emile CHAUVELON, 63, rue Claude-Bernard, Paris.

HOLLANDE. — A. E. MENDELL, Pieter Panwstraat 20, Amsterdam.

HONGRIE. — Josef DINER-DENÈS, Desewffgutra 39, Buda-Pest.

ITALIE. — Carlo BERLENDA, Piazza Esquilino 12, Rome.
— Arcangelo GHISLERI, via Torquato Tasso 38, Bergame.

LUXEMBOURG. — DAUBENFELD, rue St-Augustin, Luxembourg Hœllerich.

MALTE. — Enrico ZAMMIT, 191, rue Mercanti, la Valette.

POLOGNE. — Citoyenne ZIELINSKA, 30, place de la Nation, Paris.

PORTUGAL. — MAGALHAÈS LIMA, directeur du journal *Vanguarda*, Lisbonne.

RÉPUBLIQUE ARGENTINE. — Manuel UGARTE, 57, boulevard de Courcelles, à Paris.

ROUMANIE. — Dr C. THIRON, 37, rue Carol, à Jassy.

RUSSIE. — ROUBANOVITCH, 40, rue Lhomond, Paris.

SUISSE. — Charles FULPIUS, 47, boulevard du Pont d'Arve, Plainpalais-Genève.

L'Organisation de la Libre Pensée en Angleterre

Rapport de W. HEAFORD

RÉPONSES au QUESTIONNAIRE adressé par la Commission française d'organisation du Congrès de Paris 1905

1° *Q.* **Qu'appelle-t-on un libre penseur en Angleterre?**

R. Chez nous, un libre penseur est celui qui s'est affranchi de toute croyance dans les religions soi-disant révélées. Nos libres penseurs donc sont anticléricaux, parce qu'ils sont tous partisans de la Raison éclairée par la Science, au lieu de rester les disciples d'une Révélation prétendue promulguée par les Dieux et exploitée par les Prêtres.

Q. **Les libres penseurs d'Angleterre sont-ils d'ordinaire des athées ou des déistes ?**

R. Il y en a qui sont déistes, mais le nombre en est très peu grand.

Dans les organisations populaires de la Libre Pensée anglaise, l'opinion la plus répandue est celle de l'athéisme. Mais dans l'athéisme il faut distinguer deux groupements d'idées : L'athéisme proprement dit et l'Agnosticisme. Chez nous, tous les athées qui jouissent d'une certaine position sociale se baptisent du nom d'*Agnostiques*. Les hommes de science, comme Darwin et Huxley, s'appellent Agnostiques, les militants populaires, les Bradlaugh et les Foote s'appellent athées. Au fond, la

JANVIER

Vers la Justice

1. *Lun* VICTIMES DE L'INQUISITION.
2. *Mar* Thalès.
3. *Mer* Anaximène.
4. *Jeu* Anaximandre.
5. *Ven* Héraclite.
6. *Sam* Les Rois. LA REPUBLIQUE.
7. Dim **Abyssinie.**
8. *Lun* Harmodius.
9. *Mar* Périclès.
10. *Mer* Phidias.
11. *Jeu* Euripide.
12. *Ven* Thucydide.
13. *Sam* Démocrite.
14. Dim **Algérie.**
15. *Lun* Euclide.
16. *Mar* Diogène.
17. *Mer* Leucippe.
18. *Jeu* Pyrrhon.
19. *Ven* Ephémère.
20. *Sam* Epicure.
21. Dim **Allemagne.**
22. *Lun* Caïus Gracchus.
23. *Mar* Archimède.
24. *Mer* Héron.
25. *Jeu* Tibérius Gracchus.
26. *Ven* Spartacus.
27. *Sam* Métrodore.
28. Dim **Angleterre.**
29. *Lun* Straton.
30. *Mar* Ennius.
31. *Mer* Polybe.

différence entre ces groupes est seulement une différence nomenclative : dans les essentiels philosophiques et par leurs attitudes intellectuelles envers l'idée-Dieu, ils restent toujours sur le même terrain philosophique.

Prenons maintenant nos trois principales Sociétés de propagande libre penseuse :

a) La National Secular Society (N. S. S.).
b) La Rationalist Press Association (R. P. A.).
c) L'Ethical Society (E. S.).

On trouve dans la première une presque totalité d'athées, et l'on voit que dans la seconde les déistes ont presque totalement disparu. Ils sont remplacés par un nombre infime de *Panthéistes* et de *Théosophistes* (mais en quantité négligeable). Dans l'*Ethical Society* les déistes sont peu nombreux, excepté *peut-être* dans les Labour Churches (les Eglises du Travail), qui font partie du groupement de Sociétés dont cette Society se compose.

Q. **Y a-t-il des libres penseurs anglais qui soient restés attachés à une religion comme croyants et pratiquants ?**

R. Beaucoup de pratiquants chez nous ne sont pas des croyants. Toutes nos Sociétés de Libre Pensée en Angleterre peuvent compter parmi leurs membres des individus appartenant aux diverses sectes. Dans le haut clergé, il y a beaucoup de libres penseurs. Le Criticisme Biblique a été l'œuvre des pratiquants rivés aux Autels, mais détachés intellectuellement de la plupart des croyances et des dogmes qui forment les bases du christianisme. Voilà pour le Clergé. Le *Bon Ton,* les convenances sociales, la crainte du boycottage religieux et l'indifférence dédaigneuse des disciples du *Laissez-faire* expliquent l'attachement de beaucoup d'incrédules à nos religions multicolores d'Angleterre.

Mais en termes généraux, on peut dire que les indifférents et les partisans du Criticisme Biblique sont en dehors de nos organisations libres penseuses en Angleterre.

2ᵉ *Q.* **Dans quelle proportion les diverses classes sociales sont-elles représentées dans les groupes de Libre Pensée et les Loges maçonniques de l'Angleterre ?**

R. Les Loges maçonniques, en Angleterre, sont autocratiques, riches, réactionnaires et religieuses.

Le rite anglais demande du profane l'acceptation de l'idée-Dieu. Beaucoup de nos libres penseurs riches mais qui, pour la plupart, ne sont pas membres de nos Sociétés de propagande, n'hésitent pas à prononcer la formule et à se faire francs-maçons. Le Grand Orient de France doit remédier à ce mal par la formation parmi nous de Loges franchement libres penseuses.

Dans la National Secular Society, les membres appartiennent presque

FÉVRIER

Vérité

1. *Jeu* MASSACRE DES VAUDOIS.
2. *Ven* Gallien.
3. *Sam* Varron.
4. DIM **Antilles.**
5. *Lun* Lucrèce.
6. *Mar* Brutus.
7. *Mer* Pline l'Ancien.
8. *Jeu* Lucien.
9. *Ven* Celse.
10. *Sam* Aristarque.
11. DIM **Arabie.**
12. *Lun* Hypathie.
13. *Mar* Arnaud de Brescia.
14. *Mer* Averrhœs.
15. *Jeu* Rienzi.
16. *Ven* Etienne Marcel.
17. *Sam* Jean de Meung.
18. DIM **Autriche.**
19. *Lun* Les Jacques.
20. *Mar* Jean Huss.
21. *Mer* Jérome de Prague.
22. *Jeu* Philippe Pot.
23. *Ven* Villon.
24. *Sam* Vinci.
25. DIM **Australie.**
26. *Lun* Pomponace.
27. *Mar* Mardi-Gras. TEMPÉRANCE.
28. *Mer* Erasme.

tous à la classe ouvrière, mais, en général, c'est le prolétariat intellectuel qui domine dans cet organisme.

Dans la Rationalist Press Association, les membres sont en majeure partie de la bourgeoisie et spécialement on y trouve des représentants des professions libérales : publicistes, gens de robe, médecins, officiers, commerçants, professeurs, petits employés, etc. Environ la *dixième* partie des membres appartiennent aux classes riches. Les ouvriers y sont représentés dans une proportion relativement inférieure — la trente-troisième partie du tout.

Pour l'Ethical Society, je n'ai pu obtenir de statistiques en ce qui concerne la répartition des classes sociales dans ses groupes. Mais je crois que le tout ensemble est un mélange des diverses classes, comme dans la R. P. A., avec — ce me semble — une proportion numériquement plus importante de la classe ouvrière et du prolétariat intellectuel.

3° *Q.* **Dans quelle proportion approximative les différents partis politiques sont-ils représentés dans les groupes de la Libre Pensée en Angleterre ?**

R. Dans la N. S. S. il y a peu de monarchistes, très peu de conservateurs et beaucoup de radicaux ou de radicaux-socialistes. Le républicanisme est la profession de foi politique de la plupart de ses membres.

La R. P. A. est politiquement de couleur mixte. Toutes les nuances s'y trouvent. La prépondérance appartient aux modérés, aux tendances progressistes. La majorité de ses membres peut être regardée comme appartenant aux *radicaux* ou aux *libéraux avancés.*

La même proportion pour la E. S., avec cette modification qu'on y trouve un nombre plus grand de socialistes que dans la R. P. A.

4° *Q.* **La Libre Pensée est-elle organisée en Angleterre, etc. ?**

R. Oui, fortement et depuis longtemps.

Ces organisations se divisent naturellement en trois groupes :

Les Secularistes ;
Les Rationalistes ;
Les Ethicistes ou membres des Sociétés d'Ethique.

Les *Sécularistes*, sont les plus anciens et d'origine populaire. Ils ont donné au mouvement de la L. P. anglaise son premier élan. Voyons donc d'abord les Sociétés sécularistes.

Ces Sociétés sont de deux catégories : les Sociétés indépendantes et les Sociétés qui forment la Fédération qui s'appelle la National Secular Society. (N. S. S.)

Il y a trois Sociétés indépendantes : à Failsworth, à Leiceister et à Sheffield. (Voir page 44 du *Secular Annual* de 1904).

La N. S. S. se compose de groupements de beaucoup de Sociétés. Son président, G. W. Foote, est un des principaux conférenciers de la L. P. anglaise et rédacteur d'un journal hebdomadaire, le *Freethinker*, qui a 25 ans d'existence.

Je n'ai pu obtenir du Président que la statistique de la Société vers la fin de l'an 1903, publiée dans le *Secular Annual* de 1904.

Une Société anonyme la « Secular Société Limited » fut formée en 1898 à fin de sauvegarder aux Sécularistes le droit de succession aux sommes léguées par des membres riches pour la propagande de nos idées, sommes que la loi injuste contre le blasphème avait pu détourner de leur destination. Le mérite de cette découverte est entièrement dû à M. Foote.

La *Rationalist Press Association* a acquis partout, non seulement en Angleterre, mais dans les Amériques un grand renom par sa propagande littéraire pour la Libre Pensée. Cet organisme a remporté un succès des plus éclatants par la publication des chefs-d'œuvre des grands Libres Penseurs dont la réputation est mondiale. Ces éditions se vendent au prix modique de soixante centimes et s'appellent les R. P. A. *Cheap Reprints* (reproductions à bon marché.) Toutes ces éditions sont ornées d'un bon portrait des auteur 'es livres publiés.

Dans l'année 1903 on a vendu 599,100 exemplaires des ouvrages de Huxley, Haeckel, Spencer, Darwin, Mill, etc. En 1904 on en vendait plus de 250,000 exemplaires.

La progression de cette Société frappe les yeux. Voici la statistique :

En l'an	1899	1900	1901	1902	1903	1904
Membres	65	146	185	245	470	686
Non membres qui envoient donations	29	46	49	62	86	82

Pendant cette année de 1905, le nombre des membres s'est accru d'environ 100 personnes.

Les professeurs, MM. Berthelot et Ernest Haeckel, nous font l'honneur de s'inscrire parmi les associés de la R. P. A.

Le rapport des opérations de cette Société, pendant 1904, est un document digne de l'attention des libres penseurs de tous les pays comme démonstration du côté pratique de la L. P. anglaise.

Le *Literary Guide* (publication mensuelle) est l'organe indirect de la R. P. A.

Le succès de cette Société a répandu la crainte et la confusion dans les rangs des Pilotes des Cieux.

Il nous reste à considérer l'*Ethical Society*.

Cette Société fut fondée il y a dix ans. Elle est l'union des sociétés d'Ethique répandues en beaucoup de centres en Angleterre.

Comme la *morale* est humaine, sociale, intellectuelle, économique, dans ses relations, et la *religion* céleste chimérique et surnaturelle, de telles sociétés deviennent nécessairement autant de foyers de Libre Pensée.

L'Ethical Society a fondé depuis longtemps une « Ecole d'Ethique » pour l'étude de toutes les ramifications de l'idée de la morale.

Il existe vingt-quatre Sociétés d'Ethique en Angleterre.

La Société publie un journal hebdomadaire, *Ethics*. Ce journal publiait le 4 mars un article sur le Congrès de Paris.

L'Ethical Society discute et examine, au point de vue de la Libre Pensée, toutes les questions qui se rapportent au bien-être moral de l'humanité. La littérature très sérieuse et très importante qu'elle répand est indiquée dans les annonces du journal *Ethics* du 11 mars. Tous les dimanches ses conférenciers

MARS

Liberté

1. *Jeu* **MASSACRE DE VASSY.**
2. *Ven* Copernic.
3. *Sam* Thomas Morus.
4. Dim **Belgique.**
5. *Lun* Rabelais.
6. *Mar* Cardan.
7. *Mer* Budé.
8. *Jeu* Etienne Dolet.
9. *Ven* Palissy.
10. *Sam* Ramus.
11. Dim **Brésil.**
12. *Lun* Anne Dubourg.
13. *Mar* La Boëtie.
14. *Mer* Montaigne.
15. *Jeu* Scaliger.
16. *Ven* Tycho-Brahé.
17. *Sam* La Motte le Vayer.
18. Dim **Bulgarie.**
19. *Lun* Bacon.
20. *Mar* Marlowe.
21. *Mer* Galilée.
22. *Jeu* Shakespeare.
23. *Ven* Campanella.
24. *Sam* Harvey.
25. Dim **Cambodge.**
26. *Lun* Robert Miron.
27. *Mar* Grotius.
28. *Mer* Vanini.
29. *Jeu* Gassendi.
30. *Ven* Callot.
31. *Sam* Descartes.

proclament les principes de la Société partout dans le pays. On peut considérer comme émanation de cette Société la *Ligue d'Instruction morale.*

Les opérations de cette *Ligue* ont pour but l'élimination du dogme des écoles et son remplacement par l'instruction scientifique de la morale sur des bases purement sociales, humaines, économiques.

En outre de ces sociétés, il y a des groupements de positivistes, adhérents à la doctrine d'Auguste Comte. Leurs membres sont peu nombreux, mais ils se distinguent par l'érudition et par l'influence que quelques-uns parmi eux exercent sur la presse. Des hommes comme les professeurs Harrison, Beasley et Swinny sont dignes de l'hommage des libres penseurs anglais. On publie mensuellement la *Positivist Review.*

Il reste à parler des *Agnostiques.* Ils sont nombreux, mais comme *Société* ils n'existent pas. Leur organe est l'Agnostic Review (hebd.).

Le rédacteur Saladin (Stewart Ross) est un des publicistes les plus habiles de notre pays. *Saladin* est une force intellectuelle très considérable. Son influence est répandue dans toutes les classes, principalement parmi la bourgeoisie anglaise.

5° *Q.* Quelles forces représente la L. P. en Angleterre, numériquement et moralement en comparaison avec les forces dont disposent les Eglises?

R. Les militants faisant partie des Sociétés sont peu nombreux. Leur nombre n'indiquerait aucunement la situation actuelle. Il est impossible d'encadrer la millième partie des Libres Penseurs actuels dans les rangs des militants. Toujours faut-il compter avec le boycottage social et la timidité qu'il engendre. Mais je veux indiquer deux phénomènes très remarquables. — Premièrement que dans les lieux publics affectés à la propagande libre penseuse, c'est vers l'orateur antireligieux que vont l'estime et l'approbation de la majorité des assistants. Secondement, les Eglises ont échoué piteusement dans leur tentative de lancer les réfutations des livres publiés par la R. P. A.

Plus de 200,000 exemplaires des *Enigmes* de Haeckel ont été vendus; mais les controversistes soldés par le Christianisme anglais n'ont pu atteindre la dixième partie de ce chiffre. Personne ne veut lire leurs élucubrations apologétiques.

7° Quels sont les principaux journaux et périodiques libres penseurs de l'Angleterre?

Le Freethinker, hebdomadaire.
Ethics, hebdomadaire.
Le Literary Guide, mensuel.
La Positivist Review, mensuel.

AVRIL

Egalité

1. Dim Passion. LA RÉVOLTE.
2. *Lun* VICTIMES DES DRAGONNADES.
3. *Mar* Giordano Bruno.
4. *Mer* Perrault.
5. *Jeu* Saint Evremont.
6. *Ven* La Fontaine.
7. *Sam* Molière.
8. Dim Rameaux. RENOUVEAU
9. *Lun* Bernier.
10. *Mar* Boyle.
11. *Mer* Huygens.
12. *Jeu* Locke.
13. *Ven* Spinosa.
14. *Sam* Bayle.
15. Dim Pâques. FÊTE DU SOLEIL.
16. *Lun* Knutzen.
17. *Mar* Regnad.
18. *Mer* Halley.
19. *Jeu* Fontenelle.
20. *Ven* Toland.
21. *Sam* Bolingbroke.
22. Dim **Canada.**
23. *Lun* Les Camisards.
24. *Mar* Montesquieu.
25. *Mer* Quesnay.
26. *Jeu* Mme du Deffant.
27. *Ven* Mme Geoffrin.
28. *Sam* La Chalotais.
29. Dim **Le Cap.**
30. *Lun* Duclos.

En outre, il y a :

L'Agnostic Journal, hebdomadaire.

Le Truth Seeker (de Bradford), mensuel.

South Place Magazine, mensuel.

Le Clarion, hebdomadaire (tirage 53,000).

J'ai parlé — trop longuement sans doute — du mouvement en Angleterre. Dans les colonies et aux Etats-Unis, les Libres Penseurs sont nombreux. Et l'on s'intéresse déjà là-bas, au Congrès de Paris. Evidemment, la mentalité anglo-saxonne est rebelle à l'idée-Dieu et préparée pour les revendications inévitables de la Libre Pensée.

W. Heaford.

Le 9 avril 1905.

La Libre Pensée en Allemagne (Nord et Centre)

Rapport de Ida ALTMANN

« Libre Pensée » est un des termes les plus populaires dans toutes les couches sociales d'Allemagne. « Libres penseurs » se disent, en conversation particulière, tous ceux qui ont l'ambition de paraître libéraux et modernes, soit en questions de politique, de religion ou d'éducation, soit en matière d'art et de littérature. Les « libres penseurs » de ce genre sont parfois des ministres, des personnages portant toutes sortes de titres, des commerçants millionnaires, fonctionnaires de l'Etat et des communes. Cette ambition est facile à comprendre dans le pays des Lessing, Gœthe, Kant et Schiller, des Strauss, Feuerbach, etc. Mais ces soi-disants libres penseurs ne comptent pas, naturellement, pour l'enquête de la Fédération Internationale de la Libre Pensée. Ces gens-là sont, au besoin, de bons chrétiens, tant protestants que catholiques, et parfois de bons israélites qui, les jours des grandes fêtes religieuses, se trouvent aux églises et à la synagogue pour donner un bon exemple aux « frères mineurs » — c'est-à-dire au peuple — car pour celui-là « il faut garder et conserver la religion ».

MAI

Travail

1. *Mar* FÊTE DU TRAVAIL.
2. *Mer* Voltaire.
3. *Jeu* La Barre.
4. *Ven* D'Argens.
5. *Sam* Hartley.
6. DIM **Chili.**
7. *Lun* Buffon.
8. *Mar* La Mettrie.
9. *Mer* Hume.
10. *Jeu* Clairault.
11. *Ven* Diderot.
12. *Sam* Condillac.
13. DIM **Chine.**
14. *Lun* Helvétius.
15. *Mar* Vauvenargues.
16. *Mer* Falconet.
17. *Jeu* Saint-Lambert.
18. *Ven* Morelly.
19. *Sam* D'Alembert.
20. DIM **Colombie.**
21. *Lun* Grimm.
22. *Mar* D'Holbach.
23. *Mer* Marmontel.
24. *Jeu* ASC. MATERNITÉ.
25. *Ven* Greuze.
26. *Sam* Turgot.
27. DIM VICTIMES DE LA
28. *Lun* SEMAINE SANGLANTE.
29. *Mar* Lekain.
30. *Mer* Lessing.
31. *Jeu* Gossec.

Quant aux libres penseurs sérieux comme ceux qui appartiennent aux sociétés de libre pensée et de libre religion, ce sont, pour la plupart, des gens qui signent de grand cœur la devise : *Ni Dieu, ni Maître*. Beaucoup d'entre eux se déclarent athées, d'autres qui ne le sont pas moins, préfèrent ne pas se nommer ainsi, parce que, disent-ils, une négation est un nom mal choisi. On ne saurait pas énumérer tout ce qu'on n'est pas, d'où l'inutilité de choisir comme nom la négation d'un seul d'entre les mille contes qu'on ne croit pas. Ne croyant pas en Dieu, n'en reconnaissant pas l'existence, on s'appelle : libre penseur, libre religieux (freireligiœs), *humaniste*, *moniste*, etc. Quelques-uns se disent *panthéistes*, mais leur panthéisme ne diffère que pour la forme et l'expression des idées de l'athéisme des uns, du monisme et de l'humanisme des autres, *tous rationalistes dont les idées sont fondées sur la science.*

Parmi les membres des sociétés de libre pensée et de libre religion (du Nord de l'Allemagne), il n'y en a point qui soient restés attachés, comme croyants ni pratiquants, aux religions dogmatiques.

Même les « Sociétés catholiques allemandes » (Deutsch katholische), sont parfaitement rationalistes et la plupart de leurs membres sont athées. Le nom catholique est laissé à ces Sociétés à cause de la législation curieuse de plusieurs Etats de l'Empire, de la Saxe surtout, de la Prusse même, bien que l'exercice de la liberté religieuse y soit garanti par l'article 12.

Le roi de Prusse étant évêque principal (summus episcopus) de l'église nationale prussienne, l'Etat, à toute occasion, se mêle des questions de religion.

Devant les tribunaux, comme témoin ou expert, une des premières questions que le juge vous pose est : « Quelle est votre religion ? » Même question posée par l'officier de l'état-civil, quand vous voulez faire déclaration de la naissance d'un enfant.

Quant à la proportion des diverses classes sociales représentées dans les groupes de Libre Pensée et les loges maçonniques, il faut, pour l'Allemagne, diviser la question, vu que ces deux catégories d'associations n'ont rien de commun.

Les loges maçonniques, selon les renseignements que j'ai pu trouver, sont tout à fait aristocratiques et ploutocratiques. Les cotisations y sont si élevées que non seulement nul ouvrier, mais encore nul instituteur primaire ne peut s'en faire membre. Du reste, les ouvriers n'y seraient pas reçus comme « frères », car certaines clauses obligent à tenir à l'écart les gens du peuple.

En outre, pour être reçu comme « frère » dans les loges maçonniques de notre pays, il faut qu'on appartienne à une *église chrétienne*, ce qui est la meilleure preuve que les francs-maçons allemands ne sont point Libres Penseurs.

Les groupes de Libre Pensée et les Sociétés de libre religion, au contraire, ont un caractère démocratique. Dans les grandes villes (Berlin, Breslau, Magdebourg, etc.), la classe ouvrière est prédominante ; il y a des groupes, dont 90 o/o des membres sont des ouvriers. Les petits

JUIN

Fécondité

1. *Ven* CRIMES DU TSARISME.
2. *Sam* Adam Smith.
3. Dim Pentecôte. LIBRE PENSÉE.
4. *Lun* Beaumarchais.
5. *Mar* Mlle de Lespinasse.
6. *Mer* Parny.
7. *Jeu* Priestley.
8. *Ven* Lagrange.
9. *Sam* Parmentier.
10. Dim Congo.
11. *Lun* Lamarck.
12. *Mar* Monge.
13. *Mer* Gœthe.
14. *Jeu* Laplace.
15. *Ven* Sylvain Maréchal.
16. *Sam* Chatterton.
17. Dim Danemark.
18. *Lun* Fabre d'Églantine.
19. *Mar* Legendre.
20. *Mer* Mme Roland.
21. *Jeu* Clootz.
22. *Ven* Naigeon.
23. *Sam* Dupuis.
24. Dim Egypte.
25. *Lun* Condorcet.
26. *Mar* Mme Condorcet.
27. *Mer* Lavoisier.
28. *Jeu* Billaud Varenne.
29. *Ven* Cabanis.
30. *Sam* Hébert.

groupes des bourgs et villages de Silésie représentant les restes des premières Sociétés de libre religion (de 1845 et 1846) se composent de petits bourgeois. Les savants, les gens de lettres, les instituteurs et les employés ne forment qu'une partie minime des groupes.

Pour toute l'Allemagne du Nord et du Centre on peut dire que *les trois quarts* des Libres Penseurs sont *des ouvriers*.

Il n'y a que deux partis politiques qui comptent des adhérents dans les groupes de L. P., ce sont les socialistes représentant à peu près 75 o/o et les libéraux représentant les autres 25 o/o.

Les gens de *la grande politique* de chez nous, les membres du Parlement (Reichstag) ne s'intéressent que très peu à la question de Libre Pensée. Parmi les 399 députés, élus en 1903 pour le Reichstag, il n'y avait que 43 Libres Penseurs, dont *un seul* libéral radical (freisinnige Volkspartei) et *12* socialistes.

Il y a encore deux « paléo catholiques » — Altkatholiken — un socialiste et un libéral national, mais les Altkatholiken ne sont pas des Libres Penseurs. Ce sont ceux qui, en 1870, refusèrent d'accepter le nouveau dogme de l'infaillibilité du pape et, en même temps, abolirent dans leurs unions le célibat des prêtres. Mais pour le reste ils se montrent chrétiens catholiques. L'organisation de la Libre Pensée en Allemagne date de 1844 et 1845. A cette époque des centaines de Sociétés de libre religion furent fondées. En 1851, il y avait en Allemagne et Autriche 312 Sociétés de Libre Religion avec 150,000 membres.

Mais quand après la victoire des gouvernements réactionnaires, ceux-ci recommencèrent les persécutions de tous les éléments révolutionnaires, beaucoup de ces bourgeois qui, avec tant d'enthousiasme s'étaient déclarés pour les nouvelles idées, furent saisis de peur et par milliers, abandonnérent le drapeau des Wislicenus exilé, Robert Blum fusillé à Vienne et des autres héros et martyrs de l'esprit libre.

Les rangs se serrèrent. Beaucoup de Sociétés de Libre Religion cessèrent d'exister et celles qui continuèrent, perdirent la plus grande partie de leurs membres. Mais ceux qui restèrent fidèles, bien que moins nombreux, valent mieux que la masse indécise et craintive qu'on avait perdue. Cette perte signifiait une régénération.

Le petit groupe d'intellectuels et de savants, ces quelques centaines de braves gens de la classe bourgeoise virent se grossir leurs rangs par l'adhésion des ouvriers qui, de plus en plus, reconnaissaient que dans la lutte des classes, il ne s'agissait pas de la « question d'estomac » seulement, mais encore de la question de l'enseignement, de l'éducation intellectuelle et morale.

A présent, il y a une soixantaine de Sociétés de Libre Pensée et de Libre Religion avec 50,000 membres environ. La plus grande de ces Sociétés est la Freireligioese Gemeinde de Berlin avec environ 4,000 membres majeurs. A côté de celle-ci, il y a encore à Berlin trois groupes avec quelques centaines de membres. La Société de Libre Religion de Magdebourg qui, au temps de son fondateur Uhlich, avait 7,000 membres, en a à présent environ 500, mais ceux-ci sont des militants vaillants et tenaces et ne déserteront pas. Les groupes de Stettin et de Breslau ont à peu près le même nombre de membres.

Les Sociétés et groupes se réunissent dans les Fédérations de L. P. allemande et Fédération de Sociétés de Libre Religion.

Les moyens de propagande sont les conférences, les meetings, les soirées familiales, les fêtes, surtout celle de la réception de la jeunesse, qui a lieu deux fois par an (fin de mars et de septembre) pour ceux qui viennent de quitter l'école (à l'âge de 14 ans) — enfin les journaux, dont voici les principaux :

Das freie Wort, Francfort-sur-Mein.
Der Freidenker, Friedrichshagen près Berlin.
Freireligioeses Sonntagsblatt, Breslau.
Freie Gemeinde, Magdebourg-Lessingstrasse, 69.
Menschentum, Gotha.
Der Atheist, Nuremberg.
Vossische Zeitung, Berlin.
Berliner Volkszeitung, Berlin.
Vorwærts, Berlin.
Frankfurter Zeitung, Francfort-sur-Mein.
Weserzeitung, Brème.
Hartungsche Zeitung, Kœnigsberg.
Kolnische Zeitung, Cologne.

Il est presque impossible de parler de l'influence de 50,000 Libres Penseurs dans un pays d'une population de 60 millions, surtout quand les riches, les gens occupant une position autoritaire, les savants, etc., ne daignent ou n'osent pas se déclarer franchement pour la Libre Pensée, et laissent tout le travail à ce petit groupe de personnes qui dispose de si faibles moyens.

La proportion est de 1 à 1,200. Comment voudrait-on qu'un seul courageux militant retire du marais de la superstition et de l'hypocrisie 1,200 personnes, s'y trouvant très bien ou tâchant de s'y arranger!

Un seul champion de la vérité, comme notre Ernest Haeckel peut le faire et le fait bien; mais où sont les autres, les professeurs d'Université dont les noms brillent au firmament scientifique? Ils font quelquefois dans des discours admirables (comme Ladenburg, de Breslau) un résumé de leurs études et expériences, des conclusions tout à fait libres; mais eux-mêmes, ils restent membres de leurs Eglises, les enrichissant et fortifiant par l'influence de leurs noms illustres et de leur gloire scientifique.

JUILLET

Science

1. *Dim* **VICTIMES DES CROISADES.**
2. *Lun* Danton.
3. *Mar* Volney.
4. *Mer* Burns.
5. *Jeu* Hérault de Séchelles.
6. *Ven* Schiller.
7. *Sam* Wolf.
8. *Dim* **Espagne.**
9. *Lun* Rouget de Lisle.
10. *Mar* Richtler.
11. *Mer* Babeuf.
12. *Jeu* Merlin de Thionville.
13. *Ven* Buonarotti.
14. *Sam* **FIN DES BASTILLES.**
15. *Dim* **France.**
16. *Lun* André Chénier.
17. *Mar* Camille Desmoulins.
18. *Mer* Lucile Desmoulins.
19. *Jeu* Chaumette.
20. *Ven* A. de Humboldt.
21. *Sam* Méhul.
22. *Dim* **Grèce.**
23. *Lun* M.-J. Chénier.
24. *Mar* Talma.
25. *Mer* Beethoven.
26. *Jeu* Wordsworth.
27. *Ven* Hegel.
28. *Sam* Owen.
29. *Dim* **Japon.**
30. *Lun* Béranger.
31. *Mar* Bichat.

La faute principale est due à la bourgeoisie soi-disant libérale qui a la majorité dans les Conseils municipaux des plus grandes et de beaucoup de petites villes. S'ils voulaient, ils pourraient affranchir les écoles et les instituteurs surtout du joug clérical, mais ils ne veulent pas, ces « libéraux », de peur de déplaire à quelque empereur, roi, archiduc ou prince. Voilà pourquoi nos instituteurs, des milliers, n'osent pas se déclarer Libres Penseurs; s'ils l'osaient, on les ferait mourir de faim avec leurs familles. Les employés des grandes entreprises industrielles et commerciales sont dans le même cas — les ingénieurs, chimistes, mathématiciens, etc., ne trouveraient pas de places, s'ils n'appartenaient pas à « une religion comme il faut ». Il ne faut pas oublier que tous les documents personnels, depuis l'acte de naissance jusqu'au diplôme d'instituteur, ou d'institutrice ou tous autres documents et papiers d'identité mentionnent la « religion ».

Malgré tout cela, notre mouvement rationaliste fait des progrès et la Libre Pensée exerce indirectement une influence salutaire en délivrant peu à peu l'assistance publique et tous les services publics de la tutelle de l'Eglise et de ses organes. Ce sont les communes qui créent et surveillent les écoles, les orphelinats, les hôpitaux, les cours d'infirmiers et d'infirmières, les asiles pour vieillards, etc. Tout cela n'est qu'un commencement.

Notre force n'est pas encore grande, nous sommes jeunes encore; nous ne sommes guère que des adolescents, si l'on compare les soixante ans d'existence des organisations libres penseuses à l'âge de l'Eglise, même de l'Eglise protestante. Nous espérons cependant et nous promettons aux amis Libres Penseurs des autres pays, que nous n'aurons pas besoin de trois siècles pour arriver à une influence aussi grande que l'est à présent celle de l'Eglise; avant que ce siècle soit écoulé à demi, nous serons assez forts pour laïciser toute la vie publique, pour amener dans notre pays un état de choses digne du vingtième siècle.

Nous travaillerons et nous lutterons pour la victoire de la Libre Pensée, de la Vérité, de la Fraternité, de la Solidarité Humaine dans notre pays et dans tous les autres.

Vive la Libre Pensée Internationale!

La Libre Pensée en Bohême

Rapport Karel PELANT

Quoique la Bohême dans l'histoire du monde ait été la première à lutter pour la liberté de la pensée (Jean Huss), elle tomba dans le XVIIe siècle par les efforts du Vatican dans une telle misère politique, financière et morale, qu'elle ne peut s'en guérir encore aujourd'hui après trois cents ans. Une nation cultivée et riche, elle est devenue, par la faute des Jésuites, un peuple pauvre se perdant dans les superstitions de Rome, et qui ne se réveille qu'à présent, sous la civilisation croissante.

Il paraît, que pour nous, Tchèques, le Congrès de Rome de la Libre Pensée en 1904 signifiera beaucoup plus, que pour toutes les autres nations. Car jusqu'à l'époque du Congrès de Rome, il y avait chez nous un mouvement anticlérical, mais pas systématique ; un petit nombre seulement de gens, qui ont officiellement quitté l'église catholique, se sont réunis dans la Société *Augustin Smetana*, lequel nom avait été choisi en souvenir du premier prêtre catholique dans la Bohême, qui a proclamé l'incompatibilité des dogmes catholiques avec la raison et la conscience.

Mais la Fédération internationale de la Libre-Pensée pendant l'organisation du Congrès de Rome avait aussi invité fraternellement cette petite société à y prendre part. Les conséquences étaient surprenantes ; le délégué des Tchèques, après son retour, avait fait des conférences très suivies, pendant lesquelles il répandait la presse de la Libre Pensée. L'association

AOUT

Progrès

1. *Mer* MASSACRE DES ALBIGEOIS.
2. *Jeu* Manuel.
3. *Ven* Broussais.
4. *Sam* Herbart.
5. DIM **Hindoustan.**
6. *Lun* Berzélius.
7. *Mar* Stendhal.
8. *Mer* Fr. Arago.
9. *Jeu* Weber.
10. *Ven* Schopenhauer.
11. *Sam* David d'Angers.
12. DIM **Hollande.**
13. *Lun* Géricault.
14. *Mar* Encke.
15. *Mer* L'EMPIRE
16. *Jeu* C'EST LA GUERRE.
17. *Ven* Raspail.
18. *Sam* Meyerbeer.
19. DIM **Hongrie.**
20. *Lun* Mitscherlich.
21. *Mar* Ranke.
22. *Mer* Alfred de Vigny.
23. *Jeu* Lyell.
24. *Ven* VICTIMES DE LA
25. *Sam* SAINT-BARTHÉLÉMY.
26. DIM **Italie.**
27. *Lun* Geoffroy St-Hilaire.
28. *Mar* Delacroix.
29. *Mer* Halévy
30. *Jeu* Littré.
31. *Ven* Pouchkine.

Augustin Smetana est devenue la Société des Libres Penseurs Augustin Smetana. Elle a édité pendant une année cinq brochures, a fait un grand nombre de conférences et de discours, et a causé, de cette façon, un grand mouvement dans la vie sociale tchèque.

Le besoin d'une revue s'était montré et l'on avait fondé la revue *Volná Myslénka,* c'est-à-dire Libre-Pensée, qui était très bien accueillie. Elle est à présent tout à fait assurée et elle rend de bons services à notre propagande. Il suffit de dire que, pendant une année seulement, 600 personnes ont quitté l'église catholique, et chez nous, dans l'Autriche cléricale, où cette sortie de l'Eglise ressemble presque à la perte des droits civils, c'est une chose énorme. Mais sous la couverture cléricale il y a une fermentation; et un choc suffit, pour montrer comment pense une grande partie de notre nation, qui est entravée jusqu'à présent dans le libre témoignage de ses pensées.

Donc, si nous considérons qu'avant le Congrès de Rome il n'y avait point chez nous d'action pour la Libre-Pensée et, qu'en moins d'une année, nous pouvons nous vanter d'avoir organisé vingt conférences de Libre Pensée, d'avoir édité cinq brochures, dont 35,000 exemplaires ont été distribués, d'avoir fondé et raffermi notre revue, et d'avoir arraché six cents personnes aux Eglises, chacun doit nous rendre justice que, nous libres penseurs tchèques, n'avons pas été inactifs.

Tous les commencements sont difficiles et nous les avons déjà passés. Pour l'année prochaine, nous espérons faire encore un plus grand travail. Mais tout cela a été causé par le Congrès de Rome et l'assistance fraternelle de la Fédération internationale de la Libre-Pensée. Qu'elle en reçoive notre remerciement chaleureux, ainsi que la nation française, pour sa séparation de l'Etat et de l'Eglise, laquelle apportera chez nous un soulagement immense et, certes, notre victoire finale.

CHARLES PELANT,

Rédacteur au *Cas* (Prague).

Rapport Belen Sarraga de Ferrero, d'ESPAGNE

Dans le remarquable rapport que nous publions ici, la citoyenne BELEN SARRAGA DE FERRERO *propose un plan d'organisation nationale et internationale de la propagande libre penseuse.*

Quoique ce rapport n'indique aucunement la situation de la Libre Pensée en Espagne, nous avons jugé indispensable de le faire connaître.

La situation de la Libre Pensée en Espagne a du reste été exposée très nettement par le citoyen Fernando Lozano, au Congrès de Paris.

(Voir le Compte rendu du Congrès, page 89.)

En parlant de l'organisation de la propagande de la Libre Pensée, il faut diviser celle-ci en deux parties : l'une purement théorique, et qui comprend le développement de la science et de la philosophie ; l'autre pratique et qui concerne la manière la plus intelligente et la plus propre à réussir en changeant les coutumes et les lois, en préparant le terrain pour que la théorie s'enracine et fructifie.

SEPTEMBRE

Paix

1. *Sam* VICTIMES DE MONTJUICH.
2. DIM **Mexique.**
3. *Lun* CONGRES DE PARIS 1905.
4. *Mar* Henri Heine.
5. *Mer* Armand Carrel.
6. *Jeu* Brown.
7. *Ven* Frédéric Lemaître.
8. *Sam* Baudin.
9. DIM **Norwège.**
10. *Lun* Jean Müller.
11. *Mar* Berlioz.
12. *Mer* Victor Hugo.
13. *Jeu* Edgard Quinet.
14. *Ven* Mérimée.
15. *Sam* Auguste Barbier.
16. DIM **Pérou.**
17. *Lun* Feuerbach.
18. *Mar* Eugène Sue.
19. *Mer* Schleiden.
20. *Jeu* CONGRES DE ROME 1904.
21. *Ven* Sainte Beuve.
22. *Sam* LA 1re RÉPUBLIQUE.
23. DIM **Perse.**
24. *Lun* George Sand.
25. *Mar* Elisa Monnier.
26. *Mer* Blanqui.
27. *Jeu* Darwin.
28. *Ven* Garibaldi.
29. *Sam* Strauss.
30. DIM **Portugal.**

Je laisse la première partie à la sagesse des hommes éminents qui s'associent avec nous dans le rationalisme.

Je passe donc à la seconde partie.

La Libre Pensée n'est pas le patrimoine d'une race, mais de tous les hommes ; sa patrie, c'est le monde. Les libres penseurs, unis par un large idéal d'émancipation, un lien étroit de solidarité doit aussi nous unir à travers notre difficile mais beau labeur de rédemption humaine.

Ainsi, l'union de tous les libres penseurs, suscitée par l'intelligence constante entre eux, le changement continuel et réciproque d'impressions et de statistiques, la correspondance sans interruption entre tous, même dans les pays les plus lointains ; c'est, à part une nécessité de défense, une conséquence naturelle que la confraternité nous impose comme un pressant devoir.

Nous sommes les libres penseurs militants depuis les grandes intelligences en possession de la force scientifique, jusqu'aux défenseurs modestes de le grande cause, l'armée libératrice qui marche avec le temps faisant la lumière sur le siècle où elle se meut. Et cette lumière qui est vie, parce qu'elle est intelligence et raison, nous ne la considérons pas comme les orthodoxes d'un Dieu idéal, plus ou moins appauvri de l'esprit humain, nous ne la possédons pas non plus par la *grâce* d'une sainte colombe ; et nous ne nous sentons pas non plus comme les réformateurs religieux et leurs disciples, ses créateurs, mais nous la recueillons de la vérité scientifique, du positivisme philosophique, car nous ne faisons autre chose que la refléter, montrant les grandes Harmonies de la nature, depuis ce qui est infiniment petit jusqu'à ce qui est infiniment grand, comme la genèse humaine où l'homme peut connaître, (sans égarer son intelligence dans les ténèbres, ni restreindre sa raison avec la guillotine du dogme), les grandes causes qui accroissent sa vie et les moyens certains pour arriver à son bonheur sur terre.

Pour faire que ce labeur soit le nôtre, et qu'il soit vraiment fructueux, pour faire que cette lumière arrive jusqu'aux derniers pôles du monde, il faut et il est indispensable, que nous commençions nous-mêmes par copier en la perfectionnant et en la rendant plus belle, cette œuvre de la Nature qui, dans sa manifestation la plus infime, nous montre l'Association et la Solidarité comme des agents de force indestructibles.

Quoique les libres penseurs de divers pays soient unis jusqu'à présent par la sympathie et par la pensée, et que soit acceptée en principe l'idée d'une Fédération, de quelque Comité International, c'est aux vaillantes initiatives que l'on doit, en grande partie, le progrès de notre cause dans les successifs et si brillants Congrès où l'esprit d'investigation scientifique et de confraternité humaine se sont vigoureusement affirmés. Et cependant nous n'avons pas réalisé cette Association Internationale pratique dans laquelle s'établit de tels courants de solidarité que le triomphe, la persécution ou le martyre d'un militant se répercutent, à travers les distances, dans la collectivité entière.

Disséminés en petites fractions, dispersés dans des nations distinctes sans autres relations, presque, que celles que nous donnèrent les Congrès Internationaux, notre lutte, surtout dans quelques pays, est vraiment pénible.

Seuls et isolés dans chaque nation, — manquant ainsi d'intelligence entre eux en face de gouvernements despotiques et papistes soumis à des lois étroites inspirées encore des préceptes religieux et par conséquent anti-humaines, et parmi une majoriré qui ne sait pas pourquoi elle ne pense pas, et qui pour n'avoir pas pensé, croit encore, — ceux qui pratiquent la libre pensée, seuls ou en collectivité, trouvent de nombreuses

OCTOBRE

Solidarité

1. *Lun* **VICTIMES DE LA COLONISATION.**
2 *Mar* Delescluze.
3. *Mer* Barbès.
4. *Jeu* Lincoln.
5. *Ven* Félicien David.
6. *Sam* Hégésippe Moreau.
7. Dim **République Argentine.**
8. *Lun* Papillon.
9. *Mar* Pyat.
10. *Mer* Th. Gautier.
11. *Jeu* Louis Blanc.
12. *Ven* Hertzen.
13. *Sam* Buchner.
14. Dim **Roumanie.**
15. *Lun* Claude Bernard.
16. *Mar* Havet.
17. *Mer* Mme Ackermann.
18. *Jeu* Bakounine.
19 *Ven* Esquiros.
20. *Sam* Viollet-le-Duc.
21. Dim **Russie.**
22. *Lun* Karl Marx.
23. *Mar* Pottier.
24. *Mer* Karl Vogt.
25. *Jeu* Millière.
26. *Ven* Barni.
27. *Jeu* Bain.
28. *Ven* **Serbie.**
29. *Sam* Emile Deschanel.
30. Dim Ruskin.
31. *Lun* Whitmann.

épines dans le chemin qui traverse la prison ou le bagne, la persécution féroce de tous ceux qui s'abritent dans les vieilles institutions, l'isolement dans le milieu social où ils s'agitent, et bien des fois le manque de pain pour leurs enfants et le manque de protection de leurs foyers.

Mieux que le Christ, que le juif de Nazareth, dont le supplice dura seulement quelques heures, eux-mêmes, en proclamant publiquement la liberté de leur conscience, — savent fort bien qu'ils soumettent leur vie à un martyre qui ne doit finir qu'avec elle-même.

Les catholiques unis contre les libres penseurs, avec la force que leur donne une institution séculaire, et nourrissant leur esprit de vengeance dans les forces directrices des nations, organisent un infâme *boycottage*, refusant, non-seulement le pain et le sel, comme cela se passe chez les arabes, mais jusqu'à ce qui est le droit indiscutable pour tout être humain : le travail.

Voici donc la cause réelle et effective des continuelles abjurations des libres penseurs retournés à l'Eglise et que celle-ci proclame comme de vrais triomphes, quand, au contraire, elles ne sont autre chose que des défaillances de la volonté devant les nécessités de la vie.

L'homme se vend pour le pain quotidien, mais le cerveau et la conscience répètent, quand même, l'éternelle maxime : *E pur si muove* de Galilée.

Tant que la Libre pensée ne pourra pas, au moyen d'une organisation internationale et pratique, abriter les faibles, elle trouvera sur son chemin une barrière d'irréparables contrariétés qui l'empêcheront de se manifester et de s'étendre. Qu'elle empêche les préjudices qu'entraîne, dans beaucoup de pays, l'éloignement de l'Eglise, ou au moins qu'elle les drisse ou les compense. Ainsi, la Libre Pensée marchera à pas de géant.

C'est donc l'organisation de toutes les forces dispersées de la Libre pensée dans une ligne générale de conduite et d'obligations réciproques de solidarité, qui est l'œuvre primordiale la plus importante.

Comme lignes générales de cette organisation, je me permets de proposer au Congrès ce qui suit :

Déclaration de principes

Les principes qui ont été proposés et acceptés dans les Congrès antérieurs, et ceux qui pourront être admis au Congrès de Paris.

Organisation

1° Changer le nom de *Fédération internationale* en celui de Confédération internationale, laissant le premier terme pour les Organisation nationales.

2° Ratification des pouvoirs du Comité international et des Comités nationaux, et nomination d'un Comité dans chacun des pays où cela n'est pas encore fait.

3° Entente solennelle des Comités nationaux pour donner d'ici trois mois au plus au Comité international, les décisions des différentes organisations faites par départements, provinces, etc. Selon la division de chaque pays.

4° Respecter l'autonomie de chaque nation pour réaliser leur organisation intérieure et approuver comme des points généraux :

A. — Que la plus large démocratie y puisse prendre part, et que toutes les nominations et accords soient le fidèle reflet de la collectivité sur ceux qui la représentent.

B. — Qu'il ne faut pas admettre, dans les Fédérations nationales, d'adhésions individuelles, sauf dans le cas où, dans une localité, il n'y aurait pas *trois* libres penseurs. Dans les autres cas, obliger ceux qui veulent appartenir à la Fédération, à se constituer en Association ou Groupe.

C. — Reconnaître aux Groupes, Associations, etc., le droit de poursuivre différentes fins scientifiques, philosophiques, politiques ou sociales tant que celles-ci ne seront pas en antagonisme avec les idées qui occupent la Libre Pensée.

5° Maintenir une étroite correspondance entre tous les Comités nationaux par l'intermédiaire du Comité international et une relation égale ou plus étroite entre les organismes nationaux par l'intermédiaire du Comité national.

Moyens de vie

6° Jugeant nécessaire l'existence d'une caisse avec laquelle on puisse mettre en pratique n'importe quel projet, décider que, sur la cotisation mensuelle versée par les adhérents de chaque groupe, sera prélevé un tant pour cent destiné à la caisse du Comité international.

Les Groupes de chaque Fédération nationale feront rentrer leurs cotisations mensuelles respectives et la partie destinée aux Comités, national et international.

Les Comités nationaux feront parvenir la partie destinée au Comité international de la même façon, et donneront à toutes ces entrées en caisse la publicité dans les journaux, organes des Fédérations nationales et le résumé dans l'organe du Comité international.

NOVEMBRE

Fraternité

1. *Jeu* **Toussaint.** **MARTYRS DE LA**
2. *Ven* **Morts.** **LIBRE PENSÉE.**
3. *Sam* Auguste Vacquerie.
4. DIM **Siam.**
5. *Lun* Gustave Courbet.
6. *Mar* Engels.
7. *Mer* Leconte de Lisle.
8. *Jeu* Rogeard.
9. *Ven* Herbert Spencer.
10. *Sam* Helmholtz.
11. DIM **Sibérie.**
12. *Lun* Pierre Dupont.
13 *Mar* Buckle.
14. *Mer* Flaubert.
15 *Jeu* Virchow.
16. *Ven* Victor Massé.
17. *Sam* Moleschott.
18. DIM **Soudan.**
19. *Lun* Lavrof.
20. *Mar* Renan.
21. *Mer* Max Muller.
22. *Jeu* Huxley.
23. *Ven* Lassalle.
24. *Sam* Liebknecht.
25. DIM **Suède.**
26. *Lun* Maria Deraismes.
27. *Mar* Acollas.
28. *Mer* J.-B. Clément.
29. *Jeu* Lange.
30. *Ven* Clémence Royer.

Propagande

7° Création et soutien, pour les Comités nationaux, de Commissions de propagande (missions laïques), lesquelles, à part leur labeur normal et constant, devront aider à réaliser des actes de propagande dans les populations et aux mêmes jours où l'on célébrera des pélerinages, d'autres actes ou par le fanatisme religieux, de telle sorte qu'en face des farces religieuses se lève toujours d'une façon simultanée l'affirmation rationnelle et scientifique.

8° Publication par le Comité international, d'un bulletin écrit en langue française et que chaque Comité national se chargera de traduire dans sa langue respective et de faire parvenir aux socitées.

Dans ce Bulletin, on informera soigneusement :

A. Du mouvement mensuel de chaque pays.

B. Des triomphes obtenus pendant ce temps.

C. Des actes civils réalisés.

D. Des organisations constituées.

Indépendamment de tout cela aider au développement de la presse libre penseuse ; échange mutuel et solidarité plus étroite entre celle de toutes les nations.

9° C'est une obligation imprescriptible de fomenter dans chaque pays tout labeur social et particulièrement des associations ouvrières, bourses de travail et tout ce dont peut bénéficier le prolétaire pour l'écarter de l'Eglise (où ilva encore pour recevoir la misérable aumône), et l'attirer à la libre pensée qui lui offre des avantages positifs.

10° Encourager dans chaque pays une politique plus conforme à nos idées et qui représente un degré de progrès supérieur à celui qui existe dans cette nation.

11° Chercher si possible, à apporter aux municipalités et Corps législatifs, des candidats capables d'introduire dans les lois notre esprit de réforme.

12° Ne renier, ni directement ni indirectement aucun candidat, qu'il s'appelle républicain ou socialiste, à moins qu'il n'ait pas fait une déclaration ferme d'émancipation religieuse.

Education

13° Arrêter la propagande religieuse dans l'école ; créer et soutenir par les Conseils de provinces ou cantons de chaque nation, dont l'enseignement est religieux, des écoles mixtes d'éducation intégrale conformément aux décisions prises dans le Congrès de Genève, et gratuites pour les enfants des prolétaires.

14° En outre, créer et rétribuer un certain nombre de ceux qui, pendant le cours élémentaire, ont montré des qualités exceptionnelles pour les études scientifiques ou les beaux-arts, et qui manquent des moyens pécuniaires pour s'y consacrer entièrement.

Une Commission de professeurs libres penseurs doit être, dans chaque pays, chargée de ces travaux.

Veiller par l'intermédiaire des autorités de chaque nation, à ce que l'œuvre de la Libre Pensée dans l'école ne soit pas déformée dans le foyer, l'exigeant surtout pour l'entrée de chaque enfant dans les centres d'enseignement créés par la Libre Pensée.

A. — Abstention absolue d'assister, même à titre de curiosité, à aucune manifestation de caractère religieux ;

B. — De caractère agressif, luttes de foires dans les cirques, courses de taureaux, luttes de coqs, jeux de boxe, etc.

C. — Défense de martyriser des animaux, détruire des nids, etc.

D. — Suppression dans les jeux enfantins de tout objet qui aide à

DÉCEMBRE

Humanité

1. *Sam* Emile Zola.
2. Dim **Suisse.**
3. *Lun* **Coup d'Etat. LÉGALITÉ.**
4. *Mar* **VICTIMES DU 4 DECEMBRE.**
5. *Mer* Wundt.
6. *Jeu* **VOTE DE LA LOI DE SÉPARATION**
7. *Ven* **PAR LE SENAT FRANÇAIS 1905.**
8. *Sam* Vallès.
9. Dim **Tripolitaine.**
10. *Lun* Arthur Arnould.
11. *Mar* Bradlaugh.
12. *Mer* W. Morris.
13. *Jeu* Grimaux.
14. *Ven* Gustave Flourens.
15. *Sam* Gambetta.
16. Dim **Turquie**
17. *Lun* Dalou.
18. *Mar* Benoit Malon.
19. *Mer* De Paepe.
20. *Jeu* Hovelacque.
21. *Ven* Rossel.
22. *Sam* Manet.
23. Dim **Uruguay.**
24. *Lun* Guyau.
25. *Mar* **Noël. LES DROITS DE L'ENFANT.**
26. *Mer* Guy de Maupassant.
27. *Jeu* Elisée Reclus.
28. *Ven* Louise Michel.
29. *Sam* Paul Meurice.
30. Dim **Vénézuéla.**
31. *Lun* Gatti de Gamond.

la destruction et à la guerre: Sabres, carabines, canons, etc.; les remplacer par d'autres récréations instructives.

15° Recourir pour nous défendre de l'ennemi à tous les moyens compatibles avec notre dignité et notre conscience.

16° Favoriser dans toutes les localités où existent des organismes libres penseurs, la création de coopératives de production et de consommation cherchant par les premières à employer les bras, à les arracher à la domination du Capital soumis à l'Eglise; par les secondes, à subvenir à nos nécessités, sans favoriser l'ennemi dans son commerce et dans son industrie.

17° Répandre par l'intermédiaire de la Confédération, en tous les pays l'antimilitarisme, propager dans les consciences l'idée d'une patrie universelle qui mettra fin aux haines de races. Solidarité morale et matérielle étroite et absolue. Voici la devise: *Tous pour un, et un pour tous* mise en pratique et d'une manière si réelle et effective que nous puissions démontrer devant les institutions, dites de droit divin, et les représentations des vieux dogmes, avec l'universalité de la Libre Pensée, sa souveraineté sur les consciences et son influence dans la vie sociale.

Belen Sarraga de Ferrero.

La Libre Pensée en Orient

Rapport BOTOCHÉNÉANO

Personne ne contestera, que si la Libre Pensée veut affranchir l'Humanité des dogmes et des préjugés, il faut qu'elle devienne vraiment internationale, c'est-à-dire qu'elle se manifeste dans tous les pays, qu'elle exerce une influence bienfaisante dans tous les milieux et dans tous les domaines. Or, nous constatons que pendant qu'en Occident les rangs de la Libre Pensée grossissent journellement, en Orient on n'en entend presque pas parler.

En Roumanie, Bulgarie, Serbie et Turquie, il n'y a aucune organisation sérieuse, pas une voix ne s'élève pour montrer aux habitants de ces pays, le mal qu'y causent les luttes religieuses. En Roumanie, il y a lutte entre juifs et chrétiens, en Macédoine entre Bulgares, Serbes et Grecs; en Turquie entre Musulmans et Arméniens, chacun voulant avoir la suprématie religieuse.

En Roumanie surtout, nous voyons une population d'environ 200,000 âmes persécutée et privée de droits politiques et civils, pour la seule raison qu'ils adorent le père et non pas le fils. Je ne parlerai pas des massacres en Arménie et Macédoine, ces faits étant suffisamment connus.

N'est-ce pas dans les pays d'Orient que la nécessité d'un mouvement de la Libre Pensée se fait sentir? C'est là-bas que nous devrions intervenir et montrer aux peuples l'influence néfaste de la religion qui les conduit à la ruine morale et matérielle.

Les partis socialistes de ces pays n'ont rien fait, n'ont jamais abordé la question religieuse sur son vrai terrain et cela parce que la tactique électorale s'y opposait. Il est donc nécessaire qu'un parti nettement Libre Penseur se forme, parti qui n'ayant pas d'électeurs à ménager, puisse franchement et résolument aborder la question.

Mais comment y arriver?

1. Il faudrait tout d'abord que les sections de la Libre Pensée de Paris, Bruxelles, Genève et toutes les villes universitaires se mettent en rappor vec les étudiants des pays respectifs et leur inculquent nos idées.

2. Traduire des brochures dans les langues respectives et les envoyer gratuitement aux instituteurs.

3. Envoyer un propagandiste, dès qu'un mouvement se sera dessiné.

Les Loges maçonniques, les Sociétés pour la Paix, pourraient nous aider dans cette entreprise.

Je propose le renvoi de ces propositions au Comité de la Fédération internationale et suis à sa disposition pour lui fournir tous les renseignements dont il pourrait avoir besoin.

MAURICE BOTOCHÉNÉANO.

L'organisation et le mouvement libre penseur dans le Grand-Duché de Luxembourg

Rapport DAUBENFELD

Le mouvement libre-penseur dans notre pays est encore tout récent, il ne date que de 1904. Avant cette époque il y avait bien chez nous de nombreux « anticléricaux », mais je ne veux pas les prendre trop au sérieux, puisqu'ils n'ont jamais *réussi* à élire un député assez « anticlérical » pour voter contre le budget des cultes ; que dis-je, ils n'ont jamais *essayé* de le faire. Aussi jamais un candidat, si anticlérical fût-il, ne s'est déclaré l'ennemi du budget des cultes et partisan de la séparation. Jamais un journal, si libéral, si démocrate fût-il, n'a réclamé la séparation. (Chez nous libéral ne veut pas dire réactionnaire comme en France (action libérale), au contraire les libéraux chez nous sont ceux qui prétendent avoir le monopole de l'anticléricalisme).

Aussi la calotte est-elle maîtresse absolue sur tous les domaines de la vie publique. La Chambre composée de 45 députés, parmi lesquels des « libres-penseurs », des francs-maçons, des libéraux, des démocrates, vote chaque année le budget des cultes à l'unanimité. Par une loi sur l'enseignement elle a livré nos écoles pieds et poings liés à la calotte. L'enseignement religieux figure en tête du programme scolaire. Dans chaque paroisse le curé (omnipotent chez nous) est de droit membre de la Commission locale exerçant le contrôle des écoles. Chaque jour avant de commencer ses cours, le maître d'école doit conduire ses élèves à la messe, les cours mêmes commencent et finissent par des prières.

On comprend alors aisément le dépit de toute cette bande lorsqu'en octobre 1904 plusieurs libres-penseurs convaincus entreprirent de grouper, d'organiser les rares forces libres-penseuses répandues dans le Grand-Duché. Dès le début ils ont recueilli l'indifférence des uns et la haine mortelle des autres. L'organe libéral les a appelés une bande de jeunes étourdis : l'organe clérical (parfois plus stupide encore que votre « Croix ») les a nommés l'association des fossoyeurs à cause de l'article 11 des statuts, qui sont les mêmes que ceux de l'Association nationale de France précédés toutefois de la déclaration de principes que Ferdinand Buisson a faite au Congrès de Rome. Les statuts ont été communiqués à toute la presse du Grand-Duché. La plupart des journaux, parmi eux les organes libéraux et démocrates, n'en ont soufflé mot ; le journal clérical en a publié quelques extraits suivis de commentaires à sa façon. Seul l'organe du parti ouvrier, *le Pauvre Diable*, a publié la déclaration de principe. Disons-le tout de suite, le *Pauvre Diable* est le seul de nos journaux qui combatte énergiquement la calotte. Il y a quelque temps un libre-penseur a publié dans le *Pauvre Diable* une série d'articles critiquant les dogmes et les sacrements de la religion catholique. Ces articles ont mis la calotte en fureur. Dans son mandement de carême, l'épiscope a dénoncé aux fidèles les journaux socialistes qui ont voué à la religion une haine infernale. Ce premier avertissement ne suffisant pas au *Pauvre Diable* l'épiscope a cherché à suborner l'imprimeur du journal. N'y arrivant pas, il s'est adressé alors au procureur. Celui-ci au lieu de l'envoyer promener, s'est empressé d'intenter au *Pauvre Diable* un procès pour avoir, par des attaques malveillantes, ridiculisé et outragé la religion catholique, c'est-à-dire un culte reconnu. Le tribunal pourtant, sentant le ridicule de l'affaire, vient d'acquitter le *Pauvre Diable*, mais le procureur vient d'interjeter appel.

L'affaire en est là. Pour que les libres-penseurs puissent faire par la presse de la propagande efficace, il est de toute nécessité qu'ils fassent d'abord tous leurs efforts pour obtenir la liberté de presse.

Le *Pauvre Diable* est en outre le seul journal qui, malgré son format restreint, publie les communications du Congrès de Paris. Le *Pauvre Diable* est le premier de nos journaux qui ait demandé la suppression du budget des cultes et la séparation des églises et de l'Etat. Aux dernières élections législatives (juin 1901), le *Pauvre Diable* avait présenté deux candidats, qui outre les revendications ouvrières ont notamment insisté pour la suppression du budget des cultes et la séparation. Ils n'ont eu que peu de voix, à cause du suffrage restreint et censitaire dont nous sommes affligés. Il est donc du devoir des libres-penseurs de faire tous leurs efforts afin d'obtenir le suffrage universel qui, pour la campagne, ne changera rien à la situation, mais qui dans la capitale rendra possible l'élection d'un candidat libre-penseur.

Les rapports entre la Libre-Pensée et le socialisme sont donc chez nous très intimes, ce qui, peut-être, éloigne de la Libre-Pensée beaucoup de gens, mais ne lui amène au contraire que des éléments énergiques, poursuivant leur but sans relâche.

Malgré toutes les difficultés et toutes les calomnies, la Libre-Pensée a marché. Il existe maintenant deux groupes, l'un à Luxembourg, l'autre à Esch, métropole du bassin minier. Les deux groupes comptent chacun une cinquantaine de membres. A l'encontre de la loge du Luxembourg, où n'entrent généralement que les représentants de la bourgeoisie, la Libre Pensée recrute la plupart de ses adhérents parmi le peuple. Il est curieux de constater que dans les deux groupements l'élément le plus avancé, le plus actif ce sont les employés des chemins de fer. La loge compte parmi ses membres huit sous-chefs de gare; le grand maître est le chef de gare de Luxembourg. La Libre Pensée compte parmi ses membres une vingtaine d'employés des chemins de fer.

La Libre Pensée, ayant surmonté les premières difficultés, a de suite engagé la lutte contre l'ignorance et les préjugés. Pour son coup d'essai elle a frappé un coup de maître. En avril, avec le concours gracieux et désintéressé du citoyen Charbonnel, elle a organisé deux conférences sur la « Libre Pensée », l'une à Esch, l'autre à Luxembourg. Quel succès, quelle audace! Jamais on n'avait osé cela dans le Grand Duché du Luxembourg, bourg pourri du cléricalisme. Aussi l'émoi causé par ces conférences fut-il considérable. Les journaux cléricaux regorgèrent d'insultes à l'adresse de Charbonnel et des « malheureux égarés » qui l'ont fait venir. Ils ont le toupet de réclamer des autorités la protection, qui « par la constitution est due à la religion catholique ». Pour mettre le comble, l'épiscope a ordonné dans toutes les églises et chapelles du pays, un service expiatoire.

Ainsi, par les bons offices de l'épiscope, il n'est pas un village du Grand-Duché où l'on ignore que quelqu'un a eu le courage de venir à Luxembourg pour combattre la religion et les préjugés catholiques. Les voilà qui sont avertis pour la prochaine fois. Car la Libre Pensée compte bien récidiver. Elle a décidé d'organiser pendant la saison d'hiver avec le concours de conférenciers étrangers, une conférence tous les mois ; pendant les mois d'été ses membres iront faire des conférences dans les villages. Ils n'ont qu'à bien se tenir, car les curés sauront bien ameuter contre eux les paysans ignorants, qui, pour la plupart, ne sachant pas ce que veulent les Libres Penseurs, les confondent avec des voleurs, des brigands, des assassins et autres gens de la pire espèce.

Néanmoins, la Libre Pensée compte dans son sein assez d'hommes énergiques pour mener à bien la lutte qu'elle vient d'engager. Aujourd'hui encore, la réaction triomphe, mais elle sent qu'elle n'est plus la maîtresse incontestée, qu'il lui faut combattre pour garder ses positions. Nous ne cesserons jamais un seul instant de la combattre jusqu'à ce qu'elle soit vaincue. Pour cela, il nous faut, à mon avis, obtenir la liberté de la presse et le suffrage universel.

DAUBENFELD.

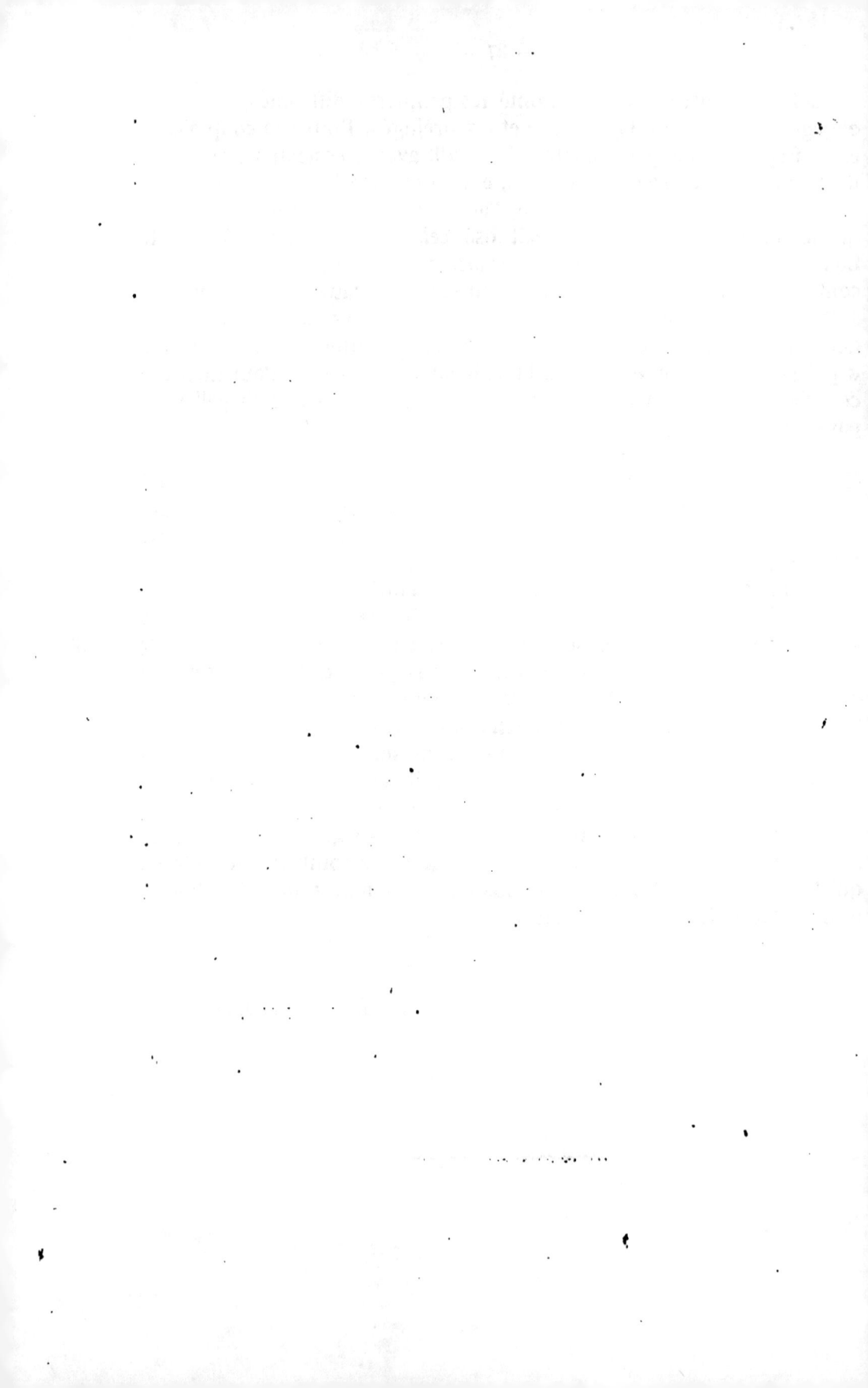

Rapport de la Pologne au Congrès de la Libre Pensée à Paris 1905

Rapport ZIELINSKA

La part des Polonais aux Congrès précédents. — Jusqu'à présent, aux Congrès internationaux, les militants de la Libre Pensée voyaient seulement quelques Polonais isolés, comme des voyageurs égarés là, qui venaient chercher une pensée plus éclairée et surtout plus libre que celle qu'ils trouvaient dans leur patrie.

S'ils sont plus nombreux à ce dixième Congrès, c'est surtout parce que ce Congrès a lieu en France, à Paris. Ce qui nous attirait, nous libres penseurs, ce n'est certainement pas la France alliée au gouvernement tsariste, la France nationaliste et militaire, ou bien la France d'autrefois avec ses restes de monarchie et de cléricalisme ; ce qui nous attirait au contraire, c'était la France démocratique, la France révolutionnaire, cette France qui, la première, s'est élevée contre les assassins de Varsovie, de Lodz, de Dombrowa et d'ailleurs. Ce qui nous attire, c'est la France restée fidèle à sa tradition révolutionnaire de 1793, cette France qui dans la période de la plus grande réaction en Europe, a été le champion de la justice la plus haute, qui a défendu la liberté de conscience, qui a créé la séparation des Eglises et de l'Etat.

Que représentent les Polonais présents au Congrès? — Les Polonais présents ici ne représentent aucune organisation libre penseuse. Les lois du code tsarien, ou plutôt l'absence des lois, ne permet pas de lutter franchement pour la pensée libre. Et de plus, ce qui est interdit par la législation de l'autocratie est entravé au plus haut point par la réaction cléricale aristocratique et nobiliaire en Pologne autrichienne et allemande.

Le cléricalisme en Pologne. — En effet, pour empêcher toutes les manifestations de la Libre Pensée, pour la persécuter et la détruire, le haut clergé et les princes de l'Eglise s'unissent très étroitement avec les trois gouvernements. Et il ne s'agit pas seulement du clergé catholique qui, d'ailleurs, ainsi qu'en France, est le mieux organisé, le plus riche et le plus fort : il ne faut pas oublier le clergé israélite qui compte parmi les habitants de la Pologne 20 o|o des fidèles, il ne faut pas oublier les clergés protestant, calviniste, catholique grec dans la Galicie orientale et autres.

Le clergé catholique travaille les esprits polonais selon sa méthode connue, toléré jusqu'à un certain point par les gouvernements des puissances co-partageantes, activement secondé par l'aristocratie et la noblesse: c'est ainsi qu'il a imprégné presque toute la population de la Pologne de la conviction, qu'elle ne pourra conserver la nationalité si elle ne garde pas sa religion intacte. Ce dogme qu'écrase d'un poids inouï tous les esprits du peuple polonais, a eu pour conséquence que le clergé catholique en Pologne, ainsi que le clergé israélite qui fait usage du même dogme avec ses fidèles, ont les mains absolument libres grâce à la complaisance de l'opinion publique dans toute circonstance, lorsqu'il s'agit d'étouffer la pensée libre. C'est pourquoi l'on tolère que les princes de l'Eglise et le haut clergé dénoncent plus ou moins ouvertement la propagande libre penseuse auprès du gouvernement russe, autrichien ou allemand. Et cela pour la sauvegarde de la nationalité!!

C'est pourquoi l'opinion de la classe nobiliaire et bourgeoise tolérait les actes serviles et infâmes de la ligue qui préconisait la conciliation avec le gouvernement tsariste.

C'est pourquoi l'on dénonce sans cesse à la gendarmerie les membres du Parti socialiste juif le « Bund ».

Ce clergé au nom de cette même idée et secondé par la noblesse et l'aristocratie s'est emparé complètement des écoles polonaises en Pologne autrichienne, des deux uniques universités polonaises à Cracovie et à Lemberg, il a semé des congrégations innombrables enseignantes, mendiantes et marchandes dans toute la Galicie et l'on peut dire qu'il en a fait, avec l'aide du gouvernement de la clique des aristocrates polonais, le pays le plus pauvre et le plus misérable de l'Europe.

En Pologne allemande, ce même clergé de nationalité polonaise, mais voué à Rome, a atteint le même résultat, grâce à l'appui du parti du centre catholique. Son habileté a fait que dans une opposition apparente au gouvernement allemand, il prospère le mieux possible et il maintient la société dans la plus complète servitude de la sacristie.

En Pologne russe. — En Pologne autrichienne et allemande le cléricalisme seul est un obstacle au développement de la Libre Pensée. La Pologne russe, cette partie la plus riche et la plus peuplée de l'ancienne Pologne, gémit sous le joug des lois d'exceptions, ou — pour mieux dire — dans l'absence totale de lois et de droits. On étouffe dans les écoles, dans la presse, dans la littérature, non seulement la pensée libre, mais encore toute pensée raisonnable. On appelait souvent en Europe, la Russie, une grande prison. Ce n'est pas là une exagération, ce n'est qu'une partie de la vérité. Car on permet au prisonnier de penser, de sentir comme il lui convient. En Russie c'est défendu. Et comment pourrait-ce être permis, si on met dans le cerveau et le cœur de tous comme dogme indubitable, par tous les moyens possibles, à l'aide de l'école, des journaux, des institutions, de la police, des gendarmes, et enfin des baïonnettes et des balles, ceci :

Le bonheur des peuples consiste dans une obéissance aveugle, dans une soumission d'esclave à toutes les fantaisies de la volonté criminelle du fou de Peterhof. C'est pourquoi tout ce qui a en Pologne des sentiments plus nobles, des pensées plus élevées, aspire à la liberté, devrait se jeter et s'est jeté réellement dans une lutte révolutionnaire sans merci, pour changer à toute force les conditions de sa vie qui sont devenues intolérables pour les nouvelles forces démocratiques et conscientes.

Conclusion. — Dans cette lutte du prolétariat polonais pour la liberté c'est un encouragement et une source d'enthousiasme pour lui que la solidarité internationale de tous les exploités, de tous les combattants de la liberté.

Et ce Congrès, qui dresse haut le drapeau de la lutte pour la liberté sous toutes ses formes, est à nos yeux une manifestation, à laquelle nous nous unissons de toute notre âme, en exprimant nos vœux les plus ardents pour que les Polonais, eux aussi, s'arrachent de tout joug, qui rend impossible tout développement et qui empêche la lutte décisive pour la réalisation de l'idéal de justice.

Nous formons les vœux les plus ardents pour que sous la pression de l'émancipation consciente du peuple polonais de l'esclavage, des dogmes et de l'Eglise, se rompent les chaînes de l'oppression et de l'obscurantisme, ses deux plus grands ennemis. Et lui il viendra accroître les rangs internationaux de ceux qui luttent pour l'émancipation de l'humanité tout entière de l'oppression de la religion, des gouvernants et du capitalisme.

Paris, le 4 septembre 1905.

Mme Iza Zielinska.

La Libre Pensée au Portugal

Rapport MAGALHAÈS LIMA

Le Portugal est cette petite nation de la péninsule ibérique qui, à des époques reculées, a sillonné les mers, ouvrant des routes nouvelles à la civilisation, et portant les mœurs de l'Europe aux plages lointaines des mondes nouveaux. Peuple d'intrépides navigateurs, il a, par la conquête, affirmé, aux siècles passés, sa souveraineté sur des terres inconnues. Aux rudes époques de la puissance des armes, il a été un peuple de guerriers. Et, comme le droit de la force a été et est encore, hélas ! un fait décisif dans la destinée des nations, la tradition despotique que l'organisation sociale a symbolisée dans les monarchies de l'ancien régime de ce pays, s'est perpétuée à travers les siècles et se continue de nos jours. Elle persiste encore, cette tradition despotique, chez quelques peuples régis par des constitutions soi-disant libérales que la convoitise du pouvoir personnel infecte de sophismes pour faire place à l'abus.

Le Portugal souffre des conséquences de l'influence de la tradition de sept siècles de monarchie absolue. Dominé, en tous temps, par les nobles et par le clergé, il est encore aujourd'hui victime d'une éducation claustrale, remplie de vices qui viennent d'en haut et qui contrastent tristement avec l'épanouissement libre de notre civilisation moderne.

Le jésuitisme et l'influence des écoles congréganistes dominent dans l'éducation du peuple ainsi qu'à tous les degrés de l'instruction publique et de l'enseignement libre. La liberté qui émane de notre droit public est contrariée par les abus du gouvernement. Le Portugal comme l'Espagne, sa voisine, vivent éloignés de toute chaleur vivifiante qui réveille et stimule les peuples dans leur marche ascendante vers le progrès.

Ce qui précède suffit pour que vous puissiez vous faire une idée des difficultés que notre maçonnerie rencontre dans l'accomplissement de sa mission émancipatrice en Portugal. C'est pourtant depuis l'année 1727 que nous avons engagé la lutte, car c'est à cette date que la maçonnerie portugaise a été constituée régulièrement.

Depuis cette époque jusqu'à nos jours, l'histoire de notre lutte pour la liberté, de nos combats pour l'émancipation de l'intelligence et de nos conquêtes en faveur de l'humanité, a été une longue suite de martyres et de sacrifices, que peuvent supporter ceux-là seuls, qui placent la grandeur des principes au-dessus de toute autre considération.

Mais le sang de nos martyrs, et surtout la mort par la potence de l'un de nos Grands maîtres, le célèbre général Gomes Freire d'Andrade, n'a servi qu'à fortifier nos croyances, et la maçonnerie portugaise a toujours fait son devoir. Elle s'est modernisée dernièrement, en approuvant une nouvelle Constitution, qui, contrairement aux antérieures qui ne permettaient pas de discussions sur la religion et la politique, admet le libre examen, la critique et l'étude de la morale universelle et des sciences. En conséquence elle permet l'analyse de la politique générale comme une branche des connaissances humaines, et l'étude de la philosophie et de l'histoire des religions, si intimement liée à la sociologie.

La Constitution du Grand Orient Luzitanien Uni, réformée et promulguée en 1897, s'est modernisée, en suivant de près les généreuses aspirations de la maçonnerie française. De même que le droit public moderne dans la vieille Europe a eu son origine historique dans la grande Révolution qui proclama les droits de l'homme, le droit public maçonnique, perfectionné et adapté au siècle actuel, est basé sur les conquêtes de la libre pensée, de la laïcisation de tous les pays et sur les principes de civisme qui élèvent l'homme à la hauteur de sa dignité.

C'est à la maçonnerie portugaise qu'appartient la gloire suprême d'avoir propagé en Portugal, par tous les moyens, la doctrine de la libre pensée, de la liberté de conscience et de tous les progrès qui dérivent de l'intelligence émancipée. C'est, du reste, la doctrine des maçonneries latines, évolutionnistes et progressives, qui cherchent à s'inspirer de l'exemple du Grand Orient de France.

Et, puisque je vous donne une notice de la maçonnerie de mon pays, lequel a comme superficie 92,575 kilomètres carrés et comme population 5,428,659 d'habitants, je dois vous informer que, par l'influence directe de la maçonnerie portugaise, a été constituée la maçonnerie régulière au Brésil, et que nous avons des loges régulières dans l'Afrique Occidentale et Orientale, dans l'archipel du Cap Vert, dans l'archipel des Açores, dans l'île de Madère et même dans l'Océanie, soit un total de 105 groupements maçonniques qui fonctionnent régulièrement.

Les grandes questions qui préoccupent aujourd'hui les savants et les philosophes, comme celles de la liberté de conscience, de la séparation de l'Eglise et de l'Etat, de la paix et de l'arbitrage, de la laïcisation de l'enseignement,, etc., ont été discutées dans un congrès interpéninsulaire que la maçonnerie portugaise a réalisé, dans son palais, les 21, 22 et 23 juin dernier. Espagnols et Portugais ont fraternisé dans une même communion spirituelle. Manifestation de l'esprit maçonnique, il serait à désirer que cette réunion fût le prélude d'un congrès international maçonnique.

La question religieuse est ce qui agite encore plus l'opinion publique en Portugal. La religion de l'Etat est inscrite dans notre Constitution ainsi que la liberté de conscience. Mais ce ne sont que de vains mots, car quiconque n'ôte pas son chapeau, dans les multiples processions où l'on promène le Saint-Sacrement, est brutalement jeté en prison, et les soldats, quelle que soit leur croyance, sont obligés d'assister tous les dimanches à la messe. Il y a encore, malheureusement, comme il y a eu au moyen âge, des persécutions pour des motifs religieux, ce qui prouve tout simplement que le gouvernement est réactionnaire et abuse de ses prérogatives.

Le peuple est instinctivement, peut-être, plus libre penseur, chez nous, que dans aucun autre pays. Et il l'a prouvé, maintes fois, avec énergie et décision. Les dirigeants obéissent au mot d'ordre du Sacré-Cœur, de Paris, mais les dirigés ne peuvent encore, hélas! obéir ouvertement à leur conscience et à leur raison. Heureusement qu'il y a aussi en Portugal une élite de libres penseurs qui finira par conduire le peuple vers son émancipation et sa liberté absolue de conscience.

La situation du Portugal est la même que celle d'autres petits pays qui luttent héroïquement pour leur émancipation. Il faut donc organiser une maçonnerie internationale, de façon à créer une conscience collective qui mettra un terme à l'état anormal, de violence et de guerre, que nous traversons. Et ce Congrès, par le nombre et par la qualité de ses membres, pourrait y contribuer puissamment, en faisant une belle œuvre de solidarité humaine.

Lisbonne, le 25 août 1905.

Le délégué du Grand Orient Luzitanien Uni,

MAGALHAES LIMA,

Membre du Bureau international des Associations de presse et du Bureau de la paix, de Berne, directeur du journal *Vanguarda*, de Lisbonne, etc.

Situation de la Libre Pensée en Suisse

Rapport présenté, au nom du Comité Vorort, par Ch. FULPIUS.

La Libre Pensée suisse travaille de son mieux pour propager les idées rationalistes. Chaque canton suit une méthode de combat différente, car, suivant le milieu, les conditions sont sujettes à varier.

En effet, dans les cantons franchement catholiques, l'effort est plus direct, plus violent, parce que l'ennemi, soit « le Clergé », se présente franchement, à face découverte, et ses velléités dominatrices, son action déprimante, ouvrent les yeux des hommes intelligents et les révoltent.

Par contre, dans les cantons protestants, les dogmes les plus absurdes sont présentés aux croyants comme un résultat du *Libre Examen*, et les Evangiles continuent, même dans les milieux les plus libéraux, à être préconisés comme le nec plus ultra en matière de conduite humaine.

La lutte n'a pas encore atteint, en Suisse, une grande intensité, mais elle s'est poursuivie un peu partout sans trêve ni défaillance : elle n'a pas encore porté de coups décisifs, mais la grande bataille n'est pas loin de s'engager un peu partout. L'indifférence générale et la pression du Capitalisme ont rendu la période des préliminaires longue et laborieuse. Ajoutons que la multiplicité des langues vient encore mettre une entrave à la diffusion des idées rationalistes en Suisse, ce qui fait que le nombre des adhérents convaincus s'est accru dans une faible proportion.

On peut constater cependant, du côté de nos adversaires, une certaine émotion en face du progrès accompli par la Libre Pensée dans le pays ; bon nombre de pasteurs, qui mettaient, il y a quelques années, au ban de la société tout ce qui touchait, de près ou de loin, à la Libre Pensée, s'intitulent aujourd'hui « libres penseurs » ou « penseurs libres » suivant les besoins de la cause.

C'est que nos populations se sont peu à peu familiarisées...... sinon avec la chose, tout au moins avec l'idée, et l'on regarde déjà avec moins de défiance ou de parti-pris, celui qui affiche nettement son indépendance vis-à-vis de la religion. Nous devons malheureusement déplorer l'abstention des intellectuels de la nation, qui, pour se prononcer, semblent attendre de savoir si le mouvement a chance de réussite. Aussi manquons-nous de champions assez érudits et connus dans le monde de la science et des lettres pour pouvoir exercer une influence rapide et prépondérante sur nos concitoyens, et pour donner au mouvement de l'émancipation toute l'ampleur désirable dans un pays où le libéralisme est encore pour le peuple une pure illusion.

Les motifs que nous venons d'exposer, ont été la cause que, dans la plupart de nos sections, les militants en sont arrivés à attacher beaucoup plus d'importance à l'éducation rationaliste d'une petite phalange d'enfants qu'à l'influence que l'on peut espérer obtenir sur la mentalité des adultes.

Aussi des cours de morale sociale ont-ils surgi dans plusieurs de nos cantons :

Le premier a été fondé à Genève, il y a une douzaine d'années ; à Lausanne, en 1904 ; dans la vallée de Bagne, un modeste et vaillant lutteur, Charvot, en a fait autant ; à la Chaux-de-Fonds, au Locle, des institutions similaires se sont créées.., et tous ces essais semblent devoir réussir et prospérer !

En règle générale, les autorités se sont montrées réfractaires à cet enseignement... et cela se conçoit : toute innovation est généralement mal vue des gouvernements. Cependant, nos collègues du Locle et ceux de la Chaux-de-Fonds ont réussi à obtenir de la Commission scolaire la jouissance d'une salle d'école pour y organiser leur cours de Morale sociale.

Il existe actuellement en Suisse 11 sections, qui comptent ensemble environ 800 membres.

Le mouvement séparatiste commence à se dessiner à Genève, et une Commission spéciale s'occupe en ce moment de cette grave question.

Dans la plupart des sections, il a été organisé, outre les réunions et conférences régulières, des fêtes d'enfants qui obtiennent un succès de plus en plus marqué.

A Genève, la Libre-Pensée a créé un groupe destiné à propager l'idée de l'Incinération. Ce groupe, fondé en mars 1903, atteint aujourd'hui le chiffre réjouissant de 1,000 membres.

Dans ce canton, il s'est formé récemment, au sein de la Franc-maçonnerie, une section de Libre-Pensée. Espérons que ce groupe, dont le besoin se faisait réellement sentir, ne tardera pas à marcher la main dans la main, avec notre petite section, qui a dès longtemps été à la tête du mouvement rationaliste à Genève.

25 août 1905.

Ch. Fulpius.

0001 — Imp. J. Allemane, 51, r. St-Sauveur
(Commandite d'ouvriers syndiqués)

www.ingramcontent.com/pod-product-compliance
Lightning Source LLC
Chambersburg PA
CBHW071346280326
41927CB00039B/2035